2024 中财传媒版

年度全国会计专业技术资格考试辅导系列丛书·注定会赢®

财务管理
精讲精练

财政部中国财经出版传媒集团　组织编写

中国财经出版传媒集团
经济科学出版社
·北京·

图书在版编目（CIP）数据

财务管理精讲精练/财政部中国财经出版传媒集团
组织编写. ――北京：经济科学出版社，2024.4
（中财传媒版2024年度全国会计专业技术资格考试辅
导系列丛书. 注定会赢）
ISBN 978 - 7 - 5218 - 5754 - 2

Ⅰ. ①财…　Ⅱ. ①财…　Ⅲ. ①财务管理 - 资格考试 -
自学参考资料　Ⅳ. ①F275

中国国家版本馆 CIP 数据核字（2024）第 068621 号

责任校对：刘　昕
责任印制：邱　天

财务管理精讲精练
CAIWU GUANLI JINGJIANG JINGLIAN
财政部中国财经出版传媒集团　组织编写
经济科学出版社出版、发行　新华书店经销
社址：北京市海淀区阜成路甲 28 号　邮编：100142
总编部电话：010 - 88191217　发行部电话：010 - 88191522
天猫网店：经济科学出版社旗舰店
网址：http://jjkxcbs. tmall. com
北京鑫海金澳胶印有限公司印装
787×1092　16 开　23 印张　590000 字
2024 年 4 月第 1 版　2024 年 4 月第 1 次印刷
ISBN 978 - 7 - 5218 - 5754 - 2　定价：79.00 元
（图书出现印装问题，本社负责调换。电话：010 - 88191545）
（打击盗版举报热线：010 - 88191661，QQ：2242791300）

前　　言

2024 年度全国会计专业技术中级资格考试大纲已经公布，辅导教材也已正式出版发行。与上年度相比，新考试大纲及辅导教材的内容发生了较大变化。为了帮助考生准确理解和掌握新大纲和新教材的内容、顺利通过考试，中国财经出版传媒集团本着对广大考生负责的态度，严格按照新大纲和新教材内容，组织编写了中财传媒版 2024 年度全国会计专业技术资格考试辅导"注定会赢"系列丛书。

该系列丛书包含"精讲精练""通关题库""全真模拟试题""要点随身记""速刷 360 题"等 5 个子系列，共 15 本图书，具有重点把握精准、难点分析到位、题型题量贴切、模拟演练逼真等特点。本书属于"精讲精练"子系列，为考生提供复习指导，突出对教材变化及知识点的解读，配以例题点津，并精选典型习题帮助考生巩固知识。

中国财经出版传媒集团为购买本书的读者提供线上增值服务。读者可通过扫描封面下方的"注定会赢"微信公众号二维码下载"中财云知"App，免费享有题库练习、模拟测试、每日一练、学习答疑等增值服务。

全国会计专业技术资格考试是我国评价选拔会计人才、促进会计人员成长的重要渠道，也是落实会计人才强国战略的重要措施。希望广大考生在认真学习教材内容的基础上，结合本丛书准确理解和全面掌握应试知识点内容，顺利通过考试，不断取得更大进步，为我国会计事业的发展作出更大贡献！

书中如有疏漏和不当之处，敬请批评指正。

财政部中国财经出版传媒集团

2024 年 4 月

目 录

第三章　预算管理

第四章　筹资管理（上）

第五章　筹资管理（下）

第六章　投资管理

第七章 营运资金管理

第八章 成本管理

第九章 收入与分配管理

第十章 财务分析与评价

第一部分　复习指导

复 习 指 导

一、2024 年的重要考试政策

根据财政部会计司发布的《关于 2024 年度全国会计专业技术资格考试考务日程安排及有关事项的通知》，2024 年中级会计报名时间确定为 6 月 12 日至 7 月 2 日 12：00。在这段时间内，各省级考试管理机构将自行确定本地区的报名开始时间。考试报名统一在 7 月 2 日 12：00 截止。

2024 年中级会计考试时间确定为 9 月 7 日至 9 日，共 3 个批次。具体科目考试安排如下：

考试日期	考试时间	科目	考试时长
2024 年 9 月 7 日至 9 日	8：30～11：15	中级会计实务	165 分钟
	13：30～15：45	财务管理	135 分钟
	18：00～20：00	经济法	120 分钟

2024 年 10 月 31 日前，下发 2024 年度中级资格考试成绩，并在"全国会计资格评价网"公布。各省级考试管理机构同时公布本地区考试成绩、咨询电话和电子邮箱。

2024 年度中级资格考试继续采用无纸化方式进行，考生需要继续加强机考练习，养成良好的答题习惯。

二、2024 年教材的基本情况

本教材内容共有十章，除第一章外，各章节分值较为平均，在 8～13 分左右。教材的主要内容如下表所示：

教材章节	主要内容
第一章 总论	1. 企业与企业财务管理 2. 财务管理目标 3. 财务管理原则 4. 财务管理环节 5. 财务管理体制 6. 财务管理环境
第二章 财务管理基础	1. 货币时间价值 2. 收益与风险 3. 成本性态分析
第三章 预算管理	1. 预算管理概述 2. 预算的编制方法与程序 3. 预算编制 4. 预算的执行与考核
第四章 筹资管理（上）	1. 筹资管理概述 2. 债务筹资 3. 股权筹资 4. 衍生工具筹资 5. 筹资实务创新

续表

教材章节	主要内容
第五章　筹资管理（下）	1. 资金需要量预测 2. 资本成本 3. 杠杆效应 4. 资本结构
第六章　投资管理	1. 投资管理概述 2. 投资项目财务评价指标 3. 项目投资管理 4. 证券投资管理 5. 基金投资与期权投资
第七章　营运资金管理	1. 营运资金管理概述 2. 现金管理 3. 应收账款管理 4. 存货管理 5. 流动负债管理
第八章　成本管理	1. 成本管理概述 2. 本量利分析与应用 3. 标准成本控制与分析 4. 作业成本与责任成本
第九章　收入与分配管理	1. 收入与分配管理概述 2. 收入管理 3. 纳税管理 4. 分配管理
第十章　财务分析与评价	1. 财务分析与评价概述 2. 基本的财务报表分析 3. 上市公司财务分析 4. 财务评价与考核

三、命题规律与评分标准

财务管理科目考试题型包含客观题和主观题两部分。客观题包括单选题、多选题和判断题；主观题包括计算分析题和综合题。以 2023 年考试为例，包括 20 道单项选择题、10 道多项选择题、10 道判断题、3 道计算分析题和 2 道综合题。总分 100 分，及格标准为 60 分。

单选题		多选题		判断题		计算分析题		综合题	
题量	分值	题量	分值	题量	分值	题量	分值	题量	分值
20	30	10	20	10	10	3	15	2	25

具体而言，

（1）单选题共 20 小题，每小题 1.5 分，共 30 分，每小题备选答案中，只有一个符合题意的正确答案，错选、不选均不得分。

该类题型偏重于考查基础性的知识点和内容；虽近一半题目涉及计算，但计算量都不大，相对简单，是应该有较大把握拿分的部分。

（2）多选题共 10 小题，每小题 2 分，共 20 分。每小题备选答案中，有两个或两个以上符合题意的正确答案。请至少选择两个答案，全部选对得满分，少选得相应分值，多选、错选、不选均不得分。

该题型较单选题而言，考核范围更大、知识点更为广泛，重视对教材内容的全面性考查，难度有所提高；就题目的性质而言，多半涉及概念性的理解，要求备考时予以重视。

（3）判断题共 10 小题，每小题 1 分，共 10 分。请判断每小题的表述是否正确。每小题答案正确的得 1 分，错答、不答均不得分，也不扣分。

判断题整体难度不大，偏重于文字表述、概念辨析，大部分题目容易判定，强调对重要知识点的准确记忆。

（4）计算分析题共 3 小题，共 15 分。凡要求计算的，可不列出计算过程，计算结果出现两位以上小数的，均四舍五入保留小数点后两位小数，百分比指标保留百分号前两位小数。凡要求解释、分析、说明理由的，必须有相应的文字阐述。

该题型一般计算量不大，小问多，可逐个攻破。

（5）综合题共 2 小题，共 25 分。凡要求计算的，可不列出计算过程，计算结果出现两位以上小数的，均四舍五入保留小数点后两位小数，百分比指标保留百分号前两位小数。凡要求解释、分析、说明理由的，必须有相应的文字阐述。

综合题的特点，题目冗长、资料繁琐、条件多、计算量大，且是考试的最后一个阶段，对考生心态和应试能力都是个考验。备考时需加强训练，习得答题技巧，先看要求再回看资料，带着疑问找线索，提高准确率。

关于考点知识点分布情况，客观题的知识点涵盖比较全面，涉及教材每一章节的知识点，要按照大纲范围进行全面分析。主观题知识点主要分布在第二章至第十章（第四章概率相对较小），结合各章节内容综合出题，知识点交叉考核，特

别是综合题，知识点会涉及几个章节的内容。需要掌握理解各章节重要知识点，并具有跨章节思考的意识。

四、复习方法与技巧

（1）重者恒重，重要知识点依然是考试的重头戏，需要结合历年真题，熟练掌握高频考点。

（2）注意跨章节的知识点结合，一般特定内容的考查广度和深度不能兼得，应试时看到结合型的题目不要有畏惧心理，它们只是新的排列组合，单点击破也许更简单，见招拆招即可。万变不离其宗，解题依赖于平时的积累和训练。

（3）中级会计资格考试采用无纸化（机考）模式，与纸笔模式不同，考生平时需要加强练习在机考模式下答题，提高答题速度。

（4）财务管理科目客观题大约占比 60%，考试内容范围比较全面，涉及内容比较多，考生需要夯实基础、稳扎稳打、步步为营。先掌握每章的基础知识，在此基础上进行练习答题，逐步提高学习成绩。

（5）财务管理科目涉及的公式比较多，计算量大，考生需要加强对公式的记忆和理解，并能灵活运用。

（6）财务管理科目计算分析题和综合题大约占比 40%，涉及公式多，耗用时间较长，考核的知识点在重点章节。考生一方面需要熟练掌握公式，另一方面要加强练习，及时进行错题总结，分析其考核的知识点，掌握其解题思路，真正学懂每一道题，并能够做到举一反三，融会贯通。

五、本书的体例和使用建议

本书依据财务管理科目考试大纲和财务管理科目考试辅导教材，构建了十个章节的知识点。每章节内容包含了考情分析、教材变化、考点提示、本章考点框架、考点解读及例题点津、本章考点巩固练习题、本章考点巩固练习题参考答案及解析。通过考情分析、教材变化和考点提示，考生可以了解每章历年考试情况，为更好地学习本章内容提供指导。通过本章考点框架、考点解

读及例题点津，考生可以掌握每章节的重要知识点，从而进行有针对性、有重点地学习。通过本章考点巩固练习题和本章考点巩固练习题参考答案及解析，考生可以及时检查自己的学习效果，查漏补缺，举一反三，更好地掌握每章知识点。建议考生先认真研读考情分析、教材变化、考点提示，做到心中有数；再结合辅导教材学习本章考点框架和考点解读及例题点津，做到循序渐进、稳扎稳打，掌握每一章节知识点；最后练习本章考点巩固练习题，做到及时练习、温故知新。

第二部分　考点解读及巩固练习

第一章 总 论

考情分析

本章为非重点章，主要介绍财务管理的基本理论，如财务管理的主体、内容、目标、环节、体制及环境等相关知识。理解本章可以帮助我们构建公司财务管理的整体框架并树立财务管理观念，也为学习和理解其他章节奠定基础。

教材变化

2024 年本章教材内容无实质性变化。

考点提示

本章题型为客观题，主要考点如下：（1）企业的组织形式；（2）财务管理内容；（3）财务管理目标理论；（4）所有者、经营者、债权人之间的利益冲突与协调；（5）财务管理原则；（6）财务管理环节；（7）财务管理体制；（8）财务管理环境。

本章需要考生掌握：财务管理的内容，财务管理目标，财务管理原则，财务管理环节；熟悉：财务管理目标与利益冲突，企业财务管理体制的设计原则，影响企业财务管理体制集权与分权选择的因素，财务管理环境；了解：企业及其组织形式，企业财务管理体制的一般模式及其优缺点，集权与分权相结合型财务管理体制的实践。

本章考点框架

```
                  ┌ 企业与企业财务管理
                  │
                  │                ┌ 企业财务管理目标理论
                  │ 财务管理目标 ┤
                  │                └ 财务管理目标与利益冲突
                  │
        总论 ──────┤ 财务管理原则
                  │
                  │                          ┌ 财务管理环节
                  │ 财务管理环节及财务管理体制 ┤
                  │                          └ 企业财务管理体制
                  │
                  └ 财务管理环境
```

考点解读及例题点津

第一单元　企业与企业财务管理

一、考点解读

（一）企业的定义、功能及组织形式

1. 定义

企业是依法设立的，以营利为目的，运用各种生产要素（土地、劳动力、资本和技术等），向市场提供商品或服务，实行自主经营、自负盈亏、独立核算的法人或其他社会经济组织。

2. 功能

（1）市场经济活动的主要参与者；

（2）社会生产和服务的主要承担者；

（3）经济社会发展的重要推动力量。

3. 企业的组织形式（见表1-1）

表1-1

组织形式	个人独资企业	合伙企业	公司制企业
投资人	一个自然人	两个或两个以上的自然人（有时包括法人或其他组织）	自然人或法人
承担债务责任	无限责任	普通合伙人无限连带责任；有限合伙人有限责任	有限责任
优势	创立容易；经营管理灵活自由；不需要缴纳企业所得税	与个人独资企业类似	容易转让所有权；有限债务责任；可以无限存续；融资渠道多
局限性	需要承担无限债务责任；难以从外部获得大量资金；所有权转移困难；企业的生命有限	与个人独资企业类似	组建公司成本高；存在代理问题；双重课税

典型的企业组织形式有三种：个人独资企业、合伙企业和公司制企业。

（1）个人独资企业。

①含义。个人独资企业是由一个自然人投资，全部资产为投资者个人所有，**全部债务由投资者个人承担的经营实体**，是非法人企业，不具有法人资格。

②**优点**。创立容易；经营灵活自由；不需要缴纳企业所得税。

③**缺点**。无限债务责任；难以从外部获得大量资金用于经营；所有权转移比较困难；企业生命有限。

（2）合伙企业。

①含义。合伙企业通常是由两个或两个以上的自然人（有时也包括法人或其他组织）合伙经营的企业。

②分类。合伙企业，分为普通合伙企业和有限合伙企业。

普通合伙企业由普通合伙人组成，合伙人对合伙企业债务承担无限连带责任。

有限合伙企业由普通合伙人和有限合伙人组成，**普通合伙人对债务承担无限连带责任，有限合伙人以其认缴的出资额为限对合伙企业债务承担责任。**

③**特点**。**普通合伙人对企业债务承担无限连带责任**；合伙人转让其所有权时要经过其他合伙人的同意，有时甚至还需要修改合伙协议。

（3）公司制企业。

①含义。公司制企业是指有两个或两个以上投资人（自然人或法人）依法出资组建，有独立法人财产，自主经营、自负盈亏的法人企业。

提示 国有独资公司是有限责任公司的一种特殊形式。具体指国家单独出资、由国务院或者地方人民政府授权本级人民政府国有资产监督管理机构履行出资人职责的有限责任公司。国有独资公司的公司章程由国有资产监督管理机构制定，或者由董事会制定报国有资产监督管理机构批准。我国国有独资公司不设股东会，由国有资产监督管理机构行使股东会职权。国有资产监督管理机构可以授权公司董事会行使股东会的部分

职权，决定公司的重大事项，但公司的合并、分立、解散、增加或者减少注册资本和发行公司债券，必须由国有资产监督管理机构决定。

②有限责任公司和股份有限公司的区别。

a. 公司设立时股东人数要求不同：设立有限责任公司的股东人数可以为**1人或50人以下**；设立股份有限公司应有**1人以上200人以下**为发起人。b. 股东的股权表现形式不同：有限责任公司的权益总额不作等额划分，股权用所认缴的出资额比例来表示；股份有限公司的权益总额平均划分为相等的股份，股权用持有多少股份来表示。c. 股份转让的限制不同：有限责任公司的股东转让出资需要由股东会或董事会讨论通过，股份有限公司的股票可以依法转让。

③**优点**。容易转让所有权；有限债务责任；无限存续；更容易筹集所需资金。

④**缺点**。组建公司的成本高；存在代理问题；双重课税。

（二）财务管理的内容

主要包括筹资管理、投资管理、营运资金管理、成本管理、收入与分配管理五部分内容。

二、例题点津

【例题1·单选题】某公司预测将出现通货膨胀，于是提前购置一批存货备用。从财务管理的角度看，这种行为属于（　　）。

A. 长期投资管理　　B. 收入管理

C. 营运资金管理　　D. 筹资管理

【答案】C

【解析】企业在日常的生产经营活动中，会发生一系列流动资产和流动负债资金的收付。购置一批存货备用，属于将资金投资于流动资产，属于营运资金管理。

【例题2·单选题】与个人独资企业相比，下列各项中属于公司制企业特点的是（　　）。

A. 企业所有者承担无限债务责任

B. 企业可以无限存续

C. 企业融资渠道较少

D. 企业所有权转移困难

【答案】B

【解析】公司制企业的优点：（1）容易转让

所有权。(2)有限债务责任。(3)公司制企业可以无限存续，一个公司在最初的所有者和经营者退出后仍然可以继续存在。(4)公司制企业融资渠道较多，更容易筹集所需资金。公司制企业的缺点：(1)组建公司的成本高。(2)存在代理问题。(3)双重课税。

【例题3·判断题】相对于个人独资企业与合伙企业，公司制企业受政府的监管较为宽松。(   )

【答案】×

【解析】相对于个人独资企业与合伙企业，公司制企业成立后，政府对其监管比较严格，需要定期提交各种报告。

第二单元　财务管理目标

1 企业财务管理目标理论

一、考点解读

（一）企业财务管理目标理论（见表1-2）

表1-2

目标理论	含义	优点	缺点
利润最大化	企业财务管理以实现利润最大化为目标	(1) 有利于企业资源的合理配置； (2) 有利于企业整体经济效益的提高	(1) 没有考虑资金时间价值； (2) 没有考虑风险； (3) 没有反映创造的利润与投入资本之间的关系； (4) 可能导致短期财务决策倾向
股东财富最大化	企业财务管理以实现股东财富最大化为目标	(1) 考虑了风险因素，股价通常会对风险作出反应； (2) 在一定程度上能避免企业追求短期行为，对未来利润的预期会对股价产生重要影响； (3) 对于上市公司而言比较容易量化，便于考核和奖惩	(1) 只适用于上市公司，非上市公司难以应用； (2) 股价受众多因素影响，不能准确反映企业财务管理状况； (3) 更多强调的是股东利益，对其他相关者的利益重视不够
企业价值最大化（即股东权益和债权人权益的市场价值）	企业财务管理行为以实现企业的价值最大化为目标	(1) 考虑了时间价值； (2) 考虑了风险与报酬的关系； (3) 能克服企业在追求利润上的短期行为； (4) 用价值替代价格，可以避免过多受外界因素的干扰，有效规避了企业的短期行为	(1) 过于理论化，不易操作； (2) 对于非上市公司，只有对企业进行专门评估才能确定其价值，不易做到客观公正
相关者利益最大化	在确定企业财务管理目标时，不能忽视企业相关利益群体的利益（如债权人、企业经营者、客户、供应商、员工、政府等）	(1) 有利于企业长期稳定发展； (2) 体现了合作共赢的价值理念，有利于实现企业经济效益和社会效益的统一； (3) 较好地兼顾了各利益主体的利益； (4) 体现了前瞻性和现实性的统一	其他利益相关者的要求先于股东被满足，因此这种满足必须是有限度的，否则股东不会出资

（二）各种财务管理目标之间的关系

（1）各种财务管理目标，都以**股东财富最大化**为基础。因为企业的创立和发展都必须以股东的投入为基础，离开了股东的投入，企业就不复存在，并且在日常经营中，**股东**承担着最大的义务和风险。

（2）以股东财富最大化为核心和基础，还应该考虑利益相关者的利益。因为各国公司法都规定，股东权益是剩余权益，只有满足了其他方面的利益之后才会有股东的利益。

二、例题点津

【**例题1·单选题**】下列企业财务管理目标中，没有考虑风险问题的是（ ）。

A. 利润最大化

B. 相关者利益最大化

C. 股东财富最大化

D. 企业价值最大化

【答案】A

【解析】以利润最大化作为财务管理目标存在以下缺陷：（1）没有考虑利润实现时间和资金时间价值；（2）没有考虑风险问题；（3）没有反映创造的利润与投入资本之间的关系；（4）可能导致企业短期行为倾向，影响企业长远发展。股东财富最大化、企业价值最大化和相关者利益最大化均考虑了风险因素。

【**例题2·单选题**】上市公司以股东财富最大化为财务管理目标，反映股东财富水平的是（ ）。

A. 每股市价×股票数量

B. 每股总资产×股票数量

C. 每股收益×股票数量

D. 每股净资产×股票数量

【答案】A

【解析】在上市公司，股东财富是由其所拥有的股票数量和股票市场价格两方面来决定的。

【**例题3·多选题**】关于企业价值最大化财务管理目标，下列说法正确的有（ ）。

A. 以股东财富最大化为基础

B. 有助于克服企业追求利润的短期行为

C. 考虑了收益的时间价值

D. 考虑了风险与收益的关系

【答案】ABCD

【解析】各种财务管理目标，都以股东财富最大化为基础。以企业价值最大化作为财务管理目标，具有以下优点：（1）考虑了取得收益的时间，并用时间价值的原理进行了计量。（2）考虑了风险与收益的关系。（3）将企业长期、稳定的发展和持续的获利能力放在首位，能克服企业在追求利润上的短期行为，因为不只是目前利润会影响企业的价值，预期未来的利润对企业价值增加也会产生重大影响。（4）用价值代替价格，避免了过多外界市场因素的干扰，有效地规避了企业的短期行为。

【**例题4·多选题**】下列财务管理目标中，通常只适用于上市公司的有（ ）。

A. 利润最大化   B. 股东财富最大化

C. 企业价值最大化 D. 相关者利益最大化

【答案】BC

【解析】在已上市的股份公司中，股东财富的确定需要依据股票市场，而非上市公司无法像上市公司一样随时准确获得公司股价。企业价值最大化中，对于非上市公司价值的确定只能通过专门的评估，而评估企业的资产时，容易受评估标准和评估方式的影响，很难做到客观和准确。

2 财务管理目标与利益冲突

一、考点解读

企业相关者的利益冲突主要包括**委托代理问题引起的利益冲突**和**企业股东利益与承担社会责任之间的冲突**。其中，委托代理冲突问题引起的利益冲突包括**股东与管理层、大股东与中小股东、股东与债权人**之间的利益冲突。

（一）委托代理问题与利益冲突

1. 股东与管理层之间的利益冲突及协调

（1）冲突表现。

经营者希望在创造财富的同时，能够获取更多的报酬、更多的享受，并避免各种风险；而股东则希望以较小的代价（支付较少报酬）实现更多的财富。

（2）协调方式。

①解聘。是一种**通过股东约束经营者**的办法。如果经营者绩效不佳，就解聘经营者；经营者为了不被解聘就需要努力工作，为实现财务管理目标服务。

②接收。是一种**通过市场约束经营者**的办法。如果经营者决策失误、经营不力、绩效不佳，该企业就可能被其他企业强行接收或吞并，相应经营者也会被解聘。经营者为了避免这种被接收，就必须努力实现财务管理目标。

③激励。将经营者的**报酬与其绩效**直接挂钩，以使经营者自觉采取能提高股东财富的措施。

a.“股票期权”方式：允许经营者以预先确定的条件购买本企业一定数量股份的权利，当股票的市场价格高于约定价格，经营者就会因此获取收益。

b.“绩效股”方式：企业运用每股收益、资产收益率等指标来评价经营者绩效，并视其绩效大小给予经营者数量不等的股票作为报酬。

2. 大股东与中小股东之间的利益冲突及协调

（1）**大股东侵害中小股东利益**的主要形式。

①利用关联交易转移上市公司的资产；

②非法占用上市公司巨额资金，或以上市公司的名义进行担保和恶意筹资；

③通过发布虚假信息进行股价操纵，欺骗中小股东；

④为大股东委派的高管支付不合理的报酬及特殊津贴；

⑤采用不合理的股利政策，掠夺中小股东的既得利益。

（2）协调方式。

①**完善**上市公司的**治理结构**，使股东大会、董事会和监事会三者有效运行，形成相互制约的机制。

②**规范**上市公司的**信息披露制度**，保证信息的完整性、真实性及及时性。同时，应完善会计准则体系和信息披露规则，加大对信息披露违规行为的处罚力度，对信息披露的监管也要有所加强。

3. 股东与债权人之间的利益冲突及协调

（1）冲突表现。

①股东可能要求经营者**改变举债资金的原定用途**，将其用于风险更高的项目，增大偿债风险；

②股东可能在未征得现有债权人同意的情况下，要求经营者**举借新债**，偿债风险相应增大。

（2）协调方式。

①**限制性借债**：事先规定借债用途限制、借债担保条款和借债信用条件；

②**收回借款或停止借款**：当债权人发现企业有侵蚀其债权价值的意图时，采取收回债权或不再给予新的借款的措施，从而保护自身权益。

（二）企业社会责任与利益冲突

企业在实现股东财富最大化目标时，需要承担必要的社会责任。

1. 企业社会责任的含义

企业社会责任是指企业在**谋求股东财富最大化之外**所负有的**维护和增进社会利益的义务**。

2. 企业社会责任的**主要内容**

（1）对员工的责任；

（2）对债权人的责任；

（3）对消费者的责任；

（4）对社会公益的责任；

（5）对环境和资源的责任。

此外，企业还有义务和责任遵从政府的管理、接受政府的监督。

3. 利益冲突

一般而言，利润超常的公司适当地从事一些社会公益活动，有助于提高公司的知名度，促进其业务活动的开展，进而使股价升高。但不管怎样，任何企业都无法长期单独地负担因承担社会责任而增加的成本。**过分强调社会责任**而使企业价值减少，就可能导致整个社会资金运用的次优化，从而**使社会经济发展步伐减缓**。

二、例题点津

【例题1·单选题】下列各项中，不能用于协调股东与管理层之间利益冲突的措施是（　　）。

A. 限制企业借款用于高风险项目

B. 授予管理层股票期权

C. 解聘企业高管

D. 企业被强行征收

【答案】A

【解析】为了协调股东与管理层之间的利益冲突，通常可采取的方式有：（1）解聘。（2）接收。（3）激励，激励通常有股票期权和绩效股两种方式。选项B、C、D正确。选项A属于协调股东与债权人之间利益冲突的措施。

【例题2·多选题】为了缓解公司债权人和所有者之间的利益冲突，债权人可以采取的措施有（　　）。

A. 限制现金股利的发放

B. 停止借款

C. 设定担保抵押

D. 在合同里规定借债用途

【答案】ABCD

【解析】所有者与债权人的利益冲突的协调方式包括：（1）限制性借债，即债权人事先规定借债用途、担保条款和信用条件等，选项A、C、D正确；（2）债权人发现企业有侵蚀其债权价值的意图时，收回债权或不再给予新借款，选项B正确。

【例题3·多选题】下列各项中，属于上市公司大股东侵占中小股东利益的行为有（　　）。

A. 大股东利用关联交易转移上市公司的资产

B. 上市公司为大股东的债务提供担保

C. 上市公司销售有严重质量问题的产品

D. 大股东非法占用上市公司巨额资金

【答案】ABD

【解析】大股东侵害中小股东利益的主要形式包括：（1）利用关联交易转移上市公司的资产。（2）非法占用上市公司巨额资金，或以上市公司的名义进行担保和恶意筹资。（3）通过发布虚假信息进行股价操纵，欺骗中小股东。（4）为大股东委派的高管支付不合理的报酬及特殊津贴。

【例题4·判断题】委托代理问题引起的利益冲突包括股东与管理层、大股东与中小股东、股东与债权人之间的利益冲突。（　　）

【答案】√

【解析】委托代理冲突问题引起的利益冲突包括股东与管理层、大股东与中小股东、股东与债权人之间的利益冲突。

【例题5·判断题】公司将已筹集资金投资于高风险项目会给原债权人带来高风险和高收益。（　　）

【答案】×

【解析】公司将已筹集资金投资于高风险项目，会增大偿债风险，债权人的负债价值也必然会降低，造成债权人风险与收益的不对称。

第三单元　财务管理原则

一、考点解读

财务管理原则是企业进行财务管理活动的行为规范和行动指南，有助于引导财务管理工作，实现财务管理目标。

财务管理原则的具体内容见表1-3。

表1-3

原则	具体内容
系统性原则	财务管理是企业管理系统的一个子系统，它本身又由筹资管理、投资管理、营运管理和分配管理等子系统构成。 坚持系统性原则，是财务管理工作的首要出发点

续表

原则	具体内容
风险权衡原则	是指风险和报酬之间存在着对应关系，决策者必须对报酬和风险作出权衡，为追求较高报酬而承担较大的风险，或者为减少风险而接受较低的报酬
现金收支平衡原则	财务管理贯彻的是收付实现制，客观上要求在财务管理活动中做到现金收入和现金支出在数量上、时间上达到动态平衡，即现金收支平衡
成本收益权衡原则	在财务管理中，时刻都需要进行成本与收益的权衡。在筹资管理中，要进行资金成本和筹资收益的权衡；在投资管理中，要进行投资成本和投资收益的权衡；在营运资金管理中，收益难以量化，但应追求成本最低化；在分配管理中，应在追求分配管理成本最小的前提下，妥善处理好各种财务关系
利益关系协调原则	财务管理也是一个协调各种利益关系的过程。利益关系协调成功与否，直接关系到财务管理目标的实现程度

二、例题点津

【例题1·单选题】以下选项中，不属于财务管理原则的是（　　）。

A. 系统性原则

B. 风险权衡原则

C. 利益关系协调原则

D. 利润最大化原则

【答案】D

【解析】财务管理原则包括：系统性原则、风险权衡原则、现金收支平衡原则、成本收益权衡原则、利益关系协调原则。

【例题2·多选题】在财务管理中，时刻都需要进行成本与收益的权衡。以下权衡方法正确的有（　　）。

A. 在筹资管理中，要进行资金成本和筹资收益的权衡

B. 在投资管理中，要进行投资成本和投资收益的权衡

C. 在营运资金管理中，收益难以量化，但应追求成本最低化

D. 在分配管理中，应在追求分配管理成本最小的前提下，妥善处理好各种财务关系

【答案】ABCD

【解析】在筹资管理中，要进行资金成本和筹资收益的权衡；在投资管理中，要进行投资成本和投资收益的权衡；在营运资金管理中，收益难以量化，但应追求成本最低化；在分配管理中，应在追求分配管理成本最小的前提下，妥善处理好各种财务关系。

【例题3·判断题】风险权衡原则是指：风险和报酬存在对应关系，决策者应尽可能选择报酬高而风险低的项目，以此实现股东财富最大化的目标。（　　）

【答案】×

【解析】风险权衡原则的含义是：风险和报酬存在对应关系，决策者必须对报酬和风险作出权衡，为追求较高报酬而承担较大的风险，或者为减少风险而接受较低的报酬。

第四单元　财务管理环节及财务管理体制

1 财务管理环节

一、考点解读

财务管理环节是企业财务管理的工作步骤与一般工作程序。一般而言，企业财务管理包括财务预测、财务决策、财务计划、财务预算、财务控制、财务分析、财务考核七个环节。

具体内容见表1-4。

表 1-4

财务管理环节	提示
财务预测	是根据企业财务活动的历史资料，考虑现实的要求和条件，对企业未来的财务活动作出较为具体的预计和测算的过程。 财务预测的方法主要有定性预测和定量预测两类
财务决策	是按照财务战略目标的总体要求，利用专门的方法对各种备选方案进行比较和分析，从中选出最佳方案的过程。 财务决策是财务管理的核心
财务计划	是根据企业整体战略目标和规划，结合财务决策的结果，对财务活动进行规划，并以指标形式落实到每一计划期间的过程
财务预算	财务预算是根据财务计划和各种预测信息，确定预算期内各种预算指标的过程。 它是财务计划的分解和落实，是财务计划的具体化
财务控制	是利用有关信息和特定手段，对企业的财务活动施加影响或调节，以便实现计划所规定的财务目标的过程
财务分析	是根据企业财务报表等信息资料，采用专门方法，系统分析和评价企业财务状况、经营成果以及未来发展趋势的过程
财务考核	是将报告期实际完成数与规定的考核指标进行对比，确定有关责任单位和个人完成任务的过程。 财务考核与奖惩紧密联系，是贯彻责任制原则的要求，也是构建激励与约束机制的关键环节

二、例题点津

【例题 1·单选题】按照财务战略目标的总体要求，利用专门方法对各种备选方案进行比较和分析，从中选出最佳方案的是（ ）。

A. 财务决策　　　　B. 财务控制

C. 财务分析　　　　D. 财务预算

【答案】A

【解析】财务决策是指按照财务战略目标的总体要求，利用专门的方法对各种备选方案进行比较和分析，从中选出最佳方案的过程。

【例题 2·判断题】财务预算是根据企业整体战略目标和规划，结合财务预测的结果，对财务活动进行规划，并以指标形式落实到每一计划期间的过程。（ ）

【答案】×

【解析】财务计划是根据企业整体战略目标和规划，结合财务决策的结果，对财务活动进行规划，并以指标形式落实到每一计划期间的过程。财务预算是根据财务计划和各种预测信息，确定预算期内各种预算指标的过程，是财务计划的分解和落实。

2 企业财务管理体制

一、考点解读

（一）财务管理的一般模式及其优缺点

财务管理体制的核心问题是如何配置财务管理权限。财务管理体制的一般模式包括：集权型财务管理体制、分权型财务管理体制、集权与分权相结合型财务管理体制（见表 1-5）。

表1-5

类型	含义	优点	缺点
集权型财务管理体制	企业对各所属单位的所有财务管理决策都进行集中统一，各所属单位没有财务决策权，企业总部财务部门不但参与决策和执行决策，在特定情况下还直接参与各所属单位的执行过程	企业内部的各项决策由总部制定和部署，可以实现一体化管理，使决策统一化、制度化得到保证；有利于在整个企业内部优化配置资源	会使各所属单位丧失主动性、积极性；也可能因为决策程序复杂丧失市场机会
分权型财务管理体制	将财务决策权和管理权完全下放到所属单位，所属单位只需将决策结果报请企业总部备案即可	有利于分散经营风险，因地制宜地解决问题，搞好各项业务	缺乏全局意识和整体意识，可能导致资金管理分散、资金成本增大
集权与分权相结合型财务管理体制	实质就是集权下的分权，即企业对各所属单位在所有重大问题的决策与处理上实行高度集权，各所属单位对日常经营活动具有较大的自主权	吸收了集权型和分权型财务管理体制各自的优点，避免了两者各自的缺点，具有较大的优越性	

提示　集权与分权相结合型财务管理体制的主要特点：在制度上，制定统一的内部管理制度，各所属单位应遵照执行，但可以根据自身特点加以补充；在管理上，利用企业的各项优势，对部分权限集中管理；在经营上，充分调动各所属单位的积极性。各所属单位在遵守企业统一制度的前提下，可自主制定生产经营的各项决策。

（二）影响企业财务管理体制集权与分权选择的因素（见表1-6）

表1-6

因素	具体内容	影响方向
企业生命周期	初创阶段、快速发展阶段、稳定增长阶段、成熟阶段和衰退阶段	各个阶段特点不同，所对应的财务管理体制选择模式也会有区别。举例：在初创阶段，企业经营风险高，财务管理宜偏重集权模式
企业战略	数量扩大、地区开拓、纵向或横向联合发展和产品多样化	不同战略目标应匹配不同的财务管理体制。举例：实施纵向一体化战略的企业，要求各所属单位保持密切的业务联系，各所属单位之间业务联系越密切，就越有必要采用相对集中的财务管理体制
企业所处市场环境	复杂多变/稳定	(1) 复杂多变。有较大的不确定性，那么可以在财务管理划分权力时，给中下层财务管理人员较多的随机处理权，以增强企业对市场环境变动的适应能力。 (2) 稳定。对生产经营的影响不太显著，可以较多地集中财务管理权
企业规模	大/小	(1) 企业规模小，财务管理工作量小，为财务管理服务的财务组织制度也相应简单、集中，偏重于集权模式。 (2) 企业规模大，财务管理工作量大，复杂性增加，财务管理的各种权限就有必要根据需要重新设置规划

续表

因素	具体内容	影响方向
企业管理层素质	高/低	(1) 素质高、能力强，可以采用集权型财务管理体制。 (2) 素质低、能力弱，通过分权可以调动所属单位的生产积极性、创造性和应变能力
信息网络系统	及时、准确	集权型的财务管理体制，在企业内部需要有一个能及时、准确传递信息的网络系统，并通过对信息传递过程的严格控制来保障信息的质量

（三）企业财务管理体制的设计原则

（1）与现代企业制度的要求相适应的原则；

（2）明确企业对各所属单位管理中决策权、执行权与监督权相互制衡的原则；

（3）明确财务综合管理与分层管理思想的原则；

（4）与企业组织体制相对应的原则。

提示 企业组织体制大体上有 U 型组织、H 型组织和 M 型组织，其特征和最高决策层的职能如下：

①U 型组织：以职能化管理为核心，最典型的特征是在管理分工下实行集权控制，子公司的自主权较小。

②H 型组织：控股公司体制。过度分权各子公司保持了较大的独立性，总部缺乏有效的监控约束力度。

③M 型组织：事业部制，即按照企业所经营的事业，包括按产品、按地区、按顾客（市场）等来划分部门，设立若干事业部。事业部是总部设置的中间管理组织，不是独立法人，不能够独立对外从事生产经营活动。因此，从这个意义上说，M 型组织比 H 型组织集权程度更高。但随着实践的深入，现代意义上的 H 型组织既可以分权管理，也可以集权管理。

（四）集权与分权相结合型财务管理体制的实践

1. 核心内容

企业总部应做到制度统一、资金集中、信息集成和人员委派。

2. 集中内容

集中制度制定权；集中筹资、融资权；集中投资权；集中用资、担保权；集中固定资产购置权；集中财务机构设置权；集中收益分配权。

3. 分散内容

分散经营自主权；分散人员管理权；分散业务定价权；分散费用开支审批权。

提示 具体框架见图 1-1。

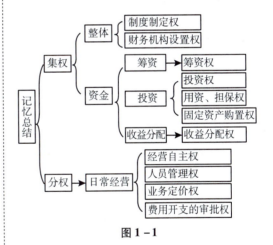

图 1-1

二、例题点津

【例题 1·单选题】集权型财务管理体制可能导致的问题是（   ）。

A. 削弱所属单位主动性

B. 资金管理分散

C. 利润分配无序

D. 资金成本增大

【答案】A

【解析】集权过度会使各所属单位缺乏主动

性、积极性，丧失活力，也可能因为决策程序相对复杂而失去适应市场的弹性，丧失市场机会。

【例题2·单选题】在集权和分权相结合的财务管理体制公司，相比企业总部，所属的各单位应该具有的权力是（　　）。

A. 筹资、投资权

B. 人员管理权

C. 固定资产购置权

D. 收益分配权

【答案】B

【解析】筹资、投资权、固定资产购置权、收益分配权、财务机构设置权、用资、担保权、制度制定权都属于企业总部权利。人员管理权是所属单位应该具有的权力，选项B正确。

【例题3·单选题】关于企业财务管理体制的模式选择，下列说法错误的是（　　）。

A. 若企业管理者素质高、能力强，则可以采用集权型财务管理体制

B. 若企业处于初创阶段，经营风险高，则更适合采用分权型财务管理体制

C. 若企业面临的环境是稳定的、对生产经营的影响不显著，则更适合采用集权型财务管理体制

D. 若企业规模小，财务管理工作量少，则更适合采用集权型财务管理体制

【答案】B

【解析】处于初创阶段的企业经营风险高，更适合采用偏集权的财务管理体制，选项B错误。

【例题4·多选题】采用集权型财务管理体制的优势在于（　　）。

A. 可以使决策统一化、制度化得到保障

B. 有利于企业内部优化资源配置

C. 有利于调动所属单位的积极性、主动性

D. 企业内部可充分展现一体化管理的优势

【答案】ABD

【解析】集权型财务管理体制的优点是：企业内部可充分展现一体化管理的优势，使决策统一化、制度化得到保障；有利于企业内部优化资源配置，选项A、B、D正确。其缺点是：各所属单位缺乏主动性；因决策程序复杂而失去市场弹性，丧失市场机会。

第五单元　财务管理环境

一、考点解读

在影响财务管理的各种外部环境中，经济环境是最为重要的。

（一）技术环境

财务管理的技术环境，是指财务管理得以实现的技术手段和技术条件，它决定着财务管理的效率和效果。

（二）经济环境

1. 经济体制

在计划经济体制下，国家统收统支，企业利润统一上缴、亏损全部由国家补贴，企业作为一个独立的核算单位而无独立的理财权利。这时，财务管理活动的内容比较单一，财务管理方法比较简单。在市场经济体制下，企业成为"自主经营、自负盈亏"的经济实体，财务管理活动的内容比较丰富，方法也复杂多样。

2. 经济周期

在不同的经济周期，企业应采用不同的财务管理战略（见表1-7）。

表1-7　　　　　　　　　　经济周期中不同阶段的财务管理战略

复苏	繁荣	衰退	萧条
(1) 增加厂房设备	(1) 扩充厂房设备	(1) 停止扩张	(1) 建立投资标准
(2) 实行长期租赁	(2) 继续建立存货	(2) 出售多余设备	(2) 保持市场份额
(3) 建立存货储备	(3) 提高产品价格	(3) 停产不利产品	(3) 压缩管理费用
(4) 开发新产品	(4) 开展营销规划	(4) 停止长期采购	(4) 放弃次要利益
(5) 增加劳动力	(5) 增加劳动力	(5) 削减存货	(5) 削减存货
		(6) 停止扩招雇员	(6) 裁减雇员

3. 经济发展水平

(1) 财务管理水平与经济发展水平密切相关，**经济发展水平越高，财务管理水平也越好**。

(2) 财务管理应当以经济发展水平为基础，以宏观经济发展目标为导向，从业务工作角度保证企业经营目标和经营战略的实现。

4. 宏观经济政策

5. 通货膨胀水平

(1) 通货膨胀对企业财务活动的影响表现。

①引起**资金占用的大量增加**，从而**增加企业的资金需求**；

②引起企业**利润虚增**，造成企业**资金流失**；

③引起**利润上升**，加大企业**筹资成本**；

④引起有价**证券价格下降**，增加企业的**筹资难度**；

⑤引起**资金供应紧张**，增加企业的**筹资困难**。

(2) 企业应对通货膨胀应当采取的防范措施。在通货膨胀**初期**，货币面临着贬值的风险，这时企业进行**投资**可以避免风险，实现资本保值；与客户应**签订长期购货合同**，以减少物价上涨造成的损失；**取得长期负债**，保持资本成本的稳定。在通货膨胀**持续期**，企业可以采用比较**严格的信用条件**，减少企业债权；调整财务政策，防止和减少企业资本流失等。

(三) 金融环境

1. 金融机构、金融工具与金融市场

(1) 金融机构。

主要是银行和非银行金融机构。

(2) 金融工具。

①含义。金融工具是指形成一方的金融资产并形成其他方的金融负债或权益工具的合同。借助金融工具，资金从供给方转移到需求方。

②分类。金融工具分为基本金融工具和衍生金融工具两大类。常见的基本金融工具有企业持有的现金、从其他方收取现金或其他金融资产的合同权利、向其他方交付现金或其他金融资产的合同义务等；衍生金融工具又称派生金融工具，是在基本金融工具的基础上通过特定技术设计形成新的融资工具，如各种远期合同、期货合同、互换合同和期权合同等。

③**特征**。金融工具具有流动性、风险性和收益性的特征。

(3) 金融市场。

①含义。金融市场是指资金供应者和资金需求者双方通过一定的金融工具进行交易而融通资金的场所。

②要素。金融市场的构成要素包括资金供应者、资金需求者、金融工具、交易价格、组织方式等。

③**资金转移方式。直接转移：需要资金的企业或其他资金不足者直接将股票或债券出售给资金剩余者。**

间接转移：需要资金的企业或其他资金不足者，通过中介机构将股票或债券出售给资金剩余者；或者以他们自身所发行的证券来交换资金供应者手中的资金，再将资金转移到资金需求者手中。

2. 金融市场的分类 (见表1-8)

表1-8

标准	类型	内容
期限	货币市场	短期金融市场，是指以期限在1年以内的金融工具为媒介，进行短期资金融通的市场，包括同业拆借市场、票据市场、大额定期存单市场和短期债券市场等
	资本市场	长期金融市场，是指以期限在1年以上的金融工具为媒介，进行长期资金交易活动的市场，包括股票市场、债券市场、期货市场和融资租赁市场等
功能	发行市场	又称为一级市场，主要处理金融工具的发行与最初购买者之间的交易
	流通市场	又称为二级市场，主要处理现有金融工具转让和变现的交易
融资对象	资本市场	以各种长期资金为交易对象
	外汇市场	以各种外汇金融工具为交易对象
	黄金市场	集中进行黄金买卖和金币兑换
金融工具的属性	基础性金融市场	以基础性金融产品为交易对象的金融市场，如商业票据、企业债券、企业股票的交易市场
	金融衍生品市场	以金融衍生产品为交易对象的金融市场，如远期、期货、掉期（互换）、期权的交易市场，以及具有远期、期货、掉期（互换）、期权中一种或多种特征的结构化金融工具的交易市场
地理范围	地方性金融市场、全国性金融市场和国际性金融市场	

3. 货币市场和资本市场（见表1-9）

表1-9

类型	特点
货币市场	（1）期限短； （2）交易目的是解决短期资金周转； （3）金融工具有较强的"货币性"，具有流动性强、价格平稳、风险较小等特性
资本市场	（1）融资期限长； （2）融资目的是解决长期投资性资本的需要； （3）资本借贷量大； （4）收益较高但风险也较大

提示 期货市场主要包括商品期货市场和金融期货市场。商品期货是期货交易的起源种类。国际商品期货交易的品种包括传统的农产品期货和经济作物、畜产品、有色金属、贵金属和能源等大宗初级产品。金融期货主要包括外汇期货、利率期货和股指期货。期货市场具有规避风险、发现价格、风险投资的功能。

（四）法律环境

法律环境是指企业与外部发生经济关系时所涉及的法律因素总和，主要包括企业应遵守的有关法律、法规和规章，主要包括《公司法》《证券法》《民法典》《企业财务通则》《内部控制基本规范》《管理会计指引》及税法等。

国家相关法律法规按照对财务管理内容的影响情况可以分以下几类（见表1-10）。

表 1-10

财务管理内容	影响财务管理内容的国家相关法律法规
企业筹资	《公司法》《证券法》《民法典》等
企业投资	《证券法》《公司法》《企业财务通则》等
企业收益分配	《公司法》《企业财务通则》及税法等

企业的财务管理环境总结如图 1-2 所示。

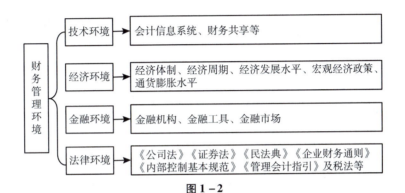

图 1-2

二、例题点津

【例题 1·单选题】相对于资本市场而言，下列各项中，属于货币市场特点的是（ ）。

A. 收益高　　　　B. 期限长

C. 流动性强　　　D. 风险大

【答案】C

【解析】货币市场的主要功能是调节短期资金融通。其主要特点是：（1）期限短；（2）交易目的是解决短期资金周转；（3）货币市场上的金融工具有较强的"货币性"，具有流动性强、价格平稳、风险较小等特性。

【例题 2·多选题】金融市场分为货币市场和资本市场两种类型，下列各项中，属于资本市场类型的有（ ）。

A. 票据市场　　　B. 期货市场

C. 同业拆借市场　D. 股票市场

【答案】BD

【解析】资本市场又称长期金融市场，是指以期限在 1 年以上的金融工具为媒介，进行长期资金交易活动的市场，包括股票市场、债券市场、期货市场和融资租赁市场等。

【例题 3·多选题】下列各项中，属于衍生金融工具的有（ ）。

A. 股指期货　　　B. 远期外汇

C. 银行承兑汇票　D. 股票期权

【答案】ABD

【解析】衍生金融工具又称派生金融工具，是在基本金融工具的基础上通过特定技术设计形成的新的金融工具，常见的衍生金融工具包括远期合同、期货合同、互换合同和期权合同等。选项 A、B、D 均属于衍生金融工具，选项 C 属于基本金融工具。

【例题 4·判断题】不考虑其他因素的影响，通货膨胀一般导致市场利率下降，从而降低筹资难度。（ ）

【答案】×

【解析】通货膨胀会引起市场利率上升，加大企业筹资成本，增加企业的筹资难度。

本章考点巩固练习题

一、单项选择题

1. 下列有关企业组织形式的表述中，错误的是（　　）。
   - A. 个人独资企业不需要缴纳企业所得税
   - B. 个人独资企业的责任承担以业主的投资额为限
   - C. 合伙企业的存续生命有限
   - D. 公司制企业存在代理问题

2. 相较于公司制企业，下列各项中，不属于个人独资企业特点的是（　　）。
   - A. 创立容易
   - B. 经营灵活自由
   - C. 存在代理问题
   - D. 不需要缴纳企业所得税

3. 下列有关我国国有独资公司的表述中，错误的是（　　）。
   - A. 国有独资公司是有限责任公司的一种特殊形式
   - B. 国有独资公司不设股东会
   - C. 国有独资公司的公司章程由董事会批准
   - D. 国有独资公司的合并、分立、解散等事项由国有资产监督管理机构决定

4. 下列关于财务管理内容的表述中，错误的是（　　）。
   - A. 投资是企业生存、发展以及进一步获取利润的基本前提
   - B. 筹资是基础，且筹资数量还制约着公司投资的规模
   - C. 短期借款计划和商业信用筹资计划属于筹资管理的范畴
   - D. 收入的初次分配是对成本费用的弥补

5. 若上市公司以股东财富最大化作为财务管理目标，则衡量股东财富大小的最直观的指标是（　　）。
   - A. 净利润
   - B. 净资产收益率
   - C. 每股收益
   - D. 股价

6. 甲公司是一家在创业板上市的科技公司，由于股市低迷，公司股票价格连续下降。为维持股价，公司董事长提出一项举债投资的创新计划。董事长的做法是出于实现（　　）的财务管理目标。
   - A. 利润最大化
   - B. 股东财富最大化
   - C. 企业价值最大化
   - D. 相关者利益最大化

7. 根据相关者利益最大化财务管理目标理论，承担最大风险并可能获得最大报酬的是（　　）。
   - A. 股东
   - B. 债权人
   - C. 经营者
   - D. 供应商

8. 下列措施中，不可以协调大股东与中小股东之间的利益冲突的是（　　）。
   - A. 增强中小股东的投票权
   - B. 增强中小股东的知情权
   - C. 降低董事会中独立董事的比例
   - D. 完善信息披露制度

9. 下列关于财务管理目标的协调的表述中，不正确的是（　　）。
   - A. 加大负债的比重是剥夺债权人权益的一种方法
   - B. 对经营者进行激励和监督就可以解决股东与经营者之间的矛盾
   - C. 接收是通过市场约束经营者，监督是通过所有者约束经营者
   - D. 债权人可以通过限制性借债保护自身的权益

10. 下列各项中，不属于财务管理原则的是（　　）。
    - A. 谨慎性原则
    - B. 风险权衡原则
    - C. 现金收支平衡原则

D. 成本收益权衡原则

11. 下列各项中，属于按照财务战略目标的总体要求，利用专门方法对各种备选方案进行比较和分析，从中选出最佳方案的是（　　）。

A. 财务决策　　　　B. 财务控制

C. 财务分析　　　　D. 财务计划

12. 下列关于分权型财务管理体制的表述中，错误的是（　　）。

A. 有利于分散经营风险

B. 有利于降低资金成本

C. 有利于所属单位因地制宜搞好各项业务

D. 有利于所属单位针对本单位存在的问题及时作出有效决策

13. 在重大问题上采取集权方式统一处理，各所属单位执行各项指令，他们只对生产经营活动具有较大的自主权，该种财务管理体制属于（　　）。

A. 集权型

B. 分权型

C. 集权与分权相结合型

D. 以上都不是

14. 企业财务管理体制的设计原则之一，就是明确企业对各所属单位管理中的（　　）相互制衡原则。

A. 筹资权、投资权、分配权

B. 决策权、执行权、监督权

C. 采购权、生产权、销售权

D. 组织权、任免权、奖惩权

15. M型组织的特点不包括（　　）。

A. M型组织是目前国际上大企业的管理体制的主流形式

B. M型组织实质上是企业集团的组织形式

C. M型组织属于集权程度较高的集权和分权的结合

D. 在M型组织下，最高决策层的职能是战略规划和关系协调

16. 当企业处于经济周期的（　　）阶段时，应该继续建立存货，提高产品价格，增加劳动力。

A. 复苏　　　　　　B. 繁荣

C. 衰退　　　　　　D. 萧条

17. 在不同的经济周期，企业应采用不同的财务管理战略。在萧条时期，企业不应该采取的财务管理战略是（　　）。

A. 建立投资标准

B. 保持市场份额

C. 开展营销规划

D. 压缩管理费用

18. 在通货膨胀初期，货币面临贬值的风险，此时，企业采取的正确应对方法是（　　）。

A. 加大货币资金的持有量

B. 与客户签订价格浮动的销售合同

C. 与客户签订价格浮动的购货合同

D. 减少长期负债

19. 下列金融工具中，可以在货币市场进行交易的是（　　）。

A. 公司股票

B. 公司债券

C. 银行承兑汇票

D. 银行长期贷款

20. 下列各项中，属于资本市场工具的是（　　）。

A. 商业票据　　　　B. 短期国债

C. 银行承兑汇票　　D. 公司债券

二、多项选择题

1. 下列各项中，属于公司制企业缺点的有（　　）。

A. 导致双重课税

B. 股东须承担无限连带责任

C. 存在代理问题

D. 组建公司的成本高

2. 下列企业活动中，属于财务管理内容的有（　　）。

A. 对固定资产更新改造活动作出进度安排

B. 对固定资产更新改造活动作出资金安排

C. 对固定资产更新改造活动作出工艺安排

D. 对固定资产更新改造活动进行成本效益分析

3. 与利润最大化的财务管理目标相比，股东财富最大化的优点有（　　）。

A. 考虑了风险因素

B. 在一定程度上避免企业短期行为

C. 有利于整体经济效益的提高

D. 对上市公司而言，比较容易量化，便于考核和奖惩

4. 财务管理目标理论中，相关者利益最大化目标所涉及的具体内容包括（　　）。
   A. 企业与政府的关系
   B. 企业与客户的关系
   C. 企业与债权人的关系
   D. 风险与报酬的关系

5. 下列关于企业财务管理目标的说法，正确的有（　　）。
   A. 企业的财务目标就是利润最大化
   B. 股东财富最大化目标受到股票数量和股价的影响
   C. 企业价值最大化等于企业股东权益和债权人权益的市场价值最大化
   D. 相关者利益最大化体现了各种财务关系的合作共赢的价值理念

6. 在某公司财务目标研讨会上，张经理主张"贯彻合作共赢的价值理念，做大企业的财富蛋糕"；李经理认为"既然企业的绩效按年度考核，财务目标就应当集中体现当年利润指标"；王经理提出"应将企业长期稳定的发展放在首位，以便创造更多的价值"。上述观点涉及的财务管理目标有（　　）。
   A. 利润最大化
   B. 企业规模最大化
   C. 企业价值最大化
   D. 相关者利益最大化

7. 下列各项中，能协调股东与经营者之间利益冲突的方式有（　　）。
   A. 制定年度利润指标
   B. 安排高管带薪休假
   C. 将公司股票价格与高管薪酬挂钩
   D. 将成本控制与高管升降级挂钩

8. 下列各项中，属于大股东侵害中小股东利益的主要形式的有（　　）。
   A. 利用关联交易转移上市公司的资产
   B. 非法占用上市公司巨额资金，或以上市公司的名义进行担保和恶意筹资
   C. 通过发布虚假信息进行股价操纵，欺骗中小股东

D. 为小股东委派的高管支付不合理的报酬及特殊津贴

9. 当股东与债权人发生利益冲突时，债权人的解决方式有（　　）。
   A. 限制性借债
   B. 给予经营者股票期权
   C. 收回借款
   D. 停止借款

10. 企业的社会责任的具体内容包括（　　）。
    A. 对股东的责任
    B. 对员工的责任
    C. 对债权人的责任
    D. 对环境和资源的责任

11. 下列各项原则中，属于财务管理原则的有（　　）。
    A. 系统性原则
    B. 企业价值最大化原则
    C. 利润最大化原则
    D. 成本收益权衡原则

12. 某公司有 A、B 两个子公司，采用集权与分权相结合的财务管理体制，根据我国企业的实践，公司总部一般应该集权的有（　　）。
    A. 筹资权　　　　　B. 担保权
    C. 收益分配权　　　D. 经营权

13. 下列各项中，宜采用相对集中的财务管理体制的有（　　）。
    A. 实施纵向一体化战略的企业
    B. 实施横向一体化战略的企业
    C. 管理者的管理水平较高
    D. 各所属单位之间的业务联系较分散

14. 在经济衰退时期，企业应采取的财务管理战略包括（　　）。
    A. 提高产品价格
    B. 出售多余设备
    C. 停产不利产品
    D. 削减存货

15. 为了应对通货膨胀给企业造成的影响，企业可以采取的措施有（　　）。
    A. 放宽信用期限
    B. 取得长期负债
    C. 减少企业债权

D. 签订长期购货合同

16. 下列各项中，属于影响财务管理的主要金融环境因素有（   ）。

    A. 企业组织形式

    B. 金融市场

    C. 金融工具

    D. 金融机构

17. 金融工具分为基本金融工具和衍生金融工具两大类，下列各项中，属于衍生金融工具的有（   ）。

    A. 期货   B. 票据

    C. 货币   D. 可转换债券

18. 下列各项中，属于货币市场的有（   ）。

    A. 同业拆借市场

    B. 股票市场

    C. 票据市场

    D. 大额定期存单市场

19. 与货币市场相比，资本市场的主要特点有（   ）。

    A. 融资期限长

    B. 交易目的是解决长期资本需求

    C. 具有流动性强、风险小等特性

    D. 收益高但风险大

20. 资本市场又称长期金融市场，是指以期限在 1 年以上的金融工具为媒介，进行长期资金交易活动的市场。资本市场主要包括（   ）。

    A. 同业拆借市场   B. 债券市场

    C. 股票市场   D. 融资租赁市场

三、判断题

1. 有限责任公司和股份有限公司在设立时对股东人数有不同要求，设立有限责任公司应为 2 人以上 200 人以下股东；设立股份有限公司应有 2 人以上 50 人以下为发起人。（   ）

2. 与企业价值最大化目标相比，股东财富最大化目标的局限性在于未能克服企业追求利润的短期行为。（   ）

3. 公司以股东财富最大化作为财务管理目标，意味着公司创造的财富应首先满足股东期望的回报要求，然后再考虑其他利益相关者。（   ）

4. 对于以相关者利益最大化为财务管理目标的公司来说，最为重要的利益相关者应当是公司员工。（   ）

5. 如果某上市公司不存在控股股东，则该公司不存在股东与债权人之间的利益冲突。（   ）

6. 财务管理贯彻的是权责发生制，财务管理活动中做到收入和支出在数量上、时间上达到动态匹配。（   ）

7. 财务分析是将报告期的实际完成数与规定的考核指标进行对比，确定有关责任单位的完成任务的情况。（   ）

8. 企业规模越大，管理能力就越强，就越有必要实行集权型的财务管理体制。（   ）

9. 由于控股公司组织（H 型组织）的母、子公司均为独立的法人，是典型的分权组织，因而不能进行集权管理。（   ）

10. 企业是微观经济单位，所以财务管理只能适应经济发展水平，而不能影响经济发展水平。（   ）

11. 在经济衰退初期，公司一般应当出售多余设备，停止长期采购。（   ）

12. 不考虑其他因素的影响，通货膨胀一般导致市场利率下降，从而降低筹资难度。（   ）

13. 金融工具是形成一方的金融资产并形成其他方的金融负债或权益工具的合同，具有收益性、稳定性和流动性的特征。（   ）

14. 基础性金融市场包括商业票据、企业债券、企业股票、期权的交易市场。（   ）

15. 资本市场的主要功能是实现长期资本融通，包括债券市场、股票市场、期货市场和大额定期存单市场。（   ）

本章考点巩固练习题参考答案及解析

一、单项选择题

1.【答案】B

【解析】本题考查的是不同企业组织形式的特点。个人独资企业的业主承担无限责任，并非以其业主的投资额为限，选项 B 说法错误。需要特别说明的是选项 C，这句话并非教材原文，由于合伙企业的优缺点与个人独资企业类似，因此合伙企业的存续生命与个人独资企业类似，即存续生命有限，随着合伙人的死亡而自动消亡，因此该选项说法正确。

2.【答案】C

【解析】个人独资企业的所有者往往就是经营者，其所有权与经营权并不分离，所以不存在代理问题。

3.【答案】C

【解析】国有独资公司的公司章程由国有资产监督管理机构制定，或者由董事会制定报国有资产监督管理机构批准。

4.【答案】C

【解析】本题考查的是财务管理的内容。短期借款计划和商业信用筹资计划属于营运资金管理的范畴，选项 C 错误。同学们需要格外关注选项 A、B 的说法，并做好辨析。

5.【答案】D

【解析】股东财富最大化是指企业财务管理以实现股东财富最大为目标。在上市公司，股东财富是由其所拥有的股票数量和股票市场价格两方面来决定的。在股票数量一定时，股票价格达到最高，股东财富也就达到最大。

6.【答案】B

【解析】公司董事长提出创新计划的目的是维护公司股票价格，从而实现股东财富最大化。

7.【答案】A

【解析】股东作为企业所有者，在企业中承担着最大的权利、义务、风险和报酬。所以本

题正确答案为选项 A。

8.【答案】C

【解析】本题考查的是大股东与中小股东之间的利益冲突及协调。大股东与中小股东之间的利益冲突的协调方式包括：（1）增强中小股东的投票权和知情权（选项 A、B 不当选）；（2）提高董事会中独立董事的比例（选项 C 当选）；（3）建立健全监事会，并赋予监事会更大的监督与起诉权；（4）完善会计准则体系和信息披露规则（选项 D 不当选）；（5）加大对信息披露违规行为的处罚力度，加强对信息披露的监管。

9.【答案】B

【解析】即使采取了激励和监督的措施，也无法完全解决这一矛盾，因为经营者也是理性的人，也是一个独立的利益主体，他会采取对他最有利的行动，激励和监督只能缓解股东与经营者之间的矛盾。

10.【答案】A

【解析】财务管理原则包括：系统性原则、风险权衡原则、现金收支平衡原则、成本收益权衡原则、利益关系协调原则。

11.【答案】A

【解析】财务决策是指按照财务战略目标的总体要求，利用专门方法对各种备选方案进行比较和分析，从中选出最佳方案的过程。

12.【答案】B

【解析】分权型财务管理体制指将财务决策权和管理权完全下放到所属单位，所属单位只需将决策结果报请企业总部备案即可。其优点如下：由于所属单位负责人有权对影响经营成果的因素进行控制，加之身在基层，了解情况，有利于针对本单位存在的问题及时作出有效决策，因地制宜搞好各项业务，也有利于分散经营风险，促进所属单位管理人员和财务人员的成长。其缺点如下：各所

属单位大多从本位利益出发安排财务活动，缺乏全局观念和整体意识，从而可能导致资金管理分散、资金成本增大、费用失控、利润分配无序。

13.【答案】C

【解析】在集权与分权相结合型下，企业对各所属单位在所有重大问题的决策与处理上高度集权，各所属单位则对日常经营活动具有较大自主权。

14.【答案】B

【解析】企业财务管理体制的设计原则包括：与现代企业制度的要求相适应的原则；明确企业对各所属单位管理中的决策权、执行权与监督权相互制衡原则；明确财务管理的综合管理与分层管理思想的原则；与企业组织体制相对应的原则。

15.【答案】B

【解析】H型组织实质上是企业集团的组织形式。

16.【答案】B

【解析】本题考核经济周期相关概念。当企业处于经济周期的繁荣阶段时，应该扩充厂房设备，继续建立存货，提高产品价格，开展营销规划，增加劳动力。

17.【答案】C

【解析】在不同的经济周期，企业应采用不同的财务管理战略。在萧条时期，企业应采取的财务管理战略包括：建立投资标准、保持市场份额、压缩管理费用、放弃次要利益、削减存货、裁减雇员。开展营销规划属于繁荣时期的财务管理战略。

18.【答案】B

【解析】与客户签订价格浮动的销售合同，产品销售价格会随通货膨胀而提高，属于正确的应对方法。

19.【答案】C

【解析】公司股票、公司债券、银行长期贷款属于期限在1年以上的金融工具，银行承兑汇票属于期限在1年以内的金融工具。

20.【答案】D

【解析】资本市场的工具包括股票、公司债券、长期政府债券和银行长期贷款等。

二、多项选择题

1.【答案】ACD

【解析】公司制企业的缺点：（1）组建公司的成本高。（2）存在代理问题。（3）双重课税，选项A、C、D正确。公司制企业的股东以其认缴的出资额为限承担有限责任，选项B错误。

2.【答案】BD

【解析】对固定资产更新改造活动作出资金安排涉及筹资管理；对固定资产更新改造活动进行成本效益分析涉及广义的成本管理。

3.【答案】ABD

【解析】本题考查的是财务管理目标之间的对比。与利润最大化的财务管理目标相比，股东财富最大化的优点有：（1）考虑风险因素（选项A正确）；（2）在一定程度上避免短期行为（选项B正确）；（3）对上市公司而言，容易量化，便于考核和奖惩（选项D正确）。利润最大化目标有利于企业资源的合理配置，有利于企业整体经济效益的提高（选项C错误）。

4.【答案】ABCD

【解析】相关者利益最大化具体内容包括：（1）强调风险与报酬的均衡，将风险限制在企业可接受的范围之内；（2）强调股东的首要地位；（3）强调对企业代理人即企业经营者的监督和控制，建立有效的激励机制；（4）关心本企业一般职工的利益；（5）不断加强与债权人的关系；（6）关心客户的长期利益；（7）加强与供应商的合作；（8）保持与政府部门的良好关系。

5.【答案】BCD

【解析】利润最大化目标只是企业财务目标之一，不能代表企业的全部财务目标。

6.【答案】ACD

【解析】张经理的观点体现的是相关者利益最大化；李经理的观点体现的是利润最大化；王经理的观点体现的是企业价值最大化。所以本题选项A、C、D正确。

7.【答案】CD

【解析】制定年度利润指标如果不与奖惩相联系就不具有激励效果；安排高管带薪休假如果不与绩效相联系也不具有激励效果。

8.【答案】ABC

【解析】大股东侵害中小股东利益的主要形式包括：（1）利用关联交易转移上市公司的资产；（2）非法占用上市公司巨额资金，或以上市公司的名义进行担保和恶意筹资；（3）通过发布虚假信息进行股价操纵，欺骗中小股东；（4）为大股东委派的高管支付不合理的报酬及特殊津贴；（5）采用不合理的股利政策，掠夺中小股东的既得利益。

9.【答案】ACD

【解析】股东与债权人利益冲突缓解的方式有：限制性借债、收回借款或停止借款。

10.【答案】BCD

【解析】企业的社会责任是指企业在谋求所有者或股东财富最大化之外所负有的维护和增进社会利益的义务。不包括对股东的责任。

11.【答案】AD

【解析】财务管理原则包括：系统性原则、风险权衡原则、现金收支平衡原则、成本收益权衡原则、利益关系协调原则。

12.【答案】ABC

【解析】集权与分权相结合型财务管理体制的核心内容包括：企业总部做到制度统一，资金集中，信息集成和人员委派，在所有重大问题的决策与处理上实行高度集权；各所属单位则对日常经营活动具有较大的自主权。所以选项A、B、C正确。

13.【答案】AC

【解析】各所属单位之间的业务联系越密切，就越有必要采用相对集中的财务管理体制，实施纵向一体化战略的企业，宜采用相对集中的财务管理体制；管理者的管理水平较高，就可以采用相对集中的财务管理体制。

14.【答案】BCD

【解析】在经济衰退时期，企业应采取的财务管理战略包括停止扩张、出售多余设备、停产不利产品、停止长期采购、削减存货、停止扩招雇员。提高产品价格是繁荣时期应采取的财务管理战略，所以选项A错误。

15.【答案】BCD

【解析】为了减轻通货膨胀对企业造成的不利影响，企业应当采取措施予以防范。在通货膨胀初期，货币面临着贬值的风险，这时企业进行投资可以避免风险，实现资本保值；与客户应签订长期购货合同，以减少物价上涨造成的损失；取得长期负债，保持资本成本的稳定。在通货膨胀持续期，企业可以采用比较严格的信用条件，减少企业债权；调整财务政策，防止和减少企业资本流失等。

16.【答案】BCD

【解析】影响财务管理的主要金融环境因素有金融机构、金融市场、金融工具等。

17.【答案】AD

【解析】常见的基本金融工具有货币、票据、债券、股票等；衍生金融工具又称派生金融工具，是在基本金融工具的基础上通过特定技术设计形成新的融资工具，如各种远期合约、期货、互换、掉期、资产支持证券等。可转换债券属于衍生工具筹资，也属于衍生金融工具。

18.【答案】ACD

【解析】资本市场又称长期金融市场，是指以期限在1年以上的金融工具为媒介，进行长期资金交易活动的市场，包括股票市场、债券市场、期货市场和融资租赁市场等。选项A、C、D属于货币市场。

19.【答案】ABD

【解析】选项C流动性强、风险小等特征属于货币市场的特点。

20.【答案】BCD

【解析】货币市场包括同业拆借市场、票据市场、大额定期存单市场和短期债券市场；资本市场包括股票市场、债券市场、期货市场和融资租赁市场。

三、判断题

1.【答案】×

【解析】有限责任公司和股份有限公司在设立时对股东人数要求不同：设立有限责任公司可以为1人以上50人以下股东；设立股份有限公司应有1人以上200人以下为发起人。

2.【答案】×

【解析】股东财富最大化目标在一定程度上能避免企业短期行为，因为不仅目前的利润会影响股票价格，预期未来的利润同样会对股价产生重要影响。

3.【答案】×

【解析】股东权益是剩余权益，只有满足了其他方面的利益之后才会有股东的利益，企业必须交税、给职工发放工资薪金、给顾客提供满意的产品，然后才能获得税后收益。

4.【答案】×

【解析】相关者利益最大化强调股东的首要地位，并强调企业与股东之间的协调关系。

5.【答案】×

【解析】股东与债权人之间的利益冲突，与股东是否控股没有关系。

6.【答案】×

【解析】财务管理贯彻的是收付实现制，而非权责发生制，客观上要求财务管理活动中做到现金收入和现金支出在数量上、时间上达到动态平衡，即现金收支平衡。

7.【答案】×

【解析】财务考核是将报告期的实际完成数与规定的考核指标进行对比，确定有关责任单位的完成任务的情况，并进行综合评价。

8.【答案】×

【解析】企业规模越大，信息源距企业总部传递信息所经过的环节越多，传递信息的耗时就越长，越难以保证信息的质量，就很难实行集权的财务管理体制。

9.【答案】×

【解析】随着企业管理实践的深入，H型组织的财务管理体制也在不断演化。总部作为子公司的出资人对子公司的重大事项拥有最后的决定权，因此，也就拥有了对子公司"集权"的法律基础。现代意义上的H型组织既可以分权管理，也可以集权管理。

10.【答案】×

【解析】财务管理的发展水平是和经济发展水平密切相关的，经济发展水平越高，财务管理水平也越高。财务管理水平的提高，将推动企业降低成本，改进效率，提高效益，从而促进经济发展水平的提高；而经济发展水平的提高，将改变企业的财务战略、财务理念、财务管理模式和财务管理的方法手段，从而促进企业财务管理水平的提高。

11.【答案】√

【解析】在经济衰退期，财务战略一般为停止扩张、出售多余设备、停产不利产品、停止长期采购、削减存货、停止扩招雇员。所以本题说法正确。

12.【答案】×

【解析】通货膨胀会引起市场利率上升，加大企业筹资成本，增加企业的筹资难度。

13.【答案】×

【解析】本题考查的是金融工具的特征。金融工具具有收益性、风险性和流动性的特征，但不具有稳定性的特征，因此本题说法错误。

14.【答案】×

【解析】期权交易市场属于金融衍生品市场。

15.【答案】×

【解析】本题考查的是金融市场的分类与特征。大额定期存单市场属于货币市场，而资本市场还包括融资租赁市场，因此本题说法错误。

第二章 财务管理基础

考情分析

本章是财务管理的基础章节，主要介绍货币时间价值、风险与收益以及成本性态，是预算管理、筹资管理、投资管理、成本管理等后续章节的先导知识，为以后章节的学习打基础，内容较多，难度较大。

教材变化

2024 年本章教材内容无实质性变化。

考点提示

本章题型比较全面，并可以单独或与其他章节的知识（如资本成本计算、项目投资管理、证券投资管理等）相结合考计算分析题或综合题。往年客观题出题频次较高，主观题出题点如下：（1）单项资产收益率、收益率的标准差和标准差率的计算；（2）证券资产组合的预期收益率、组合收益率的标准差的计算；（3）β系数的含义以及资本资产定价模型的计算和运用。

本章要求考生掌握：货币时间价值的计算，成本性态分析，资本资产定价模型的基本原理，证券资产组合的收益与风险；熟悉：资产收益与收益率，资产的风险及其衡量，风险管理；了解：资本资产定价模型的有效性和局限性。

第二章

本章考点框架

财务管理基础
- 货币时间价值
  - 货币时间价值的概念
  - 复利终值和现值
  - 年金现值
  - 年金终值
  - 年偿债基金和年资本回收额
  - 利率的计算
- 收益与风险
  - 资产收益与收益率
  - 资产的风险及其衡量
  - 风险管理
  - 证券资产组合的收益与风险
  - 资本资产定价模型
- 成本性态分析
  - 固定成本
  - 变动成本
  - 混合成本
  - 总成本模型

考点解读及例题点津

第一单元　货币时间价值

1 货币时间价值的概念

一、考点解读

货币时间价值，是指在没有风险和没有通货膨胀的情况下，货币经历一定时间的投资和再投资所增加的价值，也称为资金的时间价值。

纯利率，是指在没有通货膨胀、无风险情况下资金市场的平均利率。

不同时间的货币资金不宜直接进行比较，需要把它们换算到相同的时点进行比较才有意义。因此，在换算时广泛使用复利计算方法。

二、例题点津

【例题1·判断题】纯利率是指在没有通货膨胀、无风险情况下资金市场的最低利率。（　　）

【答案】×

【解析】纯利率是指在没有通货膨胀、无风险情况下资金市场的平均利率，而不是最低利率。

2 复利终值和现值

一、考点解读

复利计算方法是指每经过一个计息期，要将该期的利息加入本金再计算利息，逐期滚动计算，俗称"利滚利"。这里所说的一个计息期，是指相邻两次计息的间隔，如一年、半年等。除非特别说明，一个计息期一般为一年。

1. 复利终值

复利终值指现在的某笔资金按复利计算方法，折算到将来某一定时点的价值。

复利终值的计算公式如下：

$F = P \times (1+i)^n$

其中，P：现值（或初始值）；i：计息期利率；F：终值（或本利和）；n：计息期数。

$(1+i)^n$ 被称为复利终值系数，用符号 $(F/P, i, n)$ 表示，即：$F = P \times (F/P, i, n)$。

2. 复利现值

复利现值是指未来某一时点固定资金按复利计算方法，折现到现在的价值。

将复利终值计算公式 $F = P \times (1+i)^n$ 移项，可得：

$P = F \times (1+i)^{-n}$

其中，$(1+i)^{-n}$ 称为复利现值系数，用符号 $(P/F, i, n)$ 来表示，即：$P = F \times (P/F, i, n)$。

提示 复利终值、复利现值的计算中，现值可以泛指资金在某个特定时间段的"前一时点"（而不一定真的是"现在"）的价值，终值可以泛指资金在该时间段的"后一时点"的价值；可以按照要求将该时间段划分为若干个计息期，使用相应的利息率和复利计息方法，将某个时点的资金计算得出该笔资金相当于其他时点的价值是多少。

二、例题点津

【例题1·单选题】 某工程项目现需要投入3亿元，如果延迟一年建设，投入将增加10%，假设利率为5%，则项目延迟造成的投入现值的增加额为（　　）亿元。

A. 0.14　　　　　B. 0.17

C. 0.3　　　　　D. 0.47

【答案】A

【解析】项目延迟造成的投入现值的增加额 = $3 \times (1+10\%)/(1+5\%) - 3 = 0.14$（亿元）。

【例题2·单选题】 某企业于年初存入银行10 000元，假定年利息率为12%，每年复利两次。已知（F/P, 6%, 5）= 1.3382，（F/P, 6%, 10）= 1.7908，（F/P, 12%, 5）= 1.7623，（F/P, 12%, 10）= 3.1058，则第5年末的本利和为（　　）元。

A. 13 382　　　　B. 17 623

C. 17 908　　　　D. 31 058

【答案】C

【解析】第5年末的本利和 = 10 000 × （F/P, 6%, 10）= 17 908（元）。

通过上述计算可知：①复利终值和复利现值互为逆运算；②复利终值系数和复利现值系数互为倒数 $[(1+i)^{-n} \times (1+i)^n = 1]$。

【例题3·判断题】 在终值和计息期一定的情况下，贴现率越低，则复利现值越高。（　　）

【答案】√

【解析】因为复利现值与期限、利率都是反向变动的，所以在终值和计息期一定的情况下，贴现率越低，则复利现值越高。

3 年金现值

一、考点解读

在计算货币时间价值时，**年金是指间隔期相等的系列等额收付款项**。例如，间隔期固定、金额相等的分期付款赊购、分期偿还贷款、发放养老金、分期支付工程款以及每年相同的销售收入等，都属于年金。**年金包括普通年金、预付年金、递延年金、永续年金等形式**。在年金中，间隔期间可以不是1年，例如每季末等额支付的债务利息也是年金。

1. 普通年金现值（后付年金现值）

普通年金是年金的最基本形式，它是指从第一期起，在一定时期内**每期期末等额收付的**系列款项。等额收付3次的普通年金如图2-1所示。

图2-1中的序号代表的时间点是期末，例如"2"代表的时点是第二期期末，需要说明的是，上期期末和下期期初是同一个时点，所以，"2"代表的时点也可以表述为第三期期初，通常称"0"代表的时点是第一期期初。竖线下端数字A表示每次等额收付的金额。

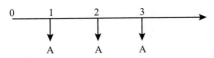

图 2 - 1　普通年金的收付形式

普通年金现值的计算公式如下：

$$P = A(1+i)^{-1} + A(1+i)^{-2} + \cdots + A(1+i)^{-n}$$

等式两边同乘以（1 + i）：

$$P(1+i) = A + A(1+i)^{-1} + \cdots + A(1+i)^{-(n-1)}$$

后式减前式：

$$P(1+i) - P = A - A(1+i)^{-n}$$
$$P \times i = A \times [1 - (1+i)^{-n}]$$
$$P = A \times \frac{1 - (1+i)^{-n}}{i}$$

式中，$\frac{1-(1+i)^{-n}}{i}$ 称为"年金现值系数"，记作（P/A，i，n），即：普通年金现值 $P = A \times (P/A，i，n)$，其中的"n"指的是等额收付的次数（即 A 的个数）。

2. 预付年金现值（即付/先付年金）

预付年金是指从第一期起，在一定时期内每期期初等额收付的系列款项。预付年金与普通年金的区别仅在于收付款时点，普通年金发生在期末，而预付年金发生在期初。等额收付 3 次的预付年金如图 2 - 2 所示。对于等额收付 3 次的预付年金而言，等额收付发生的时点为第一期期初（0 时点）、第二期期初（1 时点）、第三期期初（2 时点）。

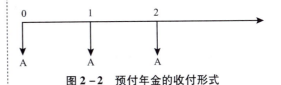

图 2 - 2　预付年金的收付形式

预付年金现值的计算公式如下：

$$P = A + A(1+i)^{-1} + A(1+i)^{-2} + \cdots + A(1+i)^{-(n-1)}$$

等式两边同时乘以（1 + i）$^{-1}$：

$$P \times (1+i)^{-1} = A(1+i)^{-1} + A(1+i)^{-2} + \cdots + A(1+i)^{-n}$$

即：

$$P \times (1+i)^{-1} = A \times (P/A，i，n)$$

等式两边同时乘以（1 + i）得到：

$$P = A \times (P/A，i，n) \times (1+i)$$

其中的"n"指的是等额收付的次数（即 A 的个数）。

3. 递延年金现值

递延年金由普通年金递延形成，递延的期数称为递延期，一般用 m 表示递延期。递延年金的第一次收付发生在第 m + 1 期期末（m 为大于 0 的整数）。递延年金的收付形式如图 2 - 3 所示。

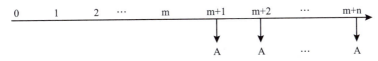

图 2 - 3　递延年金现值收付形式

递延年金现值的公式如下：

$$P = A \times (P/A，i，n) \times (P/F，i，m)$$

式中，n 表示等额收付的次数（即 A 的个数），$A \times (P/A，i，n)$ 表示第 m 期期末的复利现值之和，由于从第 m 期期末复利折现到第一期期初需要复利折现 m 期，所以，递延年金现值 $P = A \times (P/A，i，n) \times (P/F，i，m)$。

提示　如何确认递延期 m？

递延年金的第一次收付发生在第 m + 1 期期末，若某递延年金为从第 4 期开始，每期期末支付 A 元，即 m + 1 = 4，因此递延期 m = 3；若某递延年金为从第 4 期开始，每期期初支付 A 元，由于第 4 期期末与第 3 期期初是同一时点，所以 m + 1 = 3，递延期 m = 2。一定要看清支付时间是期初还是期末，这会影响到递延期 m 的确认。

4.永续年金现值

永续年金是普通年金的极限形式，当普通年金的收付次数为无穷大时即为永续年金。永续年金的**第一次等额收付发生在第一期期末**。永续年金的现值可以看成是一个 n 无穷大时普通年金的现值，永续年金的现值可以通过对普通年金现值的计算公式导出：

$$P = A \times \frac{1 - (1+i)^{-n}}{i}$$

当 n→∞时，由于 1+i 大于 1，所以，$(1+i)^n$ 为无穷大。

$(1+i)^{-n} \approx 0$

$\frac{1 - (1+i)^{-n}}{i} \approx \frac{1}{i}$

永续年金现值计算如下：

$$P(n\to\infty) = A \times \frac{1 - (1+i)^{-n}}{i} = \frac{A}{i}$$

二、例题点津

【例题1·单选题】某项永久性扶贫基金拟在每年年初发放 80 万元扶贫款，年利率为 4%，则该基金需要在第一年年初投入的资金数额（取整数）为（　　）万元。

A. 1 923　　　　B. 2 080

C. 2 003　　　　D. 2 000

【答案】B

【解析】该基金为预付的永续年金，比普通的永续年金要多考虑一个 0 时点的 A，因此在第一年年初投入的资金数额 = 80/4% + 80 = 2 080（万元）。

【例题2·单选题】某项银行贷款本金为 100 万元，期限为 10 年，利率为 8%，每年年末等额偿还本息，则每年偿还额的计算式为（　　）。

A. 100/(F/A, 8%, 10)

B. 100×(1+8%)/(F/A, 8%, 10)

C. 100×(1+8%)/(P/A, 8%, 10)

D. 100/(P/A, 8%, 10)

【答案】D

【解析】本题相当于已知现值求年金，A×(P/A, 8%, 10) = 100，A = 100/(P/A, 8%,

10)，选项 D 正确。

【例题3·多选题】某公司取得 3 000 万元贷款，期限为 6 年，年利率为 10%，每年年初偿还等额本息，则每年年初应支付金额的计算正确的有（　　）。

A. 3 000/[(P/A, 10%, 5) +1]

B. 3 000/[(P/A, 10%, 7) −1]

C. 3 000/[(P/A, 10%, 6)/(1+10%)]

D. 3 000/[(P/A, 10%, 6)×(1+10%)]

【答案】AD

【解析】方法一：预付年金现值 = A×(P/A, i, n)×(1+i)，即 3 000 = A×(P/A, 10%, 6)×(1+10%)，A = 3 000/[(P/A, 10%, 6)×(1+10%)]，选项 D 正确。方法二：预付年金现值 = A×[(P/A, i, n−1) +1]，即 3 000 = A×[(P/A, 10%, 6−1) +1]，A = 3 000/[(P/A, 10%, 5) +1]，选项 A 正确。

4　年金终值

一、考点解读

永续年金没有终点，所以只有普通年金终值、预付年金终值和递延年金终值三种情况。

1.普通年金终值

普通年金终值是指普通年金**最后一次收付时的本利和**，它是每次收付款项的**复利终值之和**。根据复利终值的方法，计算年金终值的公式为：

$$F = A + A(1+i) + A(1+i)^2 + A(1+i)^3 + \cdots + A(1+i)^{n-1}$$

等式两边同时乘以 (1+i)：

$$(1+i)F = A(1+i) + A(1+i)^2 + A(1+i)^3 + \cdots + A(1+i)^n$$

上述两式相减：

$(1+i)F - F = A(1+i)^n - A$

$i \times F = A[(1+i)^n - 1]$

$$F = A \times \frac{(1+i)^n - 1}{i}$$

式中，$\frac{(1+i)^n - 1}{i}$ 称为"年金终值系数"，记作 (F/A, i, n)，即：普通年金终值 F = A×(F/A, i, n)。(F/A, i, n) 中的"n"指的是

等额收付的次数（即 A 的个数）。

2. 预付年金终值

对于等额收付 n 次的预付年金而言，其终值指的是各期等额收付金额在第 n 期期末的复利终值之和。计算预付年金终值的一般公式如下：

$$F = A(1+i) + A(1+i)^2 + \cdots + A(1+i)^n$$

等式两边同时乘以 $(1+i)^{-1}$ 得到：

$$F \times (1+i)^{-1} = A + A(1+i) + A(1+i)^2 + \cdots + A(1+i)^{n-1}$$

即：$F \times (1+i)^{-1} = A \times (F/A, i, n)$

两边同时乘以 $(1+i)$ 得到：

预付年金终值 $F = A \times (F/A, i, n) \times (1+i)$

3. 递延年金终值

递延年金终值与递延年金期数无关，只需考虑递延年金发生的期数 n，计算公式与普通年金的终值计算一样，计算公式如下：

$$F = A \times (F/A, i, n)$$

提示 公式中 "n" 表示的是 A 的个数，与递延期数无关。年金终值的计算在实务中很少使用，实务中对于不同的方案进行选择时，一般习惯于比较现值。

二、例题点津

【例题 1·单选题】每年年初存款，第 10 年年末获得 500 万元，利率 7%，复利计算，每年存（　　）万元。

A. $500/[(F/A, 7\%, 11) - 1]$

B. $500/[(F/A, 7\%, 9) \times (1+7\%)]$

C. $500/[(F/A, 7\%, 11)/(1+7\%)]$

D. $500/[(F/A, 7\%, 9) + 1]$

【答案】A

【解析】$500 = A \times (F/A, 7\%, 10) \times (1+7\%)$，因此 $A = 500/[(F/A, 7\%, 10) \times (1+7\%)]$，选项 B、C 错误。或者：$500 = A \times [(F/A, 7\%, 11) - 1]$，因此 $A = 500/[(F/A, 7\%, 11) - 1]$，选项 A 正确、选项 D 错误。

【例题 2·多选题】某递延年金从第 4 年开始，连续 5 年每年年末收到现金 100 万元，假设年利率为 10%。下列计算中能正确计算出该递延年金现值的有（　　）。

A. $100 \times [(P/A, 10\%, 8) - (P/A, 10\%, 4)]$

B. $100 \times [(P/A, 10\%, 8) - (P/A, 10\%, 3)]$

C. $100 \times [(P/A, 10\%, 5) \times (P/A, 10\%, 3)]$

D. $100 \times [(P/A, 10\%, 5) \times (P/F, 10\%, 3)]$

【答案】BD

【解析】从第 4 年开始，连续 5 年每年年末收到现金 100 万元，所以第一笔现金收支发生在第 4 年年末，即前 3 年均无现金收支，递延期为 3 年，选项 B、D 正确。

【例题 3·判断题】永续年金由于收付款的次数无穷多，所以其现值无穷大。（　　）

【答案】×

【解析】永续年金现值 = A/i，存在具体数值，不是无穷大的。

5 年偿债基金和年资本回收额

一、考点解读

年偿债基金，是指为了在约定的未来某一时点清偿某笔债务或积聚一定数额的资金而必须分次等额形成的存款准备金。也就是为使年金终值达到既定金额的年金数额（即已知终值 F，求年金 A）。

年资本回收额是指在约定年限内等额回收初始投入资本的金额。年资本回收额的计算实际上是已知普通年金现值 P，求年金 A。

提示 （1）普通年金终值的计算与年偿债基金计算互为逆运算。

（2）普通年金现值的计算与年资本回收额计算互为逆运算。

（3）互为倒数的四组系数关系：

①单利终值系数与单利现值系数；

②复利终值系数与复利现值系数；

③偿债基金系数与年金终值系数；

④资本回收系数与年金现值系数。

二、例题点津

【例题 1·单选题】某人退休时给自己积攒了 500 万元的养老资金，如果年利率为 3%，在未来 30 年内他每年可以用于养老的资金为（　　）万元。（P/A, 3%, 30）= 19.6004。

A. 23.92　　　　　B. 24.55

C. 25.51　　　　　D. 26.09

【答案】C

【解析】未来30年内，他每年可以用于养老

的资金 = 500/（P/A，3%，30）= 500/19.6004 = 25.51（万元）。选项 C 正确。

货币时间价值计算部分总结如表 2 − 1 所示。

表 2 − 1

类别	含义	终值	现值
复利	每经过一个计息期，要将该期的利息加入本金再计算利息，逐期滚动计算	复利终值 = 现值 ×$(1+i)^n$ $F = P \times (1+i)^n$	复利现值 = 终值 ×$(1+i)^{-n}$ $P = F \times (1+i)^{-n}$
普通年金	从第 1 期开始，在一定时期内每期期末等额收付的系列款项，又称后付年金	终值 = 年金 × 普通年金终值系数 $F = A \times (F/A, i, n)$	现值 = 年金 × 普通年金现值系数 $P = A \times (P/A, i, n)$
预付年金	从第 1 期开始，在一定时期内每期期初等额收付的系列款项，又称即付年金或先付年金	终值 = $F = A \times (F/A, i, n) \times (1+i)$	现值 = $A \times (P/A, i, n) \times (1+i)$
递延年金	是普通年金递延形成，递延的期数称为递延期，用 m 表示递延期。递延年金的第一次收付发生在第 m + 1 期期末	终值 = 年金 × 普通年金终值系数 $F = A \times (F/A, i, n)$ n 表示年金 A 的个数，与递延期无关	（1）先将递延年金视为 n 期普通年金，然后求出在 m 期期末的普通年金现值，之后再将第 m 期末复利折现到第一期期初： $P = A \times (P/A, i, n) \times (P/F, i, m)$ （2）假设递延期末每年都收到年金，因此，先计算（m + n）期年金现值，再减去 m 期年金现值： $P = A \times (P/A, i, m+n) - A \times (P/A, i, m)$
永续年金	是普通年金的极限形式，当普通年金的收付次数为无穷大时即为永续年金	无终值	现值 = 年金/折现率 = A/i
年偿债基金	是为使年金终值达到既定金额的年金数额		年偿债基金 = 终值/年金终值系数 = $F/(F/A, i, n)$
年资本回收额	约定年限内等额收回初始投入资本的金额		年资本回收额 = 年金现值/年金现值系数 = $P/(P/A, i, n)$

6 利率的计算

一、考点解读

1. 现值或终值系数已知的利率计算

（1）查阅相应的系数表，如果能在表中查到相应的数值，则对应的利率就是所求的利率。

（2）如果在系数表中无法查到相应的数值，则可以使用**内插法（也叫插值法）计算**，假设所求利率为 i，i 对应的现值（或者终值）系数

为 B，B_1、B_2 为现值（或者终值）系数表中与 B 相邻的系数，i_1、i_2 为 B_1、B_2 对应的利率。可以按照下面的方程计算：

$$(i_2 - i)/(i_2 - i_1) = (B_2 - B)/(B_2 - B_1)$$

解得：$i = i_2 - [(B_2 - B)/(B_2 - B_1)] \times (i_2 - i_1)$

也可以按照下面的方程计算：

$$(i - i_1)/(i_2 - i_1) = (B - B_1)/(B_2 - B_1)$$

解得：$i = i_1 + [(B - B_1)/(B_2 - B_1)] \times (i_2 - i_1)$

提示 运用内插法的假设是：假定利率与终值（现值）系数之间存在线性关系。

2. 现值或终值系数未知的利率计算

有些时候会出现一个表达式中含有两种系数，在这种情况下，现值或终值系数是未知的，无法通过查表直接确定相邻的利率，需要借助系数表，经过多次测试才能确定相邻的利率。测试时应注意：现值系数与利率反向变动，终值系数与利率同向变动。

3. 实际利率的计算

（1）一年多次计息时的实际利率。

例如：本金为 1 000 元，名义年利率为 15%，每年计算一次利息，一年后本利和为 1 000 × (1 + 15%)，如果每月计算一次利息，一年后本利和为 1 000 × (1 + 15%/12)^{12} = 1 160.75（元），相当于按年利率为 16.075% 计息一次，即实际利率为 16.075%。

因此：实际利率 $i = \dfrac{实际利息}{本金} = [P(1 + r/m)^m - p]/p = (1 + r/m)^m - 1$

$i = (1 + r/m)^m - 1$

式中：i 为实际利率，r 为名义利率，m 为每年复利计息的次数。

从公式中可以看出，**在一年多次计息时，实际利率高于名义利率**，并且在名义利率相同的情况下，**一年计息次数越多，实际利率越大**。

（2）通货膨胀情况下的实际利率。

名义利率，是央行或其他提供资金借贷的机构所公布的未调整通货膨胀因素的利率，即利息（报酬）的货币额与本金的货币额的比率，其**包括补偿通货膨胀（包括通货紧缩）风险的利率**。**实际利率**是指剔除通货膨胀率后储户或投资者得到利息回报的**真实利率**。

名义利率与实际利率之间的关系为：1 + 名义利率 = (1 + 实际利率) × (1 + 通货膨胀率)，所以，实际利率的计算公式为：

$$实际利率 = \frac{1 + 名义利率}{1 + 通货膨胀率} - 1$$

二、例题点津

【例题 1·单选题】 如果实际利率为 10%，通货膨胀率为 2%，则名义利率为（　　）。

A. 8%　　　　　　　B. 7.84%

C. 12.2%　　　　　D. 12%

【答案】 C

【解析】 名义利率 = (1 + 实际利率) × (1 + 通货膨胀率) − 1 = (1 + 10%) × (1 + 2%) − 1 = 12.2%。

【例题 2·单选题】 一项 1 000 万元的借款，借款期 3 年，年利率为 5%，若半年计息一次，年实际利率会高出名义利率（　　）。

A. 0.16%　　　　　B. 0.25%

C. 0.06%　　　　　D. 0.05%

【答案】 C

【解析】 已知 m = 2，r = 5%，根据实际利率与名义利率之间的关系，$i = (1 + 5\%/2)^2 - 1 = 5.06\%$。$5.06\% - 5\% = 0.06\%$。

【例题 3·判断题】 如果通货膨胀率小于名义利率，则实际利率为负数。（　　）

【答案】 ×

【解析】 实际利率 = (1 + 名义利率)/(1 + 通货膨胀率) − 1，公式表明，如果通货膨胀率小于名义利率，则 (1 + 名义利率)/(1 + 通货膨胀率) 大于 1，实际利率为正数。

第二单元　收益与风险

① 资产收益与收益率

一、考点解读

1. 资产收益的含义与计算

一般情况下，有两种表示资产收益的方式，一种方式是以金额表示的，以金额表示的收益与期初资产的价值（价格）相关，是绝对数，不利于不同规模资产之间收益的比较；另一种方式是以百分比表示的，而以百分数表示的收益则是一个相对指标，便于不同规模下资产收益的比较和分析。所以，通常情况下，我们都是用收益率的方式来表示资产的收益。

提示 一般来说，资产的收益率指的是资产的年收益率，又称资产的报酬率。

2. 资产收益率的类型

资产收益率的类型和含义如表 2 – 2 所示。

表 2 – 2

类型	含义	
实际收益率	已实现或确定可以实现的利息（股息）率与资本利得收益率之和。 提示 当存在通货膨胀时，还应当扣除通货膨胀率的影响，剩余的才是真实的收益率	
预期收益率	在不确定的条件下，预测的某资产未来可能实现的收益率。 预期收益率 $= \sum_{i=1}^{n}(R_i \times P_i)$ 式中，R_i 表示情况 i 出现时的收益率；P_i 表示情况 i 可能出现的概率	
必要收益率	必要收益率也称最低报酬率或最低要求的收益率，表示投资者对某资产合理要求的最低收益率。必要收益率 = 无风险收益率 + 风险收益率	
	无风险收益率	风险收益率
	无风险收益率 = 纯粹利率（货币时间价值）+ 通货膨胀补偿率 通常用短期国债的利率近似地代替无风险收益率	风险收益率是指某资产持有者因承担该资产的风险而要求的超过无风险收益率的额外收益。它的大小取决于两个因素：一是风险的大小；二是投资者对风险的偏好

提示 必要收益率 = 无风险收益率 + 风险收益率 = 纯粹利率（货币时间价值）+ 通货膨胀补偿率 + 风险收益率

二、例题点津

【例题 1·单选题】 如果纯利率为 5%，通货膨胀补偿率为 2%，风险收益率为 4%，则必要收益率为（　　）。

A. 3%　　　　　　　　B. 6%

C. 7%　　　　　　　　D. 11%

【答案】 D

【解析】 必要收益率 = 无风险收益率 + 风险收益率 = 纯粹利率 + 通货膨胀补偿率 + 风险收益率 = 5% + 2% + 4% = 11%。

【例题 2·判断题】 无风险收益率是由纯粹利率和通货膨胀补偿率两部分组成。（　　）

【答案】 √

【解析】 无风险收益率也称无风险利率，它

是指无风险资产的收益率，它的大小由纯粹利率（货币时间价值）和通货膨胀补偿率两部分组成。

2 资产的风险及其衡量

一、考点解读

1. 风险的概念

风险是指资产收益的不确定性。从财务的角度看，风险是指企业在各项财务活动过程中，由于各种难以预料或无法控制的因素影响，使企业实际收益与预计收益发生背离，从而蒙受经济损失的可能性。

2. 风险衡量

资产风险的大小可以用资产收益率的离散程度来衡量。反映随机变量离散程度的指标主要有方差、标准差、标准差率等。

（1）概率分布。

概率是用来表示随机事件发生可能性大小的

数值。通常，把必然发生的事件的概率定为 1，把不可能发生的事件的概率定为 0，而一般随机事件的概率是介于 0 与 1 之间的一个数。概率越大就表示该事件发生的可能性越大。

（2）期望值。

期望值是一个概率分布中的所有可能结果，以各自相应的概率为权数计算的加权平均值。期望值通常用符号 $\overline{E}$ 表示。计算公式如下：

$$\overline{E} = \sum_{i=1}^{n} X_i \times P_i$$

式中，X_i 表示的是第 i 种情况可能出现的结果，P_i 表示的是第 i 种情况可能出现的概率。

（3）方差。

在概率已知的情况下，方差的计算公式为：

$$\sigma^2 = \sum_{i=1}^{n} (X_i - \overline{E})^2 \times P_i$$

式中，$(X_i - \overline{E})$ 表示的是第 i 种情况可能出现的结果与期望值的离差，P_i 表示的是第 i 种情况可能出现的概率。方差的计算公式可以表述为：离差平方的加权平均数。

（4）标准差。

标准差也叫标准离差，是方差的平方根。在概率已知的情况下，其计算公式为：

$$\sigma = \sqrt{\sum_{i=1}^{n} (X_i - \overline{E})^2 \times P_i}$$

标准差以绝对数衡量决策方案的风险，在期望值相同的情况下，标准差越大，风险越大；反之，标准差越小，则风险越小。

提示　由于无风险资产没有风险，所以，无风险资产收益率的标准差等于零。

（5）标准差率。

标准差率是标准差同期望值之比，通常用符号 V 表示，其计算公式为：

$$V = \frac{\sigma}{\overline{E}} \times 100\%$$

标准差率是一个相对指标，对于期望值不同的决策方案，评价和比较其各自的风险程度只能借助于标准差率这一相对数值。在期望值不同的情况下，标准差率越大，风险越大；反之，标准差率越小，风险越小。

3. 风险矩阵

风险矩阵是指按照风险发生的可能性和风险发生后果的严重程度，将风险绘制在矩阵图中，展示风险及其重要性等级的风险管理工具。

风险矩阵图，是以风险后果严重程度为纵坐标、以风险发生可能性为横坐标的矩阵坐标图。企业可根据风险管理精度的需要，确定定性、半定量或定量指标来描述风险后果的严重程度和风险发生可能性。风险矩阵图示例见图 2-4。

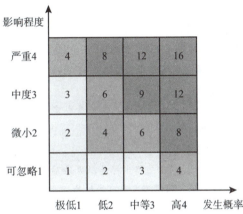

图 2-4　风险矩阵

风险矩阵的主要优点：为企业确定各项风险重要性等级提供了可视化的工具。风险矩阵的主要缺点：一是需要对风险重要性等级标准、风险发生可能性、后果严重程度等作出主观判断，可能影响使用的准确性；二是应用风险矩阵所确定的风险重要性等级是通过相互比较确定的，因而无法将列示的个别风险重要性等级通过数学运算得到总体风险的重要性等级。

二、例题点津

【例题1·单选题】有 X、Y 两个投资项目，项目 X 的期望收益率为 10%，收益率的标准差为 5%，项目 Y 的期望收益率为 15%，收益率的标准差为 5%，下列表述正确的是（　　）。

A. 项目 X 的风险高于项目 Y 的风险

B. 项目 X 的风险等于项目 Y 的风险

C. 无法比较两个项目的风险高低

D. 项目 X 的风险低于项目 Y 的风险

【答案】A

【解析】项目 X 收益率的标准差率 = 5%/10% = 50%，项目 Y 收益率的标准差率 = 5%/15% = 33.33%，项目 X 收益率的标准差率大于项目 Y 收益率的标准差率，所以项目 X 的风险高于项目 Y 的风险，选项 A 正确。

【例题2·多选题】下列关于风险矩阵的说法，正确的有（　　）。

A. 风险矩阵坐标以风险后果严重程度为横坐标

B. 风险矩阵为企业确定各项风险重要性等级提供了可视化工具

C. 风险矩阵为风险发生的可能性及后果严重程度作出了客观判断

D. 企业可选择定性、半定量或定量指标来绘制风险矩阵图

【答案】BD

【解析】风险矩阵坐标是以风险后果严重程度为纵坐标、以风险发生可能性为横坐标的矩阵坐标图，选项 A 错误；风险矩阵的主要缺点之一是需要对风险重要性等级标准、风险发生可能性、后果严重程度等作出主观判断，可能影响使用的准确性，选项 C 错误。

【例题3·多选题】关于两项证券资产的风险比较，下列说法正确的有（　　）。

A. 期望值相同的情况下，标准差率越大，风险程度越大

B. 期望值不同的情况下，标准差率越大，风险程度越大

C. 期望值不同的情况下，标准差越大，风险程度越大

D. 期望值相同的情况下，标准差越大，风险程度越大

【答案】ABD

【解析】标准差是一个绝对值，只能在期望值相同的情况下衡量风险，标准差越大，风险越大，选项 D 正确、选项 C 错误；标准差率是相对指标，无须考虑期望值是否相同，标准差率越大，风险越大，选项 A、B 正确。

3 风险管理

一、考点解读

1. 风险管理的概念

风险管理是指项目或者企业在一个有风险的环境里，把风险及其可能造成的不良影响降至最低的管理过程。风险管理过程包括对风险的量度、评估和制定策略，企业需要在降低风险的收益与成本之间进行权衡并决定采取何种措施。风险管理对现代企业而言十分重要，良好的风险管理有助于降低决策错误概率、降低损失可能性以及相对提高企业本身的附加价值。

2. 风险管理原则

（1）战略性原则。

风险管理主要运用于企业战略管理层面，站在战略层面整合和管理企业风险是全面风险管理的价值所在。

（2）全员性原则。

企业风险管理是一个由企业治理层、管理层和所有员工参与，旨在把风险控制在风险容量以内、增加企业价值的过程。在这个过程中，只有将风险意识转化为全体员工的共同认识和自觉行动，才能确保风险管理目标的实现。

（3）专业性原则。

要求风险管理的专业人才实施专业化管理。

（4）二重性原则。

企业全面风险管理的商业使命在于：损失最小化管理、不确定性管理和绩效最优化管理。当风险损失不能避免时，尽量减少损失至最小化；风险损失可能发生也可能不发生时，设法降低风险发生的可能性；风险预示着机会时，化风险为增加企业价值的机会。

（5）系统性原则。

全面风险管理必须拥有一套系统的、规范的方法，建立健全全面风险管理体系，包括风险管理策略、风险理财措施、风险管理的组织职能体系、风险管理信息系统和内部控制系统，从而为实现风险管理的总体目标提供合理保证。

3. 风险管理对策

风险管理对策包括风险规避、风险承

担、风险转移、风险转换、风险对冲、风险补偿、风险控制七个方面。每种对策的具体 | 解释见表 2 - 3。

表 2 - 3

风险对策	概念	举例
风险规避	指企业回避、停止或退出蕴含某一风险的商业活动或商业环境，避免成为风险的所有人	退出某一市场以避免激烈竞争；拒绝与信用不好的交易对手进行交易；禁止各业务单位在金融市场上进行投机
风险承担	指企业对所面临的风险采取接受的态度，从而承担风险带来的后果	对未能辨识出的风险，企业只能承担；对于辨识出的风险，企业可能由于各种因素而选择承担；对于面临的重大风险，企业一般不采用风险承担
风险转移	指企业通过合同将风险转移到第三方，企业对转移后的风险不再拥有所有权。转移风险不会降低其可能的严重程度，只是从一方移除后转移到另一方	购买保险；采取合营方式实现风险共担
风险转换	指企业通过战略调整等手段将企业面临的风险转换成另一个风险，其简单形式就是在减少某一风险的同时增加另一风险	通过放松交易客户信用标准增加了应收账款，但扩大了销售
风险对冲	指引入多个风险因素或承担多个风险，使得这些风险能互相冲抵。风险对冲不是针对单一风险，而是涉及风险组合	常见的例子有资产组合使用、多种外币结算的使用和战略上的多种经营
风险补偿	指企业对风险可能造成的损失采取适当的措施进行补偿，具体形式包括财务补偿、人力补偿、物资补偿	常见的财务补偿包括企业自身的风险准备金或应急资本等
风险控制	指控制风险事件发生的动因、环境、条件等，来达到减轻风险事件发生时的损失或降低风险事件发生概率的目的	风险控制对象一般是可控风险，包括多数运营风险，如质量、安全和环境风险以及法律风险中的合规性风险

二、例题点津

【例题 1·单选题】下列关于风险管理对策的说法，错误的是（　　）。

A. 投资时进行资产组合，属于风险管理对策中的风险对冲

B. 企业自身的风险准备金或应急资本，属于风险管理对策中的风险补偿

C. 通过放松交易客户信用标准增加了应收账款，但扩大了销售，属于风险管理对策中的风险转移

D. 拒绝与信用不好的交易对手进行交易，属于风险管理对策中的风险规避

【答案】C

【解析】风险对冲是指引入多个风险因素或承担多个风险，使得这些风险能互相冲抵。进行资产组合属于这种情况，选项 A 正确；风险补偿是指企业对风险可能造成的损失采取适当的措施进行补偿，常见的财务补偿包括企业自身的风险准备金或应急资本等，选项 B 正确；风险规避是指企业回避、停止或退出蕴含某一风险的商业活动或商业环境，避免成为风险的所有人，选项 D 正确；风险转移是指企业通过合同将风险转移到第三方，企业对转移后的风险不再拥有所

有权，例如，购买保险、采取合营方式实现风险共担，选项 C 并没有把风险转移给第三方，所以不属于风险转移，而属于风险转换。风险转换是指企业通过战略调整等手段将企业面临的风险转换成另一个风险，其简单形式就是在减少某一风险的同时增加另一风险。

【例题 2·多选题】 下列原则中，属于风险管理原则的有（　　）。

A. 重要性原则　　　　B. 战略性原则

C. 全员性原则　　　　D. 二重性原则

【答案】 BCD

【解析】 风险管理原则包括战略性原则、全员性原则、专业性原则、二重性原则和系统性原则。

【例题 3·判断题】 风险管理是指项目或者企业在一个有风险的环境里，把风险消除的管理过程。（　　）

【答案】 ×

【解析】 风险管理是指项目或者企业在一个有风险的环境里，把风险及其可能造成的不良影响降至最低的管理过程。

4　证券资产组合的收益与风险

一、考点解读

1. 证券资产组合的预期收益率

证券资产组合的预期收益率就是组成证券资产组合的各种资产收益率的加权平均数，其权数为各种资产在组合中的价值比例。

2. 证券资产组合风险及其衡量

（1）证券资产组合的风险分散功能。

两项投资组合的方差的计算公式为：

$$\sigma_p^2 = w_1^2 \sigma_1^2 + w_2^2 \sigma_2^2 + 2 w_1 w_2 \rho_{1,2} \sigma_1 \sigma_2$$

式中，σ_p 表示证券资产组合的标准差，它衡量的是证券资产组合的风险；σ_1 和 σ_2 分别表示组合中两项资产收益率的标准差；w_1 和 w_2 分别表示组合中两项资产所占的价值比例；$\rho_{1,2}$ 反映两项资产收益率的相关程度，即两项资产收益率之间的相对运动状态，称为相关系数。理论上，相关系数介于区间 [−1，1] 内。相关系数与组合风险的关系如表 2-4 所示。

表 2-4

相关系数 $\rho_{1,2}$	组合的标准离差 σ_p	风险分散情况
$\rho_{1,2} = +1$（完全正相关）表明两项资产的收益率变化方向和变化幅度完全相同	$\sigma_p = \|(w_1\sigma_1 + w_2\sigma_2)\|$，$\sigma_p$ 达到最大	组合不能抵销任何风险
$\rho_{1,2} = -1$（完全负相关）表明两项资产的收益率变化方向相反，变化幅度完全相同	$\sigma_p = \|(w_1\sigma_1 - w_2\sigma_2)\|$，$\sigma_p$ 达到最小，甚至可能是零，即完全分散	组合可以最大限度地分散风险
$-1 < \rho_{1,2} < 1$	$0 < \sigma_p < (w_1\sigma_1 + w_2\sigma_2)$	资产组合可以分散部分风险

在证券资产组合中，能够随着资产种类增加而降低直至消除的风险，被称为非系统性风险；不能随着资产种类增加而分散的风险，被称为系统性风险。下面对这两类风险进行详细论述。

（2）非系统性风险（可分散风险/特殊风险/特有风险）。

指发生于个别公司的特有事件造成的风险。例如，一家公司的工人罢工、新产品开发失败、失去重要的销售合同、诉讼失败，或者宣告发现新矿藏、取得一个重要合同等。这类事件是非预期的、随机发生的，它只影响一个或少数公司，不会对整个市场产生太大影响。这种风险可以通过资产组合来分散。

提示　①不应当过分夸大资产多样性和资产个数的作用。当资产数目增加到一定程度时，风险分散的效应就会逐渐减弱。组合中不同行业的资产个数达到 20 个时，绝大多数非系统性风险均已被消除掉。此时，如果继续增加资产数目，对分散风险已经没有多大的实际意义。

②不要指望通过资产多样化达到完全消除风险的目的，因为系统性风险是不能够通过风险的分散来消除的。

（3）系统性风险（市场风险/不可分散风险）。

由那些影响整个市场的风险因素所引起的。这些因素包括宏观经济形势的变动、国家经济政策的变化、税制改革、企业会计准则改革、世界能源状况、政治因素等。为了对系统性风险进行量化，用**β系数衡量**系统性风险的大小，某资产的β系数表达的含义是**该资产的系统性风险相当于市场组合系统性风险的倍数**。

提示　①当β=1时，表示该资产的收益率与市场平均收益率呈同方向同比例的变化，即该资产所含的系统性风险与市场组合的风险一致；如果 $0 < \beta < 1$，说明该资产所含的系统性风险小于市场组合的风险，如果 $\beta > 1$，说明该资产所含的系统性风险大于市场组合的风险。

②个别资产的β系数可以为负，表明这类资产的收益率与市场平均收益率的变化方向相反。市场组合的β为1，无风险资产的β为0。

③β系数的正负表示与市场收益率相比的变化方向，数字表示相对于市场平均收益率的变化幅度。

对于证券资产组合来说，其所含的系统性风险的大小可以用组合β系数来衡量。**证券资产组合的β系数是所有单项资产β系数的加权平均数**，权数为各种资产在证券资产组合中所占的价值比例。计算公式为：

$$\beta_p = \sum_{i=1}^{n} (\beta_i \times W_i)$$

式中，β_p 是证券资产组合的β系数；W_i 为第i项资产在组合中所占的价值比例；β_i 表示第i项资产的β系数。

二、例题点津

【例题1·单选题】关于两种证券组合的风险，下列表述正确的是（　　）。

A. 若两种证券收益率的相关系数为 -1，该证券组合无法分散风险

B. 若两种证券收益率的相关系数为0，该证券组合能够分散全部风险

C. 若两种证券收益率的相关系数为 -0.5，该证券组合能够分散部分风险

D. 若两种证券收益率的相关系数为1，该证券组合能够分散全部风险

【答案】C

【解析】若两种证券收益率的相关系数为1，表明两种证券完全正相关，构成的组合不能分散任何风险，选项D错误；只有在相关系数小于1的情况下，两种证券构成的组合才能分散风险，在相关系数为 -1时，能够最大限度地分散风险，甚至能够分散全部非系统性风险，选项C正确，选项A、B错误。

【例题2·单选题】某公司拟购买甲股票和乙股票构成的投资组合，两种股票各购买50万元，β系数分别为2和0.6，则该投资组合的β系数为（　　）。

A. 2.6　　　　　　　B. 1.2

C. 0.7　　　　　　　D. 1.3

【答案】D

【解析】投资组合的β系数 $= 2 \times 50/(50 + 50) + 0.6 \times 50/(50 + 50) = 1.3$。

【例题3·多选题】在两种证券构成的投资组合中，关于两种证券收益率的相关系数，下列说法正确的有（　　）。

A. 当相关系数为0时，两种证券的收益率不相关

B. 相关系数的绝对值可能大于1

C. 当相关系数为 -1时，该投资组合能最大限度地降低风险

D. 当相关系数为0.5时，该投资组合不能分散风险

【答案】AC

【解析】两种证券收益率的相关系数，取值范围为 [-1，1]，选项B错误；相关系数 =0，两种证券不相关，选项A正确；相关系数 <1，就可以分散风险，相关系数 = -1时，可以最大限度的分散风险，选项C正确、D错误。

【例题4·多选题】在证券投资中，下列各项因素引起的风险中，投资者可以通过投资组合

予以分散的有（　　）。

A. 税制改革

B. 公司失去重要的销售合同

C. 公司新产品开发失败

D. 公司诉讼失败

【答案】BCD

【解析】可以通过投资组合予以分散的风险是非系统性风险。非系统性风险是指发生于个别公司的特有事件造成的风险。例如，一家公司的工人罢工、新产品开发失败、失去重要的销售合同、诉讼失败或者宣告发现新矿藏、取得一个重要合同等。选项 B、C、D 正确，选项 A 会引起系统性风险。

【例题 5·判断题】两种股票构成的资产组合的预期收益率是这两种股票预期收益率的加权平均数，其权数为两种股票在组合中的价值比例。（　　）

【答案】√

【解析】证券资产组合的预期收益率是组成证券资产组合的各种资产收益率的加权平均数，其权数为各种资产在组合中的价值比例。

【例题 6·判断题】由两项资产构成的投资组合，如果要达到分散风险的目的，前提条件是这两项资产的收益率负相关。（　　）

【答案】×

【解析】两项资产的收益率只要不是完全正相关，即相关系数小于 1，组合就可以达到分散风险的目的。

5　资本资产定价模型

一、考点解读

1. 资本资产定价模型的基本原理

解释资本市场如何决定股票收益率，进而决定股票价格。

资本资产定价模型是"**必要收益率 = 无风险收益率 + 风险收益率**"的具体化，资本资产定价模型的一个主要贡献是解释了风险收益率的决定因素和度量方法，资本资产定价模型中，**风险收益率 = β ×（$R_m - R_f$）**，资本资产定价模型的完整表达式为：

$$R = R_f + \beta \times (R_m - R_f)$$

式中，R 表示某资产的必要收益率；β 表示该资产的系统性风险系数；**R_f 表示无风险收益率；R_m 表示市场组合收益率。（$R_m - R_f$）称为市场风险溢酬**。它是附加在无风险收益率之上的，由于承担了市场平均风险所要求获得的补偿，它反映的是市场作为整体对风险的平均"容忍"程度。

2. 资本资产定价模型的有效性和局限性

该模型的最大贡献在于它提供了风险和收益之间的一种实质性表述。

尽管资本资产定价模型已经得到了广泛的认可，但在实际运用中，仍存在着一些明显的局限，主要表现如下：（1）某些资产或企业的 β 值难以估计，特别是对一些缺乏历史数据的新兴行业。（2）经济环境的不确定性和不断变化，使得依据历史数据估算出来的 β 值对未来的指导作用必然要打折扣。（3）资本资产定价模型是建立在一系列假设之上的，其中一些假设与实际情况有较大偏差，使得资本资产定价模型的有效性受到质疑。这些假设包括：市场是均衡的、市场不存在摩擦、市场参与者都是理性的、不存在交易费用、税收不影响资产的选择和交易等。

二、例题点津

【例题 1·判断题】根据资本资产定价模型，如果 A 证券的系统性风险是 B 证券的 2 倍，则 A 证券的必要收益率也是 B 证券的 2 倍。（　　）

【答案】×

【解析】必要收益率 = 无风险收益率 + 风险收益率 = $R_f + \beta \times (R_m - R_f)$，A 证券的系统性风险是 B 证券的 2 倍，说明 A 的 β 系数是 B 的 2 倍，但必要收益率不是 B 证券的 2 倍。

【例题 2·计算分析题】甲公司持有 A、B 两种证券构成的投资组合，假定资本资产定价模型成立。其中 A 证券的必要收益率为 21%、β 系数为 1.6；B 证券的必要收益率为 30%，β 系数为 2.5。甲公司拟将 C 证券加入投资组合以降低投资风险，A、B、C 三种证券的投资比重设定为 2.5∶1∶1.5，并使得投资组合的 β 系数为 1.75。

要求：（1）计算无风险收益率和市场组合

的风险收益率。

（2）计算 C 证券的 β 系数和必要收益率。

【答案】（1）必要收益率 = 无风险收益率 + 风险收益率 = $R_f + \beta \times (R_m - R_f)$

无风险收益率 + 1.6 × 市场组合的风险收益率 = 21%

无风险收益率 + 2.5 × 市场组合的风险收益率 = 30%

解得，无风险收益率 = 5%，市场组合的风

险收益率 = 10%

（2）① $1.75 = 1.6 \times 2.5/(2.5 + 1 + 1.5) + 2.5 \times 1/(2.5 + 1 + 1.5) + \beta \times 1.5/(2.5 + 1 + 1.5)$

解得，$\beta = 1.5$

即 C 证券的 β 系数为 1.5。

② 必要收益率 = $R_f + \beta \times (R_m - R_f)$ = 5% + 1.5 × 10% = 20%

第三单元　成本性态分析

成本性态又称成本习性，**指成本与业务量之间的依存关系**。按照成本形态不同，通常可以分为**固定成本、变动成本和混合成本**三类。

1 固定成本

一、考点解读

1. 固定成本的基本特征

在**一定范围内固定成本总额能保持相对的稳定**，例如，固定折旧费用、房屋租金、行政管理人员工资、财产保险费、广告费、职工培训费、科研开发费、广告费等；**单位产品所分担的固定成本随业务量的增减呈反向变动**。

提示 一定期间固定成本的稳定性是有条件的，一定期间固定成本的稳定性是相对的。

固定成本习性模型如图 2-5 所示。

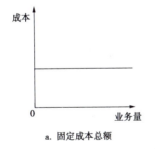

a. 固定成本总额　　　　b. 单位固定成本

图 2-5

2. 固定成本的分类

固定成本按其支出额是否可以在一定期间内改变而分为**约束性固定成本和酌量性固定成本**。**约束性固定成本**是指管理当局的短期经营决策行动**不能改变**其数额的固定成本。由于约束性固定成本一般是由既定的生产能力所决定的，是维护企业正常生产经营必不可少的成本，所以也称为"**经营能力成本**"，它最能反映固定成本的特性。

降低约束性固定成本的基本途径，只能是合理利用企业现有的生产能力，提高生产效率，以取得更大的经济效益。

提示 房屋租金、固定的设备折旧、管理人员的基本工资、车辆交强险等属于约束性固定成本。

酌量性固定成本是指管理当局的短期经营决**策行动能改变其数额**的固定成本。这些费用发生

额的大小取决于管理当局的决策行动。要想降低酌量性固定成本，只有厉行节约、精打细算，编制出积极可行的费用预算并严格执行，防止浪费和过度投资等。

提示 广告费、职工培训费、新产品研究开发费用（如研发活动中支出的技术图书资料费、资料翻译费、会议费、差旅费、办公费、外事费、研发人员培训费、培养费、专家咨询费、高新科技研发保险费）等属于酌量性固定成本。

二、例题点津

【例题1·单选题】公司年末对下一年研发支出作出预算，成本习性上属于（　　）。

A. 酌量性固定成本

B. 约束性固定成本

C. 技术性变动成本

D. 酌量性变动成本

【答案】A

【解析】酌量性固定成本是指管理当局的短期经营决策行动能改变其数额的固定成本。例如，广告费、职工培训费、新产品研究开发费用（如研发活动中支出的技术图书资料费、资料翻译费、会议费、差旅费、办公费、外事费、研发人员培训费、培养费、专家咨询费、高新科技研发保险费用等）。

2 变动成本

一、考点解读

1. 变动成本的基本特征

一定范围内变动总额随业务量的变动而呈正比例变动，如直接材料、直接人工、按销售量支付的推销员佣金、装运费、包装费，以及按业务量计提的固定设备折旧等；单位变动成本不变。变动成本习性模型如图2-6所示。

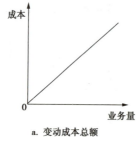

a. 变动成本总额

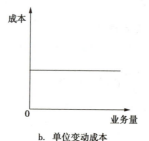

b. 单位变动成本

图 2-6

提示 单位成本的稳定性是有适用范围的，在相关范围之外就可能表现为非线性的。

2. 变动成本的分类

技术性变动成本，是指由技术或设计关系所决定的变动成本，这种成本只要生产就必然会发生。

酌量性变动成本是指通过管理当局的决策行动可以改变的变动成本。如按销售收入的一定百分比支付的销售佣金、新产品研制费（如研发活动直接消耗的材料、燃料和动力费用等）、技术转让费等。这类成本的特点是其单位变动成本的发生额可由企业最高管理层决定。

二、例题点津

【例题1·单选题】根据成本性态，下列固定成本中，一般属于约束性固定成本的是（　　）。

A. 职工培训费　　　B. 厂房租金

C. 专家咨询费　　　D. 广告费

【答案】B

【解析】约束性固定成本是指管理当局的短期经营决策行动不能改变其具体数额的固定成本。例如，房屋租金、固定的设备折旧、管理人员的基本工资、车辆交强险等。选项A、C、D

属于酌量性固定成本。

【例题 2·单选题】 基于成本性态，下列各项中属于技术性变动成本的是（　　）。

A. 按销量支付的专利使用费

B. 加班加点工资

C. 产品销售佣金

D. 产品耗用的主要零部件

【答案】 D

【解析】 技术性变动成本也称约束性变动成本，是指由技术或设计关系所决定的变动成本。如生产一台汽车需要耗用一台引擎、一个底盘和若干轮胎等，这种成本只要生产就必然会发生，如果不生产，则不会发生。选项 A、B、C 属于酌量性变动成本。

3　混合成本

一、考点解读

1. 混合成本的基本特征

混合成本是"混合"了固定成本和变动成本两种不同性质的成本。一方面，它们要随业务量的变化而变化；另一方面，它们的变化又不能与业务量的变化保持纯粹的正比例关系。

2. 混合成本的分类

（1）半变动成本。

有一个初始量，不随业务量的变化而变化，类似于固定成本，在此初始量之上则随着业务量的变化呈正比例变化。半变动成本习性模型如图 2-7 所示。

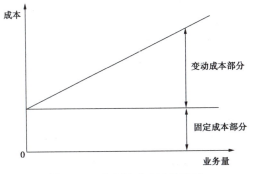

图 2-7　半变动成本习性模型

（2）半固定成本。

半固定成本也称阶梯式变动成本，指在一定业务量范围内的发生额是固定的，但当业务量增长到一定限度，其发生额就突然跳跃到一个新的水平，然后在业务量增长的一定限度内，发生额又保持不变，直到另一个新的跳跃。例如，企业的管理员、运货员、检验员的工资等成本项目就属于这一类。半固定成本习性模型如图 2-8 所示。

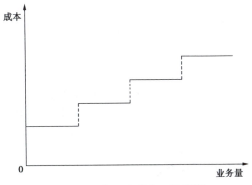

图 2-8　半固定成本习性模型

（3）延期变动成本。

在一定的业务量范围内有一个固定不变的基数，当业务量增长超出了这个范围，就与业务量的增长呈正比例变动。例如，职工的基本工资、手机流量费。

延期变动成本的成本习性如图 2-9 所示。

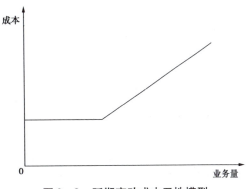

图 2-9　延期变动成本习性模型

（4）曲线变动成本。

通常有一个不变的初始量，相当于固定成

本，在这个初始量的基础上，随着业务量的增加，成本也逐步变化，但它与业务量的关系是非线性的。分为两种类型：①递增曲线成本。如累进计件工资、违约金等，随着业务量的增加，成本逐步增加，并且增加幅度是递增的；②递减曲线成本。如有价格折扣或优惠条件下的水、电消费成本，"费用封顶"的通信服务费等，用量越大则总成本越高，但增长越来越慢，变化率是递减的。递增曲线成本和递减曲线成本的成本习性模型如图2-10所示。

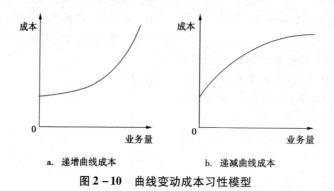

a. 递增曲线成本　　　　b. 递减曲线成本

图2-10　曲线变动成本习性模型

3. 混合成本的分解

（1）高低点法。

高低点法是以过去某一会计期间的总成本和业务量资料为依据，从中选取业务量最高点和业务量最低点，将总成本进行分解，得出成本性态的模型。其计算公式为：

单位变动成本=（最高点业务量成本-最低点业务量成本）/（最高点业务量-最低点业务量）

固定成本总额=最高点业务量成本-单位变动成本×最高点业务量

或：固定成本总额=最低点业务量成本-单位变动成本×最低点业务量

提示　使用高低点法分解混合成本时，分子不是（最高成本-最低成本），而是（最高点业务量成本-最低点业务量成本）。采用高低点法计算较简单，但它只采用了历史成本资料中的高点和低点两组数据，故代表性较差。

（2）回归直线法。

回归直线法是指根据过去一定期间的业务量和成本资料，应用最小二乘法原理，计算出最能代表业务量和成本关系的回归直线，据以确定混合成本中固定成本和变动成本的一种方法。该法是一种历史成本估计方法，相较于高低点法更为精确。

（3）工业工程法。

工业工程法是指运用工业工程的研究方法，逐项研究确定成本高低的每个因素，在此基础上直接估算固定成本与单位变动成本的一种方法。该法主要是测定各项材料和人工投入的成本与产出的数量，将与产量有关的投入归集为单位变动成本，与产量无关的部分归集为固定成本。这种方法通常适用于投入成本与产出数量之间有规律性联系的成本分解，可以在没有历史成本数据的情况下使用。

（4）账户分析法（会计分析法）。

账户分析法是根据有关成本账户及其明细账的内容，结合其与业务量的依存关系，判断其比较接近哪一类成本，就视其为哪一类成本。这种方法简便易行，但比较粗糙且带有主观判断。

（5）合同确认法。

合同确认法是根据企业订立的经济合同或协议中关于支付费用的规定，来确认并估算哪些项目属于变动成本，哪些项目属于固定成本的方法。合同确认法要配合账户分析法使用。

上述各种混合成本分解的方法，往往需要互相补充和印证；工业工程法可能是最完备的方法，但它也不是完全独立的，在进入细节之后要使用其他技术方法作为工具；账户分析法是一种比较粗略的分析方法，在判定某项成本的性态时还要借助工业工程法或回归直线法等。

高低点法和回归直线法，都属于历史成本分析的方法，它们仅限于有历史成本资料数据的情况，而新产品并不具有足够的历史数据；应当把这些方法看成一个总体，根据不同对象选择适用的方法，并尽可能用其他方法进行印证。

二、例题点津

【例题1·单选题】 某手机话费套餐为"5元保号"，每月固定费用5元，可免费接收短信和接听电话，主叫国内通话每分钟0.15元。根据成本性态，该话费属于（　　）。

A. 半变动成本　　　B. 固定成本

C. 延期变动成本　　D. 阶梯式变动成本

【答案】 A

【解析】 半变动成本是指在有一定初始量的基础上，随着业务量的变化而呈正比例变动的成本，在初始的固定基数内与业务量的变化无关，在此基数之上的其余部分，则随着业务量的增加呈正比例增加。该手机话费套餐，每月固定费用5元，打电话费用是0.15元/分钟，打电话费用随通话时长同比例变动，属于半变动成本。选项A正确。

【例题2·单选题】 正常工作时间，公司职工每个月可获得基本工资3 000元。在此基础上，当工作时间超过正常标准时，员工可以获得根据加班时间长短支付的额外薪酬，那么该公司职工的工资费用属于（　　）。

A. 半固定成本　　　B. 固定成本

C. 半变动成本　　　D. 延期变动成本

【答案】 D

【解析】 延期变动成本是在一定的业务量范围内有一个固定不变的基数，比如员工的基本工资，但是当业务量超过这个范围时，与业务量增长呈现正比例变动，比如加班薪酬。选项D正确。

【例题3·单选题】 某企业根据过去一段时期的业务量和成本资料，应用最小二乘法原理，寻求最能代表二者关系的函数表达式，据以对混合成本进行分解，则该企业采用的混合成本分解法是（　　）。

A. 回归直线法　　　B. 高低点法

C. 账户分析法　　　D. 技术测定法

【答案】 A

【解析】 回归直线法是一种较为精确的方法，它根据过去一定期间的业务量和成本的历史资料，应用最小二乘法原理，计算出最能代表业务量与成本关系的回归直线，借以确定混合成本中固定成本和变动成本的方法。选项A正确。

【例题4·多选题】 下列关于混合成本性态分析的说法中，正确的有（　　）。

A. 半变动成本可分解为固定成本和变动成本

B. 延期变动成本在一定业务量范围内为固定成本，超过该业务量可分解为固定成本和变动成本

C. 阶梯式成本在一定业务量范围内为固定成本，当业务量超过一定限度，成本跳跃到新的水平时，以新的成本作为固定成本

D. 为简化数据处理，在相关范围内曲线成本可以近似地看成变动成本或半变动成本

【答案】 ACD

【解析】 延期变动成本在一定业务量范围内为固定成本，超过特定业务量则成为变动成本，所以选项B不正确。

【例题5·判断题】 合同确认法通常只适用于投入成本与产出数量之间有规律性联系的成本分解。（　　）

【答案】 ×

【解析】 合同确认法是根据企业订立的经济合同或协议中关于支付费用的规定，来确认并估算哪些项目属于变动成本，哪些项目属于固定成本的方法。工业工程法指运用工业工程的研究方法，逐项研究确定成本高低的每个因素，在此基础上直接估算固定成本与单位变动成本的一种方法，通常适用于投入成本与产出数量之间有规律性联系的成本分解，可以在没有历史成本数据的情况下使用。

4 总成本模型

一、考点解读

总成本＝固定成本总额＋变动成本总额
　　　＝固定成本总额＋业务量×单位变动成本

二、例题点津

【例题1·判断题】根据总成本模型，总成本 = 单位固定成本 + 业务量 × 单位变动成本。（ ）

【答案】×

【解析】根据总成本模型，总成本 = 固定成本总额 + 变动成本总额 = 固定成本总额 + 业务量 × 单位变动成本。

本章考点巩固练习题

一、单项选择题

1. (F/P, i, 10) 与 (F/P, i, 11) 分别表示利率为 i 的 10 年期和 11 年期的复利终值系数。关于两者之间的关系，下列表示正确的是（ ）。

A. (F/P, i, 11) = (F/P, i, 10) − i

B. (F/P, i, 11) = (F/P, i, 10) × (1 + i)

C. (F/P, i, 10) = (F/P, i, 11) × (1 + i)

D. (F/P, i, 11) = (F/P, i, 10) + i

2. 下列各项中，说法正确的是（ ）。

A. 永续年金现值 = 年金额/i

B. 预付年金终值系数 = 1/普通年金终值系数

C. 如果优先股股息按年支付，每股股息 3 元，年折现率为 2%，则优先股的现值为 100 元

D. 永续年金无法计算现值

3. 某公司预存一笔资金，年利率为 i，从第 6 年开始连续 10 年可在每年年初支取现金 200 万元，则预存金额的计算正确的是（ ）。

A. 200 × (P/A, i, 10) × (P/F, i, 5)

B. 200 × (P/A, i, 10) × [(P/F, i, 4) + 1]

C. 200 × (P/A, i, 10) × (P/F, i, 4)

D. 200 × (P/A, i, 10) × [(P/F, i, 5) − 1]

4. 小李从现在开始存入第一笔款项，之后每年存款一次，共存 10 次，每次存款金额相等，利率为 6%，按年复利计息，小李期望在 10 年后一次性取得 100 万元，则其每次存款金额的算式为（ ）。

A. 100/(F/A, 6%, 10)

B. 100/(F/P, 6%, 10)

C. 100/[(F/A, 6%, 10) × (1 + 6%)]

D. 100/[(F/P, 6%, 10) × (1 + 6%)]

5. 某公司拟于 5 年后一次还清所欠债务 100 000 元，假定银行利息率为 10%，5 年 10% 的年金终值系数为 6.1051，5 年 10% 的年金现值系数为 3.7908，则应从现在起每年年末等额存入银行的偿债基金为（ ）元。

A. 16 379.75　　B. 26 379.66

C. 379 080　　D. 610 510

6. 假设以 10% 的利率借入 30 000 元，投资于某个寿命为 10 年的项目。为使该投资项目成为可行项目，每年至少应回收的现金数额为（ ）元。已知 (P/A, 10%, 10) = 6.1446，(F/A, 10%, 10) = 15.937。

A. 6 000　　B. 3 000

C. 5 374　　D. 4 882.34

7. 已知某商业银行的存款利率为 4%，通货膨胀率为 1%，则其实际利率为（ ）。

A. 1%　　B. 1.6%

C. 2%　　D. 2.97%

8. 某人退休时有现金 10 万元，拟选择一项回报比较稳定的投资，希望每个季度能收入 2 000 元补贴生活。那么，该项投资的有效年利率应为（ ）。

A. 7.86%　　B. 8.24%

C. 8.68%　　D. 9.60%

9. 已知当前市场的纯粹利率为 1.8%，通货膨胀补偿率为 2%。若某证券资产要求的风险收益率为 6%，则该证券资产的必要收益率为（ ）。

A. 9.8%　　B. 7.8%

C. 8%　　D. 9.6%

10. 项目 A 投资收益率为 10%，项目 B 投资收益率为 15%，则比较项目 A 和项目 B 风险的大小，可以用（　　）。
    A. 两个项目的收益率方差
    B. 两个项目的收益率的标准差
    C. 两个项目的投资收益率
    D. 两个项目的标准差率

11. 下列风险管理策略中，不属于风险对冲的是（　　）。
    A. 资产组合使用
    B. 采取合营方式实现风险共担
    C. 多种外币结算的使用
    D. 战略上的多种经营

12. 如果 A、B 两只股票的收益率变化方向和变化幅度完全相同，则由其组成的投资组合（　　）。
    A. 不能降低任何风险
    B. 可以分散部分风险
    C. 可以最大限度地抵消风险
    D. 风险等于两只股票风险之和

13. 当两项资产收益率之间的相关系数为 0 时，下列表述中不正确的是（　　）。
    A. 两项资产收益率之间没有相关性
    B. 投资组合的风险最小
    C. 投资组合可分散风险的效果比正相关的效果要大
    D. 投资组合可分散风险的效果比负相关的效果要小

14. 在一个由两项资产构成的投资组合中，A 占 30%，B 占 70%，A 的方差为 0.35，B 的方差为 0.26，A、B 收益率的相关系数为 0.67。则该资产组合的方差为（　　）。
    A. 0.2355　　　　B. 0.2432
    C. 0.2240　　　　D. 0.2438

15. 下列关于证券投资收益与风险的说法中，正确的是（　　）。
    A. 当多项资产期望值不等时，只能用标准差比较风险大小
    B. 某投资组合的标准差为投资的各项资产标准差的加权平均数
    C. 某投资组合的 β 系数为投资的各项资产 β

系数的加权平均数
    D. 如果两项证券资产的收益率具有完全负相关关系，则该证券投资组合能够分散系统性风险

16. 某上市公司 2×24 年的 β 系数为 1.24，短期国债利率为 3.5%，市场组合的收益率为 8%，则投资者投资该公司股票的必要收益率是（　　）。
    A. 5.58%　　　　B. 9.08%
    C. 13.42%　　　　D. 17.76%

17. 某资产的必要收益率为 R，β 系数为 1.5，市场收益率为 10%。假设无风险收益率和 β 系数不变，如果市场收益率为 15%，则资产的必要收益率为（　　）。
    A. R + 7.5%　　　　B. R + 12.5%
    C. R + 10%　　　　D. R + 5%

18. 根据成本习性，下列各项中一般为变动成本的是（　　）。
    A. 广告费
    B. 管理人员基本工资
    C. 按销售量支付的推销员佣金
    D. 职工培训费

19. 企业生产经营过程中发生的新产品研制费属于（　　）。
    A. 酌量性变动成本
    B. 约束性变动成本
    C. 酌量性固定成本
    D. 约束性固定成本

20. 关于混合成本的分解方法中，通常只适用于投入成本与产出数量之间有规律性联系的成本分解方法是（　　）。
    A. 高低点法　　　　B. 账户分析法
    C. 工业工程法　　　　D. 合同确认法

二、多项选择题

1. 根据货币时间价值理论，下列说法中正确的有（　　）。
    A. 复利终值与复利现值互为逆运算
    B. 年偿债基金与普通年金终值互为逆运算
    C. 年资本回收额与普通年金现值互为逆运算
    D. 普通年金终值与普通年金现值互为逆运算

2. 关于递延年金，下列说法正确的有（　　）。

   A. 递延年金是指隔若干期以后才开始发生的系列等额收付款项

   B. 递延年金终值的大小与递延期无关

   C. 递延年金现值的大小与递延期有关

   D. 递延期越长，递延年金的现值越小

3. 某公司向银行借入一笔款项，年利率为8%，分5次还清，从第5年至第9年每年年初偿还本息5 000元。下列计算该笔借款现值的算式中，正确的有（　　）。

   A. 5 000×(P/A，8%，5)×(P/F，8%，3)

   B. 5 000×(P/A，8%，5)×(P/F，8%，4)

   C. 5 000×[(P/A，8%，9)－(P/A，8%，4)]

   D. 5 000×[(P/A，8%，8)－(P/A，8%，3)]

4. 下列各项中，表述正确的有（　　）。

   A. 永续年金因为没有终结期，所以没有终值

   B. 永续年金就是没有终结期，永远趋于无穷的预付年金

   C. 计息期为1年时，名义利率和实际利率是相同的

   D. 名义利率和实际利率有可能是不同的

5. 下列关于无风险收益率的计算公式中，正确的有（　　）。

   A. 纯粹利率＋通货膨胀补偿率

   B. 必要收益率－风险收益率

   C. 货币时间价值＋风险收益率

   D. 预期收益率－实际收益率

6. 下列各项中，说法不正确的有（　　）。

   A. 风险越大，投资人获得的投资收益就越高

   B. 风险越大，意味着损失越大

   C. 风险是客观存在的，投资人无法选择是否承受风险

   D. 无风险收益率也称无风险利率，即纯粹利率

7. 下列关于风险管理对策的表述中，说法正确的有（　　）。

   A. 退出市场、拒绝与不良厂商交易属于风险规避

   B. 购买保险、采用合营方式属于风险转移

   C. 提高信用标准属于风险转移

   D. 计提坏账准备属于风险补偿

8. 下列风险管理措施中，属于风险转移的有（　　）。

   A. 购买保险

   B. 采取合营方式实现风险共担

   C. 构建资产组合对冲风险

   D. 退出某一市场以避免激烈竞争

9. 下列由A和B两种股票组成的证券资产组合，可以达到分散风险的有（　　）。

   A. A和B两项资产的收益率相关系数为－0.6

   B. A和B两项资产的收益率相关系数为1

   C. A和B两项资产的收益率相关系数为－1

   D. A和B两项资产的收益率相关系数为0.6

10. 某投资者将10万元资金平均投资于A、B两家公司的股票，假设两家公司股票的相关系数为ρ，下列说法中正确的有（　　）。

    A. 如果ρ＝0，该投资组合也能降低风险

    B. 如果ρ＝－1，则两只股票的风险可以充分消除

    C. 如果ρ＝1，那么不能抵消任何风险

    D. 如果ρ越大，则该投资组合的风险分散的效果也越大

11. 投资风险有系统性风险和非系统性风险之分，关于非系统性风险，下列表述正确的有（　　）。

    A. 由非预期的、随机发生的事件所引起

    B. 可以通过资产组合予以分散

    C. 一般用β系数进行衡量

    D. 是指发生在个别公司的特有事件造成的风险

12. 下列各项中，表述正确的有（　　）。

    A. 改变投资组合中每一种投资的比重，可能降低其投资风险

    B. 改变投资组合中每一种投资的比重，可能提高其投资风险

    C. 如果投资组合与市场组合相同，则只承担系统性风险

    D. 市场组合不承担系统性风险

13. 下列各项中，能够影响特定投资组合β系数的有（　　）。

    A. 该组合中所有单项资产在组合中所占比重

B. 该组合中所有单项资产各自的 β 系数

C. 市场投资组合的无风险收益率

D. 该组合的无风险收益率

14. 某投资组合由证券 X 和 Y 各占 50% 构成，证券 X 的期望收益率为 12%，标准差为 12%，β 系数为 1.5。证券 Y 的期望收益率为 10%，标准差为 10%，β 系数为 1.3。下列说法中，正确的有（　　）。

A. 投资组合的期望收益率等于 11%

B. 投资组合的标准差等于 11%

C. 投资组合的标准差率等于 1

D. 投资组合的 β 系数等于 1.4

15. 下列关于单个证券投资风险度量指标的表述中，正确的有（　　）。

A. β 系数度量投资的系统性风险

B. 方差度量投资的系统性风险和非系统性风险

C. 标准差仅度量投资的非系统性风险

D. 标准差率度量投资的单位期望收益率承担的系统性风险和非系统性风险

16. 关于资本资产定价模型，下列说法正确的有（　　）。

A. 该模型解释了风险收益率的决定因素和度量方法

B. β 系数代表了市场组合的系统性风险

C. 该模型对任何公司、任何资产都是适用的

D. 该模型只考虑了系统性风险

17. 根据成本习性，下列各项中一般为固定成本的有（　　）。

A. 直接材料和直接人工

B. 管理人员基本工资

C. 按业务量计提的固定设备折旧

D. 财产保险费

18. 甲公司业务量以直接人工工时为单位。过去 5 年直接人工工时分别为 11 万小时、12 万小时、13 万小时、15 万小时、16 万小时；过去 5 年的维修费用分别为 100 万元、105 万元、120 万元、125 万元、120 万元。采用高低点法分解维修费用所得到的单位变动成本和固定成本总额分别为（　　）。

A. 4 万元/万小时

B. 6.25 万元/万小时

C. 56 万元

D. 31.25 万元

19. 下列各项中，属于递增曲线成本的有（　　）。

A. 有价格折扣或优惠条件下的水、电消费成本

B. 累进计件工资

C. 违约金

D. “费用封顶”的通信服务费

20. 基于成本性态分析，对于企业推出的新产品所发生的混合成本，不适宜采用的混合成本分解方法有（　　）。

A. 合同确认法　　　B. 工业工程法

C. 高低点法　　　　D. 回归直线法

三、判断题

1. 预付年金现值系数是在普通年金现值系数的基础上乘以（1 + i）所得的结果。（　　）

2. 永续年金由于收付款的次数无穷多，所以其现值无穷大。（　　）

3. 当一年内多次复利时，名义利率等于每个计息周期的利率与年内复利次数的乘积。（　　）

4. 纯利率是指在没有通货膨胀，无风险情况下资金市场的平均利率。（　　）

5. 必要收益率与投资者对风险的偏好有关。因此，如果某项资产的风险较低，那么投资者对该项资产要求的必要收益率就较低。（　　）

6. 风险收益率是指某资产持有者因承担该资产的风险而要求的超过无风险利率的额外收益，它等于必要收益率与无风险收益率之差。（　　）

7. 当两个投资方案的期望值不相等时，可以用标准差比较这两个投资方案的风险程度。（　　）

8. 人们在进行财务决策时，之所以选择低风险的方案，是因为低风险会带来高收益，而高风险的方案往往收益偏低。（　　）

9. 根据风险管理的战略性原则，风险管理主要运用于企业战略管理层面，站在战略层面整

合和管理企业风险是全面风险管理的价值所在。（　　）

10. 拒绝与不守信用的厂商业务往来，放弃可能明显导致亏损的投资项目等属于风险转移。（　　）

11. 收益率的标准差作为衡量某单项资产风险的指标，如果将该资产作为投资组合的一部分，这种风险衡量指标可能失效。（　　）

12. 若两项证券资产收益率的相关系数为 0.6，则可以通过两项证券资产的组合分散一部分系统性风险。（　　）

13. 股票投资的 β 风险是无法避免的，不能用投资组合来回避，只能靠更高的报酬率来补偿。（　　）

14. 如果各单项资产的 β 系数不同，则可以通过调整资产组合中不同资产的构成比例改变组合的系统性风险。（　　）

15. 市场风险溢酬反映了市场整体对风险的厌恶程度，投资者越喜欢冒险，市场风险溢酬的数值就越小。（　　）

16. 在一定期间及业务量范围之内，单位固定成本随着业务量的增加而降低。（　　）

17. 要想降低约束性固定成本，只有通过精打细算，编制出积极可行的费用预算并严格执行。（　　）

18. 技术变动成本是指通过管理当局的决策行动可以改变的变动成本，其特点是其单位变动成本的发生额可由企业最高管理层决定。（　　）

四、计算分析题

1. 某人在 2×20 年 1 月 1 日存入银行 1 000 元，年利率为 12%。已知：(F/P, 12%, 2) = 1.2544，(F/P, 12%, 4) = 1.5735，(F/P, 3%, 16) = 1.6047，F/A, 12%, 4 = 4.7793 (F/A, 12%, 3) = 4.7793。

要求：

(1) 每年复利一次，计算 2×24 年 1 月 1 日存款账户余额。

(2) 每季度复利一次，计算 2×24 年 1 月 1 日存款账户余额。

(3) 若分别在 2×20 年、2×21 年、2×22 年和 2×23 年的 1 月 1 日存入 250 元，仍按 12% 利率，每年复利一次，计算 2×24 年 1 月 1 日余额。

(4) 假定分 3 年存入相等金额，计算为了在 2×24 年 1 月 1 日达到第 (1) 问所得到的账户余额，2×20 年、2×21 年和 2×22 年的 1 月 1 日应分别存入的金额。

2. 某企业向银行借款 100 万元，年利率为 10%，每半年计息一次，期限为 5 年，自 2×24 年 1 月 1 日至 2×29 年 1 月 1 日，企业选择等额本息还款方式。还款日为每年的 7 月 1 日和 1 月 1 日。已知 (P/A, 5%, 10) = 7.722，(P/A, 5%, 9) = 7.108。

要求：

(1) 计算借款的实际年利率。

(2) 计算当前每期的还款金额。

3. 已知相关资料如下：

资料一：市场上两只股票 A 和 B，其必要收益率分别为 10% 和 12%。

资料二：市场组合的收益率为 9%，无风险收益率为 4%。

资料三：甲投资组合由 A 股票和 B 股票组成，风险收益率为 9%。

要求：

(1) 根据资本资产定价模型、资料一和资料二，分别计算 A、B 两只股票的 β 系数。

(2) 根据以上资料计算甲投资组合的 β 系数。

(3) 根据以上资料计算甲投资组合的必要收益率。

4. 甲公司拟投资一项证券资产组合，该组合包含 A、B 两种股票，权重分别为 30% 和 70%，市场可能出现好、中、差三种情况，概率分别为 40%、30% 和 30%，A 股票在三种市场情况下的收益率分别为 30%、15% 和 −5%。B 股票的预期收益率为 12%，假设资本资产定价模型成立，A、B 两种股票的 β 系数分别为 1.6 和 1.4，无风险收益率为 3%，市场组合收益率为 8%。

要求：

(1) 计算 A 股票的预期收益率。

（2）计算该资产组合的预期收益率。

（3）计算该资产组合的 β 系数。

（4）计算该资产组合必要收益率，并判断该证券组合是否值得投资。

本章考点巩固练习题参考答案及解析

一、单项选择题

1.【答案】B

【解析】 (F/P, i, 10) 的终值系数 = $(1+i)^{10}$；(F/P, i, 11) 的终值系数 = $(1+i)^{11}$，所以 (F/P, i, 11) = (F/P, i, 10) × (1+i)。

2.【答案】A

【解析】预付年金终值系数 = 普通年金终值系数 × (1+i)；优先股现值 = 股息/折现率，优先股价值等于150；永续年金无法计算终值。

3.【答案】C

【解析】从第6年开始每年年初支取200万元，也就是从第5年开始每年年末支取200万元，所以递延期 m 是 4 期。连续 10 年，n = 10。所以 P = 200 × (P/A, i, 10) × (P/F, i, 4)。

4.【答案】C

【解析】由于是每年存一笔，最后得到一笔钱，所以使用年金终值系数。由于是从现在开始存，所以是预付年金，年金终值系数应乘以 (1+6%)，即 A × [(F/A, 6%, 10) × (1 + 6%)] = 100，解得：A = 100/[(F/A, 6%, 10) × (1+6%)]，选项C正确。

5.【答案】A

【解析】本题属于已知普通年金终值倒求年金，求年偿债基金，A = 100 000/6.1051 = 16 379.75（元）。

6.【答案】D

【解析】本题的考点是已知普通年金现值，求年资本回收额。30 000 = A × (P/A, 10%, 10)，A = 30 000/(P/A, 10%, 10) = 30 000/6.1446 = 4 882.34（元）。

7.【答案】D

【解析】实际利率 = (1+名义利率)/(1+通

货膨胀率) − 1 = (1+4%)/(1+10%) − 1 = 2.97%。

8.【答案】B

【解析】每个季度的利率 = 2 000/100 000 = 2%，名义年利率 = 2% × 4 = 8%，有效年利率 = $(1+8\%/4)^4 − 1$ = 8.24%。

9.【答案】A

【解析】无风险利率 = 纯粹利率 + 通货膨胀补偿率 = 1.8% + 2% = 3.8%。

必要收益率 = 无风险利率 + 风险收益率 = 3.8% + 6% = 9.8%。

10.【答案】D

【解析】两个项目的投资收益率不同，应该使用标准差率衡量风险，选项D正确。

11.【答案】B

【解析】本题考查风险管理对策。风险对冲是指引入多个风险因素或承担多个风险，使得这些风险能互相冲抵。风险对冲不是针对单一风险，而是涉及风险组合。例如，资产组合使用、多种外币结算的使用和战略上的多种经营，选项A、C、D不当选；采取合营方式实现风险共担，属于风险转移，选项B当选。

12.【答案】A

【解析】如果A、B两只股票的收益率变化方向和变化幅度完全相同，则两只股票的相关系数为1，相关系数为1时的投资组合不能降低任何风险，组合的风险等于两只股票风险的加权平均数。

13.【答案】B

【解析】当两项资产之间的相关系数为0时，表明两项资产收益率之间无关。其投资组合可分散的投资风险的效果比正相关时的效果要大，比负相关时的效果要小。

14.【答案】 D

【解析】 该投资组合的方差 = $30\%^2 \times 0.35 + 70\%^2 \times 0.26 + 2 \times 0.67 \times 30\% \times 70\% \times \sqrt{0.35} \times \sqrt{0.26} = 0.0315 + 0.1274 + 0.08489 = 0.2438$。

15.【答案】 C

【解析】 当期望值不等时，只能使用标准差率衡量风险大小，而标准差、方差适用于期望值相等时比较风险大小，选项A不正确；投资组合的标准差需要根据组合中各资产之间的相关系数计算，并不是简单的加权平均计算，选项B不正确；如果两项证券资产的收益率具有完全负相关关系，即相关系数为 -1，则该证券投资组合能够最大限度分散非系统性风险，而系统性风险不能被分散，选项D不正确。

16.【答案】 B

【解析】 必要收益率 = $3.5\% + 1.24 \times (8\% - 3.5\%) = 9.08\%$。

17.【答案】 A

【解析】 当市场收益率为10%时，资产的必要收益率 R = 无风险收益率 + $1.5 \times (10\% -$ 无风险收益率)，当市场收益率为15%时，说明市场收益率增加 = $15\% - 10\% = 5\%$，则资产的必要收益率增加 = $5\% \times \beta = 5\% \times 1.5 = 7.5\%$，所以资产的必要收益率 = R + 7.5%。

18.【答案】 C

【解析】 变动成本是指在特定的业务量范围内，其总额会随业务量的变动而呈正比例变动的成本。如直接材料、直接人工、按销售量支付的推销员佣金、装运费、包装费，以及按业务量计提的固定设备折旧等，选项C属于变动成本。固定成本指在特定业务范围内不受业务量变动影响、一定期间的总量能保持相对稳定的成本，如固定折旧费用、房屋租金、行政管理人员基本工资、财产保险费、广告费、职工培训费、科研开发费等，选项A、B、D属于固定成本。

19.【答案】 A

【解析】 新产品的研制费、技术转让费等属于酌量性变动成本，是通过管理层当局决策可以改变的变动成本。

20.【答案】 C

【解析】 工业工程法又称技术测定法，它是根据生产过程中各种材料和人工成本消耗量的技术测定来划分固定成本和变动成本的方法。该方法通常只适用于投入成本与产出数量之间有规律性联系的成本分解。

二、多项选择题

1.【答案】 ABC

【解析】 普通年金现值与普通年金终值不是互为逆运算的关系。普通年金终值相当于等额零存整取的整取额，普通年金现值相当于整存等额零取的整存额。

2.【答案】 ABCD

【解析】 递延年金是指第一次收付款发生时间与第一期无关，而是隔若干期后才开始发生的系列等额收付款项，其终值的大小与递延期无关；它只是普通年金的特殊形式，同样遵守普通年金折现的规律，即递延期越长，递延年金的现值越小。选项A、B、C、D均正确。

3.【答案】 AD

【解析】 递延年金现值的计算：

方法一：PA = A × (P/A, i, n) × (P/F, i, m)。

方法二：PA = A × [(P/A, i, m + n) − (P/A, i, m)]。

式中，m 为递延期，n 为连续收支期数。本题递延期为3年，第5年年初即第4年年末，连续收支期数 n 为5年。所以，选项A、D正确。

4.【答案】 ACD

【解析】 永续年金是没有终结期的普通年金，没有终值，选项A正确。永续年金是特殊形式的普通年金，选项B错误。在计息期为一年时，名义利率与实际利率相等。若计息期短于一年，实际利率高于名义利率，选项C、D正确。

5.【答案】 AB

【解析】无风险收益率=纯粹利率（货币时间价值）+通货膨胀补偿率；必要收益率=无风险收益率+风险收益率，所以无风险收益率=必要报酬率－风险收益率。

6. 【答案】ABCD

【解析】风险越大，投资人期望的投资收益越高，但期望并不一定都能实现，所以实际获得的收益不一定就越高，选项A错误；风险的不确定性，可能给投资人带来超出预期的损失，也可能给投资人带来超出预期的收益，选项B错误；风险是客观存在的，但投资人是否冒风险是可以选择的，比如股票投资有风险，我们可以选择投资国债来回避风险，选项C错误；无风险收益率也称无风险利率，它的大小由纯粹利率（货币时间价值）和通货膨胀补偿率两部分组成，即：无风险收益率=纯粹利率（货币时间价值）+通货膨胀补偿率，选项D错误。

7. 【答案】ABD

【解析】提高信用标准，会降低应收账款管理的风险，但增加了存货销售风险，所以属于风险转换，选项C说法错误。

8. 【答案】AB

【解析】风险转移指企业通过合同将风险转移到第三方，企业对转移后的风险不再拥有所有权。转移风险不会降低其可能的严重程度，只是从一方移除后转移到另一方。例如购买保险、采取合营方式实现风险共担，都属于风险转移。构建资产组合属于风险对冲，退出某一市场以避免激烈竞争属于风险规避。

9. 【答案】ACD

【解析】两项资产相关系数小于1，投资组合就会产生风险分散的效应。

10. 【答案】ABC

【解析】本题考查的是相关系数的含义。$\rho=0$时，该资产组合内的两只股票缺乏相关，但仍可以降低风险，选项A正确；$\rho=-1$时，该资产组合可以充分消除或最大限度地消除风险，选项B正确；$\rho=1$时，该资产组合不能抵消任何风险，选项C正确；ρ越大，意味着两只股票的收益率变化方向以及变化

幅度越相似（即相关程度越高），此时风险分散的效果越小，选项D错误。

11. 【答案】ABD

【解析】系统性风险一般用β系数进行衡量，选项C错误。

12. 【答案】ABC

【解析】市场组合只承担系统性风险，不承担非系统性风险。

13. 【答案】AB

【解析】投资组合的β系数是投资组合里所有单项资产β系数的加权平均数，其权数为各种资产在投资组合中所占的比重。

14. 【答案】AD

【解析】投资组合的收益率等于单项资产收益率的加权平均数，投资组合的β系数等于单项资产β系数的加权平均数，所以，选项A、D正确；由于只有在完全正相关的情况下，投资组合的标准差才等于单项资产标准差的平均数，所以选项B、C不正确。

15. 【答案】ABD

【解析】本题考查的是单项资产的风险衡量指标。方差、标准差、标准差率度量投资的总风险（包括系统性风险和非系统性风险），β系数度量投资的系统性风险，选项C错误。

16. 【答案】ACD

【解析】β系数代表了该项资产的系统性风险。

17. 【答案】BD

【解析】固定成本指在特定业务范围内不受业务量变动影响、一定期间的总量能保持相对稳定的成本，如固定折旧费用、房屋租金、行政管理人员基本工资、财产保险费、广告费、职工培训费、科研开发费等，选项B、D正确。变动成本是指在特定的业务量范围内，其总额会随业务量的变动而呈正比例变动的成本，如直接材料、直接人工、按销售量支付的推销员佣金、装运费、包装费，以及按业务量计提的固定设备折旧等，选项A、C属于变动成本。

18. 【答案】AC

【解析】单位变动成本 = (120 - 100)/(16 - 11) = 4（万元/万小时）；固定成本总额 = 100 - 4×11 = 56（万元）。

19.【答案】BC

【解析】递增曲线成本随着业务量的增加，成本逐步增加，并且增加幅度是递增的，如累进计件工资、违约金等；递减曲线成本其曲线达到高峰后就会下降或持平，如有价格折扣或优惠条件下的水、电消费成本，"费用封顶"的通信服务费等。所以选项B、C属于递增曲线成本，选项A、D属于递减曲线成本。

20.【答案】CD

【解析】高低点法和回归直线法，都属于历史成本分析的方法，它们仅限于有历史成本资料数据的情况，而新产品并不具有足够的历史数据。

三、判断题

1.【答案】√

【解析】题干表述正确。预付年金比普通年金早一期支付，预付年金现值系数是在普通年金现值系数的基础上乘以（1 + i）所得的结果。

2.【答案】×

【解析】永续年金现值 = A/i，存在具体数值，并不是无穷大的。

3.【答案】√

【解析】设名义利率为 r，每年复利次数为 m。则一年内多次复利时，每期的利率为 r/m。则每期利率与年内复利次数的乘积为 r（r = r/m × m），即为名义利率。例如年利率为 8%，每年复利 4 次，则每期利率为 2%（8%/4），乘以年内复利次数（4 次），其乘积为 8%（2% ×4），即名义利率。

4.【答案】√

【解析】纯利率是指在没有通货膨胀、无风险情况下资金市场的平均利率，题干表述正确。

5.【答案】×

【解析】本题考查的是必要收益率的含义以及风险收益率的影响因素。必要收益率表示投资者对某资产合理要求的最低收益率，由无风险收益率和风险收益率两部分组成。其中，风险收益率的大小取决于两个因素：一是风险的大小；二是投资者对风险的偏好。本题描述的是风险的大小对于风险收益率的影响，而非投资者对风险的偏好对于风险收益率的影响。单独看本题的两句话都是正确的，但前后衔接的逻辑不对，因此本题说法错误。

6.【答案】√

【解析】风险收益率是指某资产持有者因承担该资产的风险而要求的超过无风险利率的额外收益。必要收益率由两部分构成：（1）无风险收益率；（2）风险收益率。

7.【答案】×

【解析】方差和标准差是绝对数，只适用于期望值相同的决策方案风险程度的比较。对于期望值不同的决策方案，只能借助于标准差率这一相对数值评价和比较其各自的风险程度。

8.【答案】×

【解析】高收益往往伴有高风险，低收益方案其风险程度往往也较低，究竟选择何种方案，不仅要权衡期望收益与风险，而且要视决策者对风险的态度而定。对风险比较反感的人可能会选择期望收益较低同时风险也较低的方案，喜欢冒险的人则可能选择风险虽高同时收益可能也比较高的方案。

9.【答案】√

【解析】题干表述正确。

10.【答案】×

【解析】该措施属于风险规避。

11.【答案】√

【解析】组合的风险不仅与组合中单项资产有关，还与资产间的相关系数有关，因此，衡量单项资产风险的指标在组合中可能失效。

12.【答案】×

【解析】两项资产组合的相关系数取值范围是［-1，1］，可以通过资产组合分散部分非系统性风险，系统性风险无法进行分散。

13.【答案】√

【解析】β风险是系统性风险，不能用投资组合来回避，只能靠更高的报酬率来补偿。

14.【答案】√

【解析】证券资产组合的β系数是所有单项资产β系数的加权平均数，可以通过调整资产组合中不同资产的构成比例改变组合的系统性风险。

15.【答案】√

【解析】（$R_m - R_f$）称为市场风险溢酬，它反映的是市场作为整体对风险的平均"容忍"程度，也就是市场整体对风险的厌恶程度。市场整体对风险越是厌恶和回避，要求的补偿就越高，因此，市场风险溢酬的数值就越大。反之，如果市场的抗风险能力强，则对风险的厌恶和回避就不是很强烈，因此，要求的补偿越低，所以市场风险溢酬的数值就越小。

16.【答案】√

【解析】单位固定成本随着业务量的增加而降低，固定成本总额随着业务量的增加而保持不变。

17.【答案】×

【解析】要想降低约束性固定成本，只能从合理利用企业的生产能力入手，提高生产效率，以取得更大的经济效益；要想降低酌量性固定成本，只有通过精打细算，编制出积极可行的费用预算并严格执行。

18.【答案】×

【解析】技术变动成本是指与产量有明确的技术或实物关系的变动成本，其特点是只要生产就必然会发生；酌量性变动成本是指通过管理当局的决策行动可以改变的变动成本，其特点是其单位变动成本的发生额可由企业最高管理层决定。

四、计算分析题

1.【答案】

（1）2×20年1月1日存入金额1 000元为现值，2×24年1月1日账户余额为4年后的终值。

计算过程如下：

$F = 1\,000 \times (F/P, 12\%, 4) = 1\,000 \times 1.5735 = 1\,573.5$（元）。

（2）每季度复利一次，一年复利4次，属于计息期短于一年的时间价值计算问题。

$i = 12\%/4 = 3\%$

$n = 4 \times 4 = 16$

$F = 1\,000 \times (F/P, 3\%, 16) = 1\,000 \times 1.6047 = 1\,604.7$（元）。

（3）分别在2×20年、2×21年、2×22年和2×23年的1月1日存入250元，求2×24年1月1日余额，是预付年金终值问题。

计算过程如下：

$F = 250 \times (F/A, 12\%, 4) \times (1 + 12\%) = 250 \times 4.7793 \times 1.12 = 1\,338.2$（元）。

（4）$A \times (F/A, 12\%, 3) = 1\,573.5 \times (P/F, 12\%, 2)$

$A \times 3.3744 = 1\,573.5 \times 0.7972$

$A \approx 372$（元）。

2.【答案】

（1）实际年利率 $= (1 + 年利率/2)^2 - 1 = (1 + 5\%)^2 - 1 = 10.25\%$。

（2）当期每期的还款金额 $= 100/(P/A, 5\%, 10) = 12.95$（万元）。

3.【答案】

（1）A股票的β系数 $= 6\%/(9\% - 4\%) = 1.2$。

B股票的β系数 $= 8\%/(9\% - 4\%) = 1.6$。

（2）甲投资组合的β系数 $= 9\%/(9\% - 4\%) = 1.8$。

（3）甲投资组合的必要收益率 $= 4\% + 9\% = 13\%$。

4.【答案】

（1）A股票的预期收益率 $= 30\% \times 40\% + 15\% \times 30\% - 5\% \times 30\% = 15\%$。

（2）该资产组合的预期收益率 $= 15\% \times 30\% + 12\% \times 70\% = 12.9\%$。

（3）该资产组合的β系数 $= 1.6 \times 30\% + 1.4 \times 70\% = 1.46$。

（4）该资产组合必要收益率 $= 3\% + 1.46 \times (8\% - 3\%) = 10.3\%$。

由于证券组合的预期收益率12.9%大于必要收益率10.3%，所以该证券组合值得投资。

第三章　预算管理

考情分析

　　本章主要讲述财务管理的财务预算环节，包括预算的特征与作用、预算的分类、预算体系、预算管理工作的组织、预算的编制方法与编制程序、经营预算的编制、专门决策预算的编制、财务预算的编制、预算的执行、预算的分析与考核等内容。本章既可以出客观题，也可以出主观题。

教材变化

　　2024年本章教材内容无实质性变化。

考点提示

　　本章难度适中，主要注意的考点有：（1）预算的分类及预算的编制方法；（2）经营预算的编制；（3）各种经营预算之间的关系（如销售预算是整个预算的编制起点）；（4）财务预算的编制；（5）财务报表预算编制的依据；（6）预算的执行；（7）预算的分析与考核。

本章考点框架

预算管理
- 预算管理的概述
  - 预算的特征与作用
  - 预算的分类及体系
  - 预算管理的原则
  - 预算管理工作的组织
- 预算的编制方法
  - 增量预算法与零基预算法
  - 固定预算法与弹性预算法
  - 定期预算法与滚动预算法
- 预算编制
  - 经营预算的编制
  - 专门决策预算的编制及财务预算的编制
  - 预算的执行与考核

考点解读及例题点津

第一单元　预算管理的概述

1 预算的特征与作用

一、考点解读

1. 概念

预算是企业在预测、决策的基础上，用数量和金额以表格的形式反映的企业在一定时期内经营、投资、筹资等活动的**具体计划，是为实现企业目标而对各种资源和企业活动的详细安排**。

2. 特征

（1）预算必须与企业的战略目标保持一致；

（2）预算是数量化的并具有可执行性。

3. 作用

（1）**目标**：规划、控制和引导经济活动，使企业经营达到预期目标。（2）**协调**：实现企业内部各个部门之间的协调。（3）**依据**：作为业绩考核的重要依据。

二、例题点津

【例题1·多选题】企业预算的作用体现在（　　）。

A. 预算通过规划、控制和引导经济活动，使企业经营达到预期目标

B. 预算是业绩考核的重要依据

C. 预算是企业对外进行财务报告披露的主要依据

D. 预算可以实现企业内部各个部门之间的协调

【答案】ABD

【解析】预算的作用主要表现在以下三个方面：预算通过规划、控制和引导经济活动，使企业经营达到预期目标；预算可以实现企业内部各个部门之间的协调；预算是业绩考核的重要依据。选项A、B、D正确。

② 预算的分类及体系

一、考点解读

（1）根据预算的内容分类，分为**经营预算、专门决策预算和财务预算**。

经营预算：是指与企业日常业务直接相关的一系列预算，包括**销售预算、生产预算、采购预算、费用预算、人力资源预算等**。

专门决策预算：是指企业重大的或不经常发生的、需要根据特定决策编制的预算，包括**投融资决策预算等**。专门决策预算直接反映相关决策的结果，是实际中已选方案的进一步规划。如资本支出预算。

财务预算：是指与企业资金收支、财务状况或经营成果等有关的预算，包括**资金预算、预计资产负债表、预计利润表等。财务预算作为全面预算体系的最后环节**，它是从价值方面总括地反映企业经营预算与专门决策预算的结果，故亦称为总预算，其他预算则相应称为辅助预算或分预算。财务预算在全面预算中占有举足轻重的地位。

（2）根据预算指标覆盖的时间分类，企业预算分为**长期预算（1年以上）**和**短期预算（1年以内，含1年）**。企业的经营预算和财务预算多为1年期的短期预算。

（3）预算体系（见图3-1）。

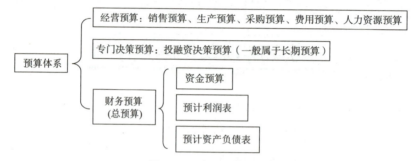

图3-1　全面预算体系

二、例题点津

【例题1·单选题】将全面预算分为经营预算、专门决策预算和财务预算是依据（　　）对预算所做的分类。

A. 预算覆盖的时间长短不同

B. 预算的功能不同

C. 预算的特征不同

D. 预算的内容不同

【答案】D

【解析】根据预算的内容不同，分为经营预算、专门决策预算和财务预算；从预算指标覆盖的时间长短分，企业预算分为长期预算（1年以上）和短期预算（1年以内，含1年）。

【例题2·单选题】下列各项中，属于专门决策预算的是（　　）。

A. 预计利润表　　B. 产品成本预算

C. 资本支出预算　　D. 预计资产负债表

【答案】C

【解析】专门决策预算直接反映相关决策的结果，是实际中已选方案的进一步规划。如资本支出预算。选项A、D属于财务预算，选项B属于经营预算。

【例题3·多选题】企业全面预算体系包括（　　）。

A. 专门决策预算　　B. 财务预算

C. 经营预算　　D. 资本支出预算

【答案】ABC

【解析】根据预算内容不同，预算可以分为经营预算、专门决策预算和财务预算。其中，专门决策预算是指企业重大的或不经常发生的、需要根据特定决策编制的预算，如资本支出预算。因此，选项D只能作为专门决策预算的一个具体项目。

3 预算管理的原则

一、考点解读

企业进行预算管理，一般应遵循以下原则：

（1）**战略导向原则**。预算管理应围绕企业的战略目标和业务计划有序开展，引导各预算责任主体聚焦战略、专注执行、达成绩效。

（2）**过程控制原则**。预算管理应通过及时监控、分析等把握预算目标的实现进度并实施有效评价，对企业经营决策提供有效支撑。

（3）**融合性原则**。预算管理应以业务为先导、以财务为协同，将预算管理嵌入企业经营管理活动的各个领域、层次、环节。

（4）**平衡管理原则**。预算管理应平衡长期目标与短期目标、整体利益与局部利益、收入与支出、结果与动因等关系，促进企业可持续发展。

（5）**权变性原则**。预算管理应刚性与柔性相结合，强调预算对经营管理的刚性约束，又可根据内外环境的重大变化调整预算，并针对例外事项进行特殊处理。

二、例题点津

【例题1·多选题】下列各项中，属于预算管理原则的有（　　）。

A. 过程控制原则

B. 平衡管理原则

C. 约束性原则

D. 融合性原则

【答案】 ABD

【解析】预算管理原则包括：战略导向原则、过程控制原则、融合性原则、平衡管理原则、权变性原则。

【例题2·判断题】预算管理的融合性原则是指应以财务为先导、以业务为协同，将预算管理嵌入企业经营管理活动的各个领域、层次、环节。（　　）

【答案】 ×

【解析】预算管理的融合性原则是指应以业务为先导、以财务为协同，将预算管理嵌入企业经营管理活动的各个领域、层次、环节。

4 预算管理工作的组织

一、考点解读

公司的年度财务预算方案、决算方案通常由公司董事会制订，经股东会或股东大会审议批准后方可执行。预算工作的组织包括决策层、管理层、执行层和考核层。

（1）**董事会或类似机构**，对企业预算工作**负总责**。可以根据情况**设立**预算管理委员会或**指定**财务管理部门负责预算管理事宜，并对企业法定代表**负责**。

（2）**预算管理委员会审批**公司预算管理制度、政策，**审议**年度预算草案或预算调整草案并报董事会等机构审批，**监控**、**考核**本单位的预算执行情况并向董事会报告，**协调**预算编制、预算调整及预算执行中的有关问题等。

（3）**企业财务管理部门**具体负责企业预算的**跟踪管理**，**监督预算**的执行情况，**分析**预算与实际执行的差异及原因，**提出**改进管理的意见与建议。

（4）**企业内部生产、投资、物资、人力资源、市场营销等职能部门**，负责本部门业务涉及的预算编制、执行、分析等工作，并**配合预算管理委员会或财务管理部门**做好企业总预算的综合平衡、协调、分析、控制与考核等工作。其**主要负责人**参与企业预算管理委员会的工作，并对本部门预算执行结果承担责任。

（5）**企业所属基层单位**，在企业财务管理部门的指导下，负责本单位现金流量、经营成果和各项成本费用预算的编制、执行、分析等工作，接受企业的检查、考核。其主要负责人对本单位财务预算的执行结果承担责任。

二、例题点津

【例题1·多选题】下列有关预算工作组织的表述中，正确的有（　　）。

A. 预算管理委员会审批公司预算管理制度、政策

B. 财务管理部门负责企业预算的跟踪管理，监督预算的执行情况

C. 财务管理部门对企业预算管理工作负总责

D. 财务管理部门对各部门预算执行结果承担责任

【答案】AB

【解析】企业董事会或类似机构应当对企业预算的管理工作负总责，选项 C 错误；各职能部门的主要负责人对本部门预算执行结果承担责任，选项 D 错误。

第二单元　预算的编制方法

常见的预算编制方法主要包括增量预算法与零基预算法、固定预算法与弹性预算法、定期预算法与滚动预算法。

1 增量预算法与零基预算法

一、考点解读

1. 增量预算法

（1）含义。

增量预算法，是指以历史期实际经济活动及其预算为基础，结合预算期经济活动及相关影响因素的变动情况，通过调整历史期经济活动项目及金额而形成预算的预算编制方法。

（2）假设条件。

企业现有业务活动是合理的，不需要调整；企业现有各项业务的开支水平是合理的，在预算期予以保持；以现有业务活动和业务开支水平，确定预算期各项活动的预算数。

（3）增量预算编制方法的缺点。

可能导致无效费用开支无法得到有效控制，造成预算上的浪费。

2. 零基预算法

（1）含义。

零基预算法，是指企业不以历史期经济活动及其预算为基础，以零为起点，从实际需要出发分析预算期经济活动的合理性，经综合平衡而形成预算的预算编制方法。

（2）应用程序。

零基预算法的应用程序有四个步骤：①明确预算编制标准；②制订业务计划；③编制预算草案；④审定预算方案，预算管理责任部门应逐项评价各预算项目的目标、作用、标准和金额等，按战略相

关性、资源限额和效益性等进行综合分析和平衡，汇总形成企业预算草案，上报企业预算管理委员会等专门机构审议后，报董事会等机构审批。

（3）优点。

①以零为起点编制预算，不受历史期经济活动中的不合理因素影响，能够灵活应对内外环境的变化，预算编制更贴近预算期企业经济活动需要；②有助于增加预算编制透明度，有利于进行预算控制。

（4）缺点。

①预算编制工作量较大、成本较高；②预算编制的准确性受企业管理水平和相关数据标准准确性的影响较大。

二、例题点津

【例题1·单选题】相对于增量预算，下列关于零基预算的表述错误的是（　　）。

A. 预算编制成本相对较高

B. 预算编制工作量相对较少

C. 以零为起点编制预算

D. 不受历史期不合理因素的影响

【答案】B

【解析】零基预算是指企业不以历史期实际经济活动及其预算为基础，以零为起点，从实际需要出发分析预算期经济活动的合理性，经综合平衡，形成预算的预算编制方法。其优点主要体现在：一是以零为起点编制预算，不受历史期经济活动中的不合理因素影响，能够灵活应对内外环境的变化，预算编制更贴近预算期企业经济活动需要；二是有助于增加预算编制透明度，有利于进行预算控制。其缺点主要体现在：一是预算编制工作量较大、成本较高；二是预算编制的准

确定性受企业管理水平和相关数据标准准确性的影响较大。

【例题2·多选题】与增量预算法相比，下列关于零基预算法的表述正确的有（ ）。

A. 更能够灵活应对企业内外部环境的变化

B. 更适用于预算编制基础变化较大的预算项目

C. 以历史期经营活动及其预算为基础编制预算

D. 有助于降低预算编制的工作量

【答案】AB

【解析】零基预算法以零为起点编制预算，不受历史期经济活动中的不合理因素影响，能够灵活应对内外环境的变化，选项A表述正确；零基预算法适用于企业各项预算的编制，特别是不经常发生的预算项目或预算编制基础变化较大的预算项目，选项B表述正确；零基预算不以历史期经济活动及其预算为基础，选项C表述不正确；零基预算法的预算编制工作量较大、成本较高，选项D表述不正确。

【例题3·判断题】与增量预算法相比，采用零基预算法编制预算的工作量较大、成本较高。（ ）

【答案】√

【解析】零基预算法的缺点主要体现在：一是预算编制工作量较大、成本较高；二是预算编制的准确性受企业管理水平和相关数据标准准确性影响较大。

2 固定预算法与弹性预算法

一、考点解读

1. 固定预算法

（1）含义。

固定预算法又称**静态预算法**，是指以预算期内正常的、最可实现的某一业务量（如企业产量、销售量、作业量等与预算项目相关的弹性变量）水平为固定基础，**不考虑可能发生的变动**的预算编制方法。

（2）优缺点。

固定预算法的优点是**编制相对简单，也容易使管理者理解**。

固定预算法的缺点是：**①适应性差**，由于固定预算法的业务量基础是事先假定的某个业务量，不论预算期内业务量水平实际可能发生哪些变动，都只按事先确定的某业务量水平作为编制预算的基础；**②可比性差**，当实际业务量与编制预算所依据的业务量发生较大差异时，预算与实际情况就会失去可比性。

2. 弹性预算法

（1）含义。

弹性预算法又称**动态预算法**，是指企业在分析业务量与预算项目之间数量依存关系的基础上，分别确定**不同业务量**及其相应预算项目所消耗资源的预算编制方法。

（2）适用范围。

适用于编制全面预算中所有与业务量有关的各种预算。在实务中，主要用于编制成本费用预算和利润预算，**尤其是成本费用预算**。

（3）业务量的计量单位。

要选用最能代表生产经营活动水平的业务量计量单位。手工操作为主的可选用人工工时，制造单一产品部门可选用实物量，修理部门可选用修理工时。

（4）业务量的变动范围。

一般来说，可选定在正常生产能力的**70%～110%**，或以历史上**最高业务量和最低业务量为其上下限**。

（5）优缺点。

与固定预算法相比，弹性预算法的主要**优点为考虑了预算期可能的不同业务量水平，更贴近企业经营管理实际情况**。

主要缺点：**①编制工作量大；②市场及其变动趋势预测的准确性、预算项目与业务量之间依存关系的判断水平等会对弹性预算的合理性造成较大影响**。

（6）应用程序。

企业应用弹性预算法，一般按照以下四个程序进行：①确定弹性预算适用项目，识别相关的业务量并预测业务量在预算期内可能存在的不同水平和弹性幅度；②分析预算项目与业务量之间的数量依存关系，确定弹性定额；③构建弹性预算模型，形成预算方案；④审定预算方案并上报企业预算管理委员会等专门机构审议后，报董事会等机构审批。

（7）弹性预算法的编制。

弹性预算法的编制方法分为公式法和列表法，如表3-1所示。

表3-1

方法	编制依据	优点	缺点
公式法	y = a + bx y 表示某项预算成本总额，a 表示该项成本中的固定基数，b 表示与业务量相关的弹性定额（可能仅适用于一定业务量范围内），x 表示预计业务量	在一定的范围内可以随业务量的变动而变动，可比性和适应性强；编制预算的工作量较小	按公式分解成本比较麻烦；非线性成本无法用线性方程来表述
列表法	在业务量范围内依据已划分出的若干个不同等级，分别计算并列示该预算项目与业务量相关的不同可能预算方案的方法	直观，不管实际业务量多少，都可以在表格里找到相似的业务量对应的预算成本；非线性成本不必转换为线性成本	往往需要插值法来计算"实际业务量的预算成本"

二、例题点津

【例题1·单选题】 某公司按弹性预算法编制销售费用预算。已知预计业务量为 5 万小时，单位变动销售费用为 1.5 元/小时，固定销售费用总额为 30 万元，则按预计业务量的 80% 编制的销售费用预算总额为（　　）万元。

A. 30　　　　　　B. 7.5

C. 36　　　　　　D. 37.5

【答案】C

【解析】销售费用预算总额 = 30 + 1.5 × 5 × 80% = 36（万元）。

【例题2·单选题】 某公司采用弹性预算法编制修理费预算，该修理费为混合成本，业务量为 100 件时，费用预算为 5 000 元；业务量为 200 件时，费用预算为 7 000 元。当业务量为 180 件时，修理费预算为（　　）元。

A. 6 600　　　　B. 6 300

C. 7 200　　　　D. 9 000

【答案】A

【解析】弹性预算法 y = a + bx，即 5 000 = a + b×100，7 000 = a + b×200，解得 b = (7 000 − 5 000)/(200 − 100) = 20（元/件），a = 5 000 − 100 × 20 = 3 000（元），可得出 y = 3 000 + 20x。当业务量为 180 件时，修理费预算 = 3 000 + 20 × 180 = 6 600（元）。

【例题3·判断题】 固定预算法的优点是能够使预算期间与会计年度相配合。（　　）

【答案】×

【解析】定期预算法的优点是能够使预算期间与会计年度相配合。

3 定期预算法与滚动预算法

一、考点解读

1. 定期预算法

（1）含义。

定期预算法是指在编制预算时以**固定会计期间**（如日历年度）作为预算期的一种预算编制方法。

（2）优缺点。

优点是使预算期间与会计期间相对应，便于将实际数与预算数进行对比，也有利于对预算执行情况进行分析和评价。**缺点**是会使管理人员只考虑预算期之内的事情，缺乏长远打算，导致短期行为的出现。

2. 滚动预算法

（1）含义。

滚动预算法是指企业根据上一期预算执行情况和新的预测结果，按既定的预算编制周期和滚动频率，对原有的预算方案进行调整和补充，**逐期滚动**，**持续推进**的预算编制方法。

（2）分类。

按照预算编制周期，可以将滚动预算分为**中期滚动预算和短期滚动预算**（见图3-2）。中期滚动预算的预算编制周期通常为3年或5年，以年度作为预算滚动频率。短期滚动预算通常以1年为预算编制周期，以月度或季度作为预算滚动频率（见表3-2）。

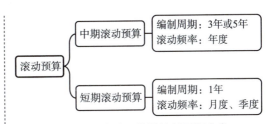

图3-2 滚动预算按编制周期分类

表3-2   滚动方式总结

滚动方式	概念	特点
逐月滚动	逐月滚动是指在预算编制过程中，以月份为预算的编制和滚动单位，每个月调整一次预算的方法	按照逐月滚动方式编制的预算比较精确，但工作量较大
逐季滚动	逐季滚动是指在预算编制过程中，以季度为预算的编制和滚动单位，每个季度调整一次预算的方法	逐季滚动编制的预算比逐月滚动的工作量小，但精确度较差
混合滚动	混合滚动是指在预算编制过程中，同时以月份和季度作为预算的编制和滚动单位的方法	这种预算方法的理论依据是：人们对未来的了解程度具有对近期的预计把握较大，对远期的预计把握较小的特征

（3）优缺点。

主要优点：通过持续滚动预算编制、逐期滚动管理，实现动态反映市场、建立跨期综合平衡，从而有效指导企业营运，强化预算的决策与控制职能。

主要缺点：一是预算滚动的频率越高，对预算沟通的要求越高，预算编制的工作量越大；二是过高的滚动频率容易增加管理层的不稳定感，导致预算执行者无所适从。

二、例题点津

【例题1·判断题】在滚动预算法下，如果预算编制周期为1年，并采取逐月滚动方式，则预算期将逐月缩短。（ ）

【答案】 ×

【解析】如果预算编制周期为1年，逐月滚动预算使预算期始终保持12个月，每过1个月，立即在期末增列1个月的预算，逐期往后滚动，因而在任何一个时期都使预算保持为12个月的时间长度。本题表述错误。

【例题2·判断题】滚动预算中的混合滚动是指在编制预算的头一个季度按季度滚动，后三个季度按月份滚动。（ ）

【答案】 ×

【解析】混合滚动是指在预算编制过程中，对预算的头三个月（即第一季度）逐月编制详细预算，其余月份（即后三个季度）分别按季度编制粗略预算。

【例题3·计算分析题】丁公司采用逐季滚动预算和零基预算相结合的方法编制制造费用预算，相关资料如下：

资料一：2×24年分季度的制造费用预算如表3-3所示。

表3-3   2×24年制造费用预算   金额单位：元

项目	第一季度	第二季度	第三季度	第四季度	合计
直接人工预算总工时（小时）	11 400	12 060	12 360	12 600	48 420
变动制造费用	91 200	×	×	×	387 360

续表

项目	第一季度	第二季度	第三季度	第四季度	合计
其中：间接人工费用	50 160	53 064	54 384	55 440	213 048
固定制造费用	56 000	56 000	56 000	56 000	224 000
其中：设备租金	48 500	48 500	48 500	48 500	194 000
生产准备费与车间管理费	×	×	×	×	×

注：×表示省略的数据。

资料二：2×24 年第二季度至 2×25 年第一季度滚动预算期间。将发生如下变动：

（1）直接人工预算总工时为 50 000 小时；

（2）间接人工费用预算工时分配率将提高 10%；

（3）2×24 年第一季度末重新签订设备租赁合同，新租赁合同中设备年租金将降低 20%。

资料三：2×24 年第二季度至 2×25 年第一季度，公司管理层决定将固定制造费用总额控制在 185 200 元以内，固定制造费用由设备租金、生产准备费与车间管理费组成，其中设备租金属于约束性固定成本，生产准备费与车间管理费属于酌量性固定成本，根据历史资料分析，生产准备费的成本效益远高于车间管理费。为满足生产经营需要，车间管理费总预算额的控制区间为 12 000 ~ 15 000 元。

要求：

（1）根据资料一和资料二，计算 2×24 年第二季度至 2×25 年第一季度滚动期间的下列指标：

①间接人工费用预算工时分配率；

②间接人工费用总预算额；

③设备租金总预算额。

（2）根据资料二和资料三，在综合平衡基础上根据成本效益分析原则，完成 2×24 年第二季度至 2×25 年第一季度滚动期间的下列事项：

①确定车间管理费总预算额；

②计算生产准备费总预算额。

【答案】

（1）①间接人工费用预算工时分配率 $=$ （213 048/48 420）$\times$（1 + 10%）= 4.84（元/小时）。

②间接人工费用总预算额 = 50 000 × 4.84 = 242 000（元）。

③设备租金总预算额 = 194 000 ×（1 − 20%）= 155 200（元）。

（2）设备租金是约束性固定成本，是必须支付的。生产准备费与车间管理费属于酌量性固定成本，发生额的大小取决于管理当局的决策行动，由于生产准备费的成本效益远高于车间管理费，根据成本效益分析原则，应该尽量减少车间管理费。

①确定车间管理费总预算额 = 12 000 元。

②计算生产准备费总预算额 = 185 200 − 155 200 − 12 000 = 18 000（元）。

第三单元　预 算 编 制

1 经营预算的编制

一、考点解读

1. 销售预算

销售预算是全面预算的起点，企业其他预算的编制都必须以销售预算为基础。销售预算内容主要包括销量、单价、销售收入和预计现金收入。在资金预算表中为"现金收入"提供相应数据，在资产负债表中为货币资金、应收账款等提供数据。

2. 生产预算

生产预算是全面预算中**唯一只与实物量有关**的预算，其**编制基础是销售预算**。主要内容包括**销售量、期初和期末产成品存货、生产量**。由于企业产销很难做到同步同量，所以需要设置一定的期末存货，通常按照下期销售量的一定百分比确定。

提示 预计期末产成品存货量＝下期预计销售量×下期销售量的一定百分比

预计期初产成品存货量＝上期期末产成品存货量

预计生产量＝预计销售量＋预计期末产成品存货量－预计期初产成品存货量

3. 直接材料预算

编制基础是生产预算，同时要考虑原材料存货水平。主要内容包括预计生产量、单位材料定额、生产需要量、预计期末结存量、预计期初结存量、预计材料采购量、材料计划单价、预计购料金额和预计现金支出。直接材料预算为**资金预算表中的"现金支出——材料采购支出"提供相应数据**。

提示 预计材料采购量＝生产需用量＋期末材料存量－期初材料存量

4. 直接人工预算

编制基础是生产预算。主要内容包括预计产量、单位产品工时、人工总工时、每小时人工成本和人工总成本。"预计产量"数据来自生产预算，单位产品工时和每小时人工成本的数据来自标准成本资料，人工总工时和人工总成本是在直接人工预算中计算出来的。**直接人工预算为资金预算表中的"现金支出——人工支出"提供相应数据**。

5. 制造费用预算

制造费用分为**变动制造费用**和**固定制造费用**两部分；变动制造费用是以生产预算为基础来编制，变动制造费用与企业的产量存在一定的函数关系，如果企业有比较完善的标准成本资料，直接用单位产品的标准成本与产量相乘即可得出变动制造费用的预算数，如果企业没有标准成本资料，就只能一项一项地预计。

固定制造费用与企业的产量无关，按每季度

实际需要的支持额预计；**制造费用预算剔除了非付现成本后为资金预算表中的"制造费用支出"提供相应数据**。

制造费用中的折旧等属于非付现费用，在预计现金支出时要予以剔除。

6. 产品成本预算

单位生产成本预算的编制基础是销售预算、生产预算、直接材料预算、直接人工预算和制造费用预算，反映产品的单位成本和总成本。

提示 产品成本预算不会给资金预算直接提供数据。

7. 销售及管理费用预算

销售费用预算，以销售预算为基础，分析销售收入、销售利润和销售费用的关系，销售费用预算和销售预算相配合，应有按品种、按地区、按用途的具体预算数额。**管理费用**多属于固定成本，所以，**一般是以过去的实际开支为基础**，按预算期的可预见变化来调整。

提示 该部分预算中的折旧与摊销属于非付现费用，在预计现金支出时要予以剔除。

二、例题点津

【例题1·单选题】在编制直接材料预算时，下列各项中，与计算本期预计材料采购量无关的是（　　）。

A. 上期生产需用量
B. 本期期初材料存量
C. 本期期末材料存量
D. 本期生产需用量

【答案】 A

【解析】本期预计材料采购量＝本期生产需用量＋本期期末材料存量－本期期初材料存量，所以上期生产需用量与本期预计材料采购量的计算无关，选项A正确。

【例题2·单选题】某企业预计7月、8月材料需用量分别为600吨、700吨，各月月末材料存量为下个月预计需用量的15%，7月预计材料采购量为（　　）吨。

A. 600　　　　　B. 705
C. 615　　　　　D. 500

【答案】C

【解析】7月月初材料存量 = 600 × 15% = 90（吨），7月月末材料存量 = 700 × 15% = 105（吨），7月预计材料采购量 = 600 + 105 - 90 = 615（吨）。

【例题3·计算分析题】甲公司生产A产品，有关产品成本和预算的信息如下：

资料一：A产品成本由直接材料、直接人工、制造费用三部分构成，其中制造费用属于混合成本。2×24年第一季度至第四季度A产品的产量与制造费用如表3-4所示。

表3-4　　　　　2×24年第一季度至第四季度A产品的产量与制造费用

项目	第一季度	第二季度	第三季度	第四季度
产量（件）	5 000	4 500	5 500	4 750
制造费用（元）	50 500	48 000	54 000	48 900

资料二：根据甲公司2×25年预算，2×25年第一季度A产品预计生产量为5 160件。

资料三：2×25年第一季度至第四季度A产品的生产预算如表3-5所示，每季度末A产品的产成品存货量按下一季度销售量的10%确定。

表3-5　　　　　2×25年第一季度至第四季度A产品的生产预算　　　　单位：件

项目	第一季度	第二季度	第三季度	第四季度	合计
预计销售量	5 200	4 800	6 000	5 000	×
预计期末产成品存货量	480	a	d	×	×
预计期初产成品存货量	520	b	e	×	×
预计生产量	5 160	c	f	×	×

注：×表示省略的数据。

资料四：2×25年A产品预算单价为200元，各季度销售收入有70%在本季度收回现金，30%在下一季度收回现金。

要求：

（1）根据资料一，按照高低点法对制造费用进行分解，计算2×24年制造费用中单位变动制造费用和固定制造费用总额。

（2）根据要求（1）的计算结果和资料二，计算2×25年第一季度A产品的预计制造费用总额。

（3）根据资料三，分别计算表格中a、b、c、d、e、f所代表的数值。

（4）根据资料三和资料四，计算：①2×25年第二季度的销售收入预算总额；②2×25年第二季度的相关现金收入预算总额。

【答案】

（1）高低点法是指从过去的资料中选取业务量最高点和最低点，将总成本进行分解。所以选取第二季度和第三季度的数据。

单位变动制造费用 = (54 000 - 48 000)/(5 500 - 4 500) = 6（元）。

固定制造费用总额 = 54 000 - 5 500 × 6 = 21 000（元）。

（2）2×25年第一季度A产品的预计制造费用总额 = 21 000 + 6 × 5 160 = 51 960（元）。

（3）a = 6 000 × 10% = 600（件），b = 480件，c = 4 800 + a - b = 4 800 + 600 - 480 = 4 920（件），d = 5 000 × 10% = 500（件），e = a = 600件，f = 6 000 + d - e = 6 000 + 500 - 600 = 5 900（件）。

（4）①2×25年第二季度的销售收入预算总

额 $=4\,800\times200=960\,000$（元）。

②2×25 年第二季度的相关现金收入预算总额 $=960\,000\times70\%+5\,200\times200\times30\%=984\,000$（元）。

2 专门决策预算的编制及财务预算的编制

一、考点解读

1. 专门决策预算的编制

专门决策预算主要是长期投资预算，它往往涉及长期建设项目的投资投放与筹措，并经常跨年度。专门决策预算也是编制资金预算（为资金预算中的"资本性支出"提供相应数据）和预计资产负债表的依据。

2. 财务预算的编制

（1）资金预算。

资金预算的编制依据是经营预算和专门决策预算，其主要内容由可供使用现金、现金支出、现金余缺、现金筹措与运用四部分构成。示例如表 3-6 所示。

表 3-6　资金预算

项目	第一季度	第二季度	第三季度	第四季度	全年
期初现金余额（已知条件）	上年第四季度期末数	第一季度期末数	第二季度期末数	第三季度期末数	第一季度期初数
＋现金收入（销售预算）					
＝可供使用现金					
－现金支出					
直接材料（直接材料预算）					
直接人工（直接人工预算）					
制造费用（制造费用预算）					
销售及管理费用（销售及管理费用预算）					
所得税费用（预计数）					
购买设备（资本支出预算）					
股利					
现金支出合计					
现金余缺（可供使用现金－现金支出）					
现金筹措与运用					
＋借入长期借款（资本支出预算）					
＋取得短期借款					
－归还短期借款					
－短期借款利息					
－长期借款利息					
＝期末现金余额					第四季度期末数

"期初现金余额"是在编制预算时预计的，下一季度的期初现金余额等于上一季度的期末现金余额，全年的期初现金余额指的是年初的现金余额，所以等于第一季度的期初现金余额；"现

金收入"的主要来源是销货取得的现金收入，销货取得的现金收入数据来自销售预算。"现金支出"部分包括预算期的各项现金支出。"直接材料""直接人工""制造费用""销售及管理费用""购买设备"的数据分别来自前述有关预算。此外，还包括所得税费用、股利分配等现金支出，有关的数据分别来自另行编制的专门预算。现金余缺与理想期末现金余额的比较，并结合固定的利息支出数额以及其他的因素，来确定预算期现金运用或筹措的数额。

（2）利润表预算。

编制预计利润表的依据是各经营预算、专门决策预算和资金预算，用来综合反映企业在计划期的预计经营成果，是企业最主要的财务预算表之一。其中，"销售收入"项目的数据来自销售收入预算；"销售成本"项目的数据来自产品成本预算；"毛利"项目的数据是前两项的差额；"销售及管理费用"项目的数据来自销售费用及管理费用预算；"利息"项目的数据来自资金预算。"所得税费用"项目是在利润规划时估计的，并已列入资金预算。它通常不是根据"利润总额"和所得税税率计算出来的。

（3）资产负债表预算的编制。

预计资产负债表用来反映企业在计划期末预计的财务状况。编制预计资产负债表的目的，在于判断预算反映的财务状况的稳定性和流动性。预算需以计划期开始日的资产负债表为基础，结合计划期间经营预算、专门决策预算、资金预算和利润表预算进行编制。它是编制全面预算的终点。

二、例题点津

【例题1·单选题】下列各项中，属于专门决策预算的是（　　）。

A. 预计利润表　　B. 产品成本预算
C. 资本支出预算　D. 预计资产负债表

【答案】C

【解析】专门决策预算直接反映相关决策的结果，是实际中已选方案的进一步规划。如资本支出预算。选项A、D属于财务预算，选项B属于经营预算。

【例题2·单选题】关于资产负债表预算，下列表述正确的是（　　）。

A. 资本支出预算的结果不会影响到资产负债表预算的编制

B. 编制资产负债表预算的目的在于了解企业预算期的经营成果

C. 利润表预算编制应当先于资产负债表预算编制而成

D. 资产负债表预算是资金预算编制的起点和基础

【答案】C

【解析】预计资产负债表的编制需以计划期开始日的资产负债表为基础，结合计划期间各项业务预算、专门决策预算、资金预算和预计利润表进行编制。选项A错误。编制预计资产负债表的目的，在于判断预算反映的财务状况的稳定性和流动性。选项B错误。预计资产负债表是编制全面预算的终点。选项C正确、选项D错误。

【例题3·单选题】某公司在编制资金预算时，期末现金余额要求不低于10 000元，资金不足则向银行借款，借款金额要求为10 000元的整数倍。若"现金余缺"为－55 000元，则应向银行借款的金额为（　　）元。

A. 40 000　　　　B. 70 000
C. 60 000　　　　D. 50 000

【答案】B

【解析】－55 000＋借款额≥10 000，所以借款额≥65 000元，因为借款金额要求是10 000元的整数倍，所以应向银行借款的金额为70 000元。

【例题4·多选题】某公司某年1~3月预计的销售收入分别为220万元、350万元和380万元，当月销售当月收现70%，下月收现20%，再下月收现10%。则该年3月31日资产负债表"应收账款"项目金额和该年3月的销售现金流入分别为（　　）万元。

A. 149　　　　　B. 358
C. 162　　　　　D. 390

【答案】AB

【解析】该年3月31日资产负债表应收账款项目金额＝350×10%＋380×30%＝149（万元）；该年3月的销售现金流入＝220×10%＋350×20%＋380×70%＝358（万元）。

【例题5·判断题】在产品成本预算中，产品成本总预算金额是将直接材料、直接人工、制造费用以及销售与管理费用的预算金额汇总相加而得到的。（　　）

【答案】×

【解析】产品成本预算，是销售预算、生产预算、直接材料预算、直接人工预算、制造费用预算的汇总。不考虑销售与管理费用的预算。

【例题6·判断题】在编制预计资产负债表时，对表中的年初项目和年末项目均需根据各种经营预算和专门决策预算的预计数据分析填列。（　　）

【答案】×

【解析】表中的年初项目就是上年的年末数，无须分析填列。

3　预算的执行与考核

一、考点解读

预算审批包括预算内审批、超预算审批、预算外审批等。预算内审批事项，应简化流程，提高效率；超预算审批事项，应执行额外的审批流程；预算外审批事项，应严格控制，防范风险。

（一）预算的执行

企业预算一经批复下达，各预算执行单位就必须认真组织实施，将预算指标层层分解，从横向到纵向落实到内部各部门、各单位、各环节和各岗位，形成全方位的预算执行责任体系。

1. 预算控制

预算控制，是指企业以预算为标准，通过预算分解、过程监督、差异分析等促使日常经营不偏离预算标准的管理活动。

2. 预算调整

年度预算经批准后，原则上不作调整。企业应在制度中严格明确预算调整的条件、主体、权限和程序等事宜，当内外战略环境发生重大变化或突发重大事件等，导致预算编制的基本假设发生重大变化时，可进行预算调整。

提示　预算调整的要求共有三点：

（1）预算调整事项不能偏离企业发展战略。

（2）预算调整方案应当在经济上能够实现最优化。

（3）预算调整重点应当放在预算执行中出现的重要的、非正常的、不符合常规的关键性差异方面。

（二）预算的分析与考核

企业应当建立预算分析制度，由预算管理委员会定期召开预算执行分析会议，全面掌握预算的执行情况，研究、解决预算执行中存在的问题，纠正预算的执行偏差。

预算考核主要针对定量指标进行考核，是企业绩效考核的重要组成部分。企业应建立健全预算考核制度，并将预算考核结果纳入绩效考核体系，切实做到有奖有惩、奖惩分明。

二、例题点津

【例题1·判断题】预算考核主体和考核对象的界定应坚持上级考核下级、逐级考核、预算执行与预算考核职务相一致的原则。（　　）

【答案】×

【解析】预算考核主体和考核对象的界定应坚持上级考核下级、逐级考核、预算执行与预算考核职务相分离的原则。

本章考点巩固练习题

一、单项选择题

1. 某企业制造费用中的修理费用与修理工时密切相关。经测算，公司2×22年修理费用中的固定修理费用为3 000元，单位工时的变动修理费用为2元，预计修理工时为3 500小时，于是就将 2×22 年修理费用预算简单地确定为 10 000 元（3 000 +2×3 500）。根据以上信息，该企业编制预算的方法是（　　）。

A. 零基预算法　　　　B. 固定预算法

C. 弹性预算法　　　　D. 滚动预算法

2. 下列关于定期预算方法的表述中，不正确的是（　　）。

A. 定期预算是在编制预算时以固定会计期间作为预算期的一种编制预算的方法

B. 定期预算使预算期间与会计期间相对应，便于对预算执行情况进行分析和考核

C. 定期预算使管理人员只考虑预算期之内的事情，缺乏长远打算，导致短期行为出现

D. 编制预算的方法按业务量基础的不同可分为定期预算法与弹性预算法

3. 固定预算方法的缺点之一是（　　）。

A. 工作量大

B. 编制复杂

C. 成本分解比较麻烦

D. 可比性差

4. 在分析业务量与预算项目之间数量依存关系的基础上，分别确定不同业务量及其相应预算项目金额的预算编制方法是（　　）。

A. 定期预算法　　　　B. 固定预算法

C. 滚动预算法　　　　D. 弹性预算法

5. 下列各项中，不会对资产负债表预算中存货金额产生影响的是（　　）。

A. 生产预算

B. 材料采购预算

C. 销售费用预算

D. 单位产品成本预算

6. 某企业制造费中油料费用与机器工时密切相关，预计预算期固定油料费用为 10 000 元，单位工时的变动油料费用为 10 元，预算期机器总工时为 3 000 小时，则预算期油料费用预算总额为（　　）元。

A. 10 000　　　　　　B. 20 000

C. 30 000　　　　　　D. 40 000

7. 用于反映与企业日常业务直接相关的预算是（　　）。

A. 财务预算　　　　　B. 经营预算

C. 专门决策预算　　　D. 责任预算

8. 下列关于专门决策预算的说法中，不正确的是（　　）。

A. 专门决策预算又称资本支出预算

B. 编制依据是项目财务可行性分析资料以及企业筹资决策资料

C. 与资金预算和预计资产负债表的编制无关

D. 是编制资金预算和预计资产负债表的依据

9. 某企业预计每季度期末产成品存货为下季度预计销售量的 10%，已知第二季度预计销售量为 2 000 件，第三季度预计销售量为 2 200 件，则第二季度产成品预计产量为（　　）件。

A. 2 020　　　　　　B. 2 000

C. 2 200　　　　　　D. 2 220

10. 甲公司正在编制直接材料预算。预计单位产成品的消耗量为 10 千克。材料价格为 50 元/千克，第一季度期初、期末材料存货分别是 500 千克和 550 千克；第一季度、第二季度产成品的销量分别是 200 件和 250 件；期末产成品存货按下季度销量的 10% 安排。预计第一季度材料采购金额是（　　）元。

A. 100 000　　　　　B. 102 500

C. 105 000　　　　　D. 130 000

11. 已知 A 公司在预算期间，销售当季度收回货款 60%，下季度收回货款 30%，下下季度收回货款 10%，预算年度期初应收账款金额为 28 万元，其中包括上年第三季度销售的应收账款 4 万元，第四季度销售的应收账款 24 万元，则下列说法不正确的是（　　）。

A. 上年第四季度的销售额为 60 万元

B. 上年第三季度的销售额为 40 万元

C. 上年第三季度销售的应收账款 4 万元在预计年度第一季度可以全部收回

D. 当年第一季度收回的期初应收账款为 24 万元

12. 采用公式法编制制造费用预算时，固定制造费用为 1 000 元，如果业务量为 100% 时，变动制造费用为 3 000 元；如果业务量为 120%，则总制造费用为（　　）元。

A. 3 000　　　　　　B. 4 000

C. 4 600　　　　　　D. 3 600

13. 经营预算中唯一以实物量形式反映的是（ ）。
    A. 销售预算　　　　B. 生产预算
    C. 直接材料预算　　D. 制造费用预算

14. 某公司1月、2月、3月的预计销售额分别为20 000元、25 000元、22 000元。每月销售额在当月收回30%，次月收回70%。预计3月末的应收账款余额为（ ）元。
    A. 14 100　　　　　B. 13 500
    C. 20 100　　　　　D. 15 400

15. 某企业正编制8月份的"资金预算"。预计8月初短期借款为100万元，月利率为1%，该企业不存在长期负债，预计8月现金余缺为-50万元。现金不足时，通过银行借款解决，借款额为1万元的倍数，8月末现金余额要求不低于10万元。假设企业每月支付一次利息，借款在期初，还款在期末，则应向银行借款的最低金额为（ ）万元。
    A. 60　　　　　　　B. 61
    C. 62　　　　　　　D. 63

16. 预算编制方法按其业务量基础的数量特征不同，可以分为（ ）。
    A. 定期预算法与滚动预算法
    B. 增量预算法与零基预算法
    C. 固定预算法与弹性预算法
    D. 增量预算法与定期预算法

17. 某企业各季度销售收入有70%于本季度收到现金，30%于下季度收到现金。已知当年年末应收账款余额为600万元，下年第一季度预计销售收入1 500万元，则下年第一季度预计现金收入为（ ）万元。
    A. 1 650　　　　　B. 2 100
    C. 1 050　　　　　D. 1 230

18. 某公司预计本年第三季度、第四季度销售产品分别为220万件、350万件，单价分别为2元、2.5元，各季度销售收现率为60%，其余部分下一季度收回，则该公司第四季度现金收入为（ ）万元。
    A. 437　　　　　　B. 440
    C. 875　　　　　　D. 701

19. 某企业正在编制第四季度的直接材料消耗与采购预算，预计直接材料的期初存量为1 000千克，本期生产消耗量为3 500千克，期末存量为800千克；材料采购单价为每千克25元，材料采购货款有30%当季付清，其余70%在下季付清。该企业第四季度采购材料形成的"应付账款"期末余额预计为（ ）元。
    A. 3 300　　　　　B. 24 750
    C. 57 750　　　　　D. 82 500

20. 某公司在编制生产预算时，本年第四季度期末存货量为13万件，下年四个季度的预计销售量依次为100万件、130万件、160万件和210万件，每季度末预计产品存货量占下季度销售量的10%，则下年第三季度预计生产量为（ ）万件。
    A. 210　　　　　　B. 133
    C. 100　　　　　　D. 165

二、多项选择题

1. 下列各项中，属于经营预算内容的有（ ）。
   A. 销售预算　　　　B. 产品成本预算
   C. 生产预算　　　　D. 资金预算

2. 在企业的全面预算体系中，下列项目属于预计利润表编制内容的有（ ）。
   A. 所得税费用　　　B. 毛利
   C. 未分配利润　　　D. 利息

3. 下列关于零基预算法的说法中，正确的有（ ）。
   A. 不利于进行预算控制
   B. 能够灵活应对内外环境的变化
   C. 预算编制工作量大
   D. 重新编制预算准确性较高

4. 编制直接人工预算时，影响直接人工总成本的因素有（ ）。
   A. 预计直接人工工资率
   B. 预计车间辅助人员工资
   C. 预计单位产品直接人工工时
   D. 预计产量

5. 编制资金预算时，如果现金余缺大于最佳现金持有量，则企业可采取的措施有（ ）。
   A. 购入短期有价证券

B. 偿还部分借款本金

C. 偿还部分借款利息

D. 抛售短期有价证券

6. 下列关于财务预算的表述中，正确的有（   ）。

A. 财务预算多为长期预算

B. 财务预算又被称作总预算

C. 财务预算是全面预算体系的最后环节

D. 财务预算主要包括资金预算和预计财务报表

7. 下列关于混合滚动预算的说法中，错误的有（   ）。

A. 同时以月份和季度作为预算的编制和滚动单位

B. 预算前期按季滚动、后期按月滚动

C. 预算前期按月滚动、后期按季滚动

D. 可能弱化预算的决策与控制职能

8. 用列表法编制的弹性预算，主要特点包括（   ）。

A. 可以直接找到与业务量相近的预算成本

B. 混合成本中的阶梯成本和曲线成本可按总成本性态模型计算填列

C. 评价和考核实际成本时往往需要使用插值法计算实际业务量的预算成本

D. 便于计算任何业务量的预算成本

9. 甲公司销售收入中，预计销售当季度收回货款70%，次季度收款20%，第三季度收款10%，预算年度期初应收账款金额为11 000元，其中包括上年第三季度销售的应收账款5 000元，第四季度销售的应收账款6 000元。则甲公司上年第三季度和第四季度的销售收入分别为（   ）元。

A. 50 000   B. 43 000

C. 30 000   D. 20 000

10. 下列各项中，属于总预算内容的有（   ）。

A. 管理费用预算   B. 预计利润表

C. 生产预算   D. 资金预算

11. 下列各项属于滚动预算法的特点的有（   ）。

A. 强化预算的决策与控制职能

B. 滚动频率越高，编制工作量越大

C. 增加管理层的不稳定感

D. 导致短期行为的出现

12. 甲公司正在编制第三季度的"资金预算"。甲公司不存在长、短期负债，预计第三季度初短期债券投资余额（假设市场价值与面值相同）为500万元，年利率为10%，利息每季度末支付。预计第三季度现金余缺为 −120万元。现金不足时，通过出售短期债券解决，短期债券的出售金额应当为5万元的倍数，第三季度末现金余额要求不低于27万元。则应当出售的短期债券金额和第三季度末现金余额分别为（   ）万元。

A. 145   B. 135

C. 27.5   D. 28.5

13. 在全面预算体系中，编制产品成本预算的依据有（   ）。

A. 制造费用预算   B. 生产预算

C. 直接人工预算   D. 直接材料预算

14. 在编制生产预算时，计算某种产品预计生产量应考虑的因素包括（   ）。

A. 预计材料采购量

B. 预计产品销售量

C. 预计期初产品存货量

D. 预计期末产品存货量

15. 在编制资金预算时，计算某期现金余缺必须考虑的因素有（   ）。

A. 期初现金余额

B. 期末现金余额

C. 当期现金支出

D. 当期现金收入

16. 某企业本月支付当月货款的60%，支付上月货款的30%，支付上上月货款的10%，未支付的货款通过"应付账款"核算。已知7月份货款为20万元，8月份货款为25万元，9月份货款为30万元，10月份货款为50万元，则下列说法正确的有（   ）。

A. 9月份支付27.5万元

B. 10月初的应付账款为14.5万元

C. 10月末的应付账款为23万元

D. 10月初的应付账款为11.5万元

17. 利润表预算的编制依据包括（   ）。

A. 资产负债表预算   B. 资金预算

C. 销售预算   D. 直接材料预算

18. 下列关于全面预算中的利润表预算编制的说法中，正确的有（　　）。

A. "销售收入"项目的数据，来自销售预算

B. "销售成本"项目的数据，来自生产预算

C. "销售及管理费用"项目的数据，来自销售及管理费用预算

D. "所得税费用"项目的数据，通常是根据利润表预算中的"利润"项目金额和本企业适用的法定所得税税率计算出来的

19. 下列各项预算中，与编制利润表预算直接相关的有（　　）。

A. 销售预算

B. 生产预算

C. 产品成本预算

D. 销售及管理费用预算

20. 某公司采用弹性预算法编制制造费用预算，制造费用与工时密切相关，若业务量为500工时，制造费用预算为18 000元，若业务量为300工时，制造费用预算为15 000元，则下列说法中正确的有（　　）。

A. 若业务量为零，则制造费用为零

B. 若业务量为320工时，则制造费用预算为15 300元

C. 制造费用中固定部分为10 500元

D. 单位变动制造费用预算为15元/工时

三、判断题

1. 以历史期实际经济活动及其预算为基础结合预算期实际经济活动及相关影响因素变动情况编制预算的方法是零基预算法。　（　　）

2. 定期预算编制方法的理论依据是：人们对未来的了解程度具有对近期预计把握较小、对远期的预计把握较大的特征。　　　（　　）

3. 专门决策预算应当以经营预算为依据，准确反映项目资金投资支出与筹资计划。（　　）

4. 通过持续滚动预算编制、逐期滚动管理，实现动态反映市场、建立跨期综合平衡，从而有效指导企业营运的是弹性预算法。　　（　　）

5. 资金预算以经营预算和专门决策预算为依据编制。　　　　　　　　　　　　（　　）

6. 采用弹性预算法编制成本费用预算时，业务量

计量单位的选择非常关键，自动化生产车间适合用机器工时作为业务量的计量单位。（　　）

7. 制造费用预算分为变动制造费用和固定制造费用两部分，变动制造费用和固定制造费用均以生产预算为基础来编制。　　　（　　）

8. 采用列表法编制弹性成本费用预算，可按总成本性态模型计算填列阶梯成本和曲线成本，不必用数学方法修正为近似的直线成本。（　　）

9. 在预算编制过程中，企业销售预算一般应当在生产预算的基础上编制。　　　（　　）

10. 经营预算是全面预算编制的起点，因此专门决策预算应当以经营预算为依据。（　　）

11. 直接材料预算和直接人工预算均同时反映业务量消耗和成本消耗，但后一种预算的支出在计提的福利费用全部支用的情况下均属于现金支出。　　　　　　　　　　（　　）

12. 企业根据上一期预算执行情况和新的预测结果，按既定的预算编制周期和频率，对原有的预算方案进行调整和补充、持续推进的预算编制方法为定期预算法。　　（　　）

13. 相对于弹性预算，固定预算以事先确定的目标业务量作为预算编制基础，适应性比较差。　　　　　　　　　　　　　（　　）

14. 在预算的执行中，要将年度预算细分为季度预算，以便分期实施预算控制，确保年度预算目标的实现。　　　　　　　（　　）

15. 专门决策预算的内容既要包括资金投资支出计划，也要包括相应的筹资计划，它同时也是编制资金预算和资产负债表预算的依据。　　　　　　　　　　（　　）

16. 某公司当年第四季度预算生产量为100万件，单位变动制造费用为3元/件，固定制造费用总额为10万元（含折旧费2万元），除折旧费外，其余均为付现费用。则当年第四季度制造费用的现金支出预算为292万元。　　　　　　　　　　（　　）

17. 在财务预算的编制过程中，编制预计财务报表的正确顺序是：先编制资金预算，预计资产负债表，然后再编制预计利润表。（　　）

18. 产品成本预算与资产负债表预算无关。　（　　）

19. 预算控制，是指企业以预算为标准，通过预算分解、过程监督、差异分析等促使日常经营不偏离预算标准的管理活动。　（　　）

四、计算分析题

1. 某公司 2×22 年末的长期借款余额为 12 000 万元，短期借款余额为 0。该公司的最佳现金持有量为 500 万元，如果资金不足，可向银行借款。假设：银行要求借款的金额是 100 万元的倍数，而偿还本金的金额是 10 万元的倍数；新增借款发生在季度期初，偿还借款本金发生在季度期末，先偿还短期借款；借款利息按季度平均计提，并在季度期末偿还。某公司编制了 2×23 年分季度的资金预算，部分信息如表 3-7 所示。

表 3-7　某公司 2×23 年资金预算的部分信息　单位：万元

项目	第一季度	第二季度	第三季度	第四季度
现金余缺	-7 500	(C)	×	-450
长期借款	6 000	0	5 000	0
短期借款	2 600	0	0	(E)
偿还短期借款	0	1 450	1 150	0
偿还短期借款利息（年利率8%）	52	(B)	(D)	×
偿还长期借款利息（年利率12%）	540	540	×	690
期末现金余额	(A)	503	×	×

注：×表示省略的数据。

要求：确定表 3-7 中英文字母代表的数值（不需要列示计算过程）。

2. 某企业月末现金余额最低为 6 000 万元，不足部分向银行借款，现金多余部分则归还银行借款。假定借款在期初，还款在期末，无论是借款还是还款都必须是 1 000 万元的倍数，借款的年利率为 12%，对应借款的利息在归还本金时支付。

要求：完成下列第三季度（7 月、8 月、9

月）资金预算（见表 3-8）。

表 3-8　　　　资金预算　　　单位：万元

项目	5月	6月	7月	8月	9月	10月
工作底稿						
销售收入	5 000	6 000	7 000	8 000	9 000	10 000
收账：						
销货当月（收回销售收入的20%）						
销货次月（收回销售收入的70%）						
销货再次月（收回销售收入的10%）						
收账合计						
采购金额（下月销售收入的70%）		4 900				
购货付款（延后1个月）						
现金预算：						
(1) 期初余额		8 000				
(2) 收账						
(3) 购货						
(4) 工资			750	100	1 250	
(5) 其他付现费用			100	200	700	
(6) 预交所得税				2 000		

续表

项目	5月	6月	7月	8月	9月	10月
（7）购置固定资产			8 000			
（8）现金多余或不足						
（9）向银行借款						
（10）偿还银行借款						
（11）支付借款利息						
（12）期末现金余额						

3. 甲公司只生产 W 产品，目前正在进行第二季度的资金预算，相关资料如下：

资料一：企业第二季度初的现金为 55 万元。预计第一季度、第二季度的销售收入分别是 1 000 万元、1 500 万元，预计销售收入中，有 60% 在本季度收到现金，40% 在下一季度收到现金。不考虑增值税及其他因素。

资料二：第二季度的材料采购金额为 900 万元，其中有 80% 在本季度支付，第二季度初的应付账款为 120 万元，需本季度支付；人工工资为 280 万元，需用现金支付；制造费用 160 万元，其中折旧费等非付现费用为 35 万元；销售费用和管理费用 260 万元，其中折旧费等非付现费用为 25 万元；预交所得税 25 万元；购买设备 240 万元，本季度需预付设备款的 60%。

资料三：企业在每季度末的理想现金余额是 50 万元，且不低于 50 万元。如果当季现金不足，则向银行取得短期借款，如果当季现金溢余，则偿还银行短期借款。短期借款的年利率为 10%，按季度付息。借款和还款的数额均为 10 万元的整数倍。假设新增借款发生在季度初，归还借款在季度末。

要求：

（1）根据资料一，计算第二季度的现金流入量。

（2）根据资料二，计算第二季度的现金流出量。

（3）根据（1）、（2）问的结果，计算第二季度的现金余缺。

（4）根据资料三，计算取得短期借款金额及期末现金余额。

五、综合题

1. A 公司是一家零售商，正在编制 12 月份的预算，有关资料如下：

（1）预计 2×22 年 11 月 30 日资产负债表如表 3-9 所示。

表 3-9　　资产负债表　　单位：万元

资产	金额	负债及所有者权益	金额
现金	22	应付账款	162
应收账款	76	应付利息	11
存货	132	银行借款	120
固定资产	770	实收资本	700
		未分配利润	7
资产总计	1 000	负债及所有者权益总计	1 000

（2）销售收入预计：2×22 年 11 月为 200 万元，12 月为 220 万元；2×23 年 1 月为 230 万元。

（3）销售收现预计：销售当月收回 60%，次月收回 38%，其余 2% 无法收回（坏账）。

（4）采购付现预计：销售商品的 80% 在前一个月购入，销售商品的 20% 在当月购入；所购商品的进货款项，在购买的次月支付。

（5）预计 12 月购置固定资产需支付 60 万元；全年折旧费 216 万元；除折旧外的其他管理费用均须用现金支付，预计 12 月为 26.5 万元；12 月末归还一年前借入的到期借款 120 万元。

（6）预计销售成本率为 75%。

（7）预计银行借款年利率 10%，还款时支付利息。

（8）企业最低现金余额 5 万元；预计现金余额不足 5 万元时，在每月月初从银行借入，借款金额是 1 万元的整数倍。

（9）假设公司按月计提应计利息和坏账准备。

要求：计算下列各项的 2×22 年 12 月预算金额。

（1）销售收回的现金、进货支付的现金、本月新借入的银行借款。

（2）现金、应收账款、应付账款、存货的期末余额。

（3）税前利润。

2. 甲公司是一家制造企业，正在编制 2×23 年第一季度、第二季度资金预算，年初现金余额 52 万元。相关资料如下：

（1）预计第一季度销量 30 万件，单位售价 100 元；第二季度销量 40 万件，单位售价 90 元；第三季度销量 50 万件，单位售价 85 元。每季度销售收入的 60% 当季收现，40% 下季收现。2×23 年初应收账款余额 800 万元，第一季度收回。

（2）2×23 年初产成品存货 3 万件，每季末产成品存货为下季销量的 10%。

（3）单位产品材料消耗量 10 千克，单价 4 元/千克。当季所购材料当季全部耗用，季初季末无材料存货。每季度材料采购货款 50% 当季付现，50% 下季度付现。2×23 年初应付账款余额 420 万元，第一季度偿付。

（4）单位产品人工工时 2 小时，人工成本 10 元/小时；制造费用按人工工时分配，分配率 7.5 元/小时。销售和管理费用全年 400 万元，每季度 100 万元。假设人工成本、制造费用、销售和管理费用全部当季付现。全年所得税费用 100 万元，每季度预缴 25 万元。

（5）公司计划在上半年安装一条生产线，第一季度、第二季度分别支付设备购置款 450 万元、250 万元。

（6）每季末现金余额不能低于 50 万元。低于 50 万元时，向银行借入短期借款，借款金额为 10 万元的整数倍。借款季初取得，每季末支付当季利息，季度利率为 2%。高于 50 万元时，高出部分按 10 万元的整数倍偿还借款，季末偿还。

第一季度、第二季度无其他融资和投资计划。

要求：根据上述资料，编制公司 2×23 年第一季度、第二季度资金预算（结果填入表 3-10 中）。

表 3-10 　　　　　　　　　　　　　资金预算 　　　　　　　　　　　　　单位：万元

项目	第一季度	第二季度
期初现金余额		
加：销货现金收入		
可供使用的现金合计		
减：各项支出		
材料采购		
人工成本		
制造费用		
销售和管理费用		
所得税费用		
购买设备		
现金支出合计		

续表

项目	第一季度	第二季度
现金多余或不足		
加：短期借款		
减：偿还短期借款		
减：支付短期借款利息		
期末现金余额		

本章考点巩固练习题参考答案及解析

一、单项选择题

1.【答案】C

【解析】本题考查的是预算编制方法的判断。本题中，该企业修理费用预算的确定过程符合总成本性态模型（$y = a + bx$），包括固定成本（3 000 元）、弹性定额（2 元）、预计业务量（3 500 小时），属于弹性预算法中的公式法，因此选项 C 正确。

2.【答案】D

【解析】编制预算的方法按预算期的时间特征不同分为定期预算法与滚动预算法，所以选项 D 不正确。

3.【答案】D

【解析】固定预算方法的缺点表现在两个方面，一是适应性差，二是可比性差。

4.【答案】D

【解析】弹性预算法，是在成本性态分析的基础上（即分析业务量与预算项目之间数量依存关系），分别确定不同业务量及其相应预算项目所消耗资源的预算编制方法。

5.【答案】C

【解析】销售及管理费用预算只是影响利润表中的数额，对存货项目没有影响。所以选项 C 正确。

6.【答案】D

【解析】预算期油料费用预算总额 = 10 000 +

3 000 × 10 = 40 000（元）。

7.【答案】B

【解析】根据预算内容不同，可以分为经营预算（即业务预算）、专门决策预算和财务预算。经营预算是指与企业日常业务直接相关的一系列预算，包括销售预算、采购预算、费用预算、人力资源预算等。

8.【答案】C

【解析】本题考查的是专门决策预算的编制。专门决策预算主要是长期投资预算（又称资本支出预算），通常是指与项目投资决策相关的专门预算，它往往涉及长期建设项目的资金投放与筹集，并经常跨越多个年度，选项 A 说法正确；编制专门决策预算的依据是项目财务可行性分析资料以及企业筹资决策资料，选项 B 说法正确；专门决策预算的要点是准确反映项目资金投资支出与筹资计划，它同时也是编制资金预算和预计资产负债表的依据，选项 D 说法正确、选项 C 说法错误，因此应当选 C。

9.【答案】A

【解析】第二季度期初产成品存货 = 2 000 × 10% = 200（件）；第二季度期末产成品存货 = 2 200 × 10% = 220（件）；第二季度产成品预计产量 = 220 + 2 000 − 200 = 2 020（件）。

10.【答案】C

【解析】第一季度期初产成品存货 = 200 ×

10%=20（件）；第一季度期末产成品存货=
250×10%=25（件）；第一季度生产量=
200+25-20=205（件）；第一季度材料采
购金额=（205×10+550-500）×50=2 100×
50=105 000（元）。

11.【答案】D
【解析】上年第四季度的销售额为=24/40%=
60（万元）；上年第三季度的销售额为
4/10%=40（万元）；第一季度收回的期初应
收账款=60×30%+40×10%=22（万元）。

12.【答案】C
【解析】总制造费用=120%×3 000+1 000=
4 600（元）。

13.【答案】B
【解析】销售预算、直接材料预算、制造费
用预算都涉及金额，只有生产预算仅以实物
形式反映，不涉及价值量指标。

14.【答案】D
【解析】3月末的应收账款余额=22 000×
70%=15 400（元）。

15.【答案】C
【解析】假设借入X万元，则8月支付的利
息=（100+X）×1%，则X-50-（100+X）×
1%≥10，X≥61.62（万元），X为1万元的
倍数，可得，X最小值为62，即应向银行借
款的最低金额为62万元。

16.【答案】C
【解析】预算编制的方法按其业务量基础的
数量特征不同，可分为固定预算法和弹性预
算法。

17.【答案】A
【解析】下年第一季度预计现金收入=600+
1 500×70%=1 650（万元）。

18.【答案】D
【解析】该公司第四季度现金收入=350×
2.5×60%+220×2×40%=701（万元）。

19.【答案】C
【解析】第四季度采购量=3 500+800-
1 000=3 300（千克），货款总额=3 300×
25=82 500（元），第四季度采购材料形成
的"应付账款"期末余额预计为82 500×

70%=57 750（元）。

20.【答案】D
【解析】第三季度期初存货量=第二季度期
末存货量=160×10%=16（万件），第三季
度期末存货量=210×10%=21（万件），所
以，第三季度预计生产量=第三季度销售
量+第三季度期末存货量-第三季度期初存
货量=160+21-16=165（万件）。

二、多项选择题

1.【答案】ABC
【解析】销售预算、生产预算、直接材料预
算、直接人工预算、制造费用预算、产品成
本预算、销售及管理费用预算等都属于经营
预算，资金预算属于财务预算。

2.【答案】ABD
【解析】预计利润表编制内容包括销售收入、
销售成本、毛利、销售及管理费用、利息、
利润总额、所得税费用、净利润等。

3.【答案】BC
【解析】零基预算的优点表现在：（1）以零
为起点编制预算，不受历史期经济活动中的
不合理因素影响，能够灵活应对内外环境的变
化，预算编制更贴近预算期企业经济活动需
要；（2）有助于增加预算编制透明度，有利于
进行预算控制。其缺点主要体现在：（1）预算
编制工作量较大、成本较高；（2）预算编制
的准确性受企业管理水平和相关数据标准准
确性影响较大。

4.【答案】ACD
【解析】直接人工预算是以生产预算为基础编
制的，其主要内容有预计生产量、单位产品
工时、人工总工时、每小时人工成本和人工
总成本。

5.【答案】ABC
【解析】抛售有价证券，是在现金余缺小于最
佳现金持有量时做的。

6.【答案】BCD
【解析】一般情况下，企业的经营预算和财务
预算多为1年期的短期预算，所以选项A错
误；财务预算主要包括资金预算和预计财务

报表，它是全面预算的最后环节，它是从价值方面总括地反映企业经营预算和专门决策预算的结果，所以也将其称为总预算。所以，选项B、C、D正确。

7.【答案】BD

【解析】编制混合滚动预算时，预算前期按月滚动、后期按季滚动，选项B错误；滚动预算的主要优点是：通过持续滚动预算编制、逐期滚动管理，实现动态反映市场、建立跨期综合平衡，从而有效指导企业营运，强化预算的决策与控制职能，选项D错误。

8.【答案】ABC

【解析】用列表法编制弹性预算的特点：不管实际业务量多少，不必经过计算即可找到与业务量相近的预算成本；混合成本中的阶梯成本和曲线成本，可按总成本性态模型计算填列，不必用数学方法修正为近似的直线成本；在评价和考核实际成本时，往往需要使用插值法来计算"实际业务量的预算成本"，比较麻烦。

9.【答案】AD

【解析】上年第三季度销售在上年年末只有10%未收现，因此上年第三季度销售收入 = 5 000/10% = 50 000（元）；上年第四季度销售在上年年末有30%未收现，因此上年第四季度销售收入 = 6 000/30% = 20 000（元）。

10.【答案】BD

【解析】总预算即财务预算，是指企业资金收支、财务状况或经营成果等有关的预算，包括资金预算、预计资产负债表、预计利润表等。

11.【答案】ABC

【解析】滚动预算的主要优点：通过持续滚动预算编制、逐期滚动管理，实现动态反映市场、建立跨期综合平衡，从而有效指导企业营运，强化预算的决策与控制职能，选项A正确。滚动预算的主要缺点：一是预算滚动的频率越高，对预算沟通的要求越高，预算编制的工作量越大；二是过高的滚动频率容易增加管理层的不稳定感，导致预算执行者无所适从，选项B、C正确。导致短期

行为出现是定期预算法的缺点。

12.【答案】BC

【解析】第三季度末短期债券利息 = 500 × 2.5% = 12.5（万元）；出售短期债券金额 + 12.5 − 120 ≥ 27 万元；出售短期债券金额 ≥ 134.5 万元；因为短期债券的出售金额应当为5万元的倍数，所以应当出售短期债券135万元，则第三季度末现金余额 = 135 + 12.5 − 120 = 27.5（万元）。

13.【答案】ABCD

【解析】产品成本预算，是销售预算、生产预算、直接材料预算、直接人工预算、制造费用预算的汇总。

14.【答案】BCD

【解析】预计生产量 = 预计产品销售量 + 预计期末产品存货量 − 预计期初产品存货量。

15.【答案】ACD

【解析】某期现金余缺 = 该期可运用现金合计 − 该期现金支出，而当期可运用现金合计 = 期初现金余额 + 当期现金收入，所以选项A、C、D正确。

16.【答案】ABC

【解析】9月份应支付 = 20 × 10% + 25 × 30% + 30 × 60% = 27.5（万元）

10月初的应付账款 = 25 × 10% + 30 × (1 − 60%) = 14.5（万元）

10月末的应付账款 = 30 × 10% + 50 × (1 − 60%) = 23（万元）。

17.【答案】BCD

【解析】资产负债表预算是在利润表预算之后编制的，所以不是利润表预算的编制依据。

18.【答案】AC

【解析】在编制利润表预算时，"销售成本"项目的数据，来自产品成本预算，故选项B的说法不正确；"所得税费用"项目的数据是在利润规划时估计的，并已列入现金预算。它通常不是根据"利润"和所得税税率计算出来的。因此选项D不正确。

19.【答案】ACD

【解析】利润表预算中"销售收入"项目的数据来自销售预算；"销售成本"项目的数

据来自产品成本预算；"销售及管理费用"项目的数据来自销售及管理费用预算，选项A、C、D正确。生产预算只涉及实物量指标，不涉及价值量指标，所以生产预算与利润表预算的编制不直接相关。

20.【答案】BCD

【解析】18 000 = a + 500b，15 000 = a + 300b，解得固定制造费用 a = 10 500 元，单位变动制造费用 b = 15 元/工时。因此关系式为：y = 10 500 + 15x，选项 C、D 正确。业务量为零时，制造费用 = 10 500 元，选项 A 错误。业务量为 320 工时，制造费用 = 10 500 + 15 × 320 = 15 300（元），选项 B 正确。

三、判断题

1.【答案】×

【解析】增量预算法是指以历史期实际经济活动及其预算为基础，结合预算期经济活动及相关影响因素的变动情况，通过调整历史期经济活动项目及金额形成预算的编制预算的方法。该方法以过去的费用发生水平为基础，主张不需在预算内容上做较大的调整。

2.【答案】×

【解析】滚动预算编制方法的理论依据是：人们对未来的了解程度具有对近期的预计把握较大、对远期的预计把握较小的特征。

3.【答案】×

【解析】专门决策预算的依据是项目财务可行性分析资料以及企业筹资决策资料。

4.【答案】×

【解析】滚动预算的主要优点：通过持续滚动预算编制、逐期滚动管理，实现动态反映市场、建立跨期综合平衡，从而有效指导企业营运、强化预算的决策与控制职能。滚动预算的主要缺点：一是预算滚动的频率越高，对预算沟通的要求越高，预算编制的工作量越大；二是过高的滚动频率容易增加管理层的不稳定感，导致预算执行者无所适从。

5.【答案】√

【解析】资金预算的编制依据是经营预算和专门决策预算，其主要包括期初现金余额、经营性现金收入、可供支配的现金合计、现金支出、现金余缺、资金筹措与运用和期末现金余额等内容。

6.【答案】√

【解析】编制弹性预算，要选用一个最能代表生产经营活动水平的业务量计量单位。所以自动化生产车间以机器工时作为业务量的计量单位是较为合理的。

7.【答案】×

【解析】变动制造费用以生产预算为基础来编制，如果有完善的标准成本资料，则根据单位产品预算分配率乘以预计的生产量进行预计，固定制造费用可在上年的基础上根据预期变动加以适当修正进行预计。

8.【答案】√

【解析】采用列表法编制弹性成本费用预算时，混合成本中的阶梯成本和曲线成本，可按总成本性态模型计算填列，不必用数学方法修正为近似的直线成本。

9.【答案】×

【解析】销售预算是全面预算的编制起点，其他预算都要以销售预算为基础编制，生产预算的项目中有销售量，所以也要依据销售预算来编制。

10.【答案】×

【解析】销售预算是全面预算编制的起点；编制专门决策预算的依据，是项目财务可行性分析资料以及企业筹资决策资料。

11.【答案】√

【解析】材料采购有赊购、现购问题，但工资不应拖欠，如果计提的福利费全部支用的话，就无须再预计现金支出。

12.【答案】×

【解析】滚动预算法是指企业根据上一期预算执行情况和新的预测结果，按既定的预算编制周期和滚动频率，对原有的预算方案进行调整和补充、逐期滚动、持续推进的预算编制方法。

13.【答案】√

【解析】固定预算是根据预算期内正常的、可实现的某一既定业务量水平为基础来编制预算的方法。其缺点是可比性差、适应性差。

14.【答案】×

【解析】在预算的执行中，要将年度预算细分为月份预算和季度预算，以便分期实施预算控制，确保年度预算目标的实现。

15.【答案】√

【解析】专门决策预算往往涉及长期建设项目的资金投放与筹措，并经常跨越多个年度，因此除个别项目外，一般不纳入经营预算，但应计入与此有关的资金预算与资产负债表预算。

16.【答案】×

【解析】2×22年第四季度制造费用的现金支出 = (10 - 2) + 100 × 3 = 308（万元）。

17.【答案】×

【解析】由于编制预计资产负债表的某些数据需要根据利润表中的相关数据作为基础，如资产负债表所有者权益中的盈余公积和未分配利润项目金额的确定依赖于利润表中的净利润金额的确定。因此，通常应先编制预计利润表，然后再编制预计资产负债表。

18.【答案】×

【解析】产品成本预算中有期末产成品存货

的成本，与资产负债表预算有关。

19.【答案】√

【解析】预算控制，是指企业以预算为标准，通过预算分解、过程监督、差异分析等促使日常经营不偏离预算标准的管理活动。

四、计算分析题

1.【答案】

A = -7 500 + 6 000 + 2 600 - 52 - 540 = 508（万元）

B = 2 600 × 8% / 4 = 52（万元）

C - 1 450 - 52 - 540 = 503（万元），得出 C = 503 + 540 + 52 + 1 450 = 2 545（万元）

D = (2 600 - 1 450) × 8% / 4 = 23（万元）[道理同 B 的计算，1 150 万元是季度末归还的，所以本季度还是要计算利息，即要计算本季度初短期借款 1 150 万元（2 600 - 1 450）一个季度的利息]

-450 + E - 690 - E × 8% / 4 ≥ 500

得出 E ≥ 1 673.47

银行要求借款的金额是 100 万元的倍数，所以 E = 1 700 万元。

2.【答案】（见表 3 - 11）

表 3 - 11　　　　　　　　　　　　资金预算　　　　　　　　　　　　单位：万元

项目	5 月	6 月	7 月	8 月	9 月	10 月
工作底稿						
销售收入	5 000	6 000	7 000	8 000	9 000	10 000
收账：						
销货当月（收回销售收入的 20%）			1 400	1 600	1 800	
销货次月（收回销售收入的 70%）			4 200	4 900	5 600	
销货再次月（收回销售收入的 10%）			500	600	700	
收账合计			6 100	7 100	8 100	
采购金额（下月销售收入的 70%）		4 900	5 600	6 300	7 000	
购货付款（延后 1 个月）			4 900	5 600	6 300	
现金预算：						
（1）期初余额			8 000	6 350	6 530	

续表

项目	5月	6月	7月	8月	9月	10月
（2）收账			6 100	7 100	8 100	
（3）购货			4 900	5 600	6 300	
（4）工资			750	100	1 250	
（5）其他付现费用			100	200	700	
（6）预交所得税					2 000	
（7）购置固定资产			8 000			
（8）现金多余或不足			350	7 550	4 380	
（9）向银行借款			6 000		2 000	
（10）偿还银行借款				1 000		
（11）支付借款利息				20		
（12）期末现金余额			6 350	6 530	6 380	

提示：7月现金余缺为350万元，期末现金余额最低6 000万元，判断为现金不足，需向银行借款6 000万元；8月现金余缺为7 550万元，判断为现金多余1 550万元，可以偿还债务的本金及利息，由于偿还银行借款为1 000万元的整数倍，借款利息在还款时支付，即归还本金时才能偿还这部分本金的利息，所以8月归还本金1 000万元，偿还两个月的利息：1 000×2%＝20（万元）；9月现金余缺为4 380万元，所以判断为现金不足，需向银行借款2 000万元。

3.【答案】

（1）第二季度现金流入量
＝第二季度销售额×60%＋第一季度销售额×40%＝1 500×60%＋1 000×40%＝1 300（万元）。

（2）第二季度现金流出量
＝900×80%＋120（采购款）＋280（人工工资）＋160－35（付现制造费用）＋260－25（付现销售及管理费用）＋25（所得税）＋240×60%（设备款）＝1 649（万元）。

（3）现金余缺＝55＋1 300－1 649＝－294（万元）。

（4）假设取得短期借款金额为W元，则：

$-294 + W \times (1 - 10\%/4) \geq 50$

解得，$W \geq 352.82$

由于借款数额为10万元的整数倍，所以，借款360万元。

短期借款利息＝360×10%/4＝9（万元）

期末现金余额＝－294＋360－9＝57（万元）。

五、综合题

1.【答案】

（1）①销售收回的现金＝12月收入的60%＋11月收入的38%

＝220×60%＋200×38%＝132＋76＝208（万元）

②进货支付的现金＝11月的采购金额＝11月销售商品的20%＋12月销售商品的80%

＝（200×75%）×20%＋（220×75%）×80%

＝162（万元）

③假设本月新借入的银行借款为W万元，则：

期末现金余额＝22（期初余额）＋208－162－60（购置固定资产）－26.5（折旧外的管理费用）－120×（1＋10%）（本利和）＋W≥5

现金期末余额＝－150.5＋W≥5

解得：W≥155.5

由于借款金额是1万元的整数倍，因此本月

新借入的银行借款为 156 万元。

（2）①现金期末余额 $= 5 + 0.5 = 5.5$（万元）

②应收账款期末余额 = 12 月收入的 $38\% =$ $220 \times 38\% = 83.6$（万元）

③应付账款期末余额 = 12 月的采购金额 = 12 月销售商品的 20% + 下年 1 月销售商品的 80% = $(220 \times 75\%) \times 20\% + (230 \times 75\%) \times 80\%$ = 171（万元）

④12 月进货成本 = 12 月的采购金额 = 171 万元

12 月销货成本 $= 220 \times 75\% = 165$（万元）

存货期末余额 = 132（期初存货）+ 171 - 165 = 138（万元）。

（3）税前利润 $= 220 - 220 \times 75\% - (216/12 + 26.5)$（折旧和其他管理费用）$- 220 \times 2\%$（坏账损失）$- (120 + 156) \times 10\%/12$（借款利息）$= 3.8$（万元）。

2.【答案】（见表 3 - 12）

表 3 - 12　　　　　　　　　　　　　　资金预算　　　　　　　　　　　　　　单位：万元

项目	第一季度	第二季度
期初现金余额	52	50
加：销货现金收入	$30 \times 100 \times 60\% + 800 = 2\,600$	$30 \times 100 \times 40\% + 40 \times 90 \times 60\% = 3\,360$
可供使用的现金合计	2 652	3 410
减：各项支出		
材料采购	$(30 + 40 \times 10\% - 3) \times 10 \times 4 \times 50\% + 420 = 1\,040$	$(30 + 40 \times 10\% - 3) \times 10 \times 4 \times 50\% + (40 + 50 \times 10\% - 40 \times 10\%) \times 10 \times 4 \times 50\% = 1\,440$
人工成本	$(30 + 40 \times 10\% - 3) \times 2 \times 10 = 620$	$(40 + 50 \times 10\% - 40 \times 10\%) \times 2 \times 10 = 820$
制造费用	$7.5 \times (30 + 40 \times 10\% - 3) \times 2 = 465$	$7.5 \times (40 + 50 \times 10\% - 40 \times 10\%) \times 2 = 615$
销售和管理费用	100	100
所得税费用	25	25
购买设备	450	250
现金支出合计	2 700	3 250
现金多余或不足	（48）	160
加：短期借款	100	0
减：偿还短期借款	0	100
减：支付短期借款利息	$100 \times 2\% = 2$	2
期末现金余额	50	58

计算：

（1）设第一季度短期借款 X：

$-48 + X - X \times 2\% \geq 50$，解得：$X \geq 100$，借款金额为 10 万元的整数倍，所以借款 100 万元。

（2）设第二季度归还短期借款 Y：

$160 - Y - 2 \geq 50$，解得：$Y \leq 108$，高出部分按 10 万元的整数倍偿还借款，所以归还短期借款 100 万元。

第四章　筹资管理（上）

考情分析

　　本章属于历年考试的重点章节。从历年试题分布来看，主要是出客观题，但也可以出主观题，历年考题分数在 10 分左右。本章主要介绍筹资管理概述、债务筹资、股权筹资、衍生工具筹资以及筹资实务创新。本章题型以客观题为主，重点是各种筹资方式的优缺点比较。

教材变化

　　2024 年本章教材内容无实质性变化，部分细节变化如下：
1. 完善了永续债的相关内容；
2. 新增了"政府出资产业投资基金的认定需要符合的条件"。

考点提示

　　本章主要考点有：（1）筹资管理概述。（2）债务筹资方式及其优缺点（银行借款、发行债券、租赁）。（3）股权筹资方式及其优缺点（吸收直接投资、发行股票、利用留存收益）。（4）衍生工具筹资方式及其优缺点（可转换债券、认股权证、优先股）。（5）筹资实务创新。需要考生掌握：筹资管理的内容，筹资管理的原则，债务筹资方式，股权筹资方式，衍生工具筹资方式；熟悉：企业筹资的分类及方式，股权筹资的优缺点，债务筹资的优缺点；了解：企业筹资的动机，筹资实务创新。

本章考点框架

筹资管理（上）

- 筹资管理概述
  - 企业筹资的动机
  - 企业筹资的分类
  - 筹资管理的原则
- 债务筹资
  - 银行借款
  - 发行公司债券
  - 租赁
  - 债务筹资的优缺点
- 股权筹资
  - 吸收直接投资
  - 发行普通股股票
  - 留存收益
  - 股权筹资的优缺点
- 衍生工具筹资
  - 可转换债券
  - 认股权证
  - 优先股
- 筹资实务创新——筹资方式及筹资渠道

考点解读及例题点津

第一单元 筹资管理概述

1 企业筹资的动机

一、考点解读（见表 4-1）

表 4-1

筹资动机	内容
创立性筹资动机	企业设立时，为取得资本金并形成开展经营活动的基本条件而产生的筹资动机
支付性筹资动机	为满足经营业务活动的正常波动所形成的支付需要而产生的筹资动机
扩张性筹资动机	企业因扩大经营规模或满足对外投资而产生的筹资动机

续表

筹资动机	内容
调整性筹资动机	企业因调整资本结构而产生的筹资动机
混合性筹资动机	通过追加筹资，可能既满足了经营活动、投资活动的资金需要，又达到了调整资本结构目的的筹资动机

二、例题点津

【例题 1·单选题】某基建公司资产负债率较高，目前因为承揽了铁路隧道工程，急需购置盾构机等大型工程设备，预计需要资金 50 000 万元，为此通过上交所网络实施配股筹资。其筹资动机是（ ）。

A. 支付性筹资动机　　B. 扩张性筹资动机

C. 调整性筹资动机　　D. 混合性筹资动机

【答案】D

【解析】该公司资产负债率较高，为实施新的工程项目采用股权方式筹资，既降低了资产负债率，又扩大了生产经营规模，属于混合性筹资动机。

【例题2·单选题】企业因集中发放员工工资的需要而进行筹资的动机属于（   ）。

A. 扩张性筹资动机　　B. 支付性筹资动机

C. 创立性筹资动机　　D. 调整性筹资动机

【答案】B

【解析】支付性筹资动机，是指为了满足经营业务活动的正常波动所形成的支付需要而产生的筹资动机。在企业开展经营活动过程中，经常会出现超出维持正常经营活动资金需求的季节性、临时性的交易支付需要，如原材料购买的大额支付、员工工资的集中发放、银行借款的偿还、股东股利的发放等，因此选项B正确。

【例题3·判断题】调整性筹资动机是指企业因调整公司业务所产生的筹资动机。（   ）

【答案】×

【解析】调整性筹资动机是指企业因调整资本结构而产生的筹资动机。

2 企业筹资的分类

一、考点解读

（一）按所取得资金的权益特性不同分类：股权筹资、债务筹资和衍生工具筹资（见表4-2）

表4-2

项目	方式	特点
股权筹资	主要有吸收直接投资、发行股票、利用留存收益	财务风险小，但资本成本较高
债务筹资	主要有银行借款、发行债券、租赁、利用商业信用	具有较大的财务风险，但资本成本较低
衍生工具筹资	主要有发行可转换债券、发行认股权证	—

（二）按是否以金融机构为媒介分类：直接筹资和间接筹资（见表4-3）

表4-3

项目	方式	特点
直接筹资	主要有吸收直接投资、发行股票、发行债券等	既可以筹集股权资金，也可以筹集债务资金；手续比较复杂，筹资费用较高；但筹资领域广阔，能够直接利用社会资金，有利于提高企业的知名度和资信度
间接筹资	有银行借款和租赁等	形成的主要是债务资金，手续相对比较简便，筹资效率高，筹资费用较低，但容易受金融政策的制约和影响

（三）按资金的来源范围不同分类

1. 内部筹资

（1）内部筹资的数额取决于企业可分配利润的多少和利润分配政策；

（2）企业使用内部留存收益无须花费筹资费用，可以降低资本成本；

（3）企业筹资时应首先使用内部筹资，然后再考虑外部筹资。

2. 外部筹资

留存收益以外的筹资方式都属于外部筹资。

（四）按所筹集资金使用期限的不同分类：长期筹资和短期筹资（见表4-4）

表4-4

项目	筹集方式	筹集目的
长期筹资	通常采用吸收直接投资、发行股票、发行债券、长期借款、租赁等方式	形成和更新企业的生产和经营能力，扩大企业的生产经营规模，或为对外投资筹集资金
短期筹资	经常利用商业信用、短期借款、保理业务等方式	主要是用于企业的流动资产和资金的日常周转

（五）永续债

1. 永续债与普通债券的主要区别

（1）不设定债券的到期日。

（2）票面利率较高。

永续债的利率一般远远高于同期国债收益率。

（3）大多数永续债的附加条款中包括赎回条款以及利率调整条款。

2. 永续债的性质

永续债实质是一种介于债权和股权之间的融资工具。永续债是分类为权益工具还是金融负债，应把"**是否能无条件避免交付现金或其他金融资产的合同义务**"来作为判断永续债分类的关键，发行人能够无条件地避免交付现金或者其他金融资产合同义务情况发生的永续债属于权益工具，结合永续债募集说明书条款，按照经济实质重于法律形式原则判断。目前，国内已发行的永续债债券类型主要有可续期企业债、可续期定向融资工具、可续期公司债、永续中票等。

二、例题点津

【例题 1·单选题】 按资金的来源范围不同，可将筹资分为（　　）。

A. 股权筹资、债务筹资和衍生工具筹资

B. 直接筹资和间接筹资

C. 内部筹资和外部筹资

D. 短期筹资和长期筹资

【答案】 C

【解析】 按资金的来源范围不同分类，企业筹资分为内部筹资和外部筹资。选项 A 是按所取得资金的权益特性不同分类，选项 B 是按是否以金融机构为媒介分类，选项 D 是按所筹集资金使用期限的不同分类。

【例题 2·单选题】 下列关于间接筹资的表述中，错误的是（　　）。

A. 间接筹资有银行借款和融资租赁

B. 间接筹资形成的主要是债务资金

C. 间接筹资手续相对简便，筹资效率高

D. 间接筹资不易受到金融政策的制约和影响

【答案】 D

【解析】 间接筹资的特点有：（1）间接筹资有银行借款和租赁；（2）间接筹资形成的主要是债务资金；（3）间接筹资手续相对简便，筹资效率高，筹资费用较低，但容易受金融政策的制约和影响。

【例题 3·单选题】 下列关于永续债的说法中，不正确的是（　　）。

A. 利率远远高于同期国债收益率

B. 是一种债权性的融资工具

C. 应把"是否能无条件避免交付现金或其他金融资产的合同义务"来作为判断永续债分类的关键

D. 大多数永续债的附加条款中包括赎回条款以及利率调整条款

【答案】 B

【解析】 永续债实质是一种介于债权和股权之间的融资工具。永续债是分类为权益工具还是金融负债，应把"是否能无条件避免交付现金或其他金融资产的合同义务"来作为判断永续债分类的关键，发行人能够无条件地避免交付现金或者其他金融资产合同义务情况发生的永续债属于权益工具，结合永续债募集说明书条款，按照经济实质重于法律形式原则判断。

【例题 4·单选题】 以下各项中，属于内部筹资方式的是（　　）。

A. 发行股票　　　B. 留存收益

C. 短期借款　　　D. 发行债券

【答案】 B

【解析】 内部筹资是指企业通过利润留存而形成的筹资来源，选项 B 正确；外部筹资是指向企业外部筹资而形成的筹资来源，选项 A、C、D 都是外部筹资。

【例题 5·多选题】 下列筹资方式中，属于债务筹资方式的有（　　）。

A. 发行债券　　　B. 留存收益

C. 商业信用　　　D. 银行借款

【答案】 ACD

【解析】 债务筹资方式包括向银行借款、发行债券、利用商业信用、租赁等，选项 B 属于股权筹资方式。

【例题 6·判断题】 某公司发行永续债，如果没有规定明确的还本期限，则属于股权筹资方式。（　　）

【答案】 ×

【解析】 永续债，是一种没有明确到期日或期限非常长，投资者不能在一个确定的时间点得到本金，但是可以定期获取利息的债券。永续债实质是一种**介于债权和股权之间**的融资工具，不属于股权筹资方式。

3 筹资管理的原则

一、考点解读（见表4-5）

表4-5

筹资管理的原则	具体含义
筹措合法	遵循国家法律法规，合法筹资金
规模适当	分析生产经营情况，合理预计资金**需要量**
取得及时	合理安排筹资时间，**适时**取得资金
来源经济	充分利用**各种筹资渠道**，选择资金来源
结构合理	研究各种筹资方式，优化资本结构

二、例题点津

【例题1·单选题】 在筹资时要合理安排长期资金和短期资金、内部资金和外部资金、权益资金与债务资金的关系，遵循的是筹资管理的（　　）原则。

A. 规模适当　　　　B. 取得及时
C. 结构合理　　　　D. 来源经济

【答案】 C

【解析】 结构合理原则是指筹资管理要综合考虑各种筹资方式、优化资本结构，合理安排**长期**资本和**短期**资本、**内部**资本和**外部**资本、**股权**资本与**债务**资本的关系。

【例题2·多选题】 甲股份有限公司准备新建一条生产线，预计建设期3年，每年投资额分别为2亿元、1.5亿元和2.5亿元。为此公司决定分三年依次筹集资金2亿元、1.5亿元和2.5亿元。这样安排资金筹资遵循了筹资管理的（　　）原则。

A. 筹措合法　　　　B. 规模适当
C. 取得及时　　　　D. 来源经济

【答案】 BC

【解析】 按照投资的规模和时间安排取得资金的规模和时间，遵循了规模适当和取得及时的筹资管理原则。

第二单元　债务筹资

1 银行借款

一、考点解读

（一）银行借款的种类（见表4-6）

表4-6

分类标准	分类	
按提供贷款的机构分类	分为政策性银行贷款、商业银行贷款和其他金融机构贷款	
按机构对贷款有无担保要求分类	分为信用贷款和担保贷款。其中担保贷款又分为：保证贷款、抵押贷款和质押贷款	保证贷款：以第三人作为保证人，承诺在借款人不能偿还借款时，按约定承担一定保证责任或连带责任
		抵押贷款：以借款人或第三人的财产作为抵押物而取得
		质押贷款：以借款人或第三人的动产或财产权利作为质押物而取得

（二）长期借款的保护性条款

1. 例行性保护条款

例行性保护条款作为例行常规，在大多数借款合同中都会出现。

主要包括：定期向提供贷款的金融机构**提交**公司财务**报表**；保持存货储量，不准在正常情况下出售较多的非产成品存货；**及时清偿债务**；**不准**以资产作其他承诺的**担保或抵押**；**不准贴现**应收票据或出售应收账款。

2. 一般性保护条款（见表4-7）

一般性保护条款是对企业资产的**流动性及偿债能力**等方面的要求条款，这类条款应用于大多数借款合同。

主要包括：保持企业的资产流动性；限制企业非经营性支出；限制企业资本支出的规模；限制公司再举债规模；限制公司的长期投资。

表 4-7

内容	具体举措
保持企业的资产流动性	规定最低营运资金数额和最低流动比率数值
限制企业非经营性支出	限制支付现金股利、购入股票和职工加薪的数额规模
限制企业资本支出的规模	控制企业资产结构中长期性资产的比例
限制公司再举债规模	防止其他债权人取得对公司资产的优先索偿权
限制公司的长期投资	不准投资短期内不能收回的资金项目、不能未经银行等债权人同意而与其他公司合并

3. 特殊性保护条款

特殊性保护条款是针对某些特殊情况而出现在部分借款合同中的条款，只有在特殊情况下才能生效。

主要包括：要求公司的主要领导人购买人身保险；借款的用途不得改变；违约惩罚条款等。

（三）银行借款的特点

1. 优点

（1）筹资速度快；

（2）资本成本较低；

（3）筹资弹性较大。

2. 缺点

（1）限制条款多；

（2）筹资数额有限。

二、例题点津

【例题1·单选题】某企业从银行取得一笔中长期贷款，第三方张某承诺，该企业到期不能偿还贷款时，由张某代为清偿，不考虑其他因素，该贷款类型属于（　　）。

A. 质押贷款　　B. 保证贷款

C. 抵押贷款　　D. 信用贷款

【答案】B

【解析】保证贷款是指以第三方作为保证人承诺在借款人不能偿还借款时，按约定承担保证责任或连带责任而取得的贷款。

【例题2·单选题】与普通股筹资相比，下列各项中，不属于银行借款筹资优点的是（　　）。

A. 公司的财务风险较低

B. 可以发挥财务杠杆作用

C. 资本成本较低

D. 筹资弹性较大

【答案】A

【解析】相对于股权筹资来说，银行借款筹资的优点有：筹资速度快、筹资成本低、筹资弹性大。此外，银行借款可以发挥财务杠杆作用，但使用银行借款将导致公司的财务风险较高。

【例题3·多选题】下列各项中，属于担保贷款的有（　　）。

A. 质押贷款　　B. 信用贷款

C. 保证贷款　　D. 抵押贷款

【答案】ACD

【解析】担保贷款是指由借款人或第三方依法提供担保而获得的贷款，包括保证贷款、抵押贷款和质押贷款三种基本类型。

【例题4·多选题】与发行公司债券相比，不属于银行借款筹资优点的有（　　）。

A. 资本成本较低

B. 资金使用的限制条件少

C. 能提高公司的社会声誉

D. 单次筹资数额较大

【答案】BCD

【解析】与发行公司债券相比，银行借款的筹资优点有：（1）筹资速度快；（2）资本成本较低；（3）筹资弹性较大。所以应选选项B、C、D。

【例题5·多选题】下列各项中，不属于企业长期借款合同一般性保护条款的有（　　）。

A. 保持最低营运资金数额

B. 限制企业租入固定资产的规模

C. 贷款专款专用

D. 要求企业董事长购买人身保险

【答案】CD

【解析】一般性保护条款是对企业资产的流动性及偿债能力等方面的要求条款，这类条款应用于大多数借款合同。主要包括：（1）保持企业的资产流动性；（2）限制企业非经营性支出；（3）限制企业资本支出的规模；（4）限制公司再举债规模；（5）限制公司的长期投资。选项A属于"保持企业的资产流动性"要求，选项B属于"限制公司再举债规模"要求。

特殊性保护条款是针对某些特殊情况而出现在部分借款合同中的条款，只有在特殊情况下才能生效。主要包括：（1）要求公司的主要领导人购买人身保险；（2）借款的用途不得改变；（3）违约惩罚条款等。选项C、D属于特殊性保护条款的内容。

【例题6·多选题】 下列不属于长期借款的例行性保护条款的有（　　）。

A. 限制企业非经营性支出

B. 限制公司长期投资

C. 不准贴现应收票据

D. 及时清偿债务

【答案】 AB

【解析】 选项A、B是长期借款的一般性保护条款；选项C、D是长期借款的例行性保护条款。

2 发行公司债券

一、考点解读

（一）发行债券的资格与条件

1. 发行资格

在我国，根据《公司法》的规定，股份有限公司和有限责任公司，具有发行债券的资格。

2. 发行条件

（1）具备健全且运行良好的组织机构；

（2）最近三年平均可分配利润足以支付公司债券一年的利息；

（3）国务院规定的其他条件。

提示 公开发行债券募集的资金，必须按照公司债券募集办法所列资金用途使用；改变资金用途，必须经债券持有人会议作出决议；公开发行债券筹措的资金，不得用于弥补亏损和非生产性支出。

（二）债券的分类（见表4-8）

表4-8

分类标准	分类
按是否记名	记名债券和无记名债券
按能否转换成公司股权	可转换债券和不可转换债券
按有无特定财产担保	担保债券和信用债券
按是否公开发行	公开发行债券和非公开发行债券

提示 （1）记名公司债券与无记名公司债券的辨析（见表4-9）。

表4-9

项目	公司债券存根簿上载明的信息	转让
记名公司债券	债券持有人的姓名及住所、债券持有人取得债券的日期及债券的编号、债券总额、票面金额、利率、还本付息的期限和方式、债券的发行日期等	由债券持有人以背书方式或者法律、行政法规规定的其他方式转让
无记名公司债券	债券总额、利率、偿还期限和方式、发行日期及债券的编号	由债券持有人将该债券交付给受让人后即发生转让的效力

（2）担保债券主要是指抵押债券，抵押债券按照抵押品的不同，又分为不动产抵押债券、动产抵押债券和证券信托抵押债券。

（三）债券发行的程序

（1）作出发债决议；

（2）提出发债申请；

（3）公告募集办法；

（4）委托证券经营机构发售；

（5）交付债券，收缴债券款。

提示 申请公开发行公司债券，应当向国务院授权的部门或者国务院证券监督管理机构报送公司营业执照、公司章程、公司债券募集办法及国务院授权的部门或者国务院证券监督管理机构规定的其他文件。按照《证券法》聘请保荐人的，还应当报送保荐人出具的发行保荐书。

（四）债券的偿还

债券偿还时间按其实际发生与规定的到期日之间的关系，分为提前偿还与到期偿还两类，其中后者又包括分批偿还和一次偿还两种。

1. 提前偿还

提前偿还指债券尚未到期之前就予以偿还。只有在企业发行债券的契约中明确了有关允许提前偿还的条款，企业才可以进行此项操作。提前偿还所支付的价格通常高于债券的面值，并随到期日的临近而逐渐下降。具有提前偿还条款的债券可以使企业融资有较大的弹性，当企业资金有结余时，可提前赎回债券；当预测利率下降时，也可以提前赎回债券，而后以较低的利率来发行新债券。

2. 到期分批偿还

如果一个公司在发行同一种债券的当时，就为不同编号或不同发行对象的债券规定了不同的到期日，这种债券就是分批偿还债券。

3. 到期一次偿还

到期一次偿还的债券是最为常见的。

（五）债券筹资的特点

1. 优点

（1）一次筹资数额大；

（2）募集资金的使用限制条件少；

（3）提高公司的社会声誉。

2. 缺点

资本成本较高。

二、例题点津

【例题1·单选题】公司债券发行中约定有提前赎回条款的，下列表述恰当的是（　　）。

A. 当预测利率下降时，可提前赎回债券

B. 提前赎回条款增加了公司还款的压力

C. 当公司资金紧张时，可提前赎回债券

D. 提前赎回条款降低了公司筹资的弹性

【答案】A

【解析】提前赎回是指在债券尚未到期之前就予以偿还，当公司资金有结余时，可提前赎回债券；当预测利率下降时，也可提前赎回债券，

而后以较低的利率来发行新债券。选项A正确，选项C错误。提前赎回是公司在适当条件下主动采取的行为，不会增加公司还款的压力，选项B错误。具有提前赎回条款的债券可使公司筹资有较大的弹性，选项D错误。

【例题2·多选题】与银行借款相比，公司发行债券的特点有（　　）。

A. 自主性　　　　B. 成本低

C. 降低财务杠杆　D. 满足大额筹资

【答案】AD

【解析】相对于银行借款筹资，公司债券的期限长，发行债券的利息负担和筹资费用都比较高，因此资本成本负担较高，选项B错误。银行借款与公司债券均可提高财务杠杆，选项C错误。

【例题3·多选题】下列关于公司债券的发行，正确的有（　　）。

A. 必须具备健全且运行良好的组织机构

B. 公开发行债券募集的资金，改变资金用途，必须经董事会批准

C. 记名公司债券存根簿上应载明还本付息的期限和方式

D. 申请公开发行公司债券，聘请保荐人的，向国务院授权的部门或者国务院证券监督管理机构报送公司营业执照、公司章程、公司债券募集办法即可

【答案】AC

【解析】公开发行债券募集的资金，必须按照公司债券募集办法所列资金用途使用；改变资金用途，必须经债券持有人会议作出决议，选项B错误；申请公开发行公司债券，应当向国务院授权的部门或者国务院证券监督管理机构报送公司营业执照、公司章程、公司债券募集办法及国务院授权的部门或者国务院证券监督管理机构规定的其他文件。按照《证券法》聘请保荐人的，还应当报送保荐人出具的发行保荐书。选项D错误。

3 租赁

一、考点解读

（一）使用权资产和租赁负债

承租人应当将短期租赁和低价值资产租赁的

租赁付款额，在租赁期内各个期间按照直线法或其他系统合理的方法计入相关资产成本或当期损益。除此之外，对其他所有租赁均确认使用权资产和租赁负债（见表4-10）。

表4-10

项目	使用权资产	租赁负债
计量方式	按照**成本**进行初始计量	按照租赁期开始日**尚未支付**的租赁付款额的现值进行初始计量
具体内容	成本包括：（1）租赁负债的**初始**计量金额；（2）在**租赁期开始日**或之前支付的租赁付款额，存在租赁激励的，扣除已享受的租赁激励相关金额；（3）承租人发生的初始直接费用；（4）承租人为拆卸及移除租赁资产、复原租赁资产所在场地或将租赁资产恢复至租赁条款约定状态**预计将**发生的成本	在计算租赁付款额的现值时，首选**租赁内含利率**（在租赁开始日，使最低租赁收款额的现值与未担保余值的现值之和等于租赁资产公允价值与出租人的初始直接费用之和的折现率），无法确定时，采用**承租人增量借款利率**（承租人在类似经济环境下为获得与使用权资产价值接近的资产，在类似期间以类似抵押条件借入资金须支付的利率）

（二）租赁的特征

（1）所有权与使用权相**分离**；

（2）融资与融物相**结合**；

（3）租金的分期支付。

（三）租赁的基本程序和形式（见表4-11、表4-12）

表4-11

程序	具体流程/内容
选择租赁公司，提出委托申请	了解各个租赁公司（资信情况、融资条件和租赁费率等）—分析比较选定—向租赁公司申请办理租赁
签订购货协议	承租企业/租赁公司（或双方）与供应厂商进行谈判（技术谈判和商务谈判）—签订购货协议
签订租赁合同	租赁合同具有法律效力。内容可分为一般条款和特殊条款两部分（如需要进口设备，还应办理设备进口手续）
交货验收	厂商将设备发运到指定地点—承租企业办理验收手续—验收合格—签发交货及验收证书
定期交付租金	即承租企业对所筹资金的分期还款
合同期满处理设备	承租企业根据合同约定，对设备续租、退租或留购

表4-12

基本形式	含义
直接租赁	是租赁的主要形式，承租方提出租赁申请时，出租方按照承租方的要求选购，然后再出租给承租方
售后回租	指承租方出于急需资金等各种原因，将自己资产售给出租方，然后以租赁的形式从出租方**原封不动**地租回资产的使用权
杠杆租赁	指涉及承租人、出租人和资金出借人**三方**的融资租赁业务。杠杆租赁和直接租赁对承租人而言没有差别，因为承租人与资金出借人不发生任何联系

（四）租金的计算

1. 决定租金的因素

（1）**设备原价及预计残值**。

设备原价及预计残值包括设备买价、运输费、安装调试费、保险费等，以及设备租赁期满后，出售可得的收入。

（2）**利息**。

利息指租赁公司为承租企业购置设备垫付资金所应支付的利息。

（3）**租赁手续费和利润**。

手续费指租赁公司承办租赁设备所发生的业

务费用，包括业务人员工资、办公费、差旅费等。

2. 租金的支付方式（见表4-13）

表4-13

分类标准	分类
按支付间隔期长短	年付、半年付、季付和月付等
按在期初和期末支付	先付和后付
按每次支付额	等额支付和不等额支付

3. 租金的计算

租赁的租金大多采用按年等额后付的方式，就相当于已知普通年金现值倒求年金。

（五）租赁的筹资特点

1. 优点

（1）无需大量资金就能迅速获得资产；

（2）财务风险小，财务优势明显；

（3）筹资的限制条件较少；

（4）租赁能延长资金融通的期限。

2. 缺点

资本成本高。

二、例题点津

【例题1·单选题】关于租赁筹资方式，表述错误的是（　　）。

A. 与银行借款相比，租赁筹资成本较高

B. 是一种债务筹资行为

C. 不会给企业带来财务杠杆效应

D. 是将融资与融物相结合的一种特定筹资方式

【答案】C

【解析】租赁筹资属于债务筹资，会给企业带来财务杠杆效应，选项C错误。

【例题2·单选题】某租赁公司购进设备并出租，设备价款为1 000万元。该公司出资200万元，余款通过设备抵押贷款解决，并用租金偿还贷款，该租赁方式是（　　）。

A. 售后回租　　　　B. 经营租赁

C. 杠杆租赁　　　　D. 直接租赁

【答案】C

【解析】租赁公司通过抵押贷款获得资金，

购买资产后出租，属于杠杆租赁。

【例题3·单选题】承租人既是资产出售者，又是资产使用者的租赁方式是（　　）。

A. 杠杆租赁　　　　B. 直接租赁

C. 售后回租　　　　D. 经营租赁

【答案】C

【解析】售后回租是指承租方由于急需资金等各种原因，将自己的资产售给出租方，然后以租赁的形式从出租方原封不动地租回资产的使用权。此时承租人既是资产出售者又是资产使用者。

【例题4·单选题】某企业向租赁公司租入一套设备，价值1 000万元，租期10年。租赁期满时预计残值10万元，归租赁公司所有。年利率8%，年租赁手续费率2%。租金在每年年初支付一次，对于年租金的计算，正确的表达式为（　　）。

A. $[1\,000-10\times(P/F,10\%,10)]/[(P/A,10\%,10)\times(1+10\%)]$

B. $[1\,000-10\times(P/F,8\%,10)]/(P/A,8\%,10)$

C. $[1\,000-10\times(P/F,8\%,10)]/[(P/A,8\%,10)\times(1+8\%)]$

D. $[1\,000-10\times(P/F,10\%,10)]/(P/A,10\%,10)$

【答案】A

【解析】租费率=8%+2%=10%，因为租金在每年年初支付，所以属于预付年金，年租金=$[1\,000-10\times(P/F,10\%,10)]/[(P/A,10\%,10)\times(1+10\%)]$。

【例题5·单选题】与发行股票筹资相比，租赁筹资的特点不包括（　　）。

A. 财务风险较小

B. 筹资限制条件较小

C. 资本成本负担较低

D. 形成生产能力较快

【答案】A

【解析】由于租赁属于负债筹资，需要定期支付租金，所以财务风险大于发行股票筹资，选项A不正确。

【例题6·多选题】租赁的基本特征包括（　　）。

A. 租金分期支付

B. 融资与融物相结合

C. 无需大量资金就能迅速获得资产

D. 所有权与使用权相分离

【答案】ABD

【解析】租赁的基本特征包括所有权与使用权相分离、融资与融物相结合、租金的分期支付；无需大量资金就能迅速获得资产是租赁筹资的优点。选项 C 属于租赁的筹资特点，不属于基本特征。

【例题 7·多选题】下列各项中，计入租赁租金的有（　　）。

A. 租赁手续费

B. 承租公司的财产保险费

C. 租赁公司垫付资金的利息

D. 设备的买价

【答案】ACD

【解析】租赁每期租金的多少，取决于以下几项因素：（1）设备原价及预计残值。包括设备买价、运输费、安装调试费、保险费等，以及设备租赁期满后出售可得的收入。（2）利息。利息指租赁公司为承租企业购置设备垫付资金所应支付的利息。（3）租赁手续费和利润。手续费指租赁公司承办租赁设备所发生的业务费用，包括业务人员工资、办公费、差旅费等。本题选项 B 主体为承租方，因此不正确。

【例题 8·判断题】租赁公司承办租赁设备所发生的业务人员工资不影响租赁每期租金。（　　）

【答案】×

【解析】租赁每期租金的多少，取决于以下几项因素：（1）设备原价及预计残值。（2）利息。（3）租赁手续费和利润。手续费指租赁公司承办租赁设备所发生的业务费用，包括业务人员工资、办公费、差旅费等。

【例题 9·计算分析题】某企业拟采用租赁方式于 2×23 年 1 月 1 日从租赁公司租入一台设备，设备价款为 50 000 元，租期为 5 年，到期后设备归企业所有。双方商定，如果采用后付等额租金方式付款，则折现率为 16%；如果采用先付等额租金方式付款，则折现率为 14%。企业的资本成本率为 10%。

要求：

（1）计算等额后付租金方式下的每年等额租金额；

（2）计算等额后付租金方式下的 5 年租金终值；

（3）计算等额先付租金方式下的每年等额租金额；

（4）计算等额先付租金方式下的 5 年租金终值；

（5）比较上述两种租金支付方式下的终值大小，说明哪种租金支付方式对企业更为有利（以上计算结果均保留整数）。

【答案】

（1）后付等额租金方式下的每年等额租金额 $= 50\,000/(P/A, 16\%, 5) = 15\,270$（元）

（2）后付等额租金方式下的 5 年租金终值 $= 15\,270 \times (F/A, 10\%, 5) = 93\,225$（元）

（3）先付等额租金方式下的每年等额租金额 $= 50\,000/[(P/A, 14\%, 5) \times (1+14\%)] = 12\,776$（元）

（4）先付等额租金方式下的 5 年租金终值 $= 12\,776 \times (F/A, 10\%, 5) \times (1+10\%) = 85\,799$（元）

（5）因为先付租金终值小于后付租金终值，所以先付租金对企业更为有利。

4 债务筹资的优缺点

一、考点解读

（一）优点

（1）筹资速度较快。

（2）筹资弹性大。

（3）资本成本负担较轻。

（4）可以利用财务杠杆。

（5）稳定公司的控制权。

（二）缺点

（1）不能形成企业稳定的资本基础。

（2）财务风险较大。

（3）筹资数额有限。

二、例题点津

【**例题1·多选题**】相对于股权筹资，下列各项中属于债务筹资优点的有（　　）。

A. 财务风险较小

B. 资本成本较低

C. 可以形成稳定的资本基础

D. 可以利用财务杠杆

【**答案**】BD

【**解析**】债务筹资的优点包括：（1）筹资速度较快；（2）筹资弹性较大；（3）资本成本较低；（4）可以利用财务杠杆；（5）稳定公司的控制权。

【**例题2·多选题**】与股权筹资方式相比，债务筹资方式的优点包括（　　）。

A. 资本成本负担较轻

B. 稳定公司的控制权

C. 筹资速度较快

D. 筹资弹性大

【**答案**】ABCD

【**解析**】债务筹资的优点：筹资速度较快、筹资弹性大、资本成本负担较轻、可以利用财务杠杆、稳定公司的控制权；其缺点：不能形成企业稳定的资本基础、财务风险较大、筹资数额有限。

第三单元　股权筹资

1 吸收直接投资

一、考点解读

吸收直接投资是指企业按照"共同投资、共同经营、共担风险、共享收益"的原则，直接吸收国家、法人、个人和外商投入资金的一种筹资方式。

（一）吸收直接投资种类

1. 吸收国家投资

特点：产权归国家；资金的运用和处置受国家约束较大；在国有公司中采用比较广泛。

2. 吸收法人投资

特点：发生在法人单位之间；以参与公司利润分配或控制为目的；出资方式灵活多样。

3. 吸收外商投资

外商投资，是指外国投资者直接或者间接在中国境内进行的投资。外商投资企业，是指全部或者部分由外国投资者投资，依照中国法律在中国境内登记注册设立的企业。

4. 吸收社会公众投资

特点：参加投资人员较多；每人投资数额较少；以参与利润分配为基本目的。

（二）吸收直接投资的出资方式（见表4-14）

表 4-14

出资方式	说明
货币资产出资	是吸收直接投资中最重要的出资方式
实物资产出资	应满足以下条件： （1）适合企业生产、经营、研发等活动需要； （2）技术性能良好； （3）作价公平合理
土地使用权出资	应满足以下条件： （1）适合企业生产、经营、研发等活动需要； （2）地理、交通条件适宜； （3）作价公平合理
知识产权出资	应满足以下条件： （1）有助于研究、开发和生产出新的高科技产品； （2）有助于提高生产效率、改进产品质量； （3）有利于降低生产、能源等各种消耗； （4）作价公平合理
特定债权出资	指企业依法发行的可转换债券和可以按照国家有关规定转作股权的债权

提示 （1）上述出资方式中，知识产权出资风险比较大。

（2）对无形资产出资方式的限制，《公司法》规定，股东或者发起人不得以劳务、信用、自然人姓名、商誉、特许经营权或者设定担保的财产等作价出资。

（3）对于非货币资产出资，需要满足三个条件：可以用货币估价、可以依法转让、法律不禁止。

（三）吸收直接投资的特点

1. 优点

（1）能够尽快形成生产能力。

（2）便于进行信息沟通。

（3）手续相对比较简单，筹资费用较低。

2. 缺点

（1）资本成本较高。

（2）公司控制权集中，不利于公司治理。

（3）不利于产权交易。

二、例题点津

【例题 1·单选题】下列各项中，与留存收益筹资相比，属于吸收直接投资特点的是（　　）。

A. 资本成本较低

B. 筹资速度较快

C. 筹资规模有限

D. 形成生产能力较快

【答案】D

【解析】吸收直接投资的筹资特点包括：（1）能够尽快形成生产能力；（2）容易进行信息沟通；（3）资本成本较高；（4）公司控制权集中，不利于公司治理；（5）不易进行产权交易。留存收益筹资的特点包括：（1）不用发生筹资费用；（2）维持公司控制权分布；（3）筹资数额有限。所以选项 D 属于吸收直接投资的特点。

【例题 2·单选题】吸收法人投资的特点不包括（　　）。

A. 发生在法人单位之间

B. 参加的投资者较多

C. 以参与公司利润分配或控制为目的

D. 出资方式灵活多样

【答案】B

【解析】吸收法人投资的特点有：发生在法人单位之间；以参与公司利润分配或控制为目的；出资方式灵活多样。选项 B 是吸收社会公众投资的特点。

【例题 3·多选题】根据规定，下列各项中，不可以用作非货币资产作价出资的有（　　）。

A. 商誉　　　　　B. 知识产权

C. 特许经营权　　D. 土地使用权

【答案】AC

【解析】投资者可以用货币资产、实物资产、土地使用权、知识产权、特定债权出资，不包括劳务、信用、自然人姓名、商誉（选项 A）、特许经营权（选项 C）或者设定担保的财产。

【例题 4·多选题】与发行股票筹资相比，吸收直接投资的优点不包括（　　）。

A. 筹资费用较低

B. 资本成本较低

C. 易于进行产权交易

D. 有利于提升公司声誉

【答案】BCD

【解析】吸收直接投资不像发行股票要支付大量的发行费用给发行机构，故筹资费用较低，选项 A 属于其优点。相对于股票筹资来说，吸收直接投资的资本成本较高，所以选项 B 不属于其优点；吸收直接投资不利于进行产权交易，所以选项 C 不属于其优点；发行股票筹资的优点是能增强公司的社会声誉，所以选项 D 不属于其优点。

2 发行普通股股票

一、考点解读

（一）股票的特征与分类

1. 股票的特点

永久性；流通性；风险性；参与性。

2. 股东的权利

公司管理权；收益分享权；股份转让权；优先认股权；剩余财产要求权。

3. 股票的种类（见表 4－15）

表 4-15

分类标准	分类
按股东的**权利和义务**	普通股和优先股
按股票票面是否**记名**	记名股票和无记名股票
按发行对象和上市**地点**	A股、B股、H股、N股、S股等

提示 我国《公司法》规定，公司向发起人、法人发行的股票，应当为记名股票，并应当记载该发起人、法人的名称或者姓名，**不得另立户名**或者以代表人姓名记名。向社会公众发行的股票，可以为记名股票，也可以为无记名股票。

（二）我国证券交易所概况与股份有限公司的设立

1. 我国证券交易所概况（见表 4-16）

表 4-16

类别	成立时间	性质	主要职能/目标	现状
上海证券交易所	1990年11月26日	是经国务院授权，由中国人民银行批准建立的全国性证券交易场所，受中国证监会监督管理，是实行自律管理的会员制非营利性法人	制定证券交易所的业务规则；接受上市申请，安排证券上市；组织、监督证券交易；对会员、上市公司进行监管；管理和公布市场信息；中国证监会许可的其他职能	主要以主板为主，重点服务各行业、各地区的龙头企业和大型骨干企业；2019年设立科创板，支持高科技企业发展。上海证券交易所包括**主板**和**科创板**资本市场
深圳证券交易所	1990年12月1日	是经国务院批准设立的全国性证券交易场所，受中国证监会监督管理，是实行自律管理的会员制非营利性法人	提供证券交易的场所和设施；制定证券交易所业务规则；接受上市申请、安排证券上市；组织、监督证券交易；对上市公司进行监管；管理和公布市场信息；中国证监会许可的其他职能	初步建立主板、中小企业板和创业板差异化发展的多层次资本市场体系；2021年2月5日，中国证监会宣布，批准深圳证券交易所**主板和中小板合并**
北京证券交易所	2021年9月3日	是经国务院批准设立的中国**第一家**公司制证券交易所，受中国证监会监督管理	一是构建一套契合创新型中小企业特点的，涵盖发行上市、交易、退市、持续监管、投资者适当性管理等**基础制度安排**，补足多层次资本市场发展普惠金融的短板。二是畅通北京证券交易所在多层次资本市场的纽带作用，形成相互补充、相互促进的中小企业直接融资**成长路径**。三是培育一批**专精特新**中小企业，形成创新创业热情高涨、合格投资者踊跃参与、中介机构归位尽责的良性资本市场生态	经营范围：依法为证券集中交易提供场所和设施、组织和监督证券交易以及证券市场管理服务等业务

提示 中国大陆有三家证券交易所，即上海证券交易所、深圳证券交易所和北京证券交易所。这三家证券交易所互联互通、相互补充、相互促进构成了我国各板块差异化发展的多层次资本市场体系。

2. 股份有限公司的设立

（1）发起设立。

发起设立指由发起人认购公司应发行的**全部**股份而设立公司。

（2）募集设立。

募集设立指由发起人认购公司应发行股份的

一部分，其余股份向社会公开募集或者向特定对象募集而设立公司。

（3）发起人责任。

①公司不能成立时，对设立行为所产生的债务和费用负连带责任。

②公司不能成立时，对认股人已缴纳的股款，负返还股款并加算银行同期存款利息的连带责任。

③在公司设立过程中，由于发起人的过失致使公司利益受到损害的，应当对公司承担赔偿责任。

（三）各板块首次公开发行股票的条件（见表4-17）

表4-17

板块	条件
主板	（1）基本条件 + 相应条件 （2）相应条件： ①发行人应当是依法设立且合法存续的股份有限公司。经国务院批准，有限责任公司在依法变更为股份有限公司时，可以采取募集设立方式公开发行股票。 ②发行人自股份有限公司成立后，持续经营时间应当在3年以上，但经国务院批准的除外。有限责任公司按原账面净资产值折股整体变更为股份有限公司的，持续经营时间可以从有限责任公司成立之日起计算。 ③发行人的注册资本已足额缴纳，发起人或者股东用作出资的资产的财产权转移手续已办理完毕，发行人的主要资产不存在重大权属纠纷。 ④发行人的生产经营符合法律、行政法规和公司章程的规定，符合国家产业政策。 ⑤发行人最近3年内主营业务和董事、高级管理人员没有发生重大变化，实际控制人没有发生变更。 ⑥发行人的股权清晰，控股股东和受控股股东、实际控制人支配的股东持有的发行人股份不存在重大权属纠纷。 （3）发行人财务与会计方面应当符合下列条件： ①最近3个会计年度净利润均为正数且累计超过人民币3 000万元，净利润以扣除非经常性损益前后较低者为计算依据。 ②最近3个会计年度经营活动产生的现金流量净额累计超过人民币5 000万元；或者最近3个会计年度营业收入累计超过人民币3亿元。 ③发行前股本总额不少于人民币3 000万元。 ④最近一期期末无形资产（扣除土地使用权、水面养殖权和采矿权等后）占净资产的比例不高于20%。 ⑤最近一期期末不存在未弥补亏损
创业板	（1）基本条件 + 相应条件 （2）相应条件： ①发行人是依法设立且持续经营3年以上的股份有限公司，具备健全且运行良好的组织机构，相关机构和人员能够依法履行职责。有限责任公司按原账面净资产值折股整体变更为股份有限公司的，持续经营时间可以从有限责任公司成立之日起计算。 ②发行人会计基础工作规范，财务报表的编制和披露符合《企业会计准则》和相关信息披露规则的规定，在所有重大方面公允地反映了发行人的财务状况、经营成果和现金流量，最近3年财务会计报告由注册会计师出具无保留意见的审计报告。发行人内部控制制度健全且被有效执行，能够合理保证公司运行效率、合法合规和财务报告的可靠性，并由注册会计师出具无保留结论的内部控制鉴证报告。 ③发行人业务完整，具有直接面向市场独立持续经营的能力：资产完整，业务及人员、财务、机构独立，与控股股东、实际控制人及其控制的其他企业间不存在对发行人构成重大不利影响的同业竞争，不存在严重影响独立性或者显失公平的关联交易；主营业务、控制权和管理团队稳定，最近2年内主营业务和董事、高级管理人员均没有发生重大不利变化；控股股东和受控股股东、实际控制人支配的股东所持发行人的股份权属清晰，最近2年实际控制人没有发生变更，不存在导致控制权可能变更的重大权属纠纷；不存在涉及主要资产、核心技术、商标等的重大权属纠纷，重大偿债风险，重大担保、诉讼、仲裁等或有事项，经营环境已经或者将要发生重大变化等对持续经营有重大不利影响的事项。 ④发行人生产经营符合法律、行政法规的规定，符合国家产业政策。最近3年内，发行人及其控股股东、实际控制人不存在贪污、贿赂、侵占财产、挪用财产或者破坏社会主义市场经济秩序的刑事犯罪，不存在欺诈发行、重大信息披露违法或者其他涉及国家安全、公共安全、生态安全、生产安全、公众健康安全等领域的重大违法行为。董事、监事和高级管理人员不存在最近3年内受到中国证监会行政处罚，或者因涉嫌犯罪正在被司法机关立案侦查或者涉嫌违法违规正在被中国证监会立案调查且尚未有明确结论意见等情形

提示 因我国证券市场分为不同板块，对各板块企业的目标和要求不同，其首次公开发行股票的条件也存在差异。各板块除遵循《证券法》规定的基本条件外，还要遵循相关法规规定的首次公开发行股票的相应条件。

基本条件——公司首次公开发行新股，应当符合下列条件：

（1）具备健全且运行良好的组织机构；

（2）具有持续经营能力；

（3）最近 3 年财务会计报告被出具无保留意见审计报告；

（4）发行人及其控股股东、实际控制人最近 3 年不存在贪污、贿赂、侵占财产、挪用财产或者破坏社会主义市场经济秩序的刑事犯罪；

（5）经国务院批准的国务院证券监督管理机构规定的其他条件。

（四）上市公司股票发行的条件

发行股票分为公开发行和非公开发行，相关法规对其规定了相应的条件（见表 4-18）。

表 4-18

类别		条件
公开发行	组织机构健全、运行良好	（1）公司章程合法有效，股东大会、董事会、监事会和独立董事制度健全，能够依法有效履行职责。 （2）公司内部控制制度健全，能够有效保证公司运行的效率、合法合规性和财务报告的可靠性；内部控制制度的完整性、合理性、有效性不存在重大缺陷。 （3）现任董事、监事和高级管理人员具备任职资格，能够忠实和勤勉地履行职务，不存在违反《公司法》第一百四十七条、第一百四十八条规定的行为，且最近 6 个月内未受到过中国证监会的行政处罚、最近 12 个月内未受到过证券交易所的公开谴责。 （4）上市公司与控股股东或实际控制人的人员、资产、财务分开，机构、业务独立，能够自主经营管理。 （5）最近 12 个月内不存在违规对外提供担保的行为
	盈利能力具有可持续性	（1）最近 3 个会计年度连续盈利。扣除非经常性损益后的净利润与扣除前的净利润相比，以低者作为计算依据。 （2）业务和盈利来源相对稳定，不存在严重依赖于控股股东、实际控制人的情形。 （3）现有主营业务或投资方向能够可持续发展，经营模式和投资计划稳健，主要产品或服务的市场前景良好，行业经营环境和市场需求不存在现实或可预见的重大不利变化。 （4）高级管理人员和核心技术人员稳定，最近 12 个月内未发生重大不利变化。 （5）公司重要资产、核心技术或其他重大权益的取得合法，能够持续使用，不存在现实或可预见的重大不利变化。 （6）不存在可能严重影响公司持续经营的担保、诉讼、仲裁或其他重大事项。 （7）最近 24 个月内曾公开发行证券的，不存在发行当年营业利润比上年下降 50% 以上的情形
	财务状况良好	（1）会计基础工作规范，严格遵循国家统一会计制度的规定。 （2）最近 3 年及一期财务报表未被注册会计师出具保留意见、否定意见或无法表示意见的审计报告；被注册会计师出具带强调事项段的无保留意见审计报告的，所涉及的事项对发行人无重大不利影响或者在发行前重大不利影响已经消除。 （3）资产质量良好。不良资产不足以对公司财务状况造成重大不利影响。 （4）经营成果真实，现金流量正常。营业收入和成本费用的确认严格遵循国家有关企业会计准则的规定，最近 3 年资产减值准备计提充分合理，不存在操纵经营业绩的情形。 （5）最近 3 年以现金方式累计分配的利润不少于最近 3 年实现的年均可分配利润的 30%
	最近 36 个月内财务会计文件无虚假记载，且不存在重大违法行为	重大违法行为是指： （1）违反证券法律、行政法规或规章，受到中国证监会的行政处罚，或者受到刑事处罚。 （2）违反工商、税收、土地、环保、海关法律、行政法规或规章，受到行政处罚且情节严重，或者受到刑事处罚。 （3）违反国家其他法律、行政法规且情节严重的行为

续表

类别		条件
公开发行	不得公开发行证券的情形	(1) 本次发行申请文件有虚假记载、误导性陈述或重大遗漏。 (2) 擅自改变前次公开发行证券募集资金的用途而未作纠正。 (3) 上市公司最近12个月内受到过证券交易所的公开谴责。 (4) 上市公司及其控股股东或实际控制人最近12个月内存在未履行向投资者作出的公开承诺的行为。 (5) 上市公司或其现任董事、高级管理人员因涉嫌犯罪被司法机关立案侦查或涉嫌违法违规被中国证监会立案调查。 (6) 严重损害投资者的合法权益和社会公共利益的其他情形
非公开发行	特定对象	(1) 特定对象符合股东大会决议规定的条件。 (2) 发行对象不超过35名。发行对象为境外战略投资者的，应当遵守国家的相关规定
	其他	(1) 发行价格不低于定价基准日前20个交易日公司股票均价的80%。 (2) 本次发行的股份自发行结束之日起，6个月内不得转让；控股股东、实际控制人及其控制的企业认购的股份，18个月内不得转让。 (3) 募集资金使用符合本办法的相关规定。 (4) 本次发行将导致上市公司控制权发生变化的，还应当符合中国证监会的其他规定

（五）北交所公开发行股票的条件

（1）发行人应当为在全国股转系统连续挂牌满12个月的创新层挂牌公司。

（2）发行人申请公开发行股票，应当具备健全且运行良好的组织机构，具有持续经营能力，财务状况良好，最近3年财务会计报告无虚假记载，被出具无保留意见审计报告，依法规范经营。

（3）发行人及其控股股东、实际控制人存在下列情形之一的，发行人不得公开发行股票：最近3年内存在贪污、贿赂、侵占财产、挪用财产或者破坏社会主义市场经济秩序的刑事犯罪；最近3年内存在欺诈发行、重大信息披露违法或者其他涉及国家安全、公共安全、生态安全、生产安全、公众健康安全等领域的重大违法行为；最近1年内受到中国证监会行政处罚。

（六）股票的发行方式（见表4-19）

表4-19

类别			内容
认购发行	股票认购证	含义	按规定价格优先认购一定数量证券的权利证书
		优点	充分体现了当时新股发行的公开、公平、公正的原则
		种类	认购证、认购申请表、抽签表
		形式	单联、横三联、小本三联、小本册、大版张
	全电脑上网定价发行		1995年后股票发行改用此方式
储蓄存单发行	含义		通过发行储蓄存单抽签决定认购者。承销商在招募期间内，根据存单的发售数量、批准的股票发行数量等敲定中签率，通过公开摇号抽签确定中签者
	优点		有利于降低一级市场成本
	缺点		极易引发投机行为
	实施状况		认购范围的扩大与当时仍处于初期的资本市场不匹配，实行不久便被取消了

续表

类别		内容
上网竞价发行	含义	发行人和主承销商利用证券交易所的交易系统，由主承销商作为新股的唯一卖方，以发行人宣布的发行底价为最低价，以新股实际发行量为总的卖出数，由投资者在指定的时间内竞价委托申购，发行人和主承销商以价格优先的原则确定发行价格并发行股票
	优点	除了具有网上发行经济性、高效性的优点之外，还具有以下优点：（1）市场性。即通过市场竞争最终决定较为合理的发行价格。（2）连续性。即保证了发行市场与交易市场价格的平稳顺利对接
	实施状况	在1994年试用之后一直未被落实
上网定价发行	含义	事先规定发行价格，再利用证券交易所交易系统来发行股票的发行方式，即主承销商利用交易系统，按已确定的发行价格向投资者发售股票。又称直接定价发行
	优点	大大减少了人力成本，发行周期短，有效避免了认股权的炒作，完全消除了隐藏于一级市场和二级市场间的一级半市场
	缺点	对承销商的定价能力要求较高
	与上网竞价发行的不同之处	主要有两点：一是发行价格的确定方式不同，即定价发行方式事先确定价格，而竞价发行方式是事先确定发行底价，由发行时竞价决定发行价；二是认购成功者的确认方式不同，即定价发行方式按抽签决定，竞价发行方式按价格优先、同等价位时间优先原则决定
	实施状况	自1996年试用至今一直被资本市场所接受
全额预缴款发行	含义	投资者在不定期的申购时间内，将全部申购存入主承销商在收款银行设立的专户中，申购结束后转冻结银行专户进行冻结，在对到账资金进行验资和确定有效申购后，按照发行额和申购总额清算配售比例，进行股票配售，余款返还给投资者
	方式	包括"全额预缴款、比例配售、余款即退"和"全额预缴款、比例配售、余款转存"两种方式
	优点	与单纯的储蓄存款发行相比，全额预缴的资金占用时间短，发行效率更高
上网发行与配售	条件	除符合一般规定外，还应当符合下列规定：（1）拟配售股份数量不超过本次配售股份前股本总额的30%。（2）控股股东应当在股东大会召开前公开承诺认配股份的数量。（3）采用证券法规定的代销方式发行。控股股东不履行认配股份的承诺，或者代销期限届满，原股东认购股票的数量未达到拟配售数量70%的，发行人应当按照发行价并加算银行同期存款利息返还已经认购的股东
	实施状况	1998年开始出现新股配售，2006年后我国证券市场上首次公开发行的股票可以向战略投资者、参与网上发行的投资者以及网下询价对象配售
网下发行	含义	利用三大交易所的交易网络，新股发行主承销商可以在证券交易所挂牌销售，投资者则通过证券营业部交易系统进行申购
	优点	提高了发行效率，并有效缓解了新股发行期间资金大规模跨行流动的问题
	实施状况	2008年3月，我国启动网下发行电子化

第四章

（七）股票的发行程序

1. 各板块股票的发行程序（见表4－20）

表4－20

类别	发行程序
主板IPO	（1）发行人董事会应当依法就本次股票发行的具体方案、本次募集资金使用的可行性及其他事项作出决议，并提请股东大会批准。 （2）公司股东大会就本次发行股票作出决议，至少应当包括本次发行股票的种类和数量、发行对象、价格区间或者定价方式、募集资金用途、发行前滚存利润的分配方案、决议的有效期、对董事会办理本次发行具体事宜的授权、其他必须明确的事项。 （3）发行人应当按照中国证监会的有关规定制作申请文件，由保荐人保荐并向中国证监会申报。特定行业的发行人应当提供管理部门的相关意见。 （4）中国证监会收到申请文件后，在5个工作日内作出是否受理的决定。 （5）中国证监会受理申请文件后，由相关职能部门对发行人的申请文件进行初审，并由发行审核委员会审核。 （6）中国证监会在初审过程中，将征求发行人注册地省级人民政府是否同意发行人发行股票的意见。 （7）中国证监会依照法定条件对发行人的发行申请作出予以核准或者不予核准的决定，并出具相关文件；自中国证监会核准发行之日起，发行人应在6个月内发行股票；超过6个月未发行的，核准文件失效，须重新经中国证监会核准后方可发行。 （8）发行申请核准后、股票发行结束前，发行人发生重大事项的，应当暂缓或者暂停发行，并及时报告中国证监会，同时履行信息披露义务；影响发行条件的，应当重新履行核准程序。 （9）股票发行申请未获核准的，自中国证监会作出不予核准决定之日起6个月后，发行人可再次提出股票发行申请
创业板IPO	（1）发行人董事会应当依法就本次股票发行的具体方案、本次募集资金使用的可行性及其他事项作出决议，并提请股东大会批准。 （2）发行人股东大会就本次发行股票作出决议，决议至少应当包括本次公开发行股票的种类和数量、发行对象、定价方式、募集资金用途、发行前滚存利润的分配方案、决议的有效期、对董事会办理本次发行具体事宜的授权、其他必须明确的事项。 （3）发行人申请首次公开发行股票并在创业板上市，应当按照中国证监会有关规定制作注册申请文件，依法由保荐人保荐并向交易所申报；交易所收到注册申请文件后，5个工作日内作出是否受理的决定。 （4）注册申请文件受理后，未经中国证监会或者交易所同意，不得改动；发生重大事项的，发行人、保荐人、证券服务机构应当及时向交易所报告，并按要求更新注册申请文件和信息披露资料。 （5）交易所按照规定的条件和程序，形成发行人是否符合发行条件和信息披露要求的审核意见。认为发行人符合发行条件和信息披露要求的，将审核意见、发行人注册申请文件及相关审核资料报中国证监会注册；认为发行人不符合发行条件或者信息披露要求的，作出终止发行上市审核决定。 （6）中国证监会的予以注册决定自作出之日起1年内有效，发行人应当在注册决定有效期内发行股票，发行时点由发行人自主选择。 （7）交易所认为发行人不符合发行条件或者信息披露要求，作出终止发行上市审核决定，或者中国证监会作出不予注册决定的，自决定作出之日起6个月后，发行人可以再次提出公开发行股票并上市申请。 （8）中国证监会应当按规定公开股票发行注册行政许可事项相关的监管信息。 （9）中国证监会与交易所建立全流程电子化审核注册系统，实现电子化受理、审核，发行注册各环节实时信息共享，并依法向社会公开相关信息
科创板IPO	与创业板IPO条件相同

续表

类别	发行程序
上市公司发行股票	（1）发行人董事会应当依法就本次股票发行的方案、本次募集资金使用的可行性、前次募集资金使用的报告及其他必须明确的事项作出决议，并提请股东大会批准。 （2）发行人股东大会就本次发行股票作出决议，必须经出席会议的股东所持表决权的2/3以上通过；向本公司特定的股东及其关联人发行股票的，股东大会就发行方案进行表决时，关联股东应当回避；上市公司就发行股票事项召开股东大会，应当提供网络或者其他方式为股东参加股东大会提供便利。 （3）由保荐人保荐并向中国证监会申报。 （4）中国证监会依照有关程序审核发行股票的申请。 （5）自中国证监会核准发行之日起，公司应在 **12 个月内** 发行股票，超过 12 个月未发行的，核准失效，须经中国证监会重新核准后方可发行。 （6）上市公司发行证券前发生重大事项的，应**暂缓发行**，并及时报告中国证监会；该事项对本次发行条件构成重大影响的，发行证券的申请应重新经过中国证监会核准。 （7）证券发行申请未获核准的上市公司，自中国证监会作出不予核准的决定之日起 **6 个月** 后，可再次提出股票发行申请

2. 上市公司定向增发的优势

（1）有利于引入战略投资者和机构投资者。

（2）有利于利用上市公司的市场化估值溢价，将母公司资产通过资本市场放大，从而**提升**母公司的资产**价值**。

（3）定向增发是一种主要的并购手段，特别是资产并购型定向增发，有利于集团企业**整体上市**，并同时**减轻并购的现金流压力**。

（八）引入战略投资者（见表4-21）

表4-21

概念	战略投资者是指与发行人具有合作关系或合作意向和潜力，与发行公司业务**联系紧密且欲长期持有**发行公司股票的法人

续表

对战略投资者的要求	（1）要与公司经营业务联系紧密； （2）要出于长期投资目的而**较长时期**地持有股票； （3）要具有相当的资金实力，且持股数量较多
引入战略投资者的作用	（1）提升公司形象，提高资本市场认同度； （2）**优化股权结构**，健全公司法人治理； （3）提高公司资源整合能力，增强公司的核心竞争力； （4）达到阶段性的融资目标，**加快**实现公司**上市融资**的进程

（九）股票的上市交易与退市

1. 股票的上市（见表4-22）

表4-22

项目	内容
优点	（1）便于筹措新资金。 （2）促进股权**流通和转让**。股票上市后便于投资者购买，提高了股权的流动性和股票的变现力，便于投资者认购和交易。 （3）便于**确定公司价值**
缺点	上市**成本较高**，手续复杂严格；公司将负担较高的信息披露成本；信息公开的要求可能会**暴露**公司的**商业机密**；股价有时会歪曲公司的实际情况，影响公司声誉；可能会**分散**公司的**控制权**，造成管理上的困难

续表

项目		内容
条件	发行人 IPO 后申请其股票在上海证券交易所上市	（1）股票经中国证监会核准已公开发行。 （2）具备健全且运行良好的组织机构。 （3）具有持续经营能力。 （4）公司股本总额不少于人民币 **5 000 万元**。 （5）公开发行的股份达到公司股份总数的 **25%** 以上；公司股本总额超过人民币 **4 亿元** 的，公开发行股份的比例为 **10%** 以上。 （6）公司及其控股股东、实际控制人最近 **3 年** 不存在贪污、贿赂、侵占财产、挪用财产或者破坏社会主义市场经济秩序的刑事犯罪。 （7）最近 **3 个会计年度** 财务会计报告均被出具无保留意见审计报告。 （8）上海证券交易所要求的其他条件
	发行人 IPO 后申请在上海证券交易所科创板上市	（1）符合中国证监会规定的发行条件。 （2）发行后股本总额不低于人民币 **3 000 万元**。 （3）公开发行的股份达到公司股份总数的 **25%** 以上；公司股本总额超过人民币 **4 亿元** 的，公开发行股份的比例为 **10%** 以上。 （4）市值及财务指标符合《上海证券交易所科创板股票上市规则》规定的标准。 （5）上海证券交易所规定的其他上市条件
	发行人 IPO 后申请其股票在深圳证券交易所上市	（1）股票已公开发行。 （2）具备健全且运行良好的组织机构。 （3）具有持续经营能力。 （4）公司股本总额不少于 **5 000 万元**。 （5）公开发行的股份达到公司股份总数的 **25%** 以上；公司股本总额超过 **4 亿元** 的，公开发行股份的比例为 **10%** 以上。 （6）公司及其控股股东、实际控制人最近 **3 年** 不存在贪污、贿赂、侵占财产、挪用财产或者破坏社会主义市场经济秩序的刑事犯罪。 （7）最近 **3 年** 财务会计报告被出具 **无保留意见** 审计报告。 （8）深圳证券交易所要求的其他条件
	发行人 IPO 后申请在深圳证券交易所创业板上市	（1）符合中国证监会规定的创业板发行条件。 （2）发行后股本总额不低于 **3 000 万元**。 （3）公开发行的股份达到公司股份总数的 **25%** 以上；公司股本总额超过 **4 亿元** 的，公开发行股份的比例为 **10%** 以上。 （4）市值及财务指标符合《深圳证券交易所创业板股票上市规划》规定的标准。 （5）深圳证券交易所要求的其他上市条件。 （6）红筹企业发行股票的，前款第（2）项调整为发行后的股份总数不低于 3 000 万股，前款第（3）项调整为公开发行的股份达到公司股份总数的 25% 以上；公司股份总数超过 4 亿股的，公开发行股份的比例为 10% 以上

2. 股票的退市（见表 4 – 23）

表 4 – 23

项目	内容
退市风险警示/退市	上市公司出现经营情况恶化、存在重大违法违规行为或其他原因导致不符合上市条件时可能受到退市风险警示或退市
分类	退市包括强制退市和主动退市。强制退市包括四个方面：交易类强制退市、财务类强制退市、规范类强制退市和重大违法类强制退市
财务类强制退市条件	净利润加营业收入的组合指标、净资产和审计意见类型等

续表

项目	内容
退市风险警示情形	上市公司最近1个会计年度经审计的财务会计报告相关财务指标触及规定的财务类强制退市情形的，对其股票实施退市风险警示。上市公司出现下列情形之一的，证券交易所对其股票交易实施退市风险警示： （1）最近一个会计年度经审计的净利润为负值且营业收入低于1亿元，或追溯重述后最近一个会计年度净利润为负值且营业收入低于1亿元。 （2）最近一个会计年度经审计的期末净资产为负值，或追溯重述后最近一个会计年度期末净资产为负值。 （3）最近一个会计年度的财务会计报告被出具无法表示意见或者否定意见的审计报告。 （4）中国证监会行政处罚决定书表明公司已披露的最近一个会计年度财务报告存在虚假记载、误导性陈述或者重大遗漏，导致该年度相关财务指标实际已触及上述第（1）项、第（2）项情形的。 （5）认定的其他情形
股票终止上市	上市公司最近连续2个会计年度经审计的财务会计报告相关财务指标触及规定的财务类强制退市情形的，决定终止其股票上市。上市公司出现因上述规定情形被实施退市风险警示后，公司出现下列情形之一的，上海证券交易所决定其股票终止上市： （1）公司披露的最近一个会计年度经审计的财务报告存在上述第（1）～（3）项规定的任一情形或财务报告被出具保留意见审计报告。 （2）公司未在法定期限内披露最近一年年度报告。 （3）公司未在最近一年年度报告披露后5个交易日内向上海证券交易所申请撤销退市风险警示。 （4）半数以上董事无法保证公司所披露最近一年年度报告的真实性、准确性和完整性，且未在法定期限内改正。 （5）公司撤销退市风险警示未被上海证券交易所同意

（十）发行普通股的筹资特点

1. 优点

（1）两权分离，有利于公司自主经营管理。

（2）能增强公司的声誉，促进股权流通和转让。

2. 缺点

（1）筹资费用较高，手续复杂。

（2）资本成本较高。

（3）不易尽快形成生产能力。

（4）公司控制权分散，容易被经理人控制。

（5）股票流通性强，容易在资本市场上被恶意收购。

二、例题点津

【例题1·单选题】与配股相比，定向增发的优势是（　　）。

A. 有利于社会公众参与

B. 有利于保持原有的股权结构

C. 有利于促进股权的流通转让

D. 有利于引入战略投资者和机构投资者

【答案】D

【解析】上市公司定向增发的优势在于：（1）有利于引入战略投资者和机构投资者；（2）有利于利用上市公司的市场化估值溢价，将母公司资产通过资本市场放大，从而提升母公司的资产价值；（3）定向增发是一种主要的并购手段，特别是资产并购型定向增发，有利于集团企业整体上市，并同时减轻并购的现金流压力。

【例题2·单选题】下列不属于上网竞价发行的优点的是（　　）。

A. 经济性

B. 高效性

C. 市场性

D. 有效缓解新股发行期间资金大规模跨行流动

【答案】D

【解析】上网竞价发行除了具有网上发行经济性、高效性的优点之外，还具有以下优点：（1）市场性。即通过市场竞争最终决定较为合理的发行价格。（2）连续性。即保证了发行市场与交易市场价格的平稳顺利对接。选项 D 属于网下发行的优点。

【例题 3·单选题】 下列各种筹资方式中，最有利于降低公司财务风险的是（　　）。

A. 发行普通股

B. 发行优先股

C. 发行公司债券

D. 发行可转换债券

【答案】 A

【解析】 股权筹资企业的财务风险较小。股权资本不用在企业正常营运期内偿还，没有还本付息的财务压力。优先股是介于债务和权益之间的，所以选项 A 正确。

【例题 4·多选题】 下列各项优先权中，不属于普通股股东所享有的一项权利有（　　）。

A. 优先剩余财产分配权

B. 优先股利分配权

C. 优先股份转让权

D. 优先认股权

【答案】 ABC

【解析】 股东最基本的权利是按投入公司的股份额，依法享有公司收益获取权、公司重大决策参与权和选择公司管理者的权利，并以其所持股份为限对公司承担责任。其中包括：（1）公司管理权；（2）收益分享权；（3）股份转让权；（4）优先认股权；（5）剩余财产要求权。故选项 D 属于普通股股东所享有的权利。

【例题 5·多选题】 股票上市对公司可能的不利影响有（　　）。

A. 商业机密容易泄露

B. 公司价值不易确定

C. 资本结构容易恶化

D. 信息披露成本较高

【答案】 AD

【解析】 股票上市交易便于确定公司价值。股票上市后，公司股价有市价可循，便于确定公司的价值。对于上市公司来说，即时的股票交易行情，就是对公司价值的市场评价。同时，市场行情也能够为公司收购兼并等资本运作提供询价基础。因此，选项 B 的表述不正确。但股票上

市也有对公司不利影响的一面，主要有：上市成本较高，手续复杂严格；公司将负担较高的信息披露成本；信息公开的要求可能会暴露公司商业机密；股价有时会歪曲公司的实际情况，影响公司声誉；可能会分散公司的控制权，造成管理上的困难。因此选项 A、D 正确。

【例题 6·多选题】 下列属于我国正在采用的股票发行方式不包括（　　）。

A. 认购发行　　　　B. 储蓄存单发行

C. 上网定价发行　　D. 网下发行

【答案】 AB

【解析】 随着互联网的发展，股票发行也实行了无纸化，1995 年后股票发行改用全电脑上网定价发行方式，从此股票认购证成了绝版的"断代现代文物"，选项 A 错误；储蓄存单发行方式下，认购范围的扩大与当时仍处于初期的资本市场不匹配，实行不久便被取消了，选项 B 错误。

【例题 7·多选题】 下列属于不得公开发行证券的情形的有（　　）。

A. 本次发行申请文件有误导性陈述

B. 擅自改变前次公开发行证券募集资金的用途已作纠正

C. 上市公司及其控股股东最近 24 个月内存在未履行向投资者作出的公开承诺的行为

D. 上市公司现任董事因涉嫌犯罪被司法机关立案侦查

【答案】 AD

【解析】 擅自改变前次公开发行证券募集资金的用途而未作纠正，不得公开发行证券，选项 B 不符合；上市公司及其控股股东或实际控制人最近 12 个月内存在未履行向投资者作出的公开承诺的行为，不得公开发行证券，选项 C 不符合。

【例题 8·多选题】 作为战略投资者的基本要求包括（　　）。

A. 持股数量较多

B. 要出于长期投资目的而较长时期地持有股票

C. 要具有相当的资金实力

D. 要与公司经营业务联系紧密

【答案】 ABCD

【解析】 一般来说，作为战略投资者的基

本要求是：（1）要与公司经营业务联系紧密；（2）要出于长期投资目的而较长时期地持有股票；（3）要具有相当的资金实力，且持股数量较多。

【例题9·多选题】 与吸收直接投资相比，发行普通股的筹资的优点不包括（　　）。

A. 可以及时形成生产能力

B. 能增强公司的声誉

C. 促进股权流通和转让

D. 资本成本较高

【答案】 AD

【解析】 吸收直接投资筹资方式多种多样，可以及时形成生产能力，发行普通股主要是筹集货币资金，再去购置或建造资产，形成生产能力较慢（选项A）；吸收直接投资与发行普通股都属于股权筹资，其资本成本都比较高（选项D）。

【例题10·多选题】 公司出现（　　）情形的，证券交易所对其股票交易不实施退市风险警示。

A. 最近一个会计年度经审计的净利润为负值

B. 最近一个会计年度经审计的期末净资产为负值

C. 最近一个会计年度的财务会计报告被出具保留意见的审计报告

D. 最近一个会计年度经审计的期末净资产为负值，次一年年度报告披露后显示期末净资产仍为负值

【答案】 ACD

【解析】 选项A应为：最近一个会计年度经审计的净利润为负值且营业收入低于1亿元，或追溯重述后最近一个会计年度净利润为负值且营业收入低于1亿元；选项C应为：最近一个会计年度的财务会计报告被出具无法表示意见或者否定意见的审计报告；选项D，最近一个会计年度经审计的期末净资产为负值，被实施退市风险警示的次一年年度报告披露后，期末净资产为负值，交易所决定公司股票终止上市。

【例题11·判断题】 我国《公司法》规定，公司向发起人、社会公众发行的股票，为记名股票；向法人发行的股票，可以为记名股票，也可以为无记名股票。（　　）

【答案】 ×

【解析】 我国《公司法》规定，公司向发起人、法人发行的股票，为记名股票；向社会公众发行的股票，可以为记名股票，也可以为无记名股票。

【例题12·判断题】 上市公司发行股票，自中国证监会核准发行之日起，公司应在6个月内发行股票，超过6个月未发行的，核准失效，须经中国证监会重新核准后方可发行。（　　）

【答案】 ×

【解析】 题中表述的时限是针对主板IPO的，对于上市公司发行股票，自中国证监会核准发行之日起，公司应在12个月内发行股票，超过12个月未发行的，核准失效，须经中国证监会重新核准后方可发行。

【例题13·判断题】 企业发行股票、发行债券均属于直接筹资方式。（　　）

【答案】 √

【解析】 直接筹资是企业直接与资金供应者协商融通资金的筹资活动。直接筹资方式主要有发行股票、发行债券、吸收直接投资等。

3 留存收益

一、考点解读（见表4-24）

表4-24

性质	留存收益属于所有者权益
筹资途径	（1）提取盈余公积； （2）未分配利润
筹资特点	（1）无筹资费用； （2）维持公司控制权分布； （3）筹资数额有限

提示 《公司法》规定，企业每年的税后利润，必须提取10%的法定公积金。公司法定公积金累计额为公司注册资本的50%以上的，可以不再提取。

二、例题点津

【例题1·多选题】 下列关于留存收益筹资的表述中，正确的有（　　）。

A. 属于内部筹资　　B. 属于长期筹资

C. 无筹资费用　　　D. 筹资数额有限

【答案】ABCD

【解析】留存收益筹资的特点是无筹资费用、维持公司控制权分布、筹资数额有限；此外，留存收益筹资属于内部的股权长期筹资方式。所以选项A、B、C、D都正确。

4 股权筹资的优缺点

一、考点解读

1. 优点

（1）是企业稳定的资本基础；

（2）是企业良好的信誉基础；

（3）财务风险小。

2. 缺点

（1）资本成本负担较重；

（2）容易分散公司的控制权；

（3）信息沟通与披露成本较大。

二、例题点津

【例题1·多选题】下列属于股权筹资方式共同特点的有（　　）。

A. 没有到期日　　B. 不会分散控制权

C. 资本成本较高　D. 财务风险较小

【答案】ACD

【解析】吸收直接投资和发行普通股都会给企业带来新的投资者，会分散企业的控制权；留存收益筹资不会分散企业控制权。

第四单元　衍生工具筹资

1 可转换债券

一、考点解读

（一）可转换债券的种类（见表4-25）

表4-25

分类	内容
不可分离的可转换债券	其股权与债券不可分离，持有者直接按照债券面额和约定的转换价格，在约定的期限内自愿将其转换成股票
可分离交易的可转换债券	这类债券在发行时附有认股权证，是认股权证和公司债券的组合。发行上市后各自流通、交易。认股权证的持有者在认购股票时，要按照认购价出资认购股票

（二）可转换债券的基本性质（见表4-26）

表4-26

基本性质	内容
证券期权性	可转换债券持有人具有在未来按一定的价格购买股票的权利，因此可转换债券实质上是一种未来的买入期权

续表

基本性质	内容
资本转换性	可转换债券在正常持有期，属于债权性质；转换成股票后，属于股权性质
赎回与回售	可转换债券一般都附有赎回条款和回售条款

（三）可转换债券的基本要素（见表4-27）

表4-27

基本要素	内容
标的股票	一般是发行公司自己的普通股票
票面利率	一般会低于普通债券的票面利率，有时甚至还低于同期银行存款利率
转换价格	指可转换债券在转换期间内据以转换为普通股的折算价格，即将可转换债券转换为普通股的每股普通股的价格
转换比率	指每一份可转换债券在既定的转换价格下能转换为普通股股票的数量。转换比率=债券面值/转换价格

续表

基本要素	内容
转换期	转换期间的设定通常有四种情形：债券发行日至到期日；发行日至到期前；发行后某日至到期日；发行后某日至到期前
赎回条款	指发债公司按事先约定的价格买回未转股债券的条件规定，赎回一般发生在公司股票价格在一段时期内连续高于转股价格达到某一幅度时。设置赎回条款最主要的功能是强制债券持有者积极行使转股权，因此又被称为加速条款。另外，也可以避免市场利率下降后继续向债券持有人支付较高的利息所蒙受的损失
回售条款	指债券持有人有权按照事先约定的价格将债券卖回给发债公司的条件规定。回售一般发生在公司股票价格在一段时期内连续低于转股价格达到某一幅度时。回售对于投资者而言实际上是一种卖权，有利于降低投资者的持券风险
强制性转换条款	指在某些条件具备之后，债券持有人必须将可转换债券转换为股票，无权要求偿还债权本金的条件规定

提示 （1）根据规定，可转换债券的转股价格不低于募集说明书公告日前20个交易日该公司股票交易的均价和前一个交易日的均价。因配股、增发、送股、派息、分立及其他原因引起上市公司股份变动的，应当同时调整转股价格。

（2）根据规定，可转换债券自发行结束之日起6个月后方可转换为公司股票，转股期限由公司根据可转换债券的存续期限及公司财务状况确定。

（3）分离交易的可转换公司债券的期限最短为1年。认股权证的行权价格应不低于公告募集说明书日前20个交易日公司股票均价和前一个交易日的均价。认股权证的存续期间不超过公司债券的期限，自发行结束之日起不少于6个月。分离交易的可转换公司债券募集说明书应当约定，上市公司改变公告的募集资金用途的，赋予债券持有人一次回售的权利。

（四）可转换债券筹资的特点

1. 优点

（1）筹资功能灵活；

（2）资本成本低；

（3）筹资效率高。

2. 缺点

（1）存在不转换的财务压力；

（2）存在回售的财务压力。

二、例题点津

【例题1·单选题】发行可转换债券面值为100元，转换价格为50元，到转换期时债券市价为150元。转换比率为（   ）。

A. 0.5   B. 0.67

C. 1.5   D. 2

【答案】D

【解析】转换比率＝债券面值/转换价格＝100/50＝2。

【例题2·多选题】下列各项中，关于赎回条款的说法错误的有（   ）。

A. 对债券持有人有利

B. 对发行人有利

C. 发债公司在可转换债券转换时，可以按一定条件赎回债券

D. 公司股票价格在一段时期内连续低于转股价格达到某一幅度时可以采用赎回条款

【答案】ACD

【解析】赎回条款对发行人有利，回售条款对债券持有人有利，选项A错误、选项B正确。发债公司在赎回债券之前，要向债券持有人发出赎回通知，要求他们在将债券转股与卖回给发债公司之间作出选择，选项C错误。公司股票价格在一段时期内连续低于转股价格达到某一幅度时可以采用回售条款。赎回一般发生在公司股票价格一段时期内连续高于转股价格达到某一幅度时。选项D错误。

【例题3·多选题】可转换债券设置合理的赎回条款，可以（   ）。

A. 保护债券投资人的利益

B. 促使债券持有人转换股份

C. 使投资者具有安全感，因而有利于吸引

投资者

D. 使发行公司避免市场利率下降后，继续支付较高的利率所蒙受的损失

【答案】BD

【解析】本题的主要考核点是可转换债券赎回条款的意义。选项A、C是可转换债券回售条款的优点。

【例题4·多选题】下列各项引起上市公司股份变动的原因中，应当同时调整可转换债券转股价格的有（　　）。

A. 配股　　　　　B. 增发

C. 送股　　　　　D. 派息

【答案】ABCD

【解析】根据规定，可转换债券转股价格不低于募集说明书公告日前20个交易日该公司股票交易均价和前一个交易日的均价。因配股、增发、送股、派息、分立及其他原因引起上市公司股份变动的，应当同时调整转股价格。

【例题5·判断题】对于附有赎回条款的可转换债券，若标的股票价格在一段时期内连续高于转股价格达到某一幅度时，发债公司通常会按事先约定的价格买回未转股的债券。（　　）

【答案】√

【解析】赎回条款是指发债公司按事先约定的价格买回未转股债券的条件规定，赎回一般发生在公司股票价格一段时期内连续高于转股价格达到某一幅度时。

【例题6·计算分析题】甲公司是一家上市公司，2×22年末公司总股份为10亿股，当年实现净利润为4亿元，公司计划投资一条新生产线，总投资额为8亿元，经过论证，该项目具有可行性。为了筹集新生产线的投资资金，财务部制订了两个筹资方案供董事会选择：

方案一：发行可转换公司债券8亿元，每张面值100元，规定的转换价格为每股10元，债券期限为5年，年利率为2.5%，可转换日为自该可转换公司债券发行结束之日（2×23年1月25日）起满1年后的第一个交易日（2×24年1月25日）。

方案二：发行一般公司债8亿元，每张面值100元，债券期限为5年，年利率为5.5%。

要求：

（1）计算自该可转换公司债券发行结束之日起至可转换日止，方案一与方案二相比，甲公司发行可转换公司债券节约的利息。

（2）预计在转换期公司市盈率将维持在20倍的水平（以2×23年的每股收益计算）。如果甲公司希望可转换公司债券进入转换期后能够实现转股，那么甲公司2×22年的净利润及其增长率至少应该达到多少？

（3）如果转换期内公司股价在8~9元波动，说明甲公司将面临何种风险？

【答案】

（1）发行可转换公司债券节约的利息=80 000×（5.5%－2.5%）=0.24（亿元）。

（2）要想实现转股，转换期的股价至少应该达到转换价格10元，由于市盈率=每股市价/每股收益，所以，2×23年的每股收益至少应该达到10/20=0.5（元），净利润至少应该达到0.5×10=5（亿元），增长率至少应该达到(5－4)/4×100%=25%。

（3）如果公司的股价在8~9元波动，由于股价小于转换价格，此时，可转换债券的持有人将不会转换，所以公司存在不转换股票的风险，并且会造成公司集中兑付债券本金的财务压力，加大财务风险。

2 认股权证

一、考点解读

（一）含义

认股权证是一种由上市公司发行的证明文件，持有人有权在一定时间内以约定价格认购该公司发行的一定数量的股票。广义的权证，是一种持有人有权于某一特定期间或到期日，按约定的价格，认购或沽出一定数量的标的资产的期权。按买或卖的不同权利，可分为认购权证和认沽权证，又称为看涨权证和看跌权证。

（二）基本性质（见表4-28）

表 4-28

性质	内容
证券期权性	认股权证本质上是一种股票期权，具有实现融资和股票期权激励的双重功能，它没有普通股的红利收入，也没有普通股相应的投票权
是一种投资工具	投资者可以通过购买认股权证获得市场价与认购价之间的差价收益，因此它是一种具有内在价值的投资工具

（三）筹资特点

（1）是一种融资促进工具；

（2）有助于改善上市公司的治理结构；

（3）作为激励机制的认股权证有利于推进上市公司的股权激励机制。

二、例题点津

【例题1·单选题】下列各项中，不属于认股权证筹资特点的是（　　）。

A. 认股权证是一种融资促进工具

B. 认股权证是一种高风险融资工具

C. 有助于改善上市公司的治理结构

D. 有利于推进上市公司的股权激励机制

【答案】B

【解析】认股权证筹资的特点：（1）认股权证是一种融资促进工具；（2）有助于改善上市公司的治理结构；（3）有利于推进上市公司的股权激励机制。所以，选项B不属于认股权证的筹资特点。

【例题2·多选题】下列关于认股权证的表述中，正确的有（　　）。

A. 具有融资功能

B. 具有股票期权激励功能

C. 是一种投资工具

D. 具有普通股相应的投票权

【答案】ABC

【解析】认股权证本质上是一种股票期权，具有实现融资和股票期权激励的双重功能，是一种具有内在价值的投资工具，它没有普通股的红利收入，也没有普通股相应的投票权。

【例题3·判断题】可转换债券是常用的员工激励工具，可以把管理者和员工的利益与企业价值成长紧密联系在一起。（　　）

【答案】×

【解析】认股权证是常用的员工激励工具，通过给予管理者和重要员工一定的认股权证，可以把管理者和员工的利益与企业价值成长紧密联系在一起，建立一个管理者与员工通过提升企业价值实现自身财富增值的利益驱动机制。

3 优先股

一、考点解读

（一）优先股的基本性质（见表4-29）

表 4-29

基本性质	内容
约定股息	由于优先股股息率是事先已作规定的，因此优先股股息一般不会根据公司经营情况而变化，优先股一般也不再参与公司普通股的利润分红。但优先股的固定股息率各年可以不同，优先股也可以采用浮动股息率分配利润
权利优先	在利润分配和剩余财产分配方面，具有比普通股股东优先的权利
权利范围小	优先股股东一般没有选举权和被选举权，对股份公司重大事项无表决权

（二）优先股的种类（见表4-30）

表 4-30

分类标准	分类
按股息率在股权存续期内是否作调整	固定股息率优先股和浮动股息率优先股
按在有可分配税后利润时是否必须向优先股股东分配利润	强制分红优先股和非强制分红优先股
根据公司因当年可分配利润不足而未向优先股股东足额派发股息，差额部分是否累积到下一会计年度	累积优先股和非累积优先股
根据优先股股东按照确定的股息率分配股息后，是否有权同普通股股东一起参加剩余税后利润分配	参与优先股和非参与优先股

续表

分类标准	分类
根据优先股是否可以转换成普通股	可转换优先股和不可转换优先股
根据发行人或优先股股东是否享有要求公司回购优先股的权利	可回购优先股和不可回购优先股

提示 上市公司不得发行可转换为普通股的优先股，但商业银行可根据商业银行资本监管规定，非公开发行触发事件发生时强制转换为普通股的优先股，并遵守有关规定。

（三）优先股的特点

（1）有利于丰富资本市场的投资结构。

（2）有利于股份公司股权资本结构的调整。

（3）有利于保障普通股收益和控制权。

（4）有利于降低公司财务风险。

（5）可能给股份公司带来一定的财务压力。

二、例题点津

【例题1·单选题】 A股份有限公司由于投资需求增加，2×17~2×19年没有支付优先股股息，2×20年年终发放了当年优先股股息2 000万元后，发放了普通股股息8 000万元。这种优先股属于（　）。

A. 非累积优先股

B. 累积优先股

C. 强制分红优先股

D. 非强制分红优先股

【答案】 A

【解析】 非累积优先股是指公司不足以支付优先股全部股息时，对所欠股息部分，优先股股东不能要求公司在以后年度补发。

【例题2·单选题】 下列关于优先股筹资的表述中，不正确的是（　）。

A. 优先股筹资有利于调整股权资本的内部结构

B. 优先股筹资兼有债务筹资和股权筹资的某些性质

C. 优先股筹资不利于保障普通股的控制权

D. 优先股筹资会给公司带来一定的财务压力

【答案】 C

【解析】 优先股的每股收益是固定的，只要净利润增加并且高于优先股股息，普通股的每股收益就会上升。另外，优先股股东无特殊情况没有表决权，因此不影响普通股股东对企业的控制权，所以优先股有利于保障普通股的控制权，所以选项C的表述不正确。

【例题3·多选题】 一般而言，与发行普通股相比，发行优先股的特点有（　）。

A. 可以降低公司的资本成本

B. 可以增加公司的财务杠杆效应

C. 可以保障普通股股东的控制权

D. 可以降低公司的财务风险

【答案】 ABC

【解析】 相对于普通股而言，优先股的股利收益是事先约定的，也是相对固定的。由于优先股的股息率事先已经作出规定，因此优先股的股息一般不会根据公司经营情况而变化，并且在上市公司有可分配税后利润的情况下必须向优先股股东分配股息。因此财务风险比较高，选项D的说法不正确。

【例题4·多选题】 按照我国《优先股试点管理办法》的有关规定，上市公司公开发行优先股应当（　）。

A. 采取固定股息率

B. 在有可分配税后利润的情况下必须向优先股股东分配股息

C. 对于累积优先股，未向优先股股东足额派发股息的差额部分应累积到下一个会计年度，对于非累积优先股则无须累积

D. 优先股股东按照约定的股息率分配股息后，特殊情况下还可以同普通股股东一起参加剩余利润分配

【答案】 AB

【解析】 按照我国《优先股试点管理办法》的有关规定，未向优先股股东足额派发股息的差额部分应当累积到下一个会计年度，选项C错误；优先股股东按照约定的股息率分配股息后，不再同普通股股东一起参加剩余利润分配，选项D错误。

第五单元　筹资实务创新

1 筹资方式及筹资渠道

一、考点解读（见表4-31）

表4-31

类型	含义	具体内容	
非公开定向债务融资工具（PPN）	在银行间债券市场以非公开定向发行方式发行的债务融资工具	其发行方式具有灵活性强、发行相对便利、信息披露要求相对简化的特点，在实务中成为企业重要的直接融资方式。特点有： （1）简化的信息披露要求。只需向定向投资人披露信息，无须履行公开披露信息义务；披露方式可协商约定。 （2）发行规模没有明确限制。 （3）发行方案灵活。由于采取非公开方式发行，利率、规模、资金用途等条款可由发行人与投资者通过一对一的谈判协商确定。 （4）融资工具有限度流通。非公开定向债务融资工具的信息披露要求相对简化，限定在特定投资人范围内流通转让。 （5）发行价格存在流动性溢价	
私募股权投资（PE）	通过私募基金对非上市公司进行的权益性投资	私募股权投资具有如下主要特点： （1）在资金募集上，主要通过非公开方式面向少数机构投资者或高净值个人募集，它的销售和赎回都是基金管理人通过私下与投资者协商进行的。 （2）多采取权益型投资方式，极少涉及债权投资。PE投资机构也因此对被投资企业的决策管理享有一定的表决权。 （3）投资的企业一般是非上市企业，投资比较偏向于已形成一定规模和产生稳定现金流的成型企业。 （4）投资期限较长，一般可达3~5年或更长，属于中长期投资。 （5）流动性差，没有现成的市场供非上市公司的股权出让方与购买方直接达成交易。 （6）是被投资企业的重要股权筹资方式	
产业基金	产业投资基金向具有高增长潜力的未上市企业进行股权或准股权投资，并参与被投资企业的经营管理，以期所投资企业发育成熟后通过股权转让实现资本增值； 我国产业基金的主要形式——政府出资的产业投资基金	含义	由政府出资，主要投资于非公开交易企业股权的股权投资基金和创业投资基金
		政府出资产业投资基金的认定条件	（1）中央、省级或计划单列市人民政府（含所属部门、直属机构）批复设立，且批复文件或其他文件中明确了政府出资的；政府认缴出资比例不低于基金总规模的10%，其中，党中央、国务院批准设立的，政府认缴出资比例不低于基金总规模的5%。（2）符合《政府出资产业投资基金管理暂行办法》和《政府投资基金暂行管理办法》有关规定。（3）基金投向符合产业政策、投资政策等国家宏观管理政策。（4）基金运作不涉及新增地方政府隐性债务
		投向的产业领域	非基本公共服务领域、基础设施领域、住房保障领域、生态环境领域、区域发展领域、战略性新兴产业领域和先进制造业领域、创业创新领域等
		设立目的	通过财政性资金撬动社会资本进入国民经济发展重点领域，及具有较大发展潜力、经过前期扶持培育后可成长为新的经济增长点的领域

第四章

类型	含义	具体内容
商业票据融资	指通过商业票据进行融通资金	是一种商业信用工具，是由债务人向债权人开出的、承诺在一定时期内支付一定款项的支付保证书，即由无担保、可转让的短期期票组成
		特点：融资成本较低、灵活方便
中期票据融资	指具有法人资格的非金融类企业在银行间债券市场按计划分期发行的，约定在一定期限还本付息的债务融资工具	要求：（1）具有稳定的偿债资金来源。（2）拥有连续3年的经审计的会计报表，且最近一个会计年度盈利。（3）主体信用评级达到AAA。（4）待偿还债券余额不超过企业净资产的40%。（5）募集资金投向为应用于企业生产经营活动，并要求在发行文件中明确披露资金用途。（6）发行利率、发行价格和相关费用以市场化方式确定
		特点 发行机制灵活 发行采用注册制，一次注册通过后2年内可分次发行。可选择固定利率或浮动利率，到期还本付息（可选择按年或季等）
		用款方式灵活 可用于中长期流动资金、置换银行借款、项目建设等
		融资额度大 发行额度最多可达企业净资产的40%
		使用期限长 发行期限在1年以上，一般3~5年，最长可达10年
		成本较低 较中长期贷款等融资方式往往低20%~30%
		无须担保抵押 主要依靠企业自身信用
股权众筹融资	指通过互联网形式进行公开小额股权融资的活动	（1）必须通过股权众筹融资中介机构平台进行。（2）融资方应为小微企业，应通过股权众筹融资中介机构向投资人如实披露企业的商业模式、经营管理、财务、资金使用等关键信息，不得误导或欺诈投资者。（3）股权众筹融资业务由证监会负责监管
企业应收账款证券化	指证券公司、基金管理公司子公司作为管理人，通过设立资产支持专项计划开展资产证券化业务，以企业应收账款债权为基础资产或基础资产现金流来源所发行的资产支持证券	应收账款包括的权利：（1）销售、出租产生的债权。（2）提供医疗、教育、旅游等服务或劳务产生的债权。（3）能源、交通运输、水利、环境保护、市政工程等基础设施和公用事业项目收益权。（4）提供贷款或其他信用活动产生的债权。（5）其他以合同为基础的具有金钱给付内容的债权
		应收账款不包括的权利：因票据或其他有价证券而产生的付款请求权，以及法律、行政法规禁止转让的付款请求权
融资租赁债权资产证券化	融资租赁债权资产支持证券是指证券公司、基金管理公司子公司作为管理人，通过设立资产支持专项计划开展资产证券化业务，以融资租赁债权为基础资产或基础资产现金流来源所发行的资产支持证券	
	融资租赁债权是指融资租赁公司依据融资租赁合同对债务人（承租人）享有的租金债权、附属担保权益（如有）及其他权利（如有）	
商圈融资	模式包括商圈担保融资、供应链融资、商铺经营权、租赁权质押、仓单质押、存货质押、动产质押、企业集合债券等	（1）有助于增强中小商贸经营主体的融资能力，缓解融资困难，促进中小商贸企业健康发展。（2）有助于促进商圈发展，增强经营主体集聚力，提升产业关联度，整合产业价值链，推进商贸服务业结构调整和升级，从而带动税收、就业增长和区域经济发展，实现搞活流通、扩大消费的战略目标。（3）有助于银行业金融机构和融资性担保机构等培养长期稳定的优质客户群体，扩大授信规模，降低融资风险

续表

类型	含义	具体内容
供应链融资	是将供应链核心企业及其上下游配套企业作为一个整体，根据供应链中相关企业的交易关系和行业特点制定基于货权和现金流控制的"一揽子"金融解决方案的一种融资模式	（1）解决了上下游企业融资难、担保难的问题。（2）通过打通上下游融资"瓶颈"，还可以降低供应链条融资成本，提高核心企业及配套企业的竞争力
绿色信贷	指银行业金融机构为支持环保产业、倡导绿色文明、发展绿色经济而提供的信贷融资	重点支持节能环保、清洁生产、清洁能源、生态环境、基础设施绿色升级和绿色服务六大类产业
能效信贷	是指银行业金融机构为支持用能单位提高能源利用效率，降低能源消耗而提供的信贷融资	重点服务领域包括：工业节能，建筑节能，交通运输节能，与节能项目、服务、技术和设备有关的其他重要领域。能效信贷包括用能单位能效项目信贷和节能服务公司合同能源管理信贷两种方式

二、例题点津

【例题1·单选题】 下列各项中，不属于私募股权投资特点的是（　　）。

A. 主要通过非公开形式募集资金

B. 主要投资对象为上市公司

C. 一般属于中长期投资

D. 流动性较差

【答案】 B

【解析】 私募股权投资的企业一般是非上市企业，投资比较偏向于已形成一定规模和产生稳定现金流的成形企业，选项B错误。

【例题2·单选题】 根据《应收账款质押登记办法》，应收账款不包括的权利是（　　）。

A. 出租房屋产生的债权

B. 因股票而产生的付款请求权

C. 地铁建设项目收益权

D. 提供贷款活动产生的债权

【答案】 B

【解析】 根据《应收账款质押登记办法》，应收账款包括以下权利：（1）销售、出租产生的债权，包括销售货物，供应水、电、气、暖，知识产权的许可使用，出租动产或不动产等；

（2）提供医疗、教育、旅游等服务或劳务产生的债权；（3）能源、交通运输、水利、环境保护、市政工程等基础设施和公用事业项目收益权；（4）提供贷款或其他信用活动产生的债权；（5）其他以合同为基础的具有金钱给付内容的债权。不包括因票据或其他有价证券而产生的付款请求权，以及法律、行政法规禁止转让的付款请求权（选项B）。

【例题3·多选题】 发行中期票据的条件包括（　　）。

A. 具有稳定的偿债资金来源

B. 主体信用评级达到AA

C. 待偿还债券余额不超过企业净资产的40%

D. 募集资金用于企业的生产经营活动

【答案】 ACD

【解析】 发行中期票据时，主体信用评级要达到AAA级，选项B错误；选项A、C、D均属于发行中期票据的条件。

【例题4·多选题】 下列关于非公开定向债务融资工具的说法中，错误的有（　　）。

A. 投资者群体单一，多为风险规避型投资者

B. 发行规模没有明确限制

C. 发行方案灵活

D. 定向工具的利率比公开发行的同类债券利率低

【答案】AD

【解析】非公开定向发行有利于引入风险偏好型投资者，构建多元化的投资者群体，选项A错误。发行价格存在流动性溢价。在市场定价方面，非公开定向工具的发行价格、发行利率、所涉费率遵循自律规则，按市场方式确定，因其流通性的限制，与公开发行债务融资工具相比存在着一定的流动性溢价，即定向工具的利率比公开发行的同类债券利率要高，选项D错误。

【例题5·多选题】下列关于我国企业筹资方式和筹资渠道的说法中，错误的有（   ）。

A. 中期票据融资要求主体信用评级达到AA，待偿还债券余额不超过企业净资产的40%

B. 能效信贷包括用能单位能效项目信贷和节能服务公司合同能源管理信贷

C. 股权众筹融资方一般为各类中小型企业

D. 商业票据融资成本较低、灵活方便

【答案】AC

【解析】中期票据融资一般要求：（1）具有稳定的偿债资金来源；（2）拥有连续3年的经审计的会计报表，且最近一个会计年度盈利；（3）主体信用评级达到AAA；（4）待偿还债券余额不超过企业净资产的40%；（5）募集资金应用于企业生产经营活动，并要求在发行文件中明确披露资金用途；（6）发行利率、发行价格和相关费用由市场化方式确定，选项A错误。股权众筹融资的融资方应为小微企业，应通过股权众筹融资中介机构向投资人如实披露企业的商业模式、经营管理、财务、资金使用等关键信息，不得误导或欺诈投资者，选项C错误。

本章考点巩固练习题

一、单项选择题

1. 下列各项中，不属于企业利用商业信用进行筹资的形式是（   ）。
   A. 应付票据   B. 应付账款
   C. 租赁   D. 预收账款

2. 关于直接筹资和间接筹资，下列表述错误的是（   ）。
   A. 直接筹资仅可以筹集股权资金
   B. 直接筹资的筹资费用较高
   C. 发行股票属于直接筹资
   D. 租赁属于间接筹资

3. 由于季节性原因需要购买大量原材料，而购买原材料的大额支出导致企业资金不足，企业需要进行筹集资金。这种筹资的动机是（   ）。
   A. 扩张性筹资动机   B. 支付性筹资动机
   C. 调整性筹资动机   D. 创立性筹资动机

4. 甲船舶公司为开通国际远洋运输服务，需增加两艘大型船舶，为尽快形成运输能力，下列筹资方式中，该公司通常会优先考虑（   ）。
   A. 普通股筹资   B. 债券筹资
   C. 优先股筹资   D. 租赁筹资

5. 下列各项中，既可以作为长期筹资方式又可以作为短期筹资方式的是（   ）。
   A. 发行可转换债券   B. 银行借款
   C. 发行普通股   D. 租赁

6. 下列各项中，属于长期借款例行性保护条款的是（   ）。
   A. 保持存货储备量
   B. 保持企业的资产流动性
   C. 限制企业非经营性支出
   D. 借款的用途不得改变

7. 与银行借款筹资相比，下列各项不属于发行公司债券的特点是（   ）。
   A. 资本成本较高
   B. 资金使用的限制条件少

C. 能提高公司的社会声誉

D. 单次筹资数额少

8. 如果企业筹资的目的是形成和更新企业的生产和经营能力，扩大企业的生产经营规模，或为对外投资筹集资金，通常不应采用的筹资方式是（　　）。

A. 发行股票　　　B. 发行债券

C. 短期借款　　　D. 租赁

9. 与租赁筹资相比，发行债券筹资的特点是（　　）。

A. 财务风险较大

B. 迅速获得资产

C. 资本成本较高

D. 能延长资金融通期限

10. 使用权资产应当按照成本进行初始计量。该成本不包括（　　）。

A. 租赁负债的初始计量金额

B. 在租赁期开始日或之前支付的租赁付款额

C. 已享受的租赁激励

D. 承租人为将租赁资产恢复至租赁条款约定状态预计将发生的成本

11. 在（　　）合同中，除资产所有者的名义改变之外，其余情况均无变化。

A. 租赁　　　　　B. 杠杆租赁

C. 售后租回　　　D. 直接租赁

12. 下列各项中，不能够作为吸收直接投资出资方式的是（　　）。

A. 特许经营权　　　B. 土地使用权

C. 商标权　　　　　D. 非专利技术

13. 下列各项中，能够作为吸收直接投资出资方式的是（　　）。

A. 特许经营权　　　B. 商标权

C. 商誉　　　　　　D. 信用

14. 下列关于不公开直接发行股票的表述中，不正确的是（　　）。

A. 只向少数特定的对象直接发行

B. 弹性较大

C. 股票变现性强

D. 发行成本低

15. 股份有限公司的设立过程中，股份有限公司

的发起人应当承担的责任不包括（　　）。

A. 在公司设立过程中，所有发行费用应由发起人承担

B. 公司不能成立时，对设立行为所产生的债务和费用负连带责任

C. 公司不能成立时，对认股人已缴纳的股款，负返还股款并加算银行同期存款利息的连带责任

D. 在公司设立过程中，由于发起人的过失致使公司利益受到损害的，应当对公司承担赔偿责任

16. 下列属于《证券法》规定的公司首次公开发行股票的基本条件的是（　　）。

A. 发行前股本总额不少于人民币3 000万元

B. 最近3年财务会计报告被出具无保留意见审计报告

C. 发行人最近3年内主营业务和董事、高级管理人员没有发生重大变化，实际控制人没有发生变更

D. 主营业务、控制权和管理团队稳定，最近2年内主营业务和董事、高级管理人员均没有发生重大不利变化

17. 股票发行中引入战略投资者，对于战略投资者的要求不包括（　　）。

A. 要与公司经营业务联系紧密

B. 要具有相当的技术实力和经营管理水平

C. 要出于长期投资目的而较长时期地持有股票

D. 要具有相当的资金实力，且持股数量较多

18. 下列关于上网竞价发行的表述错误的是（　　）。

A. 由主承销商作为新股的唯一卖方

B. 以发行人宣布的发行底价为最低价

C. 以新股实际发行量为总的卖出数

D. 通过公开摇号抽签确定认购成功者

19. 在公司设立后再融资时，上市公司定向增发和非上市公司定向增发相比较，上市公司定向增发的优点不包括（　　）。

A. 有利于保持公司的控制权分布

B. 有利于引入战略投资者和机构投资者

C. 有利于利用上市公司的市场化估值溢价，

将母公司资产通过资本市场放大，从而提升母公司的资产价值

D. 定向增发是一种主要的并购手段，特别是资产并购型定向增发，有利于集团企业整体上市，并同时减轻并购的现金流压力

20. 下列不属于公司股票上市交易的目的的是（　　）。
A. 易于筹集新资金
B. 促进股权流通和转让
C. 便于确定公司价值
D. 稳定控制权

21. 下列不属于退市风险警示情形的是（　　）。
A. 最近一个会计年度经审计的净利润为负值
B. 最近一个会计年度的财务会计报告被出具无法表示意见的审计报告
C. 最近一个会计年度经审计的期末净资产为负值
D. 最近一个会计年度的财务会计报告被出具否定意见的审计报告

22. 下列关于公司股票上市的说法中，错误的是（　　）。
A. 股票上市有利于确定公司价值
B. 股票上市有利于保护公司的商业机密
C. 股票上市有利于促进公司股权流通和转让
D. 股票上市可能会分散公司的控制权

23. 下列筹资方式中，更有利于上市公司引入战略投资者的是（　　）。
A. 发行债券　　B. 非公开增发股票
C. 公开增发股票　D. 配股

24. 下列关于留存收益筹资的表述中，错误的是（　　）。
A. 留存收益筹资可以维持公司的控制权结构
B. 留存收益筹资不会发生筹资费用，因此没有资本成本
C. 留存收益来源于提取的盈余公积金和留存于企业的利润
D. 留存收益筹资有企业的主动选择，也有法律的强制要求

25. 相对于普通股筹资，下列属于留存收益筹资

特点的是（　　）。
A. 影响控制权　　B. 筹资数额较大
C. 增强公司的声誉　D. 不发生筹资费用

26. 关于可转换债券，下列表述正确的是（　　）。
A. 可转换债券的赎回条款有利于降低投资者的持券风险
B. 可转换债券的转换权是授予持有者的一种买入期权
C. 可转换债券的转换比率为标的股票市值与转换价格之比
D. 可转换债券的回售条款有助于可转换债券顺利转换成股票

27. 关于可转换债券的赎回条款，下列说法错误的是（　　）。
A. 通常包括不可赎回期间与赎回期间、赎回价格和赎回条件等
B. 满足发债公司按事先约定的价格买回未转股债券的相关规定
C. 主要功能是促使债券持有人积极行使转股权
D. 主要目的在于降低投资者持有债券的风险

28. 如果用认股权证购买普通股，则股票的购买价格一般（　　）。
A. 高于普通股市价　B. 低于普通股市价
C. 等于普通股市价　D. 等于普通股价值

29. 下列关于优先股股息说法不正确的是（　　）。
A. 优先股的股息一般不会根据公司经营情况而变化
B. 优先股的固定股息率各年可以不同
C. 优先股可以采用浮动股息率分配利润
D. 优先股的固定股息率各年必须保持一致

30. 对于政府出资产业投资基金的认定需要符合的条件不包括（　　）。
A. 省级人民政府批复设立，政府认缴出资比例不低于基金总规模的10%
B. 党中央、国务院批准设立的，政府认缴出资比例不低于基金总规模的10%
C. 基金投向符合产业政策
D. 基金运作不涉及新增地方政府隐性债务

二、多项选择题

1. 下列筹资方式中，可以降低财务风险的有（　　）。
   - A. 银行借款筹资
   - B. 留存收益筹资
   - C. 普通股筹资
   - D. 租赁筹资

2. 如果企业筹资的目的是形成和更新企业的生产和经营能力，扩大企业的生产经营规模，或为对外投资筹集资金，通常采用的筹资方式有（　　）。
   - A. 发行股票
   - B. 发行债券
   - C. 短期借款
   - D. 租赁

3. 下列关于资金筹集的表述中，正确的有（　　）。
   - A. 短期筹资的目的主要是用于企业的流动资产和资金的日常周转
   - B. 长期筹资的目的是形成和更新企业的生产和经营能力，扩大生产经营规模，或为对外投资筹集资金
   - C. 企业筹资时应首先使用内部筹资，然后再考虑外部筹资
   - D. 租赁属于长期筹资，保理业务属于短期筹资

4. 下列筹资方式中，一般属于间接筹资方式的有（　　）。
   - A. 发行普通股股票
   - B. 租赁
   - C. 银行借款
   - D. 发行债券

5. 下列关于永续债的说法中正确的有（　　）。
   - A. 发行人能无条件避免交付现金或其他金融资产的合同义务情况发生的永续债属于权益工具
   - B. 是一种债权性的融资工具
   - C. 利率远远高于同期国债收益率
   - D. 永续债不包括附加条款

6. 与银行借款相比，下列各项中，属于发行债券筹资特点的有（　　）。
   - A. 资本成本较高
   - B. 一次筹资数额较大
   - C. 扩大公司的社会影响
   - D. 募集资金使用限制较多

7. 银行借款筹资的特点包括（　　）。
   - A. 筹资弹性较大
   - B. 资本成本较低
   - C. 限制条款少
   - D. 筹资速度快

8. 下列各种筹资方式中，有利于降低公司财务风险的有（　　）。
   - A. 留存收益
   - B. 银行借款
   - C. 吸收直接投资
   - D. 发行可转换债券

9. 下列各项中，属于企业长期借款合同一般性保护条款的有（　　）。
   - A. 限制职工加薪的数额
   - B. 限制企业租入固定资产的规模
   - C. 贷款专款专用
   - D. 保持最低流动比率数额

10. 根据《证券法》的规定，下列关于公开发行公司债券的说法中，正确的有（　　）。
    - A. 最近3年平均可分配利润足以支付公司债券1年的利息
    - B. 必须具备健全且运行良好的组织机构
    - C. 公开发行债券募集的资金，一律不得改变资金用途
    - D. 聘请保荐人的，应当向相关机构报送保荐人出具的发行保荐书

11. 租赁的基本特征包括（　　）。
    - A. 租赁标的应为专用设备
    - B. 所有权与使用权相分离
    - C. 租金的分期支付
    - D. 融资与融物相结合

12. 吸收直接投资的优点包括（　　）。
    - A. 资本成本较低
    - B. 能够尽快形成生产能力
    - C. 容易进行信息沟通
    - D. 手续相对比较简单，筹资费用较低

13. 根据规定，下列各项中，不可以用作非货币资产作价出资的有（　　）。
    - A. 商誉
    - B. 劳务
    - C. 特许经营权
    - D. 土地使用权

14. 对无形资产出资方式的限制，《公司法》规定，股东或者发起人不得以（　　）作价出资。
    - A. 劳务
    - B. 自然人姓名
    - C. 特许经营权
    - D. 设定担保的财产

15. 股票上市的缺点有（　　）。
    - A. 上市成本较高，手续复杂严格
    - B. 股价有时会歪曲公司实际情况，影响公

司声誉

C. 公司将负担较高的信息披露成本

D. 可能会分散公司的控制权，造成管理上的困难

16. 下列各项中，属于公司股票上市目的的有（ ）。

    A. 促进股权流通和转让

    B. 巩固公司的控制权

    C. 拓宽筹资渠道

    D. 降低信息披露成本

17. 下列关于上市公司非公开发行股票的说法中正确的有（ ）。

    A. 发行价格不低于定价基准日前 20 个交易日公司股票均价的 80%

    B. 本次发行的股份自发行结束之日起，12 个月内不得转让

    C. 控股股东、实际控制人及其控制的企业认购的股份，18 个月内不得转让

    D. 发行对象不超过 100 名

18. 下列关于上网定价发行和上网竞价发行的表述错误的有（ ）。

    A. 竞价发行方式事先确定价格

    B. 定价发行方式是事先确定发行底价，由发行时竞价决定发行价

    C. 竞价发行方式按抽签决定

    D. 定价发行方式按价格优先、同等价位时间优先原则决定

19. 在发行股票过程中可以引入战略投资者，对战略投资者的要求有（ ）。

    A. 要与公司经营业务联系紧密

    B. 要有健全的法人治理机制

    C. 要出于长期投资目的而较长时期地持有股票

    D. 要具有相当的资金实力，且持股数量较多

20. 下列关于各板块股票的发行程序的说法中错误的有（ ）。

    A. 上市公司发行股票，自中国证监会核准发行之日起，公司应在 6 个月内公开发行股票

    B. 应由董事会就本次发行股票作出决议

    C. 对于创业板 IPO，中国证监会的予以注册决定，自作出之日起一年内有效，发行人应

当在注册决定有效期内发行股票，发行时点由证监会规定

    D. 由保荐人保荐并向中国证监会申报

21. 增资过程中可以引入战略投资者，下列可以成为战略投资者的有（ ）。

    A. 个人独资企业　　B. 合伙制企业

    C. 股份有限公司　　D. 有限责任公司

22. 上市公司出现因上述规定情形被实施退市风险警示后，公司出现下列（ ）情形的，上海证券交易所决定其股票终止上市。

    A. 公司披露的最近一个会计年度经审计的财务报告被出具保留意见审计报告

    B. 公司未在法定期限内披露最近一年的年度报告

    C. 1/4 以上董事无法保证公司所披露最近一年年度报告的真实性、准确性和完整性，且未在法定期限内改正

    D. 公司披露的最近一个会计年度经审计的财务报告净利润为负值

23. 与银行借款相比，公开发行股票筹资的特点有（ ）。

    A. 资本成本较低

    B. 增强公司的社会声誉

    C. 不受金融监管政策约束

    D. 信息披露成本较高

24. 下列各项中，属于盈余公积金用途的有（ ）。

    A. 弥补亏损　　　　B. 转增股本

    C. 扩大经营　　　　D. 分配股利

25. 与债务筹资相比，股权筹资的优点有（ ）。

    A. 是企业稳定的资本基础

    B. 财务风险比较小

    C. 构成企业的信誉基础

    D. 资本成本比较低

26. 与债务筹资相比，股权筹资的缺点包括（ ）。

    A. 资本成本负担较重

    B. 容易分散公司的控制权

    C. 信息沟通与披露成本较大

    D. 财务风险大

27. 普通股筹资与留存收益筹资所共同具有的特

点有（　　）。

A. 资本成本较高

B. 容易分散公司的控制权

C. 会降低公司的财务风险

D. 筹资费用较高

28. 留存收益的筹资途径包括（　　）。

A. 提取的法定盈余公积

B. 提取的任意盈余公积

C. 未分配利润

D. 资本公积

29. 根据《上市公司证券管理发行办法》的规定，下列关于可转换债券的说法中错误的有（　　）。

A. 可转换债券自发行结束之日起 6 个月后方可转换为公司股票

B. 可转换债券的转股价格不低于募集说明书公告日前 20 个交易日该公司股票交易均价

C. 可转换债券的转股价格不得调整

D. 可转换债券的票面利率一般会高于普通债券的票面利率

30. 认股权证的筹资特点包括（　　）。

A. 存在股价大幅度上扬危险

B. 是一种融资促进工具

C. 有助于改善上市公司的治理结构

D. 有利于推进上市公司的股权激励机制

31. 相对于普通股而言，优先股的优先权不包含的内容有（　　）。

A. 股利分配优先权

B. 配股优先权

C. 剩余财产分配优先权

D. 表决优先权

32. 按照我国《优先股试点管理办法》的有关规定，上市公司公开发行优先股应当（　　）。

A. 采取固定股息率

B. 在有可分配税后利润的情况下必须向优先股股东分配股息

C. 对于累积优先股，未向优先股股东足额派发股息的差额部分应累积到下一个会计年度，对于非累积优先股则无须累积

D. 优先股股东按照约定的股息率分配股息后，特殊情况下还可同普通股股东一起参加

剩余利润分配

33. 对于政府出资产业投资基金的认定需要符合的条件包括（　　）。

A. 计划单列市人民政府批复设立，政府认缴出资比例不低于基金总规模的 5%

B. 党中央、国务院批准设立的，政府认缴出资比例不低于基金总规模的 10%

C. 基金投向符合产业政策

D. 基金运作不涉及新增地方政府隐性债务

34. 下列不属于中期票据特点的有（　　）。

A. 发行机制灵活，采用备案制

B. 融资额度大，最多可达企业净资产的 50%

C. 使用期限长，最长可达 10 年

D. 无须担保抵押

三、判断题

1. 企业在初创期通常采用外部筹资，而在成长期通常采用内部筹资。　　（　　）

2. 上市公司满足短期融资需求时，一般采用发行股票的方式进行融资。　　（　　）

3. 公司发行的永续债由于没有明确的到期日或期限非常长，因此实质上属于股权资本。
　　（　　）

4. 发行人能够无条件地避免交付现金或者其他金融资产合同义务情况发生的永续债属于债务工具。　　（　　）

5. 如果银行在借款合同中规定了企业"不准贴现应收票据或出售应收账款"，这就属于例行性保护条款。　　（　　）

6. 对企业资产的流动性及偿债能力等方面提出要求，并且应用于大多数借款合同的保护性条款是例行性保护条款。　　（　　）

7. 相比于企业取得银行借款后才能购置资产，租赁是以融物的形式达到融资的目的，其筹资速度是最快的。　　（　　）

8. 如果企业在发行债券的契约中规定了允许提前偿还的条款，则当预测年利息率下降时，一般应提前赎回债券。　　（　　）

9. 到期分批偿还债券是在发行同一种债券的当时，就为不同编号或不同发行对象的债券规定了不同的到期日。　　（　　）

10. 在计算租赁付款额的现值时，首选承租人增量借款利率，无法确定时，采用租赁内含利率。（　）

11. 决定租金的因素包括设备原价及预计净残值，此处的设备原价及预计净残值包括设备买价、运输费、安装调试费、保险费、租赁公司为承租企业购置设备垫付资金所应支付的利息等，以及指设备租赁期满后，出售可得的市价。（　）

12. 企业吸收直接投资有时能够直接获得所需的设备和技术，及时形成生产能力。（　）

13. 对于吸收直接投资这种筹资方式，投资人可以用土地使用权出资。（　）

14. 企业采用吸收直接投资方式筹集资金时，最重要的出资形式是货币资产出资。（　）

15. 上市公司最近 3 年及一期财务报表被注册会计师出具带强调事项段的无保留意见审计报告的，所涉及的事项对发行人无重大不利影响或者在发行前重大不利影响已经消除，不符合公开发行股票所要求的财务状况条件。（　）

16. 财务类退市条件包括净利润指标、净资产和审计意见类型等。（　）

17. 普通股的优先认股权主要是作为增发普通股时的一种促销手段。（　）

18. 定向增发是一种主要的并购手段，特别是股权并购型定向增发，有利于集团企业整体上市，并同时减轻并购的现金流压力。（　）

19. 上网竞价发行是事先规定发行价格，再利用证券交易所交易系统来发行股票的发行方式，即主承销商利用交易系统，按已确定的发行价格向投资者发售股票。（　）

20. 上市公司再融资包括上市公开发行股票和非公开发行股票，前者是指上市公司向社会公众发售股票，后者是指配股和定向募集增发。（　）

21. 上市公开发行股票指股份有限公司已经上市后，通过证券交易所在证券市场上向原股东配售股票，是一种上市公司再融资手段。（　）

22. 留存收益在实质上属于股东对企业的追加投资，因此留存收益资金成本的计算也应像普通股筹资一样考虑筹资费用。（　）

23. 股权资本由于一般不用还本，形成了企业的永久性资本，因而财务风险小，但付出的资本成本相对较高。（　）

24. 相对于债务筹资成本，股权筹资成本较低，财务风险较高。（　）

25. 对于分离交易的可转换公司债券的募集，上市公司改变公告的募集资金用途的，不得赋予债券持有人回售的权利。（　）

26. 可转换债券的票面利率一般会低于普通债券的票面利率，但会高于同期银行存款利率。（　）

27. 对附有回售条款的可转换公司债券持有人而言，当标的公司股票价格在一段时间内连续低于转股价格达到一定幅度时，把债券卖回给债券发行人，将有利于保护自身的利益。（　）

28、如果公司增发普通股，则公司的优先股股东具有优先于普通股股东认购新股的权利。（　）

29. 优先股的优先权体现在剩余财产清偿分配顺序上居于债权人之前。（　）

30. 所有的上市公司均不得发行可转换为普通股的优先股。（　）

31. 非公开定向债务融资工具是指在银行间债券市场以非公开定向发行方式发行的债务融资工具，其发行价格存在流动性溢价，其利率比公开发行的同类债务利率低。（　）

四、计算分析题

1. B 企业采用租赁方式于 2×23 年 1 月 1 日从一租赁公司租入一台设备，设备价款为 60 000 元，租期为 7 年，双方商定的折现率为 12%。

    要求： 回答以下互不相关的问题。

    （1）若采用等额后付租金的方式，期满设备归承租企业所有，每期应支付多少租金？

    （2）若采用等额后付租金的方式，期满设备有残值 6 000 元，归出租人所有，每期应支付多少租金？

    （3）若采用等额后付租金的方式，期满设备有残值 6 000 元，归承租企业所有，每期应支付多少租金？

（4）若采用等额先付租金的方式，期满设备归承租企业所有，每期应支付多少租金？

（5）若采用等额先付租金的方式，期满设备有残值 6 000 元，归出租人所有，每期应支付多少租金？

2. 乙企业于 2×23 年 1 月 1 日从租赁公司租入一套机床设备，价值 60 万元，租期 6 年，租赁期满时预计残值 5 万元，归租赁公司。年利率 8%，租赁手续费率每年 2%，租金每年年末支付一次。

要求：计算每年租金并编制租金摊销计算表。

3. 甲公司 2×23 年初发行了面值 1 000 元的债券 10 000 张，债券期限 5 年，票面年利率为 2%（如果单独发行一般公司债券，票面利率需要设定为 6%），按年计息。同时每张债券的认购人获得公司派发的 10 份认股权证，该认股

权证为欧式认股权证，行权比例为 2∶1，行权价格为 8 元/股。认股权证存续期为 24 个月（即 2×23 年 1 月 1 日到 2×24 年的 1 月 1 日），行权期为认股权证存续期最后五个交易日（行权期间权证停止交易）。假定债券和认股权证发行当日即上市。公司 2×22 年末普通股总数为 30 亿股（当年未增资扩股），当年实现净利润 9 亿元。预计认股权证行权期截止前夕，每股认股权证价格为 1.5 元。

要求：

（1）计算 2023 年甲公司发行该附带认股权证债券相比一般债券可节约的利息为多少？

（2）2×23 年甲公司的基本每股收益为多少？

（3）为促使权证持有人行权，股价应达到的水平为多少？甲公司市盈率维持在 20 倍的水平，基本每股收益应达到多少？

（4）判断该债券属于哪种可转换债券，利用这种筹资方式，甲公司的筹资风险有哪些？

本章考点巩固练习题参考答案及解析

一、单项选择题

1.【答案】C

【解析】商业信用的形式包括应付账款、应付票据、预收账款和应计未付款。

2.【答案】A

【解析】直接筹资是企业直接与资金供应者协商融通资金的筹资活动。直接筹资方式主要有发行股票、发行债券、吸收直接投资等。直接筹资方式既可以筹集股权资金，也可以筹集债务资金。

3.【答案】B

【解析】支付性筹资动机，是指为了满足经营业务活动的正常波动所形成的支付需要而产生的筹资动机。在企业开展经营活动过程中，经常会出现超出维持正常经营活动资金需求的季节性、临时性的交易支付需要，如原材料购买的大额支付、员工工资的集中发放、

银行借款的偿还、股东股利的发放等。选项 B 正确。

4.【答案】D

【解析】在资金缺乏的情况下，租赁能迅速获得所需资产。大型企业的大型设备、工具等固定资产，也经常通过租赁方式解决巨额资金的需要，如商业航空公司的飞机，大多是通过租赁取得的。

5.【答案】B

【解析】银行借款筹资广泛适用于各类企业，有长期借款，也有短期借款。

6.【答案】A

【解析】本题考查的是长期借款的保护性条款。选项 B、C 均属于一般性保护条款，选项 D 属于特殊性保护条款。

7.【答案】D

【解析】银行借款筹资数额有限，而发行公司债券一次性筹资数额大，所以选择选项 D。

其他各选项均为发行公司债券的特点。

8.【答案】C

【解析】长期筹资的目的是形成和更新企业的生产和经营能力，扩大企业的生产经营规模，或为对外投资筹集资金。通常采用吸收直接筹资、发行股票、发行债券、长期借款、租赁等方式取得。

9.【答案】A

【解析】租赁的租金通常比发行债券所负担的利息高得多，因此租赁的资本成本高，而租金分期支付，能够避免一次性支付的负担，所以租赁的财务风险较小，发行债券的财务风险较大，选项A正确。选项B、C、D为租赁筹资的特点。

10.【答案】C

【解析】使用权资产应当按照成本进行初始计量。该成本包括在租赁期开始日或之前支付的租赁付款额，存在租赁激励的，扣除已享受的租赁激励相关金额，因此选项C不包括在内。

11.【答案】C

【解析】售后回租是指承租方由于急需资金等各种原因，将自己的资产售给出租方，然后以租赁的形式从出租方原封不动地租回资产的使用权。在这种租赁合同中，除资产所有者的名义改变之外，其余情况均无变化。

12.【答案】A

【解析】吸收直接投资的出资方式包括：（1）以货币资产出资。（2）以实物资产出资。（3）以土地使用权出资。（4）以知识产权出资。其中知识产权通常是指专有技术、商标权、专利权、非专利技术等无形资产。此外，国家相关法律法规对无形资产出资方式另有限制，股东或者发起人不得以劳务、信用、自然人姓名、商誉、特许经营权或者设定担保的财产等作价出资。（5）以特定债权出资。因此选项A不能够作为吸收直接投资的出资方式。

13.【答案】B

【解析】吸收直接投资的出资方式包括：（1）以货币资产出资。（2）以实物资产出

资。（3）以土地使用权出资。（4）以知识产权出资。其中知识产权通常是指专有技术、商标权、专利权、非专利技术等无形资产。此外，国家相关法律法规对无形资产出资方式另有限制，股东或者发起人不得以劳务、信用、自然人姓名、商誉、特许经营权或者设定担保的财产等作价出资。（5）以特定债权出资。因此选项B正确。

14.【答案】C

【解析】不公开直接发行股票的缺点是股票发行范围小，股票变现性差。

15.【答案】A

【解析】在股份有限公司的设立过程中，股份有限公司的发起人应当承担下列责任：（1）公司不能成立时，对设立行为所产生的债务和费用负连带责任；（2）公司不能成立时，对认股人已缴纳的股款，负返还股款并加算银行同期存款利息的连带责任；（3）在公司设立过程中，由于发起人的过失致使公司利益受到损害的，应当对公司承担赔偿责任。

16.【答案】B

【解析】选项A属于主板发行人首次公开发行股票财务与会计方面应当符合的条件，不属于基本条件；选项C属于主板发行人首次公开发行股票的相应条件；选项D属于创业板发行人首次公开发行股票的相应条件。

17.【答案】B

【解析】股票发行中引入战略投资者，对于战略投资者的要求包括：（1）要与公司经营业务联系紧密；（2）要出于长期投资目的而较长时期持有股票；（3）要具有相当的资金实力，且持股数量较多。所以选项B不正确。

18.【答案】D

【解析】上网竞价发行的发行人和主承销商以价格优先的原则确定发行价格并发行股票，具体来说，是按价格优先、同等价位时间优先原则决定认购成功者，选项D错误。

19.【答案】A

【解析】定向增发会改变公司的控制权分布，所以选项A不正确。

20.【答案】D

【解析】股票上市的目的主要包括：（1）便于筹措新资金；（2）促进股权流通和转让；（3）便于确定公司价值。但股票上市对公司也有不利影响的一面，主要有：上市成本较高，手续复杂严格；公司将负担较高的信息披露成本；信息公开的要求可能会暴露公司的商业机密；股价有时会歪曲公司的实际情况、影响公司声誉；可能会分散公司的控制权，造成管理上的困难。

21.【答案】A

【解析】最近一个会计年度经审计的净利润为负值且营业收入低于1亿元，或追溯重述后最近一个会计年度净利润为负值且营业收入低于1亿元才属于退市风险警示情形。

22.【答案】B

【解析】股票上市需要公司进行信息公开，这可能会暴露公司商业机密。

23.【答案】B

【解析】上市公司定向增发的优势在于：（1）有利于引入战略投资者和机构投资者；（2）有利于利用上市公司的市场化估值溢价，将母公司资产通过资本市场放大，从而提升母公司的资产价值；（3）定向增发是一种主要的并购手段，特别是资产并购型定向增发，有利于集团企业整体上市，并同时减轻并购的现金流压力。

24.【答案】B

【解析】留存收益筹资不会发生筹资费用，但是留存收益的资本成本率，表现为股东追加投资要求的报酬率，所以是有资本成本的，选项B错误。

25.【答案】D

【解析】利用留存收益的筹资特点有：（1）不用发生筹资费用；（2）维持公司的控制权分布；（3）筹资数额有限。所以选项A、B不正确，选项C为发行普通股股票的特点。企业从外界筹集长期资本，与普通股筹资相比较，留存收益筹资不需要发生筹资费用，资本成本较低。所以选项D正确。

26.【答案】B

【解析】回售条款是指债券持有人有权按照事先约定的价格将债券卖回给发债公司的条件规定。回售一般发生在公司股票价格在一段时期内连续低于转股价格达到某一幅度时。回售对于投资者而言实际上是一种卖权，有利于降低投资者的持券风险。选项A、D错误。转换比率为债券面值与转换价格之比，选项C错误。

27.【答案】D

【解析】回售条款可以降低投资者持有债券的风险，而不是赎回条款。

28.【答案】B

【解析】用认股权证购买普通股股票，其价格一般低于市价，因此股份公司发行认股权证可增加其所发行股票对投资者的吸引力。

29.【答案】D

【解析】由于优先股的股息率事先已作规定，因此优先股的股息一般不会根据公司经营情况而变化，而且优先股一般也不再参与公司普通股的利润分红。但优先股的固定股息率各年可以不同，另外，优先股也可以采用浮动股息率分配利润。公司章程中规定优先股采用固定股息率的，可以在优先股存续期内采取相同的固定股息率，或明确每年的固定股息率，各年度的股息率可以不同；公司章程中规定优先股采用浮动股息率的，应当明确优先股存续期内票面股息率的计算方法。

30.【答案】B

【解析】对于政府出资产业投资基金的认定需要符合4个条件：（1）中央、省级或计划单列市人民政府（含所属部门、直属机构）批复设立，且批复文件或其他文件中明确了政府出资的；政府认缴出资比例不低于基金总规模的10%，其中，党中央、国务院批准设立的，政府认缴出资比例不低于基金总规模的5%（选项B错误）。（2）符合《政府出资产业投资基金管理暂行办法》（发改财金规〔2016〕2800号）和《政府投资基金暂行管理办法》（财预〔2015〕210号）有关规定。（3）基金投向符合产业政策、投资政策等国家宏观管理政策。(4) 基金运作不涉及新增地方政府隐性债务。

二、多项选择题

1.【答案】BC
【解析】留存收益筹资和普通股筹资属于股权筹资，股权筹资可以降低财务风险；银行借款筹资和租赁筹资属于债务筹资，会提高财务风险。

2.【答案】ABD
【解析】长期筹资的目的是形成和更新企业的生产和经营能力，扩大企业的生产经营规模，或为对外投资筹集资金。通常采用吸收直接筹资、发行股票、发行债券、长期借款、租赁等方式取得。

3.【答案】ABCD
【解析】长期筹资的目的是形成和更新企业的生产和经营能力，扩大企业的生产经营规模，或为对外投资筹集资金，通常采用吸收直接筹资、发行股票、发行债券、长期借款、融资租赁等方式取得；短期筹资的目的主要是用于企业的流动资产和资金的日常周转，经常利用商业信用、短期借款、保理业务等方式筹集。

4.【答案】BC
【解析】间接筹资，是企业借助于银行和非银行金融机构而筹集资金。间接筹资的基本方式是银行借款，此外还有租赁等方式。

5.【答案】AC
【解析】永续债与普通债券的主要区别：(1) 不设定债券的到期日。(2) 票面利率较高。据统计，永续债的利率主要分布在5% ~ 9%，远远高于同期国债收益率。(3) 大多数永续债的附加条款中包括赎回条款以及利率调整条款。永续债实质是一种介于债权和股权之间的融资工具。永续债是分类为权益工具还是金融负债，应把"是否能够无条件避免交付现金或其他金融资产的合同义务"来作为判断永续债分类的关键，发行人能够无条件地避免交付现金或者其他金融资产合同义务情况发生的永续债属

于权益工具，结合永续债募集说明书条款，按照经济实质重于法律形式原则判断。因此，选项A、C正确。

6.【答案】ABC
【解析】发行公司债券筹资的特点包括：(1) 一次筹资数额大；(2) 募集资金的使用限制条件少；(3) 资本成本负担较高；(4) 提高公司的社会声誉。选项D说明资金使用的限制较多，所以是不正确的。

7.【答案】ABD
【解析】银行借款筹资的特点包括筹资速度快；资本成本较低；筹资弹性较大；限制条款多；筹资数额有限。所以选项C不正确。

8.【答案】AC
【解析】股权筹资无固定的到期日以及定期支付的股利，有利于降低公司财务风险，所以本题应选择选项A、C。

9.【答案】ABD
【解析】一般性保护条款是对企业资产的流动性及偿债能力等方面的要求条款，这类条款应用于大多数借款合同。主要包括：(1) 保持企业的资产流动性；(2) 限制企业非经营性支出；(3) 限制企业资本支出的规模；(4) 限制公司再举债规模；限制公司的长期投资。选项A属于"限制企业非经营性支出"要求，选项B属于"限制公司再举债规模"要求，选项D属于"保持企业的资产流动性"要求。特殊性保护条款是针对某些特殊情况而出现在部分借款合同中的条款，只有在特殊情况下才能生效。主要包括：(1) 要求公司的主要领导人购买人身保险；(2) 借款的用途不得改变；(3) 违约惩罚条款等。选项C属于特殊性保护条款的内容。

10.【答案】ABD
【解析】公开发行债券募集的资金，必须按照公司债券募集办法所列资金用途使用；改变资金用途，必须经债券持有人会议作出决议，公开发行债券筹措的资金，不得用于弥补亏损和非生产性支出。

11.【答案】BCD
【解析】租赁的基本特征包括：(1) 所有权

与使用权相分离；（2）融资与融物相结合；（3）租金的分期支付。

12. 【答案】BCD

【解析】吸收直接投资的优点包括能够尽快形成生产能力，容易进行信息沟通，手续相对比较简单，筹资费用较低；吸收直接投资的资本成本较高。所以选项 A 不正确。

13. 【答案】ABC

【解析】投资者可以用货币资产、实物资产、土地使用权、知识产权、特定债权出资，不包括劳务、信用、自然人姓名、商誉、特许经营权或者设定担保的财产。

14. 【答案】ABCD

【解析】对无形资产出资方式的限制，《公司法》规定，股东或者发起人不得以劳务、信用、自然人姓名、商誉、特许经营权或者设定担保的财产等作价出资。

15. 【答案】ABCD

【解析】股票上市的缺点包括：（1）上市成本较高，手续复杂严格；（2）公司将负担较高的信息披露成本；（3）暴露公司商业秘密；（4）股价有时会歪曲公司实际情况，影响公司声誉；（5）可能会分散公司的控制权，造成管理上的困难。

16. 【答案】AC

【解析】公司股票上市的目的是多方面的，主要包括：（1）便于筹措新资金。（2）促进股权流通和转让。（3）便于确定公司价值。选项 A、C 正确。股票上市后，公司将负担较高的信息披露成本，也可能会分散公司的控制权，造成管理上的困难。选项 B、D 错误。

17. 【答案】AC

【解析】本次发行的股份自发行结束之日起，6个月内不得转让；控股股东、实际控制人及其控制的企业认购的股份，18个月内不得转让，选项 B 错误。非公开发行股票的特定对象应当符合下列规定：（1）特定对象符合股东大会决议规定的条件；（2）发行对象不超过 35 名。发行对象为境外战略投资者的，应当遵守国家的相关规定，选项 D 错误。

18. 【答案】ABCD

【解析】上网定价发行与上网竞价发行的不同之处主要有两点：一是发行价格的确定方式不同，即定价发行方式是事先确定价格，而竞价发行方式是事先确定发行底价，由发行时竞价决定发行价；二是认购成功者的确认方式不同，即定价发行方式按抽签决定，竞价发行方式按价格优先、同等价位时间优先原则决定。

19. 【答案】ACD

【解析】对战略投资者的要求有：（1）要与公司经营业务联系紧密；（2）要出于长期投资目的而较长时期持有股票；（3）要具有相当的资金实力，且持股数量较多。

20. 【答案】ABC

【解析】上市公司发行股票，自中国证监会核准发行之日起，公司应在12个月内发行股票，超过12个月未发行的，核准失效，须经中国证监会重新核准后方可发行，选项 A 错误；发行人股东大会就本次发行股票作出决议，选项 B 错误；中国证监会的予以注册决定，自作出之日起一年内有效，发行人应当在注册决定有效期内发行股票，发行时点由发行人自主选择，选项 C 错误。

21. 【答案】CD

【解析】按证监会解释，战略投资者是指与发行人具有合作关系或合作意向和潜力，与发行公司业务联系紧密且欲长期持有发行公司股票的法人。个人独资企业和合伙制企业不是法人，不能成为战略投资者。

22. 【答案】AB

【解析】选项 C 应为：半数以上董事无法保证公司所披露最近一年年度报告的真实性、准确性和完整性，且未在法定期限内改正；选项 D 应为：公司披露的最近一个会计年度经审计的财务报告经审计的净利润为负值且营业收入低于 1 亿元。

23. 【答案】BD

【解析】与银行借款相比，发行股票筹资的资本成本较高。选项 A 错误。公开发行股票审批手续复杂严格，是要受到金融监管政策约束的。选项 C 错误。

24.【答案】ABC

【解析】本题考查的是留存收益的筹资方式。盈余公积金主要用于企业未来的经营发展，经投资者审议后也可用于转增股本（实收资本）和弥补公司经营亏损，因此选项A、B、C正确。

25.【答案】ABC

【解析】股权筹资没有固定的股息负担，没有到期日，对投资人而言风险较大，要求的报酬率较高，所以对筹资方而言资本成本比较高。

26.【答案】ABC

【解析】股权筹资的优点是：（1）是企业稳定的资本基础；（2）是企业良好的信誉基础；（3）财务风险小。股权筹资的缺点是：（1）资本成本负担较重；（2）容易分散公司的控制权；（3）信息沟通与披露成本较大。

27.【答案】AC

【解析】留存收益筹资属于权益筹资，其资本成本与普通股成本基本相同，所以选项A正确；留存收益筹资并没有增加新股东，不会分散公司的控制权，所以选项B不正确；留存收益筹资属于权益筹资，会降低公司的负债水平，所以选项C正确；留存收益筹资没有筹资费用，所以选项D不正确。

28.【答案】ABC

【解析】留存收益的筹资途径包括提取盈余公积和未分配利润。

29.【答案】BCD

【解析】根据规定，转股价格不低于募集说明书公告日前20个交易日该公司股票交易均价和前一个交易日的均价。因配股、增发、送股、派息、分立及其他原因引起上市公司股份变动的，应当同时调整转股价格，选项B、C错误。可转换债券的票面利率一般会低于普通债券的票面利率，有时甚至还低于同期银行存款利率。因为可转换债券的投资收益中，除了债券的利息收益外，还附加了股票买入期权的收益部分，选项D错误。

30.【答案】BCD

【解析】认股权证的筹资特点包括：（1）是一种融资促进工具；（2）有助于改善上市公司的治理结构；（3）作为激励机制的认股权证有利于推进上市公司的股权激励机制。存在股价大幅度上扬危险是可转换债券筹资的特点，所以选项A不正确。

31.【答案】BD

【解析】本题考查的是普通股与优先股的对比。优先股股东的优先权利主要表现在股利分配优先权和剩余财产分配优先权，选项A、C正确。选项B、D均为普通股股东优于优先股股东的权利。

32.【答案】AB

【解析】按照我国《优先股试点管理办法》的有关规定未向优先股股东足额派发股息的差额部分应当累积到下一个会计年度，选项C错误；优先股股东按照约定的股息率分配股息后，不再同普通股股东一起参加剩余利润分配，选项D错误。

33.【答案】CD

【解析】对于政府出资产业投资基金的认定需要符合4个条件：（1）中央、省级或计划单列市人民政府（含所属部门、直属机构）批复设立，且批复文件或其他文件中明确了政府出资的；政府认缴出资比例不低于基金总规模的10%（选项A错误），其中，党中央、国务院批准设立的，政府认缴出资比例不低于基金总规模的5%（选项B错误）。（2）符合《政府出资产业投资基金管理暂行办法》（发改财金规〔2016〕2800号）和《政府投资基金暂行管理办法》（财预〔2015〕210号）有关规定。（3）基金投向符合产业政策、投资政策等国家宏观管理政策。（4）基金运作不涉及新增地方政府隐性债务。

34.【答案】AB

【解析】中期票据发行机制灵活，中期票据发行采用注册制，一次注册通过后两年内可分次发行，选项A错误。融资额度大，企业申请发行中期票据，按规定发行额度最多可达企业净资产的40%，选项B错误。使用期限长，中期票据的发行期限在 1 年以上，一般为 3 ~ 5 年，最长可达 10 年，选项 C 正确。无须担保抵押，发行中期票据，主要依靠企业自身信用，无须担保和抵押，选项 D 正确。

三、判断题

1. 【答案】×
【解析】处于成长期的企业，内部筹资往往难以满足需要。这就需要企业广泛地开展外部筹资，如发行股票、债券，取得商业信用、银行借款等。

2. 【答案】×
【解析】发行股票没有到期期限，一般用来满足企业长期资金需求；短期融资需求一般采用短期借款、短期融资券、商业信用等短期融资方式。

3. 【答案】×
【解析】永续债实质上是一种介于债权和股权之间的筹资工具。

4. 【答案】×
【解析】永续债是分类为权益工具还是金融负债，应把"是否能无条件避免交付现金或其他金融资产的合同义务"作为判断永续债分类的关键，发行人能够无条件地避免交付现金或者其他金融资产合同义务情况发生的永续债属于权益工具，结合永续债募集说明书条款，按照经济实质重于法律形式原则判断。

5. 【答案】√
【解析】例行性保护条款作为例行常规，在大多数借款合同中都会出现。主要包括：（1）要求定期向提供贷款的金融机构提交财务报表；（2）不准在正常情况下出售较多的非产成品存货，以保持企业正常生产经营能力；（3）如期清偿应缴纳税金和其他到期债务，以防被罚款而造成不必要的现金流失；（4）不准以资产作其他承诺的担保或抵押；（5）不准贴现应收票据或出售应收账款，以避免或有负债等。

6. 【答案】×
【解析】一般性保护条款是对企业资产的流动

性及偿债能力等方面的要求条款，这类条款应用于大多数借款合同。

7. 【答案】×
【解析】与租赁等债务筹资方式相比，银行借款的程序相对简单，所花时间较短，公司可以迅速获得所需资金。

8. 【答案】√
【解析】当预测年利息率下降时，一般应提前赎回债券，需要资金时再按照较低的利率进行筹措。所以题目中的说法是正确的。

9. 【答案】√
【解析】如果一个公司在发行同一种债券的当时，就为不同编号或不同发行对象的债券规定了不同的到期日，这种债券就是到期分批偿还债券。

10. 【答案】×
【解析】在计算租赁付款额的现值时，首选租赁内含利率，无法确定时，采用承租人增量借款利率。

11. 【答案】×
【解析】决定租金的因素包括设备原价及预计净残值，此处的设备原价及预计净残值包括设备买价、运输费、安装调试费、保险费等，以及设备租赁期满后，出售可得的市价。

12. 【答案】√
【解析】吸收直接投资不仅可以取得一部分货币资金，而且能够直接获得所需的先进设备和技术，尽快形成生产经营能力。

13. 【答案】√
【解析】吸收直接投资的出资方式包括：货币资产出资、实物资产出资、土地使用权出资、知识产权出资、特定债权出资。

14. 【答案】√
【解析】吸收直接投资的出资方式有货币资产出资、实物出资、知识产权出资和土地使用权出资。其中，最重要的出资方式是货币资产出资。

15. 【答案】×
【解析】最近 3 年及一期财务报表未被注册会计师出具保留意见、否定意见或无法表示意见的审计报告；被注册会计师出具带强调事项段的无保留意见审计报告的，所涉及的事项对发行人无重大不利影响或者在发行前重大不利影响已经消除，符合"财务状况良好"的条件。

16.【答案】×

【解析】财务类退市条件包括净利润加营业收入的组合指标、净资产和审计意见类型等，单一的净利润指标不属于财务类退市条件。

17.【答案】×

【解析】普通股的优先认股权主要是为了维持原有股东的持股比例，保障其对公司的控制权。

18.【答案】×

【解析】定向增发是一种主要的并购手段，特别是资产并购型定向增发，有利于集团企业整体上市，并同时减轻并购的现金流压力。

19.【答案】×

【解析】上网竞价发行是发行人和主承销商利用证券交易所的交易系统，由主承销商作为新股的唯一卖方，以发行人宣布的发行底价为最低价，以新股实际发行量为总的卖出数，由投资者在指定的时间内竞价委托申购，发行人和主承销商以价格优先的原则确定发行价格并发行股票。题目中的表述是上网定价发行的含义。

20.【答案】×

【解析】上市公开发行股票包括上市公司向社会公众发售股票（增发），向原股东配售股票（配股）两种方式；非公开发行股票是指上市公司采用非公开方式向特定对象发行股票的行为，又叫定向募集增发。

21.【答案】×

【解析】上市公开发行股票是指股份有限公司已经上市后，通过证券交易所在证券市场上对社会公开发行股票。上市公司公开发行股票，包括上市公司向社会公众发售股票（增发）和向原股东配售股票（配股）两种方式。增发和配股，都是上市公司的再融资

手段。

22.【答案】×

【解析】留存收益是企业内部筹资，与普通股筹资相比较，留存收益筹资不需要发生筹资费用，资本成本较低。

23.【答案】√

【解析】股权筹资主要包括吸收直接投资、发行股票、利用留存收益。股权资本由于一般不用还本，形成了企业的永久性资本，因而财务风险小，但付出的资本成本相对较高。

24.【答案】×

【解析】相对于债权投资而言，股权投资风险较大，投资者要求的报酬较高，这部分报酬是筹资者支付的，所以对于筹资者而言资本成本较高；股权筹资没有到期日，没有固定的利息负担，所以财务风险较低。

25.【答案】×

【解析】分离交易的可转换公司债券募集说明书应当约定，上市公司改变公告的募集资金用途的，赋予债券持有人1次回售的权利。

26.【答案】×

【解析】可转换债券的票面利率一般会低于普通债券的票面利率，有时甚至还低于同期银行存款利率。

27.【答案】√

【解析】回售条款是指债券持有人有权按照事前约定的价格将债券卖回给发债公司的条件规定。回售一般发生在公司股票价格在一段时间内连续低于转股价格达到某一幅度时。回售对于投资者而言实际上是一种卖权，有利于降低投资者的持券风险。所以本题说法正确。

28.【答案】×

【解析】公司原有普通股股东拥有优先认购本公司增发股票的权利。

29.【答案】×

【解析】在剩余财产方面，优先股清偿顺序先于普通股而次于债权人，一旦公司清算，剩余财产先分给债权人，再分给优先股股

东，最后分给普通股股东。

30.【答案】×

【解析】上市公司不得发行可转换为普通股的优先股，但商业银行可根据商业银行资本监管规定，非公开发行触发事件发生时强制转换为普通股的优先股，并遵守有关规定。

31.【答案】×

【解析】因非公开定向债务融资工具流通性的限制，与公开发行债务融资工具相比存在着一定的流动性溢价，即定向工具的利率比公开发行的同类债券利率要高。

四、计算分析题

1.【答案】

（1）$60\,000 = A \times (P/A, 12\%, 7)$

$A = 60\,000/4.5638 = 13\,146.94$（元）

（2）$60\,000 - 6\,000 \times (P/F, 12\%, 7) = A \times (P/A, 12\%, 7)$

$A = (60\,000 - 2\,713.8)/4.5638 = 12\,552.30$（元）

（3）因为设备的残值归承租人所有，那么残值的多少与出租人无关，需要通过租金予以补偿的仍然是 60\,000 元，所以每年支付的租金与（1）相同，仍然是 13\,146.94（元）。

（4）$60\,000 = A \times (P/A, 12\%, 7) \times (1 + 12\%)$

$A = 60\,000/5.1115 = 11\,738.24$（元）

（5）$60\,000 - 6\,000 \times (P/F, 12\%, 7) = A \times (P/A, 12\%, 7) \times (1 + 12\%)$

$A = (60\,000 - 2\,713.8)/5.1115 = 11\,207.32$（元）

2.【答案】

$600\,000 - 50\,000 \times (P/F, 10\%, 6) =$ 每年租金 $\times (P/A, 10\%, 6)$

每年租金 $= [600\,000 - 50\,000 \times (P/F, 10\%, 6)]/(P/A, 10\%, 6) = 131\,283$（元）

编制租金摊销计划表如表 4－32 所示。

表 4－32 　　　　　　　　　　　租金摊销计划表 　　　　　　　　　　单位：元

年份（年初）	期初本金①	支付租金②	应计租费 ③＝①×10%	本金偿还额 ④＝②－③	本金余额 ⑤＝①－④
2×23	600 000	131 283	60 000	71 283	528 717
2×24	528 717	131 283	52 872	78 411	450 306
2×25	450 306	131 283	45 031	86 252	364 054
2×26	364 054	131 283	36 405	94 878	269 176
2×27	269 176	131 283	26 918	104 365	164 811
2×28	164 811	131 283	16 481	114 802	50 009
合计		787 698	237 707	549 991	50 009

注：50 009 为到期残值，9 为计算误差。

3.【答案】

（1）2×23 年可节约的利息 $= 1\,000 \times 10\,000 \times (6\% - 2\%) = 400\,000$（元）

（2）基本每股收益 $= 9/30 = 0.3$（元/股）

（3）为促使权证持有人行权，股价 $= 8 + 1.5 \times 2 = 11$（元）

每股收益 = 市价/市盈率 $= 11/20 = 0.55$（元）

（4）该债券属于可分离交易的可转换债券，这类债券发行时附有认股权证，是认股权证和公司债券的组合，又被称为可分离的附认股权证的公司债券。利用这种筹资方式公司面临的风险首先是仍然需要还本付息（利息虽然低但仍有固定的利息负担），其次是如果未来股票价格低于行权价格，认股权证持有人不会行权，公司就无法完成股票发行计划，无法筹集到相应资金。

第四章

第五章 筹资管理（下）

考情分析

本章为重点章，主要介绍资金需要量预测、资本成本、杠杆效应以及资本结构等。本章主观题和客观题都可能出现且以主观题为主，特别是与其他章节如投资管理、财务分析与评价等合并考综合题。历年考题分数在 13 分左右。

教材变化

2024 年本章教材内容无实质性变化。

考点提示

本章需要考生掌握：资金需要量预测的方法，资本成本的计算，金融工具的估值方法，经营杠杆、财务杠杆和总杠杆的原理及其杠杆系数的测算方法，资本结构理论、资本结构优化的分析方法；熟悉：资本成本的含义、作用及其影响因素，项目资本成本的计算，影响资本结构的因素；了解：双重股权结构。

本章考点框架

```
                        ┌ 因素分析法
          资金需要量预测 ┤ 销售百分比法
                        └ 资金习性预测法

                        ┌ 资本成本概述
                        │ 个别资本成本
          资本成本        │ 平均资本成本、边际资本成本
                        │ 项目资本成本
                        └ 金融工具的估值
筹资管理（下）
                        ┌ 经营杠杆效应
          杠杆效应        ┤ 财务杠杆效应
                        └ 总杠杆效应

                        ┌ 资本结构概述
          资本结构        │ 影响资本结构的因素
                        │ 资本结构优化
                        └ 双重股权结构
```

考点解读及例题点津

第一单元　资金需要量预测

1 因素分析法

一、考点解读

（一）含义

因素分析法是以有关项目基期年度的平均资金需要量为基础，根据预测年度的生产经营任务和资金周转加速的要求，来预测资金需要量的一种方法。

（二）优缺点

优点是计算简便，容易掌握；缺点是预测结果不太精确。

（三）适用

通常用于品种繁多、规格复杂、资金用量较小的项目。

（四）计算公式

资金需要量 =（基期资金平均占用额 - 不合理资金占用额）×（1 + 预测期销售增长率）÷（1 + 预测期资金周转速度增长率）

二、例题点津

【例题1·单选题】某企业采用因素分析法预测资金需要量，已知2×23年资金平均占用额为6 400万元，其中不合理资金占用额为400万元，预计2×24年销售增长10%，资金周转速度提高3%，则今年资金需要量为（　　）万元。

A. 7 257.73　　　　B. 6 798

C. 6 407.77　　　　D. 6 828.8

【答案】C

【解析】2×24年资金需要量 =（基期资金平均占用额 - 不合理资金占用额）×（1 + 预测期销售增长率）÷（1 + 预测期资金周转速度增长率）=（6 400 - 400）×（1 + 10%）÷（1 + 3%）=

6 407.77（万元）。

【例题2·单选题】下列关于因素分析法的表述中，不正确的是（　　）。

A. 因素分析法要以有关项目基期年度的年末资金需要量为基础计算

B. 预测结果不太精确

C. 通常用于品种繁多、规格复杂、资金用量较小的项目

D. 计算简便，容易掌握

【答案】A

【解析】因素分析法是以有关项目基期年度的平均资金需要量为基础，根据预测年度的生产经营任务和资金周转加速的要求，进行分析调整，来预测资金需要量的一种方法。

2 销售百分比法

一、考点解读

（一）含义

销售百分比法是根据销售增长与资产增长之间的关系，预测未来资金需要量的方法。

（二）前提条件

某些资产和负债与销售收入之间存在稳定的百分比关系。

（三）基本步骤

（1）确定随销售额变动而变动的资产和负债项目；

（2）确定有关项目与销售额的稳定比例关系；

（3）确定需要增加的筹资数量；

（4）确定内部留存收益；

（5）确定外部融资需求。

（四）计算公式

外部融资需求量 $= \dfrac{A}{S_1} \times \Delta S - \dfrac{B}{S_1} \times \Delta S - P \times E \times S_2$

（五）优点

能为筹资管理提供短期预计的财务报表，以适应外部筹资的需要，且易于使用。

（六）缺点

有关因素发生变动的情况下，必须相应地调整原有的销售百分比。

提示 经营性资产与经营性负债的差额通常与销售额保持稳定的比例关系。经营性资产项目包括库存现金、应收账款、存货等项目；经营性负债项目包括应付票据、应付账款等项目，不包括短期借款、短期融资券、长期负债等筹资性负债。

二、例题点津

【例题1·单选题】某公司敏感性资产和敏感性负债占销售额的比重分别为50%和10%，并保持稳定不变。2×20年销售额为1 000万元，预计2×21年销售额增长20%，销售净利率为10%，利润留存率为30%。不考虑其他因素，则根据销售百分比法，2×21年的外部融资需求量为（　　）万元。

A. 80　　　　　　　B. 64

C. 44　　　　　　　D. 74

【答案】C

【解析】2×21年的外部融资需求量=1 000×20%×50%-1 000×20%×10%-1 000×（1+20%）×10%×30%=100-20-36=44（万元）。

【例题2·判断题】使用销售百分比法预测资金需求量时，要求资产负债表中所有资产和负债项目均与销售额之间存在稳定的比例关系。（　　）

【答案】×

【解析】销售百分比法，是假设敏感资产和敏感负债与销售额存在稳定的百分比关系。

【例题3·计算分析题】某公司2×23年的实际销售收入为1 500万元，利润总额为45万元，所得税税率为25%，留存收益为13.5万元。

2×23年该企业资产负债表及其变动项目与销售额的比率见表5-1。

表5-1

资产	金额（万元）	销售百分比（%）	负债和所有者权益	金额（万元）	销售百分比（%）
现金	15	1	应付票据	19.5	1.3
应收账款	240	16.0	应付账款	255	17

续表

资产	金额（万元）	销售百分比（％）	负债和所有者权益	金额（万元）	销售百分比（％）
存货	255	17	短期借款	50	
预付费用	1		长期负债	5.5	
固定资产净值	27	1.8	负债合计	330	18.3
			实收资本	25	
			留存收益	183	
资产合计	538	35.8	负债和所有者权益合计	538	

要求：

（1）若 2×24 年预计销售收入为 1 800 万元，销售净利率和留存收益比率与上年保持一致，则 2×24 年需要从外部追加多少资金？

（2）若 2×24 年所需从外部追加的资金全部采用增加长期负债的方式来解决，要求编制 2×24 年的预计资产负债表。

【答案】

（1）经营资产的销售百分比 = 35.8%

经营负债的销售百分比 = 18.3%

2×24 年销售收入增加额 = 1 800 - 1 500 = 300（万元）

2×23 年净利润 = 45 × (1 - 25%) = 33.75（万元）

2×23 年销售净利率 = 33.75/1 500 = 2.25%

2×23 年留存收益比率 = 13.5/33.75 = 40%

2×24 年外部融资需求量 = 300 × 35.8% - 300 × 18.3% - 1 800 × 2.25% × 40% = 36.3（万元）

（2）2×24 年预计资产负债表如表 5 - 2 所示。

表 5 - 2　　　　　　　　　　　　单位：万元

资产	金额	负债和所有者权益	金额
现金	1 800 × 1% = 18	应付票据	1 800 × 1.3% = 23.4
应收账款	1 800 × 16% = 288	应付账款	1 800 × 17% = 306
存货	1 800 × 17% = 306	短期借款	50
预付费用	1	长期负债	5.5 + 36.3 = 41.8
固定资产净值	1 800 × 1.8% = 32.4	负债合计	421.2
		实收资本	25
		留存收益	183 + 1 800 × 2.25% × 40% = 199.2
资产合计	645.4	负债和所有者权益合计	645.4

【例题 4 · 计算分析题】甲公司 2×23 年实现销售收入为 100 000 万元，净利润为 5 000 万元，利润留存率为 20%。该公司 2×23 年 12 月 31 日的资产负债表如表 5 - 3 所示。

表 5 - 3　　　　　　　　　　　　单位：万元

资产	期末余额	负债和所有者权益	期末余额
货币资金	1 500	应付账款	3 000
应收账款	3 500	长期借款	4 000
存货	5 000	实收资本	8 000
固定资产	11 000	留存收益	6 000
资产合计	21 000	负债和所有者权益合计	21 000

第五章

公司预计 2×24 年销售收入比上年增长 20%，假定经营性资产和经营性负债与销售收入保持稳定的百分比关系。其他项目不随着销售收入的变化而变化，同时假设销售净利润率与利润留存率保持不变，公司采用销售百分比法预测资金需要量。

要求：

（1）计算 2×24 年预计经营性资产增加额；

（2）计算 2×24 年预计经营性负债增加额；

（3）计算 2×24 年预计留存收益增加额；

（4）计算 2×24 年预计外部融资需要量。

【答案】

（1）2×24 年预计经营性资产增加额 =（1 500 + 3 500 + 5 000）×20% = 2 000（万元）

（2）2×24 年预计经营性负债增加额 = 3 000 ×20% = 600（万元）

（3）2×24 年预计留存收益增加额 = 100 000 ×（1 + 20%）× 5 000/100 000 ×20% = 1 200（万元）

（4）2×24 年预计外部融资需要量 = 2 000 − 600 − 1 200 = 200（万元）

3 资金习性预测法

一、考点解读

（一）含义

资金习性预测法是指根据资金习性预测未来资金需要量的一种方法。所谓资金习性，是指**资金的变动**同**产销量变动**之间的依存关系。

（二）资金的分类（见表 5 – 4）

1. 不变资金

不变资金指在一定的产销量范围内，不受产销量变动的影响而保持**固定不变**的那部分资金。

2. 变动资金

变动资金指随产销量的变动而**同比例**变动的那部分资金。

3. 半变动资金

半变动资金指虽然受产销量变化的影响，但不呈同比例变动的资金。半变动资金可采用一定的方法划分为**不变资金**和**变动资金**两部分。

表 5 – 4

分类	含义	内容
不变资金	在一定的产销量范围内，不受产销量变动的影响而保持固定不变的那部分资金	为**维持营业**而占用的**最低数额**的现金，原材料的保险储备，必要的成品储备，厂房、机器设备等固定资产占用的资金
变动资金	随产销量的变动而**同比例**变动的那部分资金	直接构成产品实体的原材料、外购件等占用的资金，在最低储备以外的现金、存货、应收账款等也具有变动资金的性质
半变动资金	虽然受产销量变化的影响，但不呈同比例变动的资金	**辅助材料**上占用的资金

（三）总资金直线方程

设产销量为自变量 X，资金占用为因变量 Y，它们之间的关系可用下式表示：

$$Y = a + bX$$

式中，a 为不变资金；b 为单位产销量所需变动资金。

（四）估计参数 a 和 b 的方法

1. 回归直线分析法

可联立下面二元一次方程组求出 a 和 b：

$$\begin{cases} \sum y = na + b\sum x \\ \sum xy = a\sum x + b\sum x^2 \end{cases}$$

解上述二元一次方程组，可得：

$$a = \frac{\sum X^2 \cdot \sum Y - \sum X \cdot \sum XY}{n\sum X^2 - (\sum X)^2}$$

$$b = \frac{n\sum XY - \sum X \cdot \sum Y}{n\sum X^2 - (\sum X)^2}$$

运用线性回归法必须注意以下问题：

（1）资金需要量与营业业务量之间**线性关系**的假定应符合实际情况。

（2）确定 a、b 数值，应利用连续若干年的历史资料，一般要有**三年以上**的资料。

（3）应考虑价格等因素的变动情况。

2. 高低点法

$b=$（最高收入期资金占用量－最低收入期资金占用量）/（最高销售收入－最低销售收入）

$a=$ 最高收入期资金占用量－$b×$最高销售收入

或　$=$ 最低收入期资金占用量－$b×$最低销售收入

（五）资金习性预测法的具体方法

1. 根据资金占用总额与产销量的关系预测

根据历史上企业资金占用总额与产销量之间的关系，把资金分为不变和变动两部分，然后结合预计的销售量来预测资金需要量。

2. 采用逐项分析法预测

这种方法是根据各资金占用项目（如现金、存货、应收账款、固定资产）同产销量之间的关系，把各项目的资金都分成变动和不变两部分，然后汇总在一起，求出企业变动资金总额和不变资金总额，进而来预测资金需求量。

二、例题点津

【例题1·单选题】下列各项中，属于不变资金的是（　　）。

A. 原材料的保险储备

B. 辅助材料上占用的资金

C. 外购件占用的资金

D. 直接构成产品实体的原材料

【答案】A

【解析】直接构成产品实体的原材料（选项D）、外购件（选项C）等占用的资金属于变动资金，在最低储备以外的现金、存货、应收账款等也具有变动资金的性质。为维持营业而占用的最低数额的现金，原材料的保险储备（选项A），必要的成品储备，厂房、机器设备等固定资产占用的资金属于不变资金，选项B属于半变动资金。

【例题2·单选题】某公司 $2×20\sim2×23$ 年度销售收入和资金占用的历史数据（单位：万元）分别为（800，15）、（760，17）、（1 000，20）、（1 100，18），运用高低点法分离资金占用中的不变资金与变动资金时，应采用的两组数据是（　　）。

A. (760，17) 和 (1 000，20)

B. (760，17) 和 (1 100，18)

C. (800，15) 和 (1 000，20)

D. (800，15) 和 (1 100，18)

【答案】B

【解析】采用高低点法来计算现金占用项目中不变资金和变动资金的数额，应该采用销售收入的最大值和最小值作为最高点和最低点，故应该选择（760，17）和（1 100，18），选项B正确。

【例题3·判断题】根据各资金占用项目和资金来源项目同产销量之间的关系，将各项目资金都分成变动资金和不变资金两部分，然后汇总在一起，进而预测资金需要量的方法是采用资金占用总额与产销量的关系预测。（　　）

【答案】×

【解析】根据各资金占用项目和资金来源项目同产销量之间的关系，将各项目的资金都分成变动资金和不变资金两部分，然后汇总在一起，进而来预测资金需要量的方法是逐项分析法。

第二单元　资 本 成 本

1 资本成本概述

一、考点解读

（一）资本成本的含义（见表5-5）

资本成本是指企业为筹集和使用（或占用）资本而付出的代价，包括筹资费用和用资费用。

表5-5

项目	筹资费用	用资费用
概念	企业在资本筹措过程中为获取资本而付出的代价	企业在资本使用过程中因占用资本而付出的代价

续表

项目	筹资费用	用资费用
特点	通常在资本筹集时**一次性发生**，在资本使用过程中不再发生，视为筹资数额的一项扣除	因占用他人资金而必须支付的，是资本成本的**主要内容**
包括的内容	向银行支付的借款**手续费**，因发行股票、公司债券而支付的**发行费**等	向银行等债权人支付的**利息**，向股东支付的**股利**等

提示 第四章也有关于资本成本含义的描述，为避免重复，相关内容一并在此叙述。

（二）资本成本的作用

（1）是比较筹资方式、选择筹资方案的**依据**；

（2）是衡量**资本结构**是否合理的依据；

（3）是评价投资项目**可行性**的主要标准；

（4）是评价企业整体**业绩**的重要依据。

（三）资本成本的影响因素（见表5-6）

表5-6

影响因素	影响方向
总体经济环境	如果国民经济保持健康、稳定、持续增长，整个社会经济的资金供给和需求相对均衡且通货膨胀水平低，资本成本相应较低；反之，则资本成本高
资本市场条件	如果资本市场缺乏效率，证券的市场流动性低，投资者投资风险大，资本成本就比较高
企业经营和融资状况	如果企业经营风险高，财务风险大，则企业总体风险水平高，投资者要求的必要收益率大，企业筹资的资本成本相应就大
企业对筹资规模和时限的需求	企业一次性需要筹集的资金规模大、占用资金时限长，资本成本就高

二、例题点津

【例题1·单选题】资本成本包括筹资费用与用资费用，下列各项中，属于用资费用的是（　）。

A. 向股东支付的股利

B. 债券发行的宣传费用

C. 向银行支付的借款手续费

D. 股票发行的承销费用

【答案】A

【解析】用资费用是指企业在资本使用过程中因占用资本而付出的代价，如向银行等债权人支付的利息，向股东支付的股利（选项A）等，选项B、C、D属于筹资费用。

【例题2·单选题】关于资本成本，下列说法错误的是（　）。

A. 资本成本是衡量资本结构是否合理的重要依据

B. 资本成本一般是投资所应获得收益的最低要求

C. 资本成本是取得资本所有权所付出的代价

D. 资本成本是比较筹资方式、选择筹资方案的依据

【答案】C

【解析】资本成本的作用有：（1）比较筹资方式、选择筹资方案；（2）衡量资本结构是否合理；（3）评价投资项目可行性；（4）评价企业整体业绩，选项A、B、D正确；资本成本是取得资本使用权所付出的代价，选项C错误。

【例题3·多选题】下列各项中，通常会导致企业资本成本增加的有（　）。

A. 通货膨胀加剧

B. 投资风险上升

C. 经济持续过热

D. 证券市场流动性增强

【答案】ABC

【解析】如果国民经济不景气或者经济过热，通货膨胀持续居高不下，投资者投资风险大，必要收益率高，筹资的资本成本就高。选项A、B、C均会导致企业资本成本增加。选项D，

证券市场流动性增强，投资者投资风险小，资本成本会降低。

2 个别资本成本

一、考点解读

（一）个别资本成本的计算模式（见表5-7）

表5-7

基本模式	适用条件	计算公式
一般模式	资本成本的计算通常用该模式，不考虑时间价值	资本成本率 $=\dfrac{\text{年资金用资费用}}{\text{筹资总额}-\text{筹资费用}}$ $=\dfrac{\text{年资金用资费用}}{\text{筹资总额}\times(1-\text{筹资费用率})}$
折现模式	对于金额大、时间超过一年的长期资本，更为准确的资本成本计算方式是采用折现模式	由：筹资净额现值－未来资本清偿额现金流量现值=0 得：资本成本率=所采用的折现率

（二）银行借款资本成本率

$$K_b = \frac{\text{年利率}\times(1-\text{所得税税率})}{1-\text{手续费率}} = \frac{i(1-T)}{1-f}$$

（三）公司债券资本成本率

$$K_b = \frac{\text{面值总额}\times\text{票面年利率}\times(1-\text{所得税税率})}{\text{债券筹资总额}\times(1-\text{筹资费率})}$$

$$= \frac{\text{年利息}\times(1-\text{所得税税率})}{\text{债券筹资总额}\times(1-\text{筹资费用率})} = \frac{I(1-T)}{L(1-f)}$$

提示 （1）债券面值总额和筹资总额不一定能抵销掉；

（2）可以将债券面值和债券发行价直接代入债券面值总额和筹资总额。

（四）优先股的资本成本率

$$K_s = \frac{\text{优先股年固定股息}}{\text{优先股发行价格}\times(1-\text{筹资费用率})}$$

$$= \frac{D}{P_n(1-f)}$$

（五）普通股资本成本率

1. 股利增长模型法

假定资本市场有效，股票市场价格与价值相等。假定某股票本期支付的股利为 D_0，未来各期股利按 g 速度永续增长。目前股票市场价格为 P_0，则普通股资本成本率为：

$$K_s = \frac{D_0(1+g)}{P_0(1-f)} + g = \frac{D_1}{P_0(1-f)} + g$$

2. 资本资产定价模型法

假定资本市场有效，股票市场价格与价值相等。假定无风险报酬率为 R_f，市场平均报酬率为 R_m，某股票贝塔系数为 β，则普通股资本成本率为：

$$K_s = R_s = R_f + \beta(R_m - R_f)$$

（六）留存收益资本成本率

留存收益的资本成本率，表现为股东追加投资要求的报酬率，其计算与普通股资本成本相同，也分为股利增长模型法和资本资产定价模型法，不同点在于它不考虑筹资费用。

二、例题点津

【例题1·单选题】某公司普通股的 β 系数为1.2，市场组合收益率为12%，无风险收益率为4%，依据资本资产定价模型，该普通股的资本成本率为（　　）。

A. 12.8%　　　　B. 9.6%

C. 13.6%　　　　D. 14.4%

【答案】C

【解析】根据资本资产定价模型，普通股的资本成本率 $= R_f + \beta(R_m - R_f) = 4\% + 1.2 \times (12\% - 4\%) = 13.6\%$。

【例题2·单选题】某公司取得5年期长期借款200万元，年利率8%，每年付息一次，到期一次还本，筹资费用率为0.5%，企业所得税税率为25%。不考虑货币时间价值，该借款的资本成本率为（　　）。

A. 6.03%　　　　B. 7.5%

C. 6.5%　　　　　D. 8.5%

【答案】A

【解析】资本成本率=年利率×（1－所得税税率）/（1－手续费率）=8%×（1－25%）/（1－

0.5%）＝6.03%。

【例题3·单选题】某公司发行债券的面值为100元，期限为5年，票面利率为8%，每年付息一次，到期一次还本，发行价格为90元，发行费用为发行价格的5%，企业所得税税率为25%。采用不考虑时间价值的一般模式计算的该债券的资本成本率为（　　）。

A. 8%　　　　　　　B. 6%

C. 7.02%　　　　　D. 6.67%

【答案】C

【解析】债券实际利率＝［面值×票面利率×（1－所得税税率）］/［债券筹资总额×（1－手续费率）］＝100×8%×（1－25%）/［90×（1－5%）］＝7.02%。

【例题4·单选题】某公司发行优先股，面值总额为8 000万元，年股息率为8%，股息不可税前抵扣。发行价格为10 000万元，发行费用占发行价格的2%，则该优先股的资本成本率为（　　）。

A. 8.16%　　　　　B. 6.4%

C. 8%　　　　　　　D. 6.53%

【答案】D

【解析】优先股的资本成本率＝股息/到手本金＝8 000×8%/［10 000×（1－2%）］＝6.53%。

【例题5·单选题】某公司发行普通股的筹资费率为6%，当前股价为10元/股，本期已支付的现金股利为2元/股，未来各期股利按2%的速度持续增长。则该公司留存收益的资本成本率为（　　）。

A. 23.70%　　　　B. 22.4%

C. 21.2%　　　　　D. 20.4%

【答案】B

【解析】留存收益的资本成本率＝$D_1/P_0 + g$＝［2×（1＋2%）］/10＋2%＝22.4%。

【例题6·多选题】计算优先股资本成本，需要考虑（　　）。

A. 企业所得税税率

B. 优先股的发行费用

C. 优先股发行价格

D. 优先股股息支付方式

【答案】BCD

【解析】优先股股息不可以抵税，选项A不用考虑；如果各期股利相等，优先股资本成本率＝固定股息/［发行价格×（1－筹资费率）］；如果是浮动股息率优先股，其资本成本率只能按照贴现模式计算，需要考虑股息的现金流量分布，选项B、C、D都需要考虑。

3 平均资本成本、边际资本成本

一、考点解读

（一）平均资本成本的含义和公式

1. 含义

平均资本成本指分别以各种资本成本为基础，以各种资本占全部资本的比重为**权重**计算出来的综合资本成本。

2. 公式

平均资本成本＝$\sum$（某种资本占总资本的比重×该种资本的成本）

（二）平均资本成本权数的选取（见表5－8）

表5－8

权数种类	优点	缺点
账面价值权数	资料**容易取得**，且计算结果比较**稳定**	不能反映目前从资本市场上筹集资本的现时机会成本，**不适合评价现时的资本结构**
市场价值权数	能够反映**现时**的资本成本水平	现行市价处于经常变动之中，不容易取得；而且现行市价反映的只是现时的资本结构，**不适用未来的筹资决策**
目标价值权数	能体现期望的资本结构，据此计算的加权平均资本成本更**适用于企业筹措新资金**	很难客观合理地确定目标价值

（三）边际资本成本

边际资本成本是企业追加筹资的成本。计算边际资本成本的权数采用**目标价值权数**。

二、例题点津

【例题1·单选题】边际资本成本采用加权平均法计算，其权数为（　　）。

A. 账面价值权数

B. 公允价值权数

C. 目标价值权数

D. 市场价值权数

【答案】C

【解析】边际资本成本采用加权平均法计算，进行筹资方案组合时，边际资本成本的权数采用目标价值权数。

【例题2·多选题】下列关于平均资本成本权数的说法中，正确的有（　　）。

A. 账面价值权数不适合评价现时的资本结构

B. 市场价值权数不适合评价现时的资本结构

C. 市场价值权数不适用未来的筹资决策

D. 目标价值权数能体现期望的资本结构

【答案】ACD

【解析】账面价值权数资料容易取得，且计算结果比较稳定不能反映目前从资本市场上筹集资本的现时机会成本，不适合评价现时的资本结构，选项A正确；市场价值权数能够反映现时的资本成本水平，但现行市价处于经常变动之中，不容易取得，而且现行市价反映的只是现时的资本结构，不适用未来的筹资决策，选项B错误，选项C正确；目标价值权数能体现期望的资本结构，据此计算的加权平均资本成本更适用于企业筹措新资金，选项D正确。

【例题3·计算分析题】甲公司适用的企业所得税税率为25%，计划追加筹资20 000万元，方案如下：向银行取得长期借款3 000万元，借款年利率为4.8%，每年付息一次；发行面值为

5 600万元，发行价格为6 000万元的公司债券，票面利率为6%，每年付息一次；增发普通股11 000万元，假定资本市场有效，当前无风险收益率为4%，市场平均收益率为10%，甲公司普通股的β系数为1.5，不考虑筹资费用、货币时间价值等其他因素。

要求：

（1）计算长期借款的资本成本率。

（2）计算发行债券的资本成本率。

（3）利用资本资产定价模型，计算普通股的资本成本率。

（4）计算追加筹资方案的平均资本成本。

【答案】

（1）长期借款的资本成本率 = 4.8% × (1 − 25%) = 3.6%

（2）发行债券的资本成本率 = 5 600 × 6% × (1 − 25%)/6 000 = 4.2%

（3）普通股的资本成本率 = 4% + 1.5 × (10% − 4%) = 13%

（4）追加筹资方案的平均资本成本 = 3.6% × 3 000/20 000 + 4.2% × 6 000/20 000 + 13% × 11 000/20 000 = 8.95%

4 项目资本成本

一、考点解读

（一）含义

项目资本成本，是指项目本身所需投资资本的机会成本，即将资本用于本项目投资所放弃的其他投资机会的收益。项目资本成本 = 投资项目资本成本 = 项目最低可接受的报酬率。

不同投资项目的风险不同，其高低取决于投资的具体项目和其筹资来源结构。

（二）估计方法（见表5-9）

表5-9

类别	内容	
项目	使用企业当前综合资本成本作为投资项目资本成本	运用可比公司法估计投资项目资本成本

续表

类别	内容	
条件	项目的风险=企业当前资产的平均风险；公司继续采用相同的资本结构为项目筹资	当经营风险假设或资本结构不变假设明显不成立时
步骤	—	(1) 卸载可比公司财务杠杆。 $\beta_{资产}=\beta_{权益}\div[1+(1-T)\times(负债/权益)]$ (2) 加载待估计的投资项目财务杠杆。 $\beta_{权益}=\beta_{资产}\times[1+(1-T)\times(负债/权益)]$ (3) 根据得出的投资项目$\beta_{权益}$计算股东权益成本。 投资项目股东权益成本采用资本资产定价模型计算。 (4) 计算投资项目的资本成本。 综合资本成本=负债利率×(1-税率)×负债/资本+股东权益成本×股东权益/资本

二、例题点津

【例题1·计算分析题】某互联网公司计划投资一个房地产项目A，预计该项目债务资金占40%，债务资金年利率为6%。房地产上市公司代表企业为B公司，$\beta_{权益}$为0.875，债务/权益为1/1，企业所得税税率为25%。假设无风险报酬率为6%，市场组合的平均报酬率为16%。

要求：计算投资项目A的资本成本。

【答案】

投资项目A的资本成本的计算：

(1) 将B公司$\beta_{权益}$转换为$\beta_{资产}$：

$\beta_{资产}=0.875\div[1+(1-25\%)\times1/1]=0.5$

(2) 将$\beta_{资产}$转换为项目A的$\beta_{权益}$：

$\beta_{权益}(A项目)=0.5\times[1+(1-25\%)\times0.4/0.6]=0.75$

(3) 根据$\beta_{权益}$计算A项目的股东权益成本：

股东权益成本$=6\%+0.75\times(16\%-6\%)=13.5\%$

(4) 计算A项目的资本成本：

A项目的资本成本$=6\%\times(1-25\%)\times40/100+13.5\%\times60/100=9.9\%$

5 金融工具的估值

一、考点解读

(一) 估值的意义

债券和股票是最常见的有价证券。当企业发行债券和股票时，无论筹资者还是投资者都需要对该种证券进行估值，从而决定以何种价格发行或购买证券比较合理。

(二) 估值方法 (见表5-10)

表5-10

类别		内容
债券的估值	典型债券的估值方法	$V=I/(1+i)^1+I/(1+i)^2+\cdots+I/(1+i)^n+M/(1+i)^n$ 式中，V为债券价值；I为每年的利息；M为面值；i为贴现率，一般采用当时的市场利率或投资人要求的最低（必要）报酬率；n为债券到期期限
	纯贴现债券的估值方法	$V=M/(1+i)^n$
	永续债券的估值方法	$V=I/i$

续表

类别	内 容		
普通股的估值	基本模型	股东永远持有股票(只获得股利)	$V = D_1/(1+R)^1 + D_2/(1+R)^2 + \cdots + D_n/(1+R)^n = \sum_{t=1}^{n} D_t/(1+R)^t$ 式中，V 为股票的价值；D_t 为第 t 年的股利；R 为贴现率，一般采用该股票的资本成本率或投资该股票的必要报酬率；t 为年份
		短期持有、准备出售（预期的股利和出售价款）	$V = \sum_{t=1}^{n} D_t/(1+R)^t + V_n/(1+R)^n$ 式中，V_n 为未来准备出售时预计的股票价格
	零成长股票的估值		$V = D/R$ 式中，V 为股票的价值；D 为每年的股利
	固定成长股票的估值		$V = \sum_{t=1}^{n} D_0 \times (1+g)^t/(1+R)^t$ 上式可简化为： $V = D_0 \times (1+g)/(R-g) = D_1/(R-g)$ 式中，D_0 为今年的股利，D_1 为下一年的股利，g 为股利每年的增长率
优先股的估值	$V = D_p/R$ 式中，V 为优先股股的价值；D_p 为每年的股息；R 一般采用该股票的资本成本率或投资该股票的必要报酬率		

【提示】（1）债券的基本要素主要包括：

①债券面值。债券面值是指债券的票面价值，是发行人对债券持有人在债券到期后应偿还的本金数额，也是发行人向债券持有人按期支付利息的计算依据。发行价格大于面值称为溢价发行，小于面值称为折价发行，等价发行称为平价发行。

②期限。期限是指债券发行日至到期日之间的时间间隔。

③票面利率。票面利率是指债券利息与债券面值的比率，是发行人承诺以后一定时期支付给债券持有人报酬的计算标准。

（2）当优先股存续期内采用固定股利率时，每期股息就形成了无限期的年金，即永续年金。

二、例题点津

【例题1·单选题】A 企业计划购买 B 公司发行的股票，预计必要报酬率为 10%、每年每股股利为 1 元，则该股票的价值为（　　）元。

A. 1　　　　　　B. 10

C. 100　　　　　D. 1 000

【答案】B

【解析】股票未来股利不变，每股为 1 元，其支付过程是一个永续年金，该股票为零成长股票，$V = D/R = 1 \div 10\% = 10$（元）。

【例题2·单选题】C 公司股票为固定成长股票，年增长率为 5%，其必要报酬率为 15%，股票现在发放的股利为每股 10 元，则该股票的价值为（　　）元。

A. 10　　　　　　B. 70

C. 100　　　　　D. 105

【答案】D

【解析】该股票为固定成长股票，$V = D_0 \times (1+g)/(R-g) = 10 \times (1+5\%)/(15\% - 5\%) = 105$（元）。

【例题3·多选题】下列关于债券的说法中正确的有（　　）。

A. 债券的面值 = 实际的发行价格

B. 票面利率 = 债券利息 ÷ 债券面值

C. 债券面值是发行人对债券持有人在债券到期后应偿还的本息数额

D. 票面利率是发行人承诺以后一定时期支付给债券持有人报酬的计算标准

【答案】BD

【解析】债券的面值与债券实际的发行价格并不一定是一致的，发行价格大于面值称为溢价发行，小于面值称为折价发行，等价发行称为平价发行，选项 A 错误；债券面值是指债券的票面价值，是发行人对债券持有人在债券到期后应偿还的本金数额，也是发行人向债券持有人按期支付利息的计算依据，选项 C 错误。

第三单元　杠杆效应

1 经营杠杆效应

一、考点解读

（一）经营杠杆的含义

由于固定性经营成本的存在而导致的息税前利润变化率大于产销业务量变化率的杠杆效应，叫作经营杠杆。

（二）经营杠杆系数

经营杠杆系数（DOL），是息税前利润变动率相当于产销业务量变动率的倍数。

（三）与经营杠杆相关的概念

$M = S - V = PQ - V_cQ = (P - V_c)Q = mQ$

$EBIT = S - V - F = (P - V_c)Q - F = M - F$

式中，EBIT 为息税前利润；S 为销售额；V 为变动性经营成本；F 为固定性经营成本；Q 为产销业务量；P 为销售单价；V_c 为单位变动成本；m 为单位边际贡献；M 为边际贡献。

（四）经营杠杆系数计算公式

$$DOL = \frac{\Delta EBIT/EBIT_0}{\Delta Q/Q_0}$$

上式整理，经营杠杆系数的计算也可以简化为：

$$DOL = \frac{(P - V_c)Q_0}{(P - V_c)Q_0 - F_0} = \frac{M_0}{EBIT_0} = \frac{M_0}{M_0 - F_0} =$$

$$\frac{EBIT_0 + F_0}{EBIT_0} = 1 + \frac{F_0}{EBIT_0}$$

（五）经营杠杆与经营风险（见表 5-11）

表 5-11

类别	内容
经营杠杆存在前提	（1）只要企业存在固定性经营成本，就存在经营杠杆效应。 （2）如果不存在固定经营成本时，所有成本都是变动性经营成本，边际贡献等于息税前利润，此时息税前利润变动率与产销业务量的变动率完全一致。也就是说，此时没有经营杠杆效应，但并不说明不存在经营风险
经营杠杆与经营风险的关系	（1）经营杠杆系数越高，表明资产报酬等利润指标波动程度越大，经营风险也就越大。 （2）经营杠杆本身并不是资产报酬不确定的根源。经营杠杆只是放大了市场和生产等因素变化对利润波动的影响
引起企业经营风险的主要原因	市场需求和生产成本等因素的不确定性
影响经营杠杆的因素	（1）影响经营杠杆的因素包括：企业成本结构中的固定成本比重；息税前利润水平。其中，息税前利润水平又受产品销售数量、销售价格、成本水平（单位变动成本和固定成本总额）高低的影响。 （2）固定成本比重越高、成本水平越高、产品销售数量和销售价格水平越低，经营杠杆效应越大，反之则相反。 （3）在其他因素不变的情况下，若单价上升、产销业务量上升，经营杠杆系数变小，经营风险变小；若单位变动成本上升、固定成本上升，经营杠杆系数变大，经营风险变大

类别	内容
经营杠杆系数大小	在企业不发生经营性亏损、息税前利润为正的前提下，经营杠杆系数最低为1，不会为负数；只要有固定性经营成本存在，经营杠杆系数总是**大于1**

续表

二、例题点津

【例题1·单选题】若企业基期固定性经营成本为200万元，基期息税前利润为300万元，则经营杠杆系数为（　　）。

A. 2.5　　　　　　B. 1.67

C. 1.5　　　　　　D. 0.67

【答案】B

【解析】经营杠杆系数＝基期边际贡献/基期息税前利润＝(200＋300)/300＝1.67。

【例题2·多选题】下列各项中，影响经营杠杆的因素有（　　）。

A. 债务利息　　　　B. 销售量

C. 所得税　　　　　D. 固定性经营成本

【答案】BD

【解析】经营杠杆系数＝边际贡献/息税前利润，息税前利润＝边际贡献－固定经营成本＝(单价－单位变动成本)×销售量－固定经营成本，所以选项B、D正确。选项A、C影响财务杠杆，不影响经营杠杆。

【例题3·多选题】关于经营杠杆，下列表述正确的有（　　）。

A. 经营杠杆反映了资产收益的波动性，可用于评价企业的经营风险

B. 只要企业存在固定性资本成本，就存在经营杠杆效应

C. 经营杠杆放大了市场和生产等因素变化对利润波动的影响

D. 经营杠杆本身并不是造成企业资产收益不确定的根源

【答案】ACD

【解析】只要企业存在**固定性经营成本**，就存在经营杠杆效应。只要企业存在固定性资本成本，就存在财务杠杆效应。选项B错误。

2 财务杠杆效应

一、考点解读

（一）财务杠杆含义

财务杠杆指由于固定性资本成本的存在，而使**普通股收益**（或每股收益）**变动率**大于**息税前利润变动率**的杠杆效应。

（二）财务杠杆系数

财务杠杆系数（DFL），是普通股每股收益变动率相当于息税前利润变动率的**倍数**。

（三）与财务杠杆相关的概念

$$TE＝(EBIT－I)(I－T)－D$$

$$EPS＝[(EBIT－I)(I－T)－D]/N$$

式中，TE为普通股盈余；EPS为每股盈余；I为债务资本利息；T为所得税税率；N为普通股股数。

（四）财务杠杆系数计算公式

$$DFL＝\frac{\Delta EPS/EPS_0}{\Delta EBIT/EBIT_0}$$

在**不存在优先股股息**的情况下，上式经整理，财务杠杆系数的计算也可以简化为：

$$DFL＝\frac{EBIT_0}{EBIT_0－I_0}$$

在**存在优先股股息**的情况下，上式经整理，财务杠杆系数的计算也可以简化为：

$$DFL＝\frac{EBIT_0}{EBIT_0－I_0－\dfrac{D_P}{1－T}}$$

（五）财务杠杆与财务风险的关系（见表5－12）

表5－12

类别	内容
财务杠杆的存在前提	**只要**企业融资方式中存在固定性资本成本，**就**存在财务杠杆效应
财务杠杆与财务风险的关系	财务杠杆系数越**高**，表明普通股收益的波动程度越**大**，财务风险也就越**大**

续表

类别	内容
引起企业财务风险的主要原因	资产报酬的不利变化和资本成本的固定负担。由于财务杠杆的作用，当企业的息税前利润下降时，企业仍然需要支付固定的资本成本，导致普通股剩余收益以更快的速度下降
影响财务杠杆的因素	(1) 企业资本结构中的债务资金比重；普通股盈余水平；所得税税率水平。其中，普通股收益水平又受息税前利润、固定性资本成本高低的影响。 (2) 债务成本比重越高、固定的资本成本支付额越高、息税前利润水平越低，财务杠杆效应越大；反之则相反
若企业没有固定性资本成本的存在	DFL 为 1，此时企业只面临经营风险，不面临财务风险
在全部资金的收益率超过负债资金的利息率时	加大负债的比重，会使 DFL 变大，财务风险变大，但期望的 EPS 也变大
在全部资金的收益率低于负债资金的利息率时	加大负债的比重，会使 DFL 变大，财务风险变大，但期望的 EPS 变小
在其他条件不变的情况下	如果提高负债的利息率，会使 DFL 变大，财务风险变大，但期望的 EPS 变小

二、例题点津

【例题1·单选题】下列各项中，影响财务杠杆系数的因素不包括（   ）。

A. 商业信用

B. 利息费用

C. 产品边际贡献总额

D. 固定经营成本

【答案】A

【解析】由 $DFL = EBIT_0/(EBIT_0 - I_0)$ 可以看出，边际贡献总额、固定经营成本、利息费用

均影响财务杠杆系数。商业信用属于无息负债，不影响财务杠杆系数。

【例题2·单选题】某公司 2×23 年普通股收益为 100 万元，2×24 年息税前利润预计增长 20%，假设财务杠杆系数为 3，则 2×24 年普通股收益预计为（   ）万元。

A. 300   B. 120

C. 100   D. 160

【答案】D

【解析】财务杠杆系数＝普通股收益变动率/息税前利润变动率，普通股收益增长率＝ 20% × 3 ＝ 60%。2×24 年普通股收益＝ 100 × (1 + 60%) ＝ 160（万元）。

【例题3·多选题】不考虑其他因素的影响，若公司的财务杠杆系数变大，下列表述正确的有（   ）。

A. 产销量的增长将引起息税前利润更大幅度的增长

B. 息税前利润的下降将引起每股收益更大幅度的下降

C. 表明公司盈利能力下降

D. 表明公司财务风险增大

【答案】BD

【解析】经营杠杆，是指由于固定性经营成本的存在，而使得企业的资产收益（息税前利润）变动率大于业务量变动率的现象，因此产销量的增长将引起息税前利润更大幅度的增长，选项 A 错误。财务杠杆，是指由于固定性资本成本的存在，而使得企业的普通股收益（或每股收益）变动率大于息税前利润变动率的现象，因此息税前利润的下降将引起每股收益更大幅度的下降，选项 B 正确。财务杠杆反映了权益资本收益的波动性，财务杠杆系数越大，普通股收益的变动率越大于息税前利润的变动率，若息税前利润上升，会引起普通股收益更大幅度的上升，若息税前利润下降，会引起普通股收益更大幅度的下降，但不一定表明公司盈利能力下降，选项 C 错误。财务杠杆系数变大，财务风险增大，选项 D 正确。

3 总杠杆效应

一、考点解读

（一）总杠杆的含义

总杠杆指由于固定经营成本和固定资本成本的存在，导致普通股每股收益变动率大于产销业务量的变动率的现象。

（二）总杠杆系数

总杠杆系数是指普通股每股收益变动率相当于产销业务量变动率的倍数。

（三）总杠杆系数计算公式

$$DTL = \frac{\Delta EPS/EPS}{\Delta Q/Q} = DOL \times DFL$$

$$= \frac{M_0}{M_0 - F_0 - I_0 - \frac{D_P}{1-T}}$$

（四）总杠杆与公司风险

1. 总杠杆效应的意义

（1）能够说明产销业务量变动对普通股收益的影响，据以预测未来的每股收益水平。

（2）揭示了财务管理的风险管理策略，即若要保持一定的风险状况水平，则需要维持一定的总杠杆系数，经营杠杆和财务杠杆可以有不同的组合。

2. 不同类型企业的杠杆系数特点（见表5-13）

表5-13

企业类型	杠杆系数特点
固定资产比重较大的资本密集型企业	经营杠杆系数高，经营风险大，企业筹资主要依靠权益资本，以保持较小的总杠杆系数和财务风险
变动成本比重较大的劳动密集型企业	经营杠杆系数低，经营风险小，企业筹资主要依靠债务资本，保持较大的总杠杆系数和财务风险

3. 企业处在不同发展阶段时的杠杆系数（见表5-14）

表5-14

发展阶段	杠杆系数特点	筹资特点
初创阶段	产品市场占有率低，产销业务量小，经营杠杆系数大	企业筹资主要依靠权益资本，在较低程度上使用财务杠杆
扩张成熟期	产品市场占有率高，产销业务量大，经营杠杆系数小	企业资本结构中可扩大债务资本，在较高程度上使用财务杠杆

二、例题点津

【例题1·单选题】某公司年营业收入为500万元，变动成本率为40%，经营杠杆系数为1.5，财务杠杆系数为2。如果固定成本增加50万元，那么，总杠杆系数将变为（　）。

A. 6　　　　　　B. 3
C. 4　　　　　　D. 8

【答案】A

【解析】边际贡献=500×（1-40%）=300（万元）。经营杠杆系数为1.5，原息税前利润=300÷1.5=200（万元），所以原固定成本=300-200=100（万元）。财务杠杆为2，所以利息为100万元。固定成本增加50万元以后，息税前利润变成了300-（100+50）=150（万元）。经营杠杆系数变成了300/150=2。财务杠杆系数变成了150/（150-100）=3，所以总杠杆系数=2×3=6。

【例题2·多选题】下列各项中，会使总杠杆系数变大的有（　）。

A. 单价提高　　　B. 优先股股息提高
C. 普通股股息提高　D. 长期借款利率提高

【答案】BD

【解析】单价提高会使经营杠杆系数变小，从而会使总杠杆系数变小；普通股股息提高对总杠杆系数没有影响；优先股股息提高和长期借款利率提高会提高财务杠杆系数，从而会使总杠杆系数提高。

【例题3·计算分析题】甲公司是一家制造业股份有限公司，生产销售A产品，产销平衡。2×23年度销售量为100 000件，单价为0.9万元/件，单位变动成本为0.5万元/件，固定成本总额为30 000万元。2×23年度的利息费用为2 000万元。公司预计2×24年产销量将增长5%，假设单价、单位变动成本与固定成本总额保持稳定不变。

要求：

（1）计算2×23年度的息税前利润。

（2）以2×23年为基期，计算下列指标：①经营杠杆系数；②财务杠杆系数；③总杠杆系数。

（3）计算2×24年下列指标：①预计息税前利润；②预计每股收益增长率。

【答案】

（1）2×23年度的息税前利润 = (0.9 - 0.5) × 100 000 - 30 000 = 10 000（万元）

（2）①经营杠杆系数 = (0.9 - 0.5) × 100 000/10 000 = 4

②财务杠杆系数 = 10 000/(10 000 - 2 000) = 1.25

③总杠杆系数 = 4 × 1.25 = 5

（3）①预计息税前利润增长率 = 5% × 4 = 20%

预计息税前利润 = 10 000 × (1 + 20%) = 12 000（万元）

②预计每股收益增长率 = 5% × 5 = 25%。

【例题4·计算分析题】甲公司是一家上市公司，该公司2×22年末资产总计为10 000万元，其中负债合计为2 000万元。该公司适用的所得税税率为25%。相关资料如下：

资料一：预计甲公司净利润持续增长，股利也随之相应增长。相关资料如表5-15所示。

表5-15　　　甲公司相关资料

2×22年末股票每股市价	8.75元
2×22年股票的β系数	1.25
2×22年无风险收益率	4%
2×22年市场组合的收益率	10%
预计股利年增长率	6.5%
预计2×23年每股现金股利（D_1）	0.5元

资料二：甲公司认为2×22年的资本结构不合理，准备发行债券募集资金用于投资，并利用自有资金回购相应价值的股票，优化资本结构，降低资本成本。假设发行债券不考虑筹资费用，且债券的市场价值等于其面值，股票回购后该公司总资产账面价值不变，经测算，不同资本结构下的债务利率和运用资本资产定价模型确定的权益资本成本如表5-16所示。

表5-16　　　　　　　不同资本结构下的债务利率与权益资本成本

方案	负债（万元）	债务利率	税后债务资本成本	按资本资产定价模型确定的权益资本成本	以账面价值为权重确定的平均资本成本
原资本结构	2 000	(A)	4.5%	×	(C)
新资本结构	4 000	7%	(B)	13%	(D)

注：×表示省略的数据。

要求：

（1）根据资料一，利用资本资产定价模型计算甲公司股东要求的必要收益率；

（2）根据资料一，利用股票估价模型，计算甲公司2×22年末股票的内在价值；

（3）根据上述计算结果，判断投资者2×21年末是否应该以当时的市场价格买入甲公司股票，并说明理由；

（4）确定表5-16中英文字母代表的数值；

（5）根据（4）的计算结果，判断这两种资本结构中哪种资本结构较优，并说明理由；

（6）预计2×23年甲公司的息税前利润为1 400万元，假设2×23年该公司选择债务为4 000万元的资本结构，2×24年的经营杠杆系数（DOL）为2，计算该公司2×24年的财务杠杆系数（DFL）和总杠杆系数（DTL）。

【答案】

（1）必要收益率 = 4% + 1.25 × （10% − 4%） = 11.5%

（2）股票内在价值 = 0.5/（11.5% − 6.5%） = 10（元）

（3）由于内在价值10元高于市价8.75元，所以投资者应该购入该股票。

（4）A = 4.5%/（1 − 25%） = 6%

B = 7% × （1 − 25%） = 5.25%

C = 4.5% × （2 000/10 000） + 11.5% ×

（8 000/10 000） = 10.1%

D = 5.25% × （4 000/10 000） + 13% × （6 000/10 000） = 9.9%

（5）新资本结构更优，因为新资本结构下的加权平均资本成本更低。

（6）2×23年的税前利润 = 1 400 − 4 000 × 7% = 1 120（万元）

2×24年财务杠杆系数（DFL） = 2×23年息税前利润/2×23年税前利润 = 1 400/1 120 = 1.25

2×24年总杠杆系数（DTL） = 经营杠杆系数 × 财务杠杆系数 = 2 × 1.25 = 2.5

第四单元　资本结构

1 资本结构概述

一、考点解读

（一）资本结构的含义

广义的资本结构是指全部债务与股东权益的构成比例；狭义的资本结构则是指长期负债与股东权益的构成比例。本书所指的资本结构，是指狭义的资本结构。

资本结构问题实际上也就是债务资本的比例问题。评价企业资本结构最佳状态的标准应该是既能够提高股权收益或降低资本成本，又能控制财务风险，最终目的是提升企业价值。

从理论上讲，最佳资本结构是存在的，但在实践中，目标资本结构通常是企业结合自身实际进行适度负债经营所确立的资本结构，是根据满意化原则确定的资本结构。

（二）资本结构理论（见表5−17）

表5−17

资本结构理论		内容
MM理论	不考虑企业所得税	有无负债不改变企业的价值，企业价值不受资本结构的影响。而且，有负债企业的股权成本会随着负债程度的增大而增大

续表

资本结构理论		内容
MM理论	考虑所得税（修正的MM理论）	企业可利用财务杠杆增加企业价值，因负债利息避税利益，企业价值会随着资产负债率的增加而增加
权衡理论		有负债企业的价值等于无负债企业的价值加上税赋节约现值，再减去财务困境成本的现值
代理理论		债权筹资有很强的激励作用，并将债务视为一种担保机制。均衡的企业所有权结构是由股权代理成本和债务代理成本之间的平衡关系来决定的
优序融资理论		优序融资理论以非对称信息条件以及交易成本的存在为前提，该理论认为企业外部融资要多支付各种成本，使得投资者可以从企业资本结构的选择来判断企业市场价值。当需要进行外部融资时，债务筹资优于股权筹资。从成熟的证券市场来看，企业的筹资优序模式首先是内部筹资，其次是借款、发行债券、可转换债券，最后是发行新股筹资

二、例题点津

【例题1·单选题】 根据资本结构理论，评价公司资本结构达到最佳状态的标准是（　　）。

A. 边际收益等于边际成本

B. 平均资本成本最低、企业价值最大

C. 财务风险最小

D. 每股收益最大

【答案】 B

【解析】 所谓最佳资本结构，是指在一定条件下使企业平均资本成本率最低、企业价值最大的资本结构。

【例题2·单选题】 下列资本结构理论中，认为资本结构不影响企业价值的是（　　）。

A. 最初的 MM 理论

B. 修正的 MM 理论

C. 权衡理论

D. 代理理论

【答案】 A

【解析】 最初的 MM 理论认为，不考虑企业所得税，企业价值不受资本结构的影响，选项 A 正确；修正的 MM 理论需要考虑企业所得税，由于利息抵税，企业价值会随着负债的增加而增加，选项 B 错误；权衡理论是在修正 MM 理论基础上，考虑利息抵税收益和财务困境成本存在的前提下，资本结构如何影响企业市场价值；代理理论认为，企业资本结构会影响经理人员的工作水平和其他行为选择，从而影响企业未来现金收入和企业市场价值，选项 C、D 错误。

【例题3·多选题】 下列关于资本结构理论的说法中正确的有（　　）。

A. MM 理论认为，有负债企业的股权成本随着负债程度的增大而减小

B. 修正的 MM 理论认为企业可利用财务杠杆增加企业价值，因负债利息避税利益，企业价值会随着资产负债率的增加而增加

C. 权衡理论认为，有负债企业的价值等于无负债企业价值加上税赋节约现值，再减去财务困境成本的现值

D. 代理理论认为，债务筹资有很强的激励作用，并将债务视为一种担保机制

【答案】 BCD

【解析】 MM 理论认为，不考虑企业所得税，有无负债不改变企业的价值。因此企业价值不受资本结构的影响。而且，有负债企业的股权成本会随着负债程度的增大而增大，选项 A 错误。

【例题4·多选题】 下列各项中，不属于修正的 MM 理论观点的有（　　）。

A. 企业有无负债均不改变企业价值

B. 企业负债有助于降低两权分离所带来的代理成本

C. 企业可以利用财务杠杆增加企业价值

D. 财务困境成本会降低有负债企业的价值

【答案】 ABD

【解析】 选项 A 属于不考虑企业所得税的 MM 理论观点；选项 B，关于代理成本，在代理理论中提及，均衡的企业所有权结构是由股权代理成本和债务代理成本之间的平衡关系来决定的；选项 D，关于财务困境，在权衡理论中提及，有负债企业的价值等于无负债企业的价值加上税赋节约现值，再减去财务困境成本的现值。

2　影响资本结构的因素

一、考点解读（见表 5-18）

表 5-18

企业经营状况的稳定性和成长率	（1）如果产销业务稳定，企业可较多地负担固定的财务费用，反之则相反。 （2）如果产销业务量能够以较高的水平增长，企业可以采用高负债的资本结构，以提升权益资本的报酬，反之则相反
企业财务状况和信用等级	企业财务状况良好，企业容易获得债务资本，反之则相反
企业资产结构	（1）拥有大量固定资产的企业主要通过发行股票融通资金。 （2）拥有较多流动资产的企业更多地依赖流动负债融通资金。 （3）资产适用于抵押贷款的企业负债较多。 （4）以技术研发为主的企业则负债较少

续表

企业投资人和管理当局的态度	（1）如果所有者害怕风险，可采用股权筹资；如果害怕分散控制权，可采用债务筹资。 （2）经营者对未来乐观，敢于冒险，则会多负债；反之则相反
行业特征和企业发展周期	（1）行业特征： 产品市场稳定的**成熟**行业经营风险低，可**多负债**；高新技术企业经营风险高，可尽量少负债。 （2）企业发展周期： 企业**初创**阶段经营风险高，可**少用负债**；企业发展**成熟**阶段经营风险低，可**增加债务比重**；企业**收缩**阶段，产品市场占有率下降，经营风险逐步加大，**应降低债务资本比重**，保证经营现金流量能够偿付到期债务
经济环境的税务政策和货币政策	（1）税务政策： 当所得税率较高时，债务资本的**抵税作用大**，企业应充分利用这种作用以提高企业价值。 （2）货币政策： 当国家执行了紧缩的货币政策时，市场利率较高，企业债务资本成本增大

二、例题点津

【例题1·单选题】 出于优化资本结构和控制风险的考虑，比较而言，下列企业中最不适宜采用高负债资本结构的是（　　）。

A. 电力企业　　　B. 高新技术企业

C. 汽车制造企业　　D. 餐饮服务企业

【答案】 B

【解析】 不同行业资本结构差异很大。高新技术企业产品、技术、市场尚不成熟，经营风险高，因此可降低债务资本比重，控制财务杠杆风险。所以选项B正确。

【例题2·判断题】 如果产销业务量增长较快，企业应当采用低负债的资本结构，反之则相反。（　　）

【答案】 ×

【解析】 如果产销业务量能够以较高的水平增长，企业可以采用高负债的资本结构，以提升权益资本的报酬；反之则相反。

3 资本结构优化

一、考点解读

资本结构优化，要求企业权衡负债的低资本成本和高财务风险的关系，确定合理的资本结构。

（一）每股收益分析法（见表5-19）

表5-19

方法原理	是利用每股收益的无差别点进行的。所谓每股收益无差别点，是指每股收益不受融资方式影响的息税前利润水平或业务量水平。根据每股收益无差别点，可以分析判断在什么样的息税前利润水平下适于采用何种**资本结构**
每股收益无差别点计算公式	$$\frac{(\overline{EBIT}-I_1)(1-T)-DP_1}{N_1}=\frac{(\overline{EBIT}-I_2)(1-T)-DP_2}{N_2}$$
缺点	只考虑了资本结构对每股收益的影响，并假定每股收益越大股票价格也越高，把**资本结构对风险的影响**置于视野之外，是不全面的

（二）平均资本成本比较法

平均资本成本比较法，是通过计算和比较各种可能的筹资组合方案的平均资本成本，选择**平均资本成本率最低**的方案。能够降低平均资本成本的资本结构，则是合理的资本结构。这种方法侧重于从资本投入的角度对筹资方案和资本结构进行优化分析。

（三）公司价值分析法

该种方法是在考虑市场风险基础上，以公司市场价值为标准，进行资本结构优化。即能够**提升公司价值**的资本结构，则是合理的资本结构。这种方法主要用于对现有资本结构进行调整，适用于**资本规模较大**的上市公司资本结构优化分析。同时，在公司价值最大的资本结构下，公司的平均资本成本率也是最低的。

设：V 表示公司价值，B 表示债务资本价值，S 表示权益资本价值。公司价值应该等于资本的市场价值，即：

$$V = S + B$$

为简化分析，假设公司各期的 EBIT 保持不变，债务资本的市场价值等于其面值，权益资本的市场价值可通过下式计算：

$$S = \frac{(EBIT - I) \cdot (1 - T)}{K_s}$$

且：$K_s = R_s = R_f + \beta(R_m - R_f)$

此时：$K_w = K_b \times \dfrac{B}{V} + K_s \times \dfrac{S}{V}$

二、例题点津

【例题 1·单选题】甲公司因扩大经营规模需要筹集长期资本，有发行长期债券、发行优先股、发行普通股三种筹资方式可供选择。经过测算，发行长期债券与发行普通股的每股收益无差别点为 120 万元，发行优先股与发行普通股的每股收益无差别点为 180 万元。如果采用每股收益无差别点法进行筹资方式决策，下列说法中，正确的是（　　）。

A. 当预期的息税前利润为 100 万元时，甲公司应当选择发行长期债券

B. 当预期的息税前利润为 150 万元时，甲公司应当选择发行普通股

C. 当预期的息税前利润为 180 万元时，甲公司可以选择发行普通股或发行优先股

D. 当预期的息税前利润为 200 万元时，甲公司应当选择发行长期债券

【答案】D

【解析】发行长期债券、发行优先股和发行普通股三种筹资方式存在两个每股收益无差别点，即发行长期债券与发行普通股的每股收益无差别点和发行优先股与发行普通股的每股收益无差别点，发行长期债券与发行优先股不存在每股收益无差别点，原因是发行长期债券的每股收益直线与发行优先股的每股收益直线是平行的，发行长期债券的每股收益永远大于发行优先股的每股收益，因此，在决策时只需要考虑发行长期债券与发行普通股的每股收益无差别点 120 万元，当预期追加筹资后的息税前利润大于 120 万元时，甲公司应当选择发行长期债券；当预期追加筹资后的息税前利润小于 120 万元时，甲公司应当选择发行普通股。

【例题 2·计算分析题】乙公司是一家上市公司，适用的企业所得税税率为 25%，2×23 年息税前利润为 900 万元，预计未来年度保持不变。为简化计算，假定净利润全部分配，债务资本的市场价值等于其账面价值，确定债务资本成本时不考虑筹资费用。证券市场平均收益率为 12%，无风险收益率为 4%，两种不同的债务水平下的税前利率和 β 系数如表 5-20 所示。公司价值和平均资本成本如表 5-21 所示。

表 5-20　不同债务水平下的税前利率和 β 系数

债务账面价值（万元）	税前利率（%）	β 系数
1 000	6	1.25
1 500	8	1.50

表 5-21　　公司价值和平均资本成本

债务市场价值（万元）	股票市场价值（万元）	公司总价值（万元）	税后债务资本成本	权益资本成本	平均资本成本
1 000	4 500	5 500	(A)	(B)	(C)
1 500	(D)	(E)	×	16%	13.09%

注：×表示省略的数据。

要求：

（1）确定表 5-21 中英文字母代表的数值。

（2）依据公司价值分析法，确定上述两种债务水平的资本结构哪种更优，并说明理由。

【答案】

（1）英文字母代表的数值见表 5-22。

表 5－22　　　　　　　　　　公司价值和平均资本成本

债务市场价值（万元）	股票市场价值（万元）	公司总价值（万元）	税后债务资本成本	权益资本成本	平均资本成本
1 000	4 500	5 500	A＝4.5%	B＝14%	C＝12.27%
1 500	D＝3 656.25	E＝5 156.25	×	16%	13.09%

A＝6%×（1－25%）＝4.5%

B＝4%＋1.25×（12%－4%）＝14%

C＝4.5%×（1 000/5 500）＋14%×（4 500/5 500）＝12.27%

D＝（900－1 500×8%）×（1－25%）/16%＝3 656.25（万元）

E＝1 500＋3 656.25＝5 156.25（万元）

（2）债务市场价值为 1 000 万元时的资本结构更优。理由是债务市场价值为 1 000 万元时，公司总价值最大，平均资本成本最低。

【例题 3·计算分析题】甲公司发行在外的普通股总股数为 3 000 万股，其全部债务为 6 000 万元（年利息率为 6%）。公司因业务发展需要追加筹资 2 400 万元，有两种方案选择：

A 方案：增发普通股 600 万股，每股发行价 4 元。

B 方案：按面值发行债券 2 400 万元，票面利率为 8%。

公司采用资本结构优化的每股收益分析法进行方案选择。假设发行股票和发行债券的筹资费忽略不计，经测算，追加筹资后公司销售额可以达到 3 600 万元，变动成本率为 50%，固定成本总额为 600 万元，公司适用的企业所得税税率为 25%。

要求：

（1）计算两种方案的每股收益无差别点（即两种方案的每股收益相等时的息税前利润）。

（2）计算公司追加筹资后的预计息税前利润。

（3）根据要求（1）和要求（2）的计算结果，判断公司应当选择何种筹资方案？并说明理由。

【答案】

（1）（EBIT－6 000×6%）×（1－25%）/（3 000＋600）＝（EBIT－6 000×6%－2 400×8%）×（1－25%）/3 000

解得：EBIT＝1 512（万元）

（2）追加筹资后的预计息税前利润＝3 600×（1－50%）－600＝1 200（万元）

（3）应当选择 A 方案增发普通股筹资。因为追加筹资后的预计息税前利润 1 200 万元小于每股收益无差别点息税前利润 1 512 万元，所以应当选择股权筹资，即选择 A 方案。

4 双重股权结构

一、考点解读

双重股权结构的要点见表 5－23。

表 5－23

项目	内　　容
定义	同股不同权结构，股票的投票权和分红权相分离。在 AB 股制度下，公司股票分为 A、B 两类，通常，A 类股票 1 股有 1 票投票权，B 类股票 1 股有 N 票投票权。其中，A 类股票通常由投资人和公众股东持有，B 类股票通常由创业团队持有
运作机理	企业引入融资后，企业的创始人或管理团队仍能掌握公司的决策权，有助于保证企业长期的发展；投资者以财务投资者身份享有相应的分红和资本利得

续表

项目	内　容
优点	同股不同权制度能避免企业内部股权纷争，保障企业创始人或管理层对企业的控制权，防止公司被恶意收购；提高企业运行效率，有利于企业的长期发展
缺点	容易导致管理中独裁行为的发生；控股股东为自己谋利而损害非控股股东的利益，不利于非控股股东利益的保障；可能加剧企业治理中实际经营者的道德风险和逆向选择

二、例题点津

【例题1·多选题】下列属于双重股权结构的优点的有（　　）。

A. 避免企业内部股权纷争

B. 提高企业运行效率

C. 避免管理中独裁行为的发生

D. 有利于非控股股东利益的保障

【答案】AB

【解析】在双重股权结构下，企业引入融资后，企业的创始人或管理团队仍能掌握公司的决策权，有助于保证企业长期的发展；投资者以财务投资者身份享有相应的分红和资本利得。但该股权结构容易导致管理中独裁行为的发生；控股股东为自己谋利而损害非控股股东的利益，不利于非控股股东利益的保障。

本章考点巩固练习题

一、单项选择题

1. 根据销售百分比法，下列资产项目和负债项目中，通常被视为会随销售额变动而呈正比例变动的是（　　）。

   A. 短期借款　　　　B. 长期借款

   C. 应付账款　　　　D. 固定资产

2. 在其他因素不变的情况下，下列将会导致外部融资需求量增加的是（　　）。

   A. 经营资产销售百分比下降

   B. 经营负债销售百分比提高

   C. 销售净利率提高

   D. 收益留存率下降

3. 某公司敏感性资产和敏感性负债占销售额的比重分别为50%和10%，并保持稳定不变。2×23年销售额为1 000万元，预计2×24年销售额增长20%，销售净利率为10%，利润留存率为30%。不考虑其他因素，则根据销售百分比法，2×24年的外部融资需求量为

（　　）万元。

   A. 80　　　　　　　B. 64

   C. 44　　　　　　　D. 74

4. 某企业2×21年资金平均占用额为1 000万元，经分析，其中不合理部分为50万元，预计2×22年销售增长15%，资金周转加速3%。则2×22年资金需要量是（　　）万元。

   A. 1 172.33　　　　B. 1 171.275

   C. 1 060.68　　　　D. 1 125.275

5. 下列各项中，属于资本成本中筹资费用的是（　　）。

   A. 优先股的股利支出

   B. 银行借款的手续费

   C. 融资租赁的资金利息

   D. 债券的利息费用

6. 下列关于资本成本的表述中，不正确的是（　　）。

   A. 筹资费用是一次性费用，用资费用是多次性费用

B. 资本成本是比较筹资方式、选择筹资方案的依据

C. 资本成本是评价投资项目可行性的主要标准

D. 对于负债筹资而言，其用资费用就是每期支付的利息费用

7. 下列影响资本成本的因素中，会对无风险报酬率产生影响的是（　　）。

A. 总体经济环境

B. 资本市场条件

C. 企业经营和融资状况

D. 企业对筹资规模和时限的需求

8. 某公司计划向银行借款 100 万元，年利率为 12%，借款费用率为 0.3%，企业所得税税率为 25%，每年付息一次，该公司银行借款的资本成本率是（　　）。

A. 12%　　　　　　　B. 9.03%

C. 12.3%　　　　　　D. 9%

9. 某公司发行债券的面值为 100 元，期限为 5 年，票面利率为 8%，每年付息一次，到期一次还本，发行价格为 90 元，发行费用为发行价格的 5%，企业所得税税率为 25%。采用不考虑时间价值的一般模式计算的该债券的资本成本率为（　　）。

A. 8%　　　　　　　B. 6%

C. 7.02%　　　　　　D. 6.67%

10. 某公司 2×21 年发行优先股 200 万股，每股面值 100 元，发行价格为每股 125 元，筹资费用率为 4%，规定的年固定股息率为 8%，适用的所得税税率为 25%。则该优先股的资本成本率为（　　）。

A. 5%　　　　　　　B. 6.67%

C. 6.25%　　　　　　D. 7.25%

11. 甲公司打算投资一新项目，已知可比公司 β 值为 1.2，可比公司长期负债和所有者权益的比例是 2∶3，适用的所得税税率为 25%。甲公司按照"长期负债和所有者权益 1∶2 的比例"为新项目融资，甲公司的所得税税率为 15%。目前无风险报酬率为 3%，平均风险股票的平均报酬率为 12%。目标资本结构下，项目的债务资本成本为 6%，则新项

目的平均资本成本为（　　）。

A. 10.34%　　　　　B. 10.6%

C. 12.9%　　　　　　D. 10.84%

12. 某公司年末长期银行借款 100 万元，资本成本为 8%（已考虑所得税），长期债券账面价值 300 万元，发行债券时以溢价发行，面值 1 000 元，发行价格为 1 100 元，票面利率为 6%，发行费用率为 2%，企业所得税税率为 25%，股东权益为 400 万元，资本成本率为 10%，该公司的平均资本成本为（　　）。

A. 8%　　　　　　　B. 7.56%

C. 6%　　　　　　　D. 6.6%

13. 下列各项中，通常不会导致企业资本成本增加的是（　　）。

A. 通货膨胀加剧

B. 投资风险上升

C. 经济持续过热

D. 证券变现能力增强

14. 公司增发的普通股的市价为 12 元/股，发行费用为市价的 6%，本年发放的每股股利为 0.6 元，已知同类股票的资本成本为 11%，则维持此股价需要的股利增长率为（　　）。

A. 5%　　　　　　　B. 5.39%

C. 5.68%　　　　　　D. 10.34%

15. 为反映未来资本成本水平，计算平均资本成本最适宜采用的价值权数是（　　）。

A. 账面价值权数

B. 目标价值权数

C. 市场价值权数

D. 历史价值权数

16. 某公司经营风险较大，准备采取系列措施降低杠杆程度，下列措施中，无法达到这一目的的是（　　）。

A. 降低利息费用

B. 降低固定成本水平

C. 降低变动成本

D. 提高产品销售单价

17. 某公司 2×23 年普通股收益为 100 万元，2×24 年息税前利润预计增长 20%，假设财务杠杆系数为 3，则 2×24 年普通股收益预计为（　　）万元。

A. 300 　　　　 B. 120

C. 100 　　　　 D. 160

18. 如果甲企业经营杠杆系数为 1.5，总杠杆系数为 3，则下列说法不正确的是（　　）。

A. 如果销售量增加 12%，息税前利润将增加 18%

B. 如果息税前利润增加 20%，每股收益将增加 40%

C. 如果销售量增加 10%，每股收益将增加 30%

D. 如果每股收益增加 30%，销售量需要增加 5%

19. 下列各项中，属于修正的 MM 理论观点的是（　　）。

A. 企业有无负债均不改变企业价值

B. 企业负债有助于降低两权分离所带来的代理成本

C. 企业可以利用财务杠杆增加企业价值

D. 财务困境成本会降低有负债企业的价值

20. 下列因素中，会使企业考虑少使用负债的因素是（　　）。

A. 所得税税率提高

B. 投资者害怕分散公司的控制权

C. 企业产品销售具有较强的周期性

D. 企业产品销售增长很快

21. 下列关于平均资本成本比较法的说法正确的是（　　）。

A. 该方法考虑了市场反应

B. 该方法考虑了风险因素

C. 该方法的决策目标是平均资本成本率最低

D. 该方法主要用于对现有资本结构进行调整

22. 下列关于最佳资本结构的表述中，正确的是（　　）。

A. 企业利润最大

B. 企业资本成本最大

C. 企业股东权益最大

D. 企业价值最大

二、多项选择题

1. 在外部融资需求为正值的情况下，若其他条件不变，下列关于外部融资需求的销售额百分比法的表述中，正确的有（　　）。

A. 销售额增加，必然引起外部融资需求增加

B. 销售净利率提高，必然引起外部融资需求减少

C. 股利支付率提高，必然引起外部融资需求增加

D. 在股利支付率为 100% 时，销售净利率与外部融资额呈反方向变化

2. 下列关于销售百分比法的表述中，正确的有（　　）。

A. 销售百分比法是根据销售增长与资产增长之间的关系预测未来资金需要量的方法

B. 销售百分比法假设经营资产、经营负债与销售收入之间存在稳定的百分比关系

C. 只要销售收入增加，就存在外部融资需求量的增量

D. 销售百分比是根据基期资产负债表经营资产和经营负债的金额除以基期销售收入计算的

3. 下列各项中，属于资本成本中筹资费用的有（　　）。

A. 股票发行费 　　 B. 借款手续费

C. 股利支出 　　 D. 证券印刷费

4. 关于资本成本，下列说法正确的有（　　）。

A. 边际资本成本是衡量资本结构是否合理的重要依据

B. 资本成本一般是投资所应获得收益的最高要求

C. 资本成本是取得资本使用权所付出的代价

D. 资本成本是比较筹资方式、选择筹资方案的依据

5. 下列关于资本成本的说法中，正确的有（　　）。

A. 资本成本的本质是企业为筹集和使用资本而付出的代价

B. 资本成本并不是企业筹资决策中所要考虑的唯一因素

C. 资本成本的计算主要以相对比率为计量单位

D. 资本成本可以视为项目投资或使用资金的机会成本

6. 下列关于资本成本的说法中，正确的有（　　）。
   A. 边际资本成本是企业追加筹资的成本
   B. 企业在追加筹资时只需考虑目前的资本成本
   C. 边际资本成本计算时可以选择账面价值权数、市场价值权数、目标价值权数来确定比重
   D. 边际资本成本是企业进行追加筹资的决策依据

7. 下列各项因素中，能够影响公司资本成本水平的有（　　）。
   A. 通货膨胀　　　　B. 筹资规模
   C. 经营风险　　　　D. 资本市场效率

8. 关于银行借款筹资的资本成本，下列说法错误的有（　　）。
   A. 银行借款手续费会影响银行借款的资本成本
   B. 银行借款的资本成本仅包括银行借款利息支出
   C. 银行借款的资本成本率一般等于无风险利率
   D. 银行借款的资本成本与还本付息方式无关

9. 下列各项中，影响债券资本成本的有（　　）。
   A. 债券发行费用　　B. 债券票面利率
   C. 债券发行价格　　D. 利息支付频率

10. 下列会导致普通股成本提高的因素有（　　）。
    A. 无风险报酬率提高
    B. 股票的系统性风险提高
    C. 股利的成长率提高
    D. 股票发行价提高

11. 下列关于资本成本计算权数的选取中，说法正确的有（　　）。
    A. 市场价值权数能够反映现时的资本成本水平
    B. 目标价值权数的选择存在一定的主观性
    C. 账面价值权数是以各项个别资本的会计报表账面价值为基础计算资本权数
    D. 账面价值权数与市场价值权数相比，其有关资料不容易取得

12. 运用可比公司法估计投资项目的资本成本时需要加载或卸载相应的财务杠杆，下列关于加载和卸载财务杠杆的公式正确的有（　　）。
    A. 加载财务杠杆：$\beta_{权益}=\beta_{资产}\times[1+(1-适用所得税税率)\times相应的产权比率]$
    B. 加载财务杠杆：$\beta_{资产}=\beta_{权益}\times[1+(1-适用所得税税率)\times相应的产权比率]$
    C. 卸载财务杠杆：$\beta_{权益}=\beta_{资产}/[1+(1-适用所得税税率)\times相应的产权比率]$
    D. 卸载财务杠杆：$\beta_{资产}=\beta_{权益}/[1+(1-适用所得税税率)\times相应的产权比率]$

13. 在息税前利润为正的情况下，与经营杠杆系数同向变化的有（　　）。
    A. 单位变动成本　　B. 销售量
    C. 单价　　　　　　D. 固定成本

14. 下列筹资方式中，能给企业带来财务杠杆效应的有（　　）。
    A. 普通股　　　　　B. 优先股
    C. 租赁　　　　　　D. 留存收益

15. 关于经营杠杆和财务杠杆，下列表述错误的有（　　）。
    A. 由于固定性资本成本的存在，产生了经营杠杆
    B. 经营杠杆效应使得企业的业务量变动率大于息税前利润变动率
    C. 财务杠杆反映了权益资本收益的波动性
    D. 财务杠杆效应使得企业的普通股收益变动率大于息税前利润变动率

16. 在边际贡献大于固定成本的情况下，下列措施中有利于降低企业总风险的有（　　）。
    A. 增加产品销量
    B. 提高产品单价
    C. 提高资产负债率
    D. 节约固定成本支出

17. 下列关于资本结构理论说法正确的有（　　）。
    A. 不考虑企业所得税 MM 理论认为企业的价值不受资本结构的影响，有无负债不改变企业的价值
    B. 权衡理论仅考虑了企业所得税带来的影响，认为企业可以利用财务杠杆增加企业的

价值

C. 代理理论认为债务筹资可以发挥激励作用

D. 优先融资理论认为债务筹资要优于股权筹资

18. 下列关于资本结构理论的表述中，正确的有（　　）。

A. 依据不考虑企业所得税的 MM 理论，企业价值会随着资产负债率的增加而增加

B. 修正的 MM 理论认为企业价值会随着资产负债率的增加而增加

C. 依据权衡理论，有负债企业的价值等于无负债企业的价值加上税赋节约，再减去财务困境成本

D. 依据优序融资理论，内部融资优于外部债务融资，债务筹资优于股权筹资

19. 下列关于资本结构的表述中，正确的有（　　）。

A. 如果产销业务稳定，企业可以较多地使用负债；反之则相反

B. 企业收缩阶段，产品市场占有率下降，应提高负债的比重以抢占市场

C. 拥有较多流动资产的企业更多地依赖流动负债融通资金

D. 如果所有者害怕股权分散，可采用债务筹资

20. 甲公司用每股收益无差别点法进行长期筹资决策，已知长期债券与普通股的无差别点的年息税前利润是 200 万元，优先股与普通股的无差别点的年息税前利润是 300 万元，如果甲公司预测未来每年息税前利润是 360 万元，下列说法错误的有（　　）。

A. 应该用普通股融资

B. 应该用优先股融资

C. 可以用长期债券也可以用优先股融资

D. 应该用长期债券融资

21. 下列关于每股收益分析法的说法正确的有（　　）。

A. 该方法没有考虑市场反应

B. 该方法决策目标是每股收益最大化

C. 该方法的决策目标是平均资本成本率最低

D. 该方法适用于资本规模较大的上市公司的资本结构优化分析

22. 下列关于公司价值分析法的说法正确的有（　　）。

A. 该方法适用于资本规模较大的上市公司资本结构优化分析

B. 该方法考虑了风险因素

C. 该方法的决策目标是公司价值最大化

D. 该方法主要用于对现有资本结构进行调整

23. 下列财务决策方法中，可用于资本结构优化决策的有（　　）。

A. 公司价值分析法

B. 安全边际分析法

C. 每股收益分析法

D. 平均资本成本比较法

三、判断题

1. 根据销售百分比法预测资金需求量，当企业的利润留存率提高时，会增加外部融资需求量。　　　　　　　　　　　　　（　　）

2. 采用销售百分比法预测筹资需求量的前提条件是公司所有资产及负债与销售额保持稳定的百分比关系。　　　　　　　（　　）

3. 如果企业固定性经营成本为 0，则其总杠杆系数＝财务杠杆系数。　　　　　　（　　）

4. 资本成本是企业筹集和使用资本所付出的代价，一般用相对数表示，即资本占用费加上资本筹集费之和除以筹资总额。（　　）

5. 其他条件不变时，优先股的发行价格越高，其资本成本也越高。　　　　　　　（　　）

6. 在计算加权平均资本成本时，采用市场价值权数能够反映企业期望的资本结构，但不能反映筹资的现时资本成本。（　　）

7. 在债券平价发行时，若债券利息率、票面利率、筹资费率和所得税税率均已确定，则企业的债券资本成本也就确定了。（　　）

8. 由于内部筹集一般不产生筹资费用，所以内部筹资的资本成本最低。　　　　　（　　）

9. 以账面价值为权数计算的加权平均资本成本能反映企业目前的实际情况。　　　（　　）

10. 在各种资金来源中，凡是需要支付固定性资金成本的资金都能产生财务杠杆作用。（　）

11. 经营杠杆是通过扩大销售来影响税前利润的，它可以用边际贡献除以税前利润来计算，它说明了销售额变动引起利润变化的幅度。（　）

12. 引起企业经营风险的主要原因是由于固定性经营成本所导致的息税前利润变化大于产销业务量变化的经营杠杆效应。（　）

13. 在息税前利润大于 0 的情况下，只要企业存在固定性经营成本，那么经营杠杆系数必大于 1。（　）

14. 如果公司存在固定股息优先股，优先股股息越高，财务杠杆系数越小。（　）

15. 在企业承担总风险能力一定的情况下，对于经营杠杆水平较高的企业，应当用负债筹资，反之，经营杠杆水平较低的企业，应用股权筹资。（　）

16. 某公司根据每股收益分析法，计算出每股收益无差别点息税前利润为 1 000 万元，则当预期息税前利润大于 1 000 万元，应选择股权筹资。（　）

17. 平均资本成本比较法侧重于从资本投入角度对筹资方案和资本结构进行优化分析。（　）

四、计算分析题

1. 甲公司 2×23 年实现销售收入为 100 000 万元，净利润为 5 000 万元，利润留存率为 20%。2×23 年 12 月 31 日的资产负债表（简表）见表 5−24。

表 5−24　　　　　　　　　　　　　　　　单位：万元

资产	期末余额	负债与所有者权益	期末余额
货币资金	1 500	应付账款	3 000
应收账款	3 500	长期借款	4 000
存货	5 000	实收资本	8 000
固定资产	11 000	留存收益	6 000
资产合计	21 000	负债与所有者权益合计	21 000

公司预计 2×24 年销售收入比上年增长 20%，假定经营性资产和经营性负债与销售收入保持稳定的百分比关系，其他项目不随着销售收入的变化而变化，同时假设销售净利润率与利润留存率保持不变，公司采用销售百分比法预测资金需要量。

要求：

（1）计算 2×24 年预计经营性资产增加额。

（2）计算 2×24 年预计经营性负债增加额。

（3）计算 2×24 年预计留存收益增加额。

（4）计算 2×24 年预计外部融资需要量。

2. F公司为一上市公司，有关资料如下：

资料一：

（1）2×23 年度的营业收入（销售收入）为 10 000 万元，营业成本（销售成本）为 7 000 万元。2×24 年的目标营业收入增长率为 100%，且销售净利率和股利支付率保持不变。适用的企业所得税税率为 25%。

（2）2×23 年度相关财务指标数据如表 5−25 所示。

（3）2×23 年 12 月 31 日的比较资产负债表（简表）如表 5−26 所示。

表 5—25   2×23 年度相关财务指标

财务指标	应收账款周转率	存货周转率	固定资产周转率	销售净利率	资产负债率	股利支付率
实际数据	8	3.5	2.5	15%	50%	1/3

表 5—26   资产负债表（简表）

2×23 年 12 月 31 日   单位：万元

资产	2×23 年初数	2×23 年末数	负债和股东权益	2×23 年初数	2×23 年末数
现金	500	1 000	短期借款	1 100	1 500
应收账款	1 000	(A)	应付账款	1 400	(D)
存货	2 000	(B)	长期借款	2 500	1 500
长期股权投资	1 000	1 000	股本	250	250
固定资产	4 000	(C)	资本公积	2 750	2 750
无形资产	500	500	留存收益	1 000	(E)
合计	9 000	10 000	合计	9 000	10 000

（4）根据销售百分比法计算的 2×23 年末资产、负债各项目占销售收入的比重数据如表 5—27 所示（假定增加销售无须追加固定资产投资）。

表 5—27

资产	占销售收入的比重	负债和股东权益	占销售收入的比重
现金	10%	短期借款	—
应收账款	15%	应付账款	×
存货	(F)	长期借款	
长期股权投资	—	股本	—
固定资产（净值）	—	资本公积	—
无形资产	—	留存收益	—
合计	(G)	合计	20%

注：×表示省略的数据。

资料二：2×24 年初该公司以 970 元/张的价

格发行每张面值 1 000 元、3 年期、票面利息率为 5%、每年年末付息的公司债券。假定发行时的市场利息率为 6%，发行费率忽略不计。部分时间价值系数如表 5—28 所示。

表 5—28

i	(P/F, i, 3)	(P/A, i, 3)
5%	0.8638	2.7232
6%	0.8396	2.6730

要求：

（1）根据资料一计算或确定以下指标：

①计算 2×23 年的净利润；

②确定表 5—26 中用字母表示的数值（不需要列示计算过程）；

③确定表 5—27 中用字母表示的数值（不需要列示计算过程）；

④计算 2×24 年预计留存收益；

⑤按销售百分比法预测该公司 2×24 年需要增加的资金数额（不考虑折旧的影响）；

⑥计算该公司 2×24 年需要增加的外部筹资数据。

（2）根据资料一及资料二计算下列指标：

①发行时每张公司债券的内在价值；
②新发行公司债券的资本成本。

3. 某公司 2×19～2×23 年销售收入与资产、负债情况如表 5-29 所示。

表 5-29　　　　　　　　　　　　　　　　　　　　　　　　　　　　　　　单位：万元

年份	销售收入	货币资金	应收账款	存货	固定资产	应付账款
2×19	450	1 300	2 200	3 100	8 000	2 000
2×20	500	1 600	2 300	3 300	8 000	2 080
2×21	400	1 400	2 100	3 200	8 000	1 930
2×22	580	1 820	2 760	4 100	8 000	2 200
2×23	600	1 800	2 700	4 200	8 000	2 230

该公司 2×23 年销售净利率为 15%，估计 2×24 年会提高 5 个百分点，公司采用的是固定股利支付率政策，2×23 年的股利支付率为 40%。公司 2×24 年销售收入将在 2×23 年基础上增长 30%。

为满足销售增长导致的外部融资需求，公司拟在 2×24 年 1 月 1 日按面值发行可转换债券，每张面值 100 元，票面利率为 1.5%，按年计息，每年年末支付一次利息，一年后可以转换为公司股票，转换价格为每股 25 元。如果按面值发行相同期限、相同付息方式的普通债券，票面利率需要设定为 6.5%。公司所得税税率为 25%。

要求：

（1）采用高低点法分项建立 2×24 年的资金预测模型；

（2）计算 2×24 年净利润、应向投资者分配的利润以及增加的留存收益；

（3）预测该公司 2×24 年资金需要总量、需要新增资金量以及外部融资量。

（4）计算可转换债券在发行当年比一般债券节约的利息支出以及可转换债券的转换比率。

4. 甲公司适用的企业所得税税率为 25%，计划追加筹资 20 000 万元，方案如下：向银行取得长期借款 3 000 万元，借款年利率为 4.8%，每年付息一次；发行面值 5 600 万元、发行价格为 6 000 万元的公司债券，票面利率为 6%，每年付息一次；增发普通股 11 000 万元。假定资本市场有效，当前无风险收益率为 4%，市场平均收益率为 10%，甲公司普通股的 β 系数为 1.5，不考虑筹资费用、货币时间价值等其他因素。

要求：

（1）计算长期借款的资本成本率。

（2）计算发行债券的资本成本率。

（3）利用资本资产定价模型，计算普通股的资本成本率。

（4）计算追加筹资方案的平均资本成本率。

（5）在计算公司加权平均资本成本时，有哪几种权重计算方法？简要说明各种权重计算方法并比较其优缺点。

5. 甲公司是一家主营包装箱生产的制造业企业，拟进军新能源汽车制造行业。当前公司资本结构（负债/权益）为 2/3，并且将保持不变；新能源汽车的代表公司是乙公司，普通股 β 系数 1.75，其资本结构（负债/权益）为 1/1。

为筹集所需资金，该项目拟通过平价发行债券和留存收益进行筹资。债券的年利率为 7.29%。已知无风险报酬率为 3.85%，市场组合必要报酬率为 8.85%，公司所得税税率为 25%。

要求：计算债券的资本成本（不考虑货币时间价值）、股权资本成本和项目的综合资本成本。

6. 甲公司是一家制造企业,近几年公司生产经营比较稳定,并假定产销平衡,有关资料如下:

资料一:2×23年度公司产品产销量为2 000万件,产品销售单价为50元,单位变动成本为30元,固定成本总额为20 000万元,假定单价、单位变动成本和固定成本总额在2×24年保持不变。

资料二:2×23年度公司全部债务资金均为长期借款,借款本金为200 000万元,年利率为5%,全部利息都计入当期费用,假定债务资金和利息水平在2×24年保持不变。

资料三:公司在2×23年末预计2×24年的产销量将比2×23年增长20%。

要求:

(1) 根据资料一,计算2×23年边际贡献总额和息税前利润。

(2) 根据资料一和资料二,以2×23年为基期计算经营杠杆系数、财务杠杆系数和总杠杆系数。

(3) 根据要求(2)的计算结果和资料三,计算:①2×24年息税前利润预计增长率;②2×24年每股收益预计增长率。

五、综合题

1. 某公司目前的资本来源包括每股面值1元的普通股800万股和平均利率为10%的3 000万元债务。该公司现在拟投产一个新产品,该项目需要投资4 000万元,预期投产后每年可增加营业利润(息税前盈余)400万元。该项目备选的筹资方案有三个:(1) 按11%的利率发行债券;(2) 按面值发行股利率为12%的优先股;(3) 按20元/股的价格增发普通股。

该公司目前的息税前盈余为1 600万元,公司适用的所得税税率为40%,证券发行费可忽略不计。

要求:

(1) 计算按不同方案筹资后的普通股每股收益。

(2) 计算增发普通股和债券筹资的每股(指普通股,下同)收益无差别点(用营业利润

表示,下同),以及增发普通股和优先股筹资的每股收益无差别点。

(3) 计算筹资前的财务杠杆和按三个方案筹资后的财务杠杆。

(4) 根据以上计算结果分析,该公司应当选择哪一种筹资方式?理由是什么?

(5) 如果新产品可提供1 000万元或4 000万元的新增营业利润,在不考虑财务风险的情况下,公司应选择哪一种筹资方式?

2. A公司是一个生产和销售通信器材的股份公司,公司适用的所得税税率为40%。对于明年的预算现在出现三种意见:

方案一:维持目前的生产和财务政策。预计销售45 000件,售价为240元/件,单位变动成本为200元,固定成本为120万元。公司的资本结构为:400万元负债(利息率5%),普通股20万股。

方案二:更新设备并用负债筹资。预计更新设备需投资600万元,生产量和销售量不会变化,但单位变动成本将降低至180元/件,固定成本将增加至150万元。借款筹资600万元,预计新增借款的利率为6.25%。

方案三:更新设备并用股权筹资。更新设备的情况与方案二相同,不同的只是用发行新的普通股筹资。预计新股发行价为每股30元,需要发行20万股,以筹集600万元资金。

要求:

(1) 计算三个方案下的每股收益、经营杠杆、财务杠杆和总杠杆。

(2) 计算方案二和方案三每股收益相等的销售量。

(3) 计算三个方案下每股收益为零的销售量。

(4) 根据上述结果分析:哪个方案的风险最大?哪个方案的报酬最高?如果公司销售量下降至30 000件,方案二和方案三哪一个更好些?请分别说明理由。

3. A公司是一家国内中小板上市的医药企业,基于公司持续发展需要,公司决定优化资本结构,并据以调整相关股利分配政策。有关资料如下:

资料一：公司已有的资本结构如下：债务资金账面价值为 600 万元，全部为银行借款本金，年利率为 8%，假设不存在手续费等其他筹资费用；权益资金账面价值为 2 400 万元，权益资本成本率采用资本资产定价模型计算。已知无风险收益率为 6%，市场组合收益率为 10%。公司股票的 β 系数为 2。公司适用的企业所得税税率为 25%。

资料二：公司当前销售收入为 12 000 万元，变动成本率为 60%，固定成本总额为 800 万元。上述变动成本和固定成本均不包含利息费用。随着公司所处资本市场环境变化以及持续稳定发展的需要，公司认为已有的资本结构不够合理，决定采用公司价值分析法进行资本结构优化分析。经研究，公司拿出两种资本结构调整方案，两种方案下的债务资金和权益资本的相关情况如表 5 - 30 所示。

表 5 - 30

调整方案	全部债务市场价值（万元）	税前债务利息率	公司权益资本成本率
方案 1	2 000	8%	10%
方案 2	3 000	8.4%	12%

假定公司债务市场价值等于其账面价值，且

税前债务利息率等于税前债务资本成本率，同时假定公司息税前利润水平保持不变，权益资本市场价值按净利润除以权益资本成本率这种简化方式进行测算。

资料三：公司实现净利润 2 800 万元。为了确保最优资本结构，公司拟采用剩余股利政策。假定投资计划需要资金 2 500 万元，其中权益资金占比应达到 60%。公司发行在外的普通股数量为 2 000 万股。

资料四：公司自上市以来一直采用基本稳定的固定股利政策，每年发放的现金股利均在每股 0.9 元左右。不考虑其他因素影响。

要求：

（1）根据资料一，计算公司的债务资本成本率、权益资本成本率，并按账面价值权数计算公司的平均资本成本率。

（2）根据资料二，计算公司当前的边际贡献总额、息税前利润。

（3）根据资料二，计算两种方案下的公司市场价值，并据以判断采用何种资本结构优化方案。

（4）根据资料三，计算投资计划所需要的权益资本数额以及预计可发放的现金股利，并据此计算每股股利。

（5）根据要求（4）的计算结果和资料四，不考虑其他因素，依据信号传递理论，判断公司改变股利政策可能给公司带来什么不利影响。

本章考点巩固练习题参考答案及解析

一、单项选择题

1.【答案】C
【解析】根据销售百分比法，经营性资产与经营性负债的差额通常与销售额保持稳定的比例关系。经营性资产项目包括库存现金、应收账款、存货等项目；经营性负债项目包括应付票据、应付账款等项目，不包括短期借

款、短期融资券、长期负债等筹资性负债。所以答案为选项 C。选项 A、B 属于金融负债；选项 D 不属于经营性流动资产。

2.【答案】D
【解析】收益留存率下降，意味着企业内部留存收益减少，外部融资需求量增加。

3.【答案】C
【解析】外部融资需求量 =（敏感性资产与销

售额的百分比 - 敏感性负债与销售额的百分比)×销售变动额 - 销售净利率×利润留存率×预测期销售额 = 1 000×20%×(50% - 10%) - 1 000×(1 + 20%)×10%×30% = 44（万元）。

4.【答案】C

【解析】预测年度资金需要量 = (1 000 - 50)×(1 + 15%)/(1 + 3%) = 1 060.68（万元）。

5.【答案】B

【解析】筹资费是指企业在资本筹措过程中为获取资本而付出的代价，如向银行支付的借款手续费，因发行股票、公司债券而支付的发行费等。

6.【答案】D

【解析】若资金来源为负债，还存在税前资本成本和税后资本成本的区别。计算税后资本成本需要从年资金用资费中减去资金用资费税前扣除导致的所得税节约额。

7.【答案】A

【解析】总体经济环境和状态决定企业所处的国民经济发展状况和水平，以及预期的通货膨胀。总体经济环境变化的影响，反映在无风险报酬率上。

8.【答案】B

【解析】银行借款资本成本率 = 年利率×(1 - 所得税税率)/(1 - 手续费率) = 12%×(1 - 25%)/(1 - 0.3%) = 9.03%。

9.【答案】C

【解析】债券发行价格和票面金额不一致时，资本成本率 = [票面金额×票面利率×(1 - 所得税税率)]/[发行价格×(1 - 筹资费率)]，本题中，该债券的资本成本率 = [100×8%×(1 - 25%)]/[90×(1 - 5%)] = 7.02%。

10.【答案】B

【解析】$K_s = \dfrac{\text{优先股年固定股息}}{\text{优先股发行价格}\times(1 - \text{筹资费用率})}$
$= \dfrac{D}{P_n(1 - f)} = \dfrac{100\times 8\%}{125\times(1 - 4\%)} = 6.67\%$

11.【答案】D

【解析】卸杠杆：$\beta_{\text{资产}} = 1.2/[1 + (1 - 25\%)\times 2/3] = 0.8$

加杠杆：$\beta_{\text{权益}} = 0.8\times[1 + (1 - 15\%)\times 1/2] = 1.14$

股权资本成本 = 3% + 1.14×(12% - 3%) = 13.26%

平均资本成本 = 6%×1/3 + 13.26%×2/3 = 10.84%。

12.【答案】B

【解析】长期债券的资本成本率 = 1 000×6%×(1 - 25%)/[1 100×(1 - 2%)] = 4.17%

公司的平均资本成本 = 100/800×8% + 300/800×4.17% + 400/800×10% = 7.56%。

13.【答案】D

【解析】如果国民经济不景气或者经济过热，通货膨胀持续居高不下，投资者投资风险大，预期报酬率高，筹资的资本成本就高，选项A、B、C均为坏事，均会导致企业资本成本增加；证券变现能力增强，证券投资的风险降低，选项D为好事，投资者要求的报酬率就低，筹资的资本成本就低。所以，选项D正确。

14.【答案】B

【解析】股票的资本成本 = $D_1/[P_0\times(1 - F)] + g$，股票的资本成本 = 11% = 0.6×(1 + g)/[12×(1 - 6%)] + g，则 g = 5.39%。

15.【答案】B

【解析】账面价值权数反映的是过去的资本成本水平，市场价值权数反映的是现行资本成本水平，而目标价值权数反映的是未来资本成本水平，所以选项B正确。

16.【答案】A

【解析】影响经营杠杆的因素包括：企业成本结构中的固定成本比重；息税前利润水平。其中，息税前利润水平又受产品销售数量、销售价格、成本水平（单位变动成本和固定成本总额）高低的影响。固定成本比重越高，成本水平越高，产品销售数量和销售价格水平越低，经营杠杆效应越大；反之亦然。而利息费用属于影响财务杠杆系数的因素。

17.【答案】D

【解析】财务杠杆系数＝普通股收益变动率/息税前利润变动率，则普通股收益变动率＝60%。2×24年普通股收益＝100×（1＋60%）＝160（万元），选项D正确。

18.【答案】D

【解析】因为经营杠杆系数为1.5，所以销售量增加12%，息税前利润将增加12%×1.5＝18%，所以不应选择选项A；由于财务杠杆系数为3/1.5＝2，所以息税前利润增加20%，每股利润将增加20%×2＝40%，所以不应选择选项B；由于总杠杆系数为3，所以如果销售量增加10%，每股收益将增加10%×3＝30%，所以不应选择选项C；由于总杠杆系数为3，所以每股收益增加30%，销售量增加30%/3＝10%，因此选项D为正确答案。

19.【答案】C

【解析】选项A属于不考虑企业所得税下MM理论的观点，该理论认为，不考虑企业所得税，有无负债不改变企业的价值；选项B属于代理理论的观点，选项D属于权衡理论的观点。选项C正确。

20.【答案】C

【解析】企业销售具有较强的周期性，负担固定的财务费用将冒较大的财务风险，此时企业会考虑减少使用负债。

21.【答案】C

【解析】平均资本成本比较法，是通过计算和比较各种可能的筹资组合方案的平均资本成本，选择平均资本成本率最低的方案。能够降低平均资本成本的资本结构，则是合理的资本结构。这种方法侧重于从资本投入的角度对筹资方案和资本结构进行优化分析。平均资本成本比较法和每股收益分析法都是从账面价值的角度进行资本结构优化分析，没有考虑市场反应，也即没有考虑风险因素。选项A、B均错误，选项D是公司价值分析法的特点。

22.【答案】D

【解析】所谓最佳资本结构，是指在一定条件下使企业平均资本成本率最低，企业价值最大的资本结构。所以，选项D正确。

二、多项选择题

1.【答案】ABC

【解析】从销售额百分比法的计算公式：外部融资需要量＝（A/S₁）×ΔS－（B/S₁）×ΔS－P×E×S₂，可知选项A、B、C是正确的；在股利支付率为100%时，实现的利润再多也被全部分掉，销售净利率与外部融资额无关，所以选项D不正确。

2.【答案】ABD

【解析】销售百分比法的计算公式中可以看出，如果减项大于被减项，即使销售收入增加，外部融资需求量也不一定增加，因此选项C表述错误。

3.【答案】ABD

【解析】筹资费用是指企业在资本筹措过程中为获取资本而付出的代价，选项A、B、D正确；选项C属于用资费用。

4.【答案】CD

【解析】平均资本成本是衡量资本结构是否合理的重要依据。当平均资本成本最小时，企业价值最大，此时的资本结构是企业理想的资本结构，选项A错误；资本成本是衡量资本结构优化程度的标准，也是对投资获得经济效益的最低要求，通常用资本成本率表示，选项B错误；在进行筹资方案选择时，选择资本成本较低的方式，选项D正确；资本成本是资本所有权与资本使用权分离的结果。对出资者而言，由于让渡了资本使用权，必须要求取得一定的补偿，资本成本表现为让渡资本使用权所带来的投资收益。对筹资者而言，由于取得了资本使用权，必须支付一定代价，资本成本表现为取得资本使用权所付出的代价，选项C正确。

5.【答案】ABCD

【解析】选项A是资本成本的含义；选项B表明企业筹资决策除了考虑资本成本外，还要考虑财务风险、偿还期限、偿还方式等限制条件；选项C是指资本成本有两种表示方法，但一般用相对数指标表示；选项 D 是资本成本在投资决策中的作用。

6.【答案】AD

【解析】企业在追加筹资时，不能仅仅考虑目前所使用的资本成本，还要考虑新筹集资金的成本，即边际资本成本，选项 B 不正确；平均资本成本计算时可以选择账面价值权数、市场价值权数、目标价值权数来确定比重，边际资本成本的权数采用目标价值权数，选项 C 不正确。

7.【答案】ABCD

【解析】影响资本成本的因素：（1）总体经济环境。总体经济环境和状态决定企业所处的国民经济发展状况和水平，以及预期的通货膨胀。所以选项 A 正确。（2）资本市场条件。资本市场效率表现为资本市场上的资本商品的市场流动性。所以选项 D 的表述正确。（3）企业经营状况和融资状况。企业内部经营风险是企业投资决策的结果，表现为资产报酬率的不确定性。所以选项 C 的表述正确。（4）企业对筹资规模和时限的需求。所以选项 B 的说法正确。

8.【答案】BCD

【解析】资本成本是指企业为筹集和使用资本而付出的代价，包括筹资费用和用资费用。选项 A 正确、选项 B 错误。无风险收益率也称无风险利率，它是指无风险资产的收益率，它的大小由纯粹利率（资金的时间价值）和通货膨胀补贴两部分组成。纯利率是指在没有通货膨胀、无风险利率情况下资金市场的平均利率。而银行借款的资本成本是存在风险的，选项 C 错误。还本付息方式会影响银行借款的利息费用，进而影响资本成本的计算，选项 D 错误。

9.【答案】ABCD

【解析】债券资本成本的贴现模式公式如下：$P_0(1-f) = I(1-T) \times (P/A, K_b, n) + M(P/F, K_b, n)$，其中，$P_0$ 为债券发行价格，f 为筹资费用率，I 为利息，K_b 为资本成本率，n 为债券期限，M 为债券面值，从公式中可以看出，选项 A、B、C、D 都正确。

10.【答案】ABC

【解析】普通股成本的资本资产定价模型公式为：$K_s = R_f + \beta(R_m - R_f)$，可以看出选项 A、B 正确；从股利增长模型中可以看出选项 C 正确，选项 D 不正确。

11.【答案】ABC

【解析】市场价值权数的优点是能够反映现时的资本成本水平，有利于进行资本结构决策，选项 A 正确；目标价值权数是主观愿望和预期的表现，依赖于财务经理的价值判断和职业经验，选项 B 正确；账面价值权数是以各项个别资本的会计报表账面价值为基础计算资本权数，确定各类资本占总资本的比重，选项 C 正确；账面价值的优点之一就是资料容易取得，可以直接从资产负债表中得到，而且计算结果比较稳定。但是市场价值权数由于现行市价经常变动，因此不容易取得，选项 D 不正确。

12.【答案】AD

【解析】卸载可比公司财务杠杆：$\beta_{资产} = \beta_{权益}/[1 + (1-T) \times (负债/权益)]$。加载待估计的投资项目财务杠杆：$\beta_{权益} = \beta_{资产} \times [1 + (1-T) \times (负债/权益)]$，选项 A、D 是正确的加载、卸载财务杠杆的公式。

13.【答案】AD

【解析】在息税前利润为正的情况下，销售量、单价与经营杠杆系数反向变化，单位变动成本、固定成本与经营杠杆系数同向变化。

14.【答案】BC

【解析】优先股支付优先股股利，也存在固定资本成本，即可以给企业带来财务杠杆效应，选项 B 正确；债务筹资支付利息，可以给企业带来财务杠杆效应，选项 C 正确。

15.【答案】AB

【解析】经营杠杆，是指由于固定性经营成本的存在，而使得企业的资产收益（息税前利润）变动率大于业务量变动率的现象。经营杠杆反映了资产收益的波动性，用以评价企业的经营风险。所以选项 A、B 错误。财务杠杆，是指由于固定性资本成本的存在，而使得企业的普通股收益（或每股收益）变动率大于息税前利润变动率的现象。财务杠杆反映了权益资本收益的波动性，用以评价企业的财务风险。所以选项 C、D 正确。

16.【答案】ABD
【解析】衡量企业总风险的指标是总杠杆系数，总杠杆系数＝经营杠杆系数×财务杠杆系数，在边际贡献大于固定成本的情况下，选项 A、B、D 均可以导致经营杠杆系数降低，总杠杆系数降低，从而降低企业总风险；选项 C 会导致财务杠杆系数增加，总杠杆系数变大，从而提高企业总风险。

17.【答案】ACD
【解析】修正的 MM 理论考虑了企业所得税带来的影响，认为企业可以利用财务杠杆增加企业的价值，权衡理论同时考虑企业所得税和财务困境成本。

18.【答案】BD
【解析】不考虑企业所得税的 MM 理论认为，有无负债不改变企业的价值，企业价值不受资本结构的影响，选项 A 错误。依据权衡理论，有负债企业的价值等于无负债企业的价值加上税赋节约现值，再减去财务困境成本现值，选项 C 错误。选项 B、D 均正确。

19.【答案】ACD
【解析】企业收缩阶段上，产品市场占有率下降，经营风险逐步加大，应降低债务资本比重，保证经营现金流量能够偿付到期债务，所以选项 B 不正确。

20.【答案】ABC
【解析】长期债券与普通股的每股收益无差别点息税前利润，小于优先股与普通股的每股收益无差别点息税前利润，所以，发行长期债券的每股收益直线与发行优先股的每股收益直线平行，并且发行长期债券的每股收益一直大于发行优先股的每股收益。在决策时只需考虑发行长期债券与发行普通股的每股收益无差别点 200 万元即可。当预测未来每年息税前利润大于 200 万元时，该公司应当选择发行长期债券筹资；当追加筹资后的预期息税前利润小于 200 万元时，该公司应当选择发行普通股。

21.【答案】AB
【解析】平均资本成本比较法和每股收益分析法都是从账面价值的角度进行资本结构优化分析，没有考虑市场反应，也即没有考虑风险因素。该方法决策目标是每股收益最大化。选项 D 是公司价值分析法的特点。

22.【答案】ABCD
【解析】公司价值分析法是在考虑市场风险基础上，以公司市场价值为标准，进行资本结构优化。即能够提升公司价值的资本结构，则是合理的资本结构。这种方法主要用于对现有资本结构进行调整，适用于资本规模较大的上市公司资本结构优化分析。同时，在公司价值最大的资本结构下，公司的平均资本成本率也是最低的。

23.【答案】ACD
【解析】本题考查的是资本结构优化的方法。可用于资本结构优化决策的方法主要有：每股收益分析法、平均资本成本比较法、公司价值分析法，选项 A、C、D 正确；选项 B 主要用于分析企业经营的安全程度。

三、判断题

1.【答案】×
【解析】根据外部融资需求量的计算公式，利润留存率变量前面符号是负的，说明利润留存率越大，外部融资需求越小。

2.【答案】×
【解析】采用销售百分比法预测筹资需求量的前提条件是公司某些资产及负债与销售额保持稳定的百分比关系。

3.【答案】√
【解析】$DOL = \dfrac{M_0}{M_0 - F_0} = \dfrac{EBIT_0 + F_0}{EBIT_0} = \dfrac{\text{基期边际贡献}}{\text{基期息税前利润}}$，当固定性经营成本为 0 时，经营杠杆系数等于 1，总杠杆系数＝经营杠杆系数×财务杠杆系数＝财务杠杆系数×1＝财务杠杆系数。

4.【答案】×
【解析】资本成本是企业筹集和使用资本所付

出的代价，一般用相对数表示，即资本占用费除以筹资总额减去筹资费用的差。

5. 【答案】×

【解析】本题考查的是优先股的资本成本。根据优先股资本成本的一般模式，K=优先股股利/[优先股发行价格×（1−筹资费用率）]，优先股发行价格越高，其资本成本越低，因此本题说法错误。

6. 【答案】×

【解析】市场价值权数以各项个别资本的现行市价为基础来计算资本权数，确定各类资本占总资本的比重。其优点是能够反映现时的资本成本水平，有利于进行资本结构决策。但现行市价处于经常变动之中，不容易取得，而且现行市价反映的只是现时的资本结构，不适用未来的筹资决策。

7. 【答案】√

【解析】债券筹资成本=年利息×（1−所得税税率）/[债券筹资额×（1−债券筹资费率）]，从上述公式中可以看出，年利息=债券面值×票面利率×发行数量，债券筹资额=债券发行价格×发行数量。因此首先要考虑债券折价、溢价或平价发行的情况，本题已告知债券平价发行，债券面值×发行数量=债券筹资额，则债券筹资成本=票面利率×（1−所得税税率）/（1−债券筹资费率），因此，本题表述正确。

8. 【答案】×

【解析】留存收益属于股权筹资方式，一般而言，股权筹资的资本成本要高于债务筹资。具体来说，留存收益的资本成本率，表现为股东追加投资要求的报酬率，其计算与普通股成本相同，不同点在于不考虑筹资费用。

9. 【答案】×

【解析】以账面价值为权数计算加权平均资本成本的优点是资料容易取得；缺点是当资金的账面价值与市场价值相差较大时，计算结果会与资本市场现行实际筹资成本有较大的差距，从而贻误筹资决策。以市场价值为权数计算加权平均资本成本的优点是计算的加权平均资本成本能反映目前的实际情况，缺

点是市场价格变动频繁。

10. 【答案】√

【解析】在各种资金来源中，负债资金和优先股都有固定的用资费用，即固定的利息或优先股股息负担，这样，当息税前利润变化时，每一元息税前利润所负担的固定费用就会因息税前利润的增加而减少，随息税前利润的减少而增加，从而使得普通股每股收益以更大的幅度变化，这样就产生了财务杠杆作用。

11. 【答案】×

【解析】经营杠杆是通过扩大销售来影响息税前利润的，而不是影响税前利润，它可以用边际贡献除以息税前利润来计算。

12. 【答案】×

【解析】引起企业经营风险的主要原因是市场需求和生产成本等因素的不确定性，经营杠杆本身并不是资产报酬不确定的根源。经营杠杆只是放大了市场和生产等因素变化对利润波动的影响。

13. 【答案】√

【解析】$DOL = \dfrac{M_0}{M_0 - F_0} = \dfrac{EBIT_0 + F_0}{EBIT_0} = \dfrac{\text{基期边际贡献}}{\text{基期息税前利润}}$，由公式可知，息税前利润大于0，固定性经营成本大于0，分子必然大于分母，所以经营杠杆系数必然大于1。

14. 【答案】×

【解析】财务杠杆系数=息税前利润/[息税前利润−利息−优先股股息/（1−所得税税率）]，优先股股息与财务杠杆系数同向变动，所以优先股股息越高，财务杠杆系数越大，本题表述错误。

15. 【答案】×

【解析】总杠杆系数=经营杠杆系数×财务杠杆系数，在总杠杆系数（总风险）一定的情况下，经营杠杆系数与财务杠杆系数此消彼长，即反向搭配，而负债增加会增加财务风险，所以经营杠杆水平高的企业应当用股权筹资。

16. 【答案】×

【解析】当预期息税前利润大于每股收益无差别点时，应选择债务筹资，即"小"股，"大"债。

17.【答案】√

【解析】平均资本成本比较法，是通过计算和比较各种可能的筹资组合方案的平均资本成本，选择平均资本成本最低的方案。即能够降低平均资本成本的资本结构，就是合理的资本结构。这种方法侧重于从资本投入的角度对筹资方案和资本结构进行优化分析。

四、计算分析题

1.【答案】

(1) 2×24 年预计经营性资产增加额 = (1 500 + 3 500 + 5 000)×20% = 2 000（万元）

(2) 2×24 年预计经营性负债增加额 = 3 000×20% = 600（万元）

(3) 2×24 年预计留存收益增加额 = 100 000×(1 + 20%)×5 000/100 000×20% = 1 200（万元）

(4) 2×24 年预计外部融资需要量 = 2 000 − 600 − 1 200 = 200（万元）

2.【答案】

(1) ①2×23 年的净利润 = 10 000×15% = 1 500（万元）

②A = 1 500 万元，B = 2 000 万元，C = 4 000 万元，D = 2 000 万元，E = 2 000 万元

③F = 20%，G = 45%

④2×24 年预计留存收益 = 10 000×(1 + 100%)×15%×(1 − 1/3) = 2 000（万元）

⑤2×24 年需要增加的资金数额 = 10 000×(45% − 20%) = 2 500（万元）

⑥2×24 年需要增加的外部筹资数据 = 2 500 − 2 000 = 500（万元）

(2) ①发行时每张公司债券的内在价值 = 1 000×5%×(P/A，6%，3) + 1 000×(P/F，6%，3) = 50×2.673 + 1 000×0.8396 = 973.25（元）

②新发行公司债券的资本成本 = 1 000×5%×(1 − 25%)/970×100% = 3.87%

3.【答案】

(1) 根据销售收入的高低，选择 2×21 年数据（低点）和 2×23 年数据（高点），分别求解每项资金占用（货币资金、应收账款、存货、固定资产）和资金来源（应付账款）中的不变资金 a 和单位变动资金 b（见表 5 − 31）。

表 5 − 31　　　　　　　　　　　　　　　　　　　　　　　　　　　　　　单位：万元

年份	销售收入	货币资金	应收账款	存货	固定资产	应付账款
2×21	400	1 400	2 100	3 200	8 000	1 930
2×23	600	1 800	2 700	4 200	8 000	2 230

货币资金的资金习性：

$b_资 = \Delta Y/\Delta X = (1\ 800 − 1\ 400)/(600 − 400) = 2$（元）

$a_资 = Y − bX = 1\ 800 − 2×600 = 600$（万元）

应收账款的资金习性：

$b_收 = \Delta Y/\Delta X = (2\ 700 − 2\ 100)/(600 − 400) = 3$（元）

$a_收 = Y − bX = 2\ 700 − 3×600 = 900$（万元）

存货的资金习性：

$b_存 = \Delta Y/\Delta X = (4\ 200 − 3\ 200)/(600 − 400) = 5$（元）

$a_存 = Y − bX = 4\ 200 − 5×600 = 1\ 200$（万元）

固定资产的资金习性：$a_固 = 8\ 000$ 万元

应付账款的资金习性：

$b_付 = \Delta Y/\Delta X = (2\ 230 − 1\ 930)/(600 − 400) = 1.5$（元）

$a_付 = Y − bX = 2\ 230 − 1.5×600 = 1\ 330$（万元）

汇总计算：

$b = 2 + 3 + 5 − 1.5 = 8.5$（元）

$a = 600 + 900 + 1\ 200 + 8\ 000 − 1\ 330 = 9\ 370$（万元）

所以 2×24 年的资金预测模型为：$Y = 9\,370 + 8.5X$

（2）2×24 年的净利润 $= 600 \times (1+30\%) \times (15\%+5\%) = 156$（万元）

2×24 年向投资者分配利润 $= 156 \times 40\% = 62.4$（万元）

2×24 年增加的留存收益 $= 156 - 62.4 = 93.6$（万元）

（3）2×24 年销售额 $= 600 \times (1+30\%) = 780$（万元）

2×24 年资金需要总量 $= 9\,370 + 8.5 \times 780 = 16\,000$（万元）

2×24 年需要新增资金量 $= 16\,000 - (1\,800 + 2\,700 + 4\,200 + 8\,000 - 2\,230) = 1\,530$（万元）

2×24 年外部融资量 $= 1\,530 - 93.6 = 1\,436.4$（万元）

（4）可转换债券在发行当年比一般债券节约的利息支出 $= 1\,436.4 \times (6.5\% - 1.5\%) = 71.82$（万元）

可转换债券的转换比率 $= 100/25 = 4$

4.【答案】（1）长期借款的资本成本率 $= 4.8\% \times (1-25\%) = 3.6\%$

（2）发行债券的资本成本率 $= 5\,600 \times 6\% \times (1-25\%)/6\,000 = 4.2\%$

（3）普通股的资本成本率 $= 4\% + 1.5 \times (10\% - 4\%) = 13\%$

（4）平均资本成本率 $= 3.6\% \times 3\,000/20\,000 + 4.2\% \times 6\,000/20\,000 + 13\% \times 11\,020\,000/20\,000 = 8.95\%$

（5）计算公司的加权平均资本成本，有三种权数依据可供选择，即账面价值权数、实际市场价值权数和目标资本结构权数。

①账面价值权数：是指根据企业资产负债表上显示的会计价值来衡量每种资本的比例。资产负债表提供了负债和权益的金额，计算时很方便。但是，账面结构反映的是历史的结构，不一定符合未来的状态；账面价值权重会歪曲资本成本，因为账面价值与市场价值有极大的差异。

②市场价值权数：是指根据当前负债和权益的市场价值比例衡量每种资本的比例。由于市场价值不断变动，负债和权益的比例也随之变动，计算出的加权平均资本成本数额也是经常变化的。

③目标价值权数：是指根据按市场价值计量的目标资本结构衡量每种资本要素的比例。公司的目标资本结构，代表未来将如何筹资的最佳估计。如果公司向目标资本结构发展，目标资本结构权重更为合适。这种权重可以选用平均市场价格，回避证券市场价格变动频繁的不便；可以适用于公司评价未来的资本结构，而账面价值权重和实际市场价值权重仅反映过去和现在的资本结构。

5.【答案】

（1）债券的资本成本 $= 7.29\% \times (1-25\%) = 5.47\%$

（2）①卸载乙公司的财务杠杆，将 $\beta_{权益}$ 转换为 $\beta_{资产}$：

$\beta_{资产} = \beta_{权益}/(1+税后产权比率) = 1.75/[1+(1-25\%) \times 1] = 1$

②加载甲公司的财务杠杆，将 $\beta_{资产}$ 转换为 $\beta_{权益}$：

$\beta_{权益} = \beta_{资产} \times (1+税后产权比率) = 1 \times [1+(1-25\%) \times 2/3] = 1.5$

③权益资本成本 $R = R_f + \beta(R_m - R_f) = 3.85\% + 1.5 \times (8.85\% - 3.85\%) = 11.35\%$

（3）项目的综合资本成本 $= 5.47\% \times 2/5 + 11.35\% \times 3/5 = 9\%$

6.【答案】

（1）2×23 年边际贡献总额 $=$（单价 - 单位变动成本）× 销量 $= (50-30) \times 2\,000 = 40\,000$（万元）

2×23 年息税前利润 $=$ 边际贡献 - 固定成本 $= 40\,000 - 20\,000 = 20\,000$（万元）

（2）经营杠杆系数 $=$ 边际贡献/（边际贡献 - 固定成本）$= 40\,000/20\,000 = 2$

财务杠杆系数 $= EBIT/[EBIT - I - DP/(1-T)] = 20\,000/(20\,000 - 200\,000 \times 5\%) = 2$

总杠杆系数 $= DOL \times DFL = 2 \times 2 = 4$

或总杠杆系数 $=$ 边际贡献$/[EBIT - I - DP/(1-T)] = 40\,000/(20\,000 - 200\,000 \times 5\%) = 4$

（3）①$DOL = EBIT$ 的变化百分比/收入的变

化百分比

2×24 年息税前利润增长率 = 2×20% = 40%

②DTL = EPS 的变化百分比/收入的变化百分比

2×24 年每股收益预计增长率 = 4×20% = 80%

五、综合题

1.【答案】

（1）不同筹资方案的普通股每股收益见表 5 - 32。

表 5 - 32

项目	发行债券	发行优先股	增发普通股
营业利润（万元）	2 000	2 000	2 000
现有债务利息（万元）	300	300	300
新增债务利息（万元）	440	0	0
税前利润（万元）	1 260	1 700	1 700
所得税（万元）	504	680	680
税后利润（万元）	756	1 020	1 020
优先股红利（万元）	0	480	0
普通股收益（万元）	756	540	1 020
股数（万股）	800	800	1 000
每股收益（元）	0.945	0.675	1.02

（2）债券筹资与普通股筹资的每股收益无差别点：

（EBIT - 300 - 4 000×11%）×0.6/800 = （EBIT - 300）×0.6/1 000

EBIT = 2 500 万元

优先股筹资与普通股筹资的每股收益无差别点：

[（EBIT - 300）×0.6 - 4 000×12%]/800 = （EBIT - 300）×0.6/1 000

EBIT = 4 300 万元

（3）筹资前的财务杠杆 = 1 600/（1 600 - 300）= 1.23

发行债券筹资的财务杠杆 = 2 000/（2 000 - 300 - 4 000×11%）= 1.59

优先股筹资的财务杠杆 = 2 000/（2 000 - 300 - 4 000×12%/0.6）= 2.22

普通股筹资的财务杠杆 = 2 000/（2 000 - 300）= 1.18

（4）该公司应当采用增发普通股筹资。该方式在新增营业利润为 400 万元时，每股收益较高、风险（财务杠杆）较低，最符合财务目标。

（5）当项目新增营业利润为 1 000 万元时应选择债券筹资方案；当项目新增营业利润为 4 000 万元时应选择债券筹资方案。

2.【答案】

（1）三种方案的比较见表 5 - 33。

表 5 - 33

项目	方案一：维持目前政策	方案二：负债筹资	方案三：股权筹资
销量（件）	45 000	45 000	45 000
单价（元）	240	240	240
收入（万元）	1 080	1 080	1 080
单位变动成本（元）	200	180	180
变动成本（万元）	900	810	810
边际贡献（万元）	180	270	270
固定成本（万元）	120	150	150
息税前利润（万元）	60	120	120
原负债（万元）	400	400	400
原负债利率（%）	5	5	5
原负债利息（万元）（利率5%）	20	20	20
新增负债（万元）		600	
新增负债利率（%）		6.25	
新增负债利息（万元）		37.5	
利息合计（万元）	20	57.5	20
税前利润（万元）	40	62.5	100
所得税税率（%）	40	40	40
所得税（万元）	16	25	40
税后利润（万元）	24	37.5	60
股数（万股）	20	20	40
每股收益（元）	1.2	1.88	1.50
经营杠杆	3.00	2.25	2.25
财务杠杆	1.50	1.92	1.20
总杠杆	4.50	4.32	2.70

（2）设每股收益无差别点的销售量为Q，则有：（Q×单位边际贡献60 – 固定成本150 – 利息费用57.5）×0.6/20 =（Q×60 – 150 – 20）×0.6/40。

Q = 4.083333 万件

（3）方案一的盈亏平衡点 =（120 + 20）/（240 – 200）= 3.5（万件）

方案二的盈亏平衡点 =（150 + 57.5）/（240 – 180）= 3.458333（万件）

方案三的盈亏平衡点 =（150 + 20）/（240 – 180）= 2.83333（万件）

（4）风险收益分析：

方案一的总杠杆最高，风险最大；

方案二的每股收益最高，即报酬最高；

如果销售量为3万件，则方案三更好，因为企业此时仍可以盈利。

3.【答案】

（1）债务资本成本率 = 8%×（1 – 25%）= 6%

权益资本成本率 = 6% + 2×（10% – 6%）= 14%

平均资本成本率 = 6%×600/（600 + 2 400）+ 14%×2 400/（600 + 2 400）= 12.4%

（2）边际贡献总额 = 12 000×（1 – 60%）= 4 800（万元）

息税前利润 = 4 800 – 800 = 4 000（万元）

（3）根据公司价值分析法，公司价值 = 债务资金价值 + 权益资本价值，权益资本价值的公式如下：

$$S = \frac{(EBIT - I)(1 - T)}{K_S}$$

方案1公司权益资本价值 =（4 000 – 2 000×8%）×（1 – 25%）/10% = 28 800（万元）

公司市场价值 = 28 800 + 2 000 = 30 800（万元）

方案2公司权益资本价值 =（4 000 – 3 000×8.4%）×（1 – 25%）/12% = 23 425（万元）

公司市场价值 = 23 425 + 3 000 = 26 425（万元）

方案1的公司市场价值30 800万元高于方案2的公司市场价值26 425万元，故公司应当选择方案1。

（4）投资计划所需要的权益资本数额 = 2 500×60% = 1 500（万元）

预计可发放的现金股利 = 2 800 – 1 500 = 1 300（万元）

每股股利 = 1 300/2 000 = 0.65（元/股）

（5）信号传递理论认为，在信息不对称的情况下，公司可以通过股利政策向市场传递有关公司未来获利能力的信息，从而会影响公司的股价。公司的股利支付水平在过去一个较长的时期内相对稳定（本题中以前每年发放的现金股利均在每股0.9元左右），而现在却有所变动（现在下降到0.65元/股），投资者将会把这种现象看作公司管理当局将改变公司未来收益率的信号，股票市价将有可能会因股利的下降而下降。

第六章　投资管理

考情分析

本章为重点章，主要介绍项目投资（直接投资）、证券投资（对外间接投资）、基金投资与期权投资等有关知识。本章题型很全面，并以主观题为主，而且每年都会单独或与其他章节合并考综合题。其中，项目投资管理是综合题的重要考点，证券投资管理是计算分析题的重要考点。

教材变化

2024 年本章教材内容无实质性变化。

考点提示

本章主要考点有：（1）投资管理概述；（2）项目投资管理；（3）证券投资管理；（4）基金投资和期权投资。需要考生掌握：投资项目现金流量的测算、投资项目财务评价指标的计算，投资项目财务决策方法，债券与股票的估值方法；熟悉：企业投资的分类，证券投资的特点与风险，证券投资基金的分类，期权到期日价值与净损益的计算；了解：证券投资基金的业绩评价方法，私募股权投资基金的特点与退出方式。

本章考点框架

投资管理
- 投资管理概述
  - 企业投资管理的特点
  - 企业投资的分类
  - 投资管理的原则
- 投资项目财务评价指标
  - 项目现金流量
  - 净现值
  - 年金净流量
  - 现值指数
  - 内含收益率
  - 回收期
- 项目投资管理
  - 独立投资方案的决策
  - 互斥投资方案的决策
  - 固定资产更新决策
- 证券投资管理
  - 证券投资的特点
  - 证券投资的目的
  - 证券投资的风险
  - 债券投资
  - 债券投资的收益率
  - 股票投资
- 基金投资与期权投资
  - 证券投资基金
  - 私募股权投资基金
  - 期权合约

考点解读及例题点津

第一单元　投资管理概述

1 企业投资管理的特点

一、考点解读

（1）属于企业的战略性决策；

（2）属于企业的非程序化管理；

（3）投资价值的波动性大。

二、例题点津

【例题1·判断题】项目投资管理属于企业的程序化管理。（　　）

【答案】×

【解析】企业有些经济活动是日常重复性进行的，如材料采购、产品生产等，对这类经济活动的管理称为程序化管理；有些经济活动不会经常性地重复出现，如新产品开发、项目投资、设备更新等，对这类经济活动的管理称为非程序化管理。

2 企业投资的分类

一、考点解读

（一）按投资活动与企业本身生产经营活动的关系分

1. 直接投资

直接投资是将资金直接投放于形成生产经营能力的实体性资产，直接谋取经营利润的企业投资。

2. 间接投资

间接投资是将资金投放于股票、债券、基金等资产上的企业投资。

（二）按投资对象的存在形态和性质分

1. 项目投资

项目投资指购买具有实质性内涵的经营资产，包括有形资产和无形资产。项目投资属于直接投资。

2. 证券投资

证券投资指购买属于综合性生产要素的权益性权利资产的企业投资。证券投资属于间接投资。

（三）按投资活动对企业未来生产经营前景的影响分

1. 发展性投资

发展性投资属于战略性投资，是指对企业未来的生产经营发展全局有重大影响的投资。

2. 维持性投资

维持性投资属于战术性投资，是为维持企业现有的生产经营正常进行，不会改变企业未来生产经营发展全局的企业投资。

（四）按投资活动资金的投出方向分

1. 对内投资

对内投资指在本企业范围内部的资金投放。

2. 对外投资

对外投资指通过联合投资、合作经营、换取股权、购买证券资产等投资方式，向企业外部投放资金。

（五）按投资项目之间的相互关联关系分

1. 独立投资

独立投资指相容性投资，各个投资项目之间可以同时并存。

2. 互斥投资

互斥投资指非相容性投资，各个投资项目之间不能同时并存。

提示

（1）直接投资与间接投资、项目投资与证券投资。两种投资分类的内涵和范围是一致的，只是分类的角度不同，前者强调的是投资的方式性，后者强调的是投资的对象性。

（2）对内投资都是直接投资，对外投资主要是间接投资，但也可能是直接投资，比如企业之间的横向经济联合中的联营投资。

二、例题点津

【例题1·多选题】按照企业投资的分类，下列各项中，属于发展性投资的有（　　）。

A. 开发新产品的投资

B. 更新替换旧设备的投资

C. 企业间兼并收购的投资

D. 大幅度扩大生产规模的投资

【答案】ACD

【解析】选项B属于维持性投资。

【例题2·多选题】下列属于直接投资的有（　　）。

A. 基金投资　　　B. 债券投资

C. 无形资产投资　　D. 垫支营运资金

【答案】CD

【解析】直接投资是将资金直接投放于生产经营能力的实体性资产，直接谋取经营利润的投资，选项C、D属于直接投资；间接投资是将资金投放于股票、债券等权益性资产上的投资，选项A、B属于间接投资。

3 投资管理的原则

一、考点解读

（一）可行性分析原则

可行性分析原则包括环境可行性、技术可行

性、市场可行性、财务可行性等。其中，财务可行性分析是投资项目可行性分析的主要内容。

（二）结构平衡原则

结构平衡原则主要指合理配置资源，使有限的资金发挥最大的效用。

（三）动态监控原则

动态监控原则指对投资项目实施过程中的进程控制。

二、例题点津

【例题1·单选题】投资项目的管理是一项综合管理，要考虑固定资金与流动资金、资金来源与资金运用、生产能力与经营规模之间的关系。上述说法是源于遵循投资管理的（ ）原则。

　　A. 可行性分析

　　B. 结构平衡

　　C. 比较优势

　　D. 动态监控

【答案】B

【解析】结构平衡原则是指投资项目的管理是一项综合管理，要考虑固定资金与流动资金、资金来源与资金运用、生产能力与经营规模之间的关系，要合理配置资源，使企业资金发挥最大的效用。

第二单元　投资项目财务评价指标

1 项目现金流量

一、考点解读

（一）现金流量的含义

由一项长期投资方案所引起的在未来一定期间所发生的现金收支，叫作现金流量。其中，现金收入称为现金流入量，现金支出称为现金流出量，现金流入量与现金流出量相抵后的余额，称为现金净流量（简称 NCF）。

（二）投资项目的寿命周期

1. 投资期

投资期主要是现金流出量，即在该投资项目上的原始投资。包括长期资产投资和垫支的营运资金。

2. 营业期

该阶段既有现金流入，也有现金流出。

（1）如果不考虑所得税：

营业现金净流量＝营业收入－付现成本＝营业利润＋非付现成本

（2）如果考虑所得税：

营业现金净流量

＝营业收入－付现成本－所得税

＝税后营业利润＋非付现成本

＝营业收入×（1－所得税税率）－付现成本×（1－所得税税率）＋非付现成本×所得税税率

3. 终结期

终结期的现金流量有固定资产变价净收入和垫支营运资金的收回。

提示 当资产变现价值与税法规定不一致时，要考虑对所得税的影响。

二、例题点津

【例题1·单选题】某企业营业收入为 1 000 万元，付现成本为 600 万元，非付现成本为 100 万元，企业所得税税率为 25%，则营业现金净流量为（ ）万元。

　　A. 325　　　　　　　B. 300

　　C. 1 225　　　　　　D. 1 175

【答案】A

【解析】营业现金净流量＝（1 000－600）×（1－25%）＋100×25%＝325（万元）。

【例题2·单选题】某公司拟新建一车间用以生产受市场欢迎的甲产品，据预测甲产品投产后每年可创造 1 000 万元的现金净流量；但公司原生产的 A 产品会因此受到影响，使其年收入由原来的 2 000 万元提高到 2 500 万元。假设所得税税率为 25%，则与新建车间生产甲产品项目相关的现金净流量为（　　）万元。

A. 1 000

B. 1 125

C. 1 375

D. 1 500

【答案】C

【解析】相关现金净流量 = 1 000 +（2 500 - 2 000）×（1 - 25%）= 1 375（万元）。

【例题3·单选题】甲公司正在进行某投资项目的决策，在决策时无须考虑的相关现金流量是（　　）。

A. 该项目引起公司其他项目减少现金流入200万元

B. 该项目动用了账面价值为50万元，但已经报废的、变现价值为0的一批原材料

C. 该项目到期时固定资产账面价值与变现价值的差额

D. 该项目使用了一间无法出租，也不能变现的闲置厂房

【答案】D

【解析】现金流量是增量的概念，选项A使其他项目现金流量减少，需要考虑；选项B、C对所得税费用产生影响，需要考虑；选项D对现金流入流出都没有影响，无须考虑。

【例题4·多选题】在考虑所得税影响的情况下，下列可用于计算营业现金净流量的算式中，正确的有（　　）。

A. 税后营业利润 + 非付现成本

B. 营业收入 - 付现成本 - 所得税

C. （营业收入 - 付现成本）×（1 - 所得税税率）

D. 营业收入 ×（1 - 所得税税率）+ 非付现成本 × 所得税税率

【答案】AB

【解析】营业现金净流量 = 营业收入 - 付现成本 - 所得税 = 税后营业利润 + 非付现成本 = 收入 ×（1 - 所得税税率）- 付现成本 ×（1 - 所得税税率）+ 非付现成本 × 所得税税率。所以，选项A、B正确。

2 净现值

一、考点解读

1. 净现值的含义

一个投资项目，其未来现金净流量现值与原始投资额现值之间的差额，称为净现值。

2. 计算方法

净现值（NPV）= 未来现金净流量现值 - 原始投资额现值

3. 决策标准

NPV≥0 时，投资方案可行。

4. 贴现率的选取

（1）市场利率；

（2）投资者希望获得预期最低投资报酬率；

（3）企业平均资本成本率。

5. 优点

（1）适用性强，能基本满足年限相同的互斥项目的决策；

（2）能灵活地考虑投资风险。

6. 缺点

（1）所采用的贴现率不易确定；

（2）不便于对原始投资额不相等的独立投资方案的比较决策；

（3）不能对寿命不同的互斥方案进行直接决策。

二、例题点津

【例题1·计算分析题】某公司拟投产一新产品，需要购置一套专用设备预计价款900 000元，追加流动资金145 822元。公司的会计政策与税法规定相同，设备按5年折旧，采用直线法计提，净残值率为0。该新产品预计销售单价为20元/件，单位变动成本为12元/件，每年增加固定付现成本500 000元。假设该公司所得税税率为40%；投资的最低报酬率为10%。

要求：计算净现值为0的销售量水平（计算结果保留整数）。

【答案】

设销售量为X，如表6-1所示。

表 6-1　　　　　　　　　　　　　　　　　　　　　　　　　　　　　　　　单位：元

项目	第0年	第1~4年	第5年
购置设备	-900 000		
流动资金投资	-145 822		
营业收入		20X	20X
变动付现成本		12X	12X
固定付现成本		500 000	500 000
折旧费		180 000	180 000
税前利润		8X-680 000	8X-680 000
净利润		4.8X-408 000	4.8X-408 000
折旧费		180 000	180 000
回收额			145 822
净现金流量	-1 045 822	4.8X-228 000	4.8X-228 000+145 822

$NPV = 0 = -1\ 045\ 822 + (4.8X - 228\ 000) \times (P/A, 10\%, 5) + 145\ 822 \times (P/F, 10\%, 5)$

销售量 X = 100 000 件

3 年金净流量

一、考点解读

1. 年金净流量的含义

项目期间内全部现金净流量总额的总现值或总终值**折算为等额年金的平均现金净流量**，称为年金净流量（ANCF）。

2. 计算方法

某方案的年金净流量 = 现金净流量总现值/年金现值系数

= 现金净流量总终值/年金终值系数

3. 决策标准

在大于零的前提下，**年金净流量最大的**投资方案为优。

4. 优点

适用于**寿命不同的互斥方案比较决策**。

5. 缺点

（1）贴现率不易确定；

（2）不便于对原始投资额不相等的独立投资方案的比较决策。

二、例题点津

【例题1·判断题】某公司甲项目寿命5年，净现值为200万元，乙项目寿命为7年，净现值为253万元，如果甲、乙项目之间是互斥关系，折现率为10%，该公司应选择甲项目。（　　）

【答案】√

【解析】甲项目的年金净流量 = 200/(P/A, 10%, 5) = 52.76（万元），乙项目的年金净流量 = 253/(P/A, 10%, 7) = 51.97（万元），该公司应选择甲项目。

4 现值指数

一、考点解读

1. 现值指数的含义

投资项目的**未来现金净流量现值与原始投资额现值之比**，用PVI表示。

2. 计算方法

现值指数 = 未来现金净流量现值/原始投资

额现值

3. 决策标准

现值指数≥1，项目可行；现值指数＜1，项目不可行。

4. 特点

（1）现值指数法也是**净现值法的辅助方法**，在各方案原始投资额现值相同时，实质上就是净现值法。

（2）现值指数是一个相对数指标，反映了投资效率，可用于**投资额现值不同的独立方案比较**。

二、例题点津

【例题1·单选题】 某公司甲项目寿命为5年，投资于建设起点一次性投入，投资额为300万元，该项目计算得出的净现值为370万元，则该项目的现值指数为（　　）。

A. 1.23　　　　　　B. 1.73

C. 2.23　　　　　　D. 2.73

【答案】 C

【解析】 370 = 未来现金净流量现值 - 300，未来现金净流量现值 = 670万元，现值指数 = 670/300 = 2.23。

【例题2·判断题】 在独立投资方案决策中，只要方案的现值指数大于0，该方案就具有财务可行性。（　　）

【答案】 ×

【解析】 现值指数大于1，方案具有财务可行性，说明方案实施后的投资收益率高于必要收益率。

5 内含收益率

一、考点解读

（一）内含收益率的含义

内含收益率是指项目实际可望达到的报酬率，即**能使项目投资的净现值等于零时的折现率**，用 IRR 表示。

（二）计算方法

1. 年金法

如果项目的全部投资均于投资期内一次性投入，投资期为零，并且投产后每年的净现金流量

相等。内含收益率指标可以用求系数、查表、使用插值法的步骤计算。

2. 逐步测试法

如果项目投资不同时满足上述计算内部收益率的特殊算法的条件，则只能采用试算法结合插值法的一般步骤计算内含收益率。

（三）决策标准

只有当内含收益率≥折现率时，投资项目才是可行的。

（四）优点

（1）内含收益率反映了投资项目实际可能达到的投资报酬率。

（2）反映各独立方案的获利水平。

（五）缺点

（1）计算复杂，不易直接考虑投资风险大小。

（2）在互斥方案决策时，如果各方案的原始投资额不相等，有时无法作出正确的决策。

二、例题点津

【例题1·单选题】 某投资项目在折现率为10%时，净现值为100万元；折现率为14%时，净现值为 -150万元。则该项目的内含收益率为（　　）。

A. 12.4%　　　　　　B. 11.33%

C. 11.6%　　　　　　D. 12.67%

【答案】 C

【解析】 内含收益率是使净现值等于零时的贴现率。采用内插法，（IRR - 10%）/（14% - 10%）=（0 - 100）/（-150 - 100），IRR =（0 - 100）/（-150 - 100）×（14% - 10%）+ 10% = 11.6%。

【例题2·单选题】 不影响项目投资内含收益率大小的是（　　）。

A. 项目寿命期　　　　B. 营业现金净流量

C. 资本成本率　　　　D. 原始投资额

【答案】 C

【解析】 内含收益率是使净现值等于0时的贴现率，即令"未来现金净流量现值 - 原始投资额现值 = 0"的折现率，项目寿命期、营业现金净流量、原始投资额均会影响其计算结果，而项目的资本成本率不会影响内含收益率的大小。

【例题3·多选题】 采用特殊方法计算内含收益率时，其要满足的条件包括（   ）。

A. 投资期内每年有等额现金流量

B. 投资期为0

C. 投资均于投资期内一次性投入

D. 投产后每年的净现金流量相等

【答案】 BCD

【解析】 采用特殊方法计算内含收益率时，其要满足的条件包括全部投资均于投资期内一次性投入，投资期为0，并且投产后每年的净现金流量相等。

6 回收期

一、考点解读

（一）回收期的含义

回收期是指投资项目未来现金净流量与原始投资额相等时所经历的时间，即原始投资额通过未来现金流量回收所需要的时间。

（二）静态回收期

1. 含义

静态回收期没有考虑货币时间价值，直接用未来现金净流量累计达到原始投资数额时所经历的时间作为静态回收期。

2. 计算方法

（1）未来每年现金净流量相等时，静态回收期＝原始投资额/每年现金净流量。

（2）未来每年现金净流量不相等时，则只能通过计算"累计净现金流量"的方式，来确定静态回收期。该法的原理是：按照回收期的定义，静态回收期满足以下关系式：$\sum NCF_T = 0$。

（三）动态回收期

1. 含义

动态回收期指考虑时间价值时，以项目未来现金净流量现值累计与原始投资额现值相等时所需要的时间。

2. 计算方法

（1）在原始投资一次支出，每年现金净流入量相等时：

$(P/A, i, n)$＝原始投资额现值/每年现金净流量现值

计算出年金现值系数后，使用查表、插值法可以计算出 n。

（2）如果现金流入量每年不等时，计算使净现值为零时的 n，即为动态回收期。

设 **M 是收回原始投资额现值的前一年**，

动态回收期＝M＋第 M 年的尚未收回额的现值÷第（M＋1）年的现金净流量现值

（四）回收期指标的优缺点

1. 优点

（1）计算简便，易于理解。

（2）考虑了项目的流动性和风险。

2. 缺点

（1）静态回收期没有考虑时间价值。

（2）静态回收期和动态回收期没有考虑超过回收期的现金流量。

二、例题点津

【例题1·单选题】 甲项目需要在投资开始时一次性投入固定资产投资300万元，建设期两年，项目建成时垫支营运资金100万元，项目投产后各年营业现金净流量依次为120万元、125万元、133万元、200万元、300万元。则该项目的静态回收期为（   ）年。

A. 3.11　　　　　　B. 4.11

C. 5.11　　　　　　D. 6.11

【答案】 C

【解析】 截至第5年尚未收回的原始总投资＝400－120－125－133＝22（万元），项目的静态回收期＝5＋（22/200）＝5.11（年）。

【例题2·单选题】 采用静态回收期法进行项目评价时，下列表述错误的是（   ）。

A. 若每年现金净流量不相等，则无法计算静态回收期

B. 静态回收期法没有考虑资金时间价值

C. 若每年现金净流量相等，则静态回收期等于原始投资额除以每年现金净流量

D. 静态回收期法没有考虑回收期后的现金流量

【答案】 A

【解析】 若每年现金净流量不相等时，设 M

是收回原始投资额的前一年：静态回收期＝M＋第 M 年的尚未收回额/第（M＋1）年的现金净流量，所以选项 A 错误。

【例题 3·多选题】 下列投资项目财务评价指标中，考虑了项目寿命期内全部现金流量的有（　　）。

A. 现值指数　　　B. 动态回收期

C. 年金净流量　　D. 内含收益率

【答案】 ACD

【解析】 计算动态回收期时只考虑了未来现金净流量现值总和中等于原始投资额现值的部分，没有考虑超过原始投资额现值的部分。因此选项 B 不选，其他选项都是考虑了项目寿命期内全部现金流量的。

【例题 4·多选题】 某投资项目的寿命期为10 年，原始投资额于项目期初一次性投入，随后每年现金净流量均为正数，若折现率为 8%，动态回收期为 7 年，下列表述正确的有（　　）。

A. 项目的静态回收期大于 7 年

B. 项目的现值指数大于 1

C. 项目的净现值大于 0

D. 项目的内含收益率大于 8%

【答案】 BCD

【解析】 动态回收期 7 年小于项目寿命期 10 年，说明在项目寿命期内收回原始投资额之后还有剩余现金净流量现值，因此净现值大于 0，进而得到现值指数大于 1，内含收益率大于折现率 8%，选项 B、C、D 正确。静态回收期不考虑货币时间价值，小于动态回收期，选项 A 错误。

第三单元　项目投资管理

1 独立投资方案的决策

一、考点解读

（一）独立投资方案的决策实质

决策实质是如何确定各种可行方案投资顺序，即独立方案之间的优先次序。

（二）决策方法

以各个方案的获利程度作为评价标准，一般采用内含收益率法进行比较决策。

提示

（1）反映获利程度的指标：内含收益率、现值指数。

（2）反映获利额的指标：净现值、年金净流量。

二、例题点津

【例题 1·单选题】 现有 A、B、C 三个项目投资方案，其净现值分别为 100 万元、120 万元和 70 万元，现值指数分别为 1.09、1.08 和 1.10，内含收益率分别为 11%、12.5% 和 12.7%。则项目投资的优先次序为（　　）。

A. A、B、C

B. B、A、C

C. C、A、B

D. C、B、A

【答案】 D

【解析】 独立方案投资决策时，以各个方案的获利程度作为评价标准，一般采用内含收益率法进行比较决策。

2 互斥投资方案的决策

一、考点解读

（一）互斥投资方案的决策实质

决策实质是如何选择最优方案。

（二）决策方法

（1）项目寿命相同时，选择净现值法，以净现值最大的方案为最优。

（2）项目寿命相同或不同时，选择年金净流量法，以年金净流量最大的方案为最优。

二、例题点津

【例题 1·单选题】 对于两个寿命期相同、

原始投资额现值不同的互斥投资方案，下列各项中，最为适用的决策指标是（　　）。

A. 内含收益率　　B. 净现值

C. 动态回收期　　D. 现值指数

【答案】B

【解析】在互斥投资方案的决策中，如果两个项目寿命期相同，可以直接采用净现值作为决策指标。如果两个项目寿命期不同，可采用共同年限法或年金净流量法。

【例题2·单选题】对于寿命期不同的互斥投资方案，下列各项中，最为适用的决策指标是（　　）。

A. 动态回收期　　B. 净现值

C. 内含收益率　　D. 年金净流量

【答案】D

【解析】互斥决策以方案的获利数额作为评价标准，一般采用净现值法和年金净流量法进行选优决策。净现值指标受投资项目寿命期的影响，在项目寿命期不同的情况下，年金净流量是最为适用的决策指标。

【例题3·单选题】关于互斥投资方案的决策，假设两个方案的折现率相同，下列表述中错误的是（　　）。

A. 两方案寿命期相等，而原始投资额不等，应选择净现值较大的方案

B. 两方案寿命期相等，而原始投资额不等，应选择年金净流量较大的方案

C. 两方案寿命期不等，而原始投资额相同，应选择净现值较大的方案

D. 两方案寿命期不等，而原始投资额相同，应选择年金净流量较大的方案

【答案】C

【解析】在两个方案的折现率相同的情况下，关于互斥投资方案的决策，不考虑原始投资额的大小，若寿命期相等，应选择净现值或年金净流量较大的方案；若寿命期不相等，应选择年金净流量较大的方案。

【例题4·多选题】某投资项目的原始投资全部于建设期初一次性投入，建设期为1年，经营期限为10年，经营期内每年现金净流量均为正数，资本成本率为12%，若该投资项目现值

指数大于1，下列说法正确的有（　　）。

A. 静态回收期小于11年

B. 内含收益率大于12%

C. 净现值大于0

D. 年金净流量大于原始投资额

【答案】ABC

【解析】单一投资项目，若现值指数大于1，则净现值大于0，年金净流量大于0，内含收益率大于资本成本率，动态回收期小于项目寿命期11年，选项B、C正确。因为静态回收期不考虑时间价值，所以静态回收期小于动态回收期，选项A正确。年金净流量=净现值/年金现值系数，无法判断年金净流量是否大于原始投资额，选项D错误。

3　固定资产更新决策

一、考点解读

（一）项目寿命相同时

（1）题目给定现金流入时，**以净现值最大的方案为优**。

（2）题目没有给定现金流入时，**以总现金流出现值最小的方案为优**。

（二）项目寿命不同时

（1）题目给定现金流入时，**以年金净流量最大的方案为优**。

（2）题目没有给定现金流入时，**以年金成本最小的方案为优**。

二、例题点津

【例题1·单选题】在固定资产更新决策中，旧设备原值为1 000万元，累计折旧为800万元，变价收入为120万元，企业所得税税率为25%。不考虑其他因素。旧设备变现产生的现金净流量为（　　）万元。

A. 150　　　　B. 100

C. 140　　　　D. 90

【答案】C

【解析】旧设备变现产生的现金净流量=$120+(1\,000-800-120)\times25\%=140$（万元）。

第四单元 证券投资管理

1 证券投资的特点

一、考点解读

（一）**价值虚拟性**

证券资产不能脱离实体资产而完全独立存在。但证券资产的价值不是完全由实体资本的现实生产经营活动决定的，而是取决于契约性权利所能带来的未来现金流量，**是一种未来现金流量折现的资本化价值。**

（二）**可分割性**

证券资产可以**分割为一个最小的投资单位**。

（三）持有目的多元性

持有目的多元性既可能是为未来积累现金即为未来变现而持有，也可能是为谋取资本利得即为销售而持有，还有可能是为取得对其他企业的控制权而持有。

（四）强流动性

其流动性表现在：

（1）**变现能力强**；

（2）**持有目的可以相互转换**，当企业急需现金时，可以立即将为其他目的而持有的证券资产变现。

（五）高风险性

金融投资受公司风险和市场风险的双重影响。

二、例题点津

【例题1·多选题】证券投资资产的强流动性主要表现在（ ）。

A. 可以分割成最小交易单位

B. 变现能力强

C. 持有目的可以相互转换

D. 有明确的到期期限

【答案】BC

【解析】证券投资资产的强流动性主要表现在：（1）变现能力强；（2）持有目的可以相互转换，当企业急需现金时，可以立即将为其他目的而持有的证券资产变现。

【例题2·判断题】证券投资的风险高于项目投资的风险。（ ）

【答案】√

【解析】证券资产是一种虚拟资产，受公司风险和市场风险的双重影响，不仅发行证券资产的公司的业绩影响其投资收益率，资本市场平均收益率的变化也会给证券资产带来直接的市场风险。

2 证券投资的目的

一、考点解读

（1）分散资金投向，降低投资风险。

（2）利用闲置资金，增加企业收益。

（3）确定客户关系，保证生产经营。

（4）提高资产流动性，增强偿债能力。

二、例题点津

【例题1·多选题】股份有限公司通过配股将筹集的资金对上游供货商进行股权投资，可能达到（ ）的目的。

A. 分散资金投向，降低投资风险

B. 利用闲置资金，增加企业收益

C. 确定客户关系，保证生产经营

D. 提高资产流动性，增强偿债能力

【答案】ACD

【解析】股份有限公司通过配股将资金对上游供货商进行股权投资，意味着目前企业并没有过多的闲置资金。

【例题2·判断题】某企业在生产经营淡季将生产过程中游离出来的部分资金进行了短期债券投资，这样做符合分散资金投向、降低投资风险的目的。（ ）

【答案】×

【解析】这部分在生产过程中游离出来的

资金属于暂时闲置资金，将其进行短期债券投资，符合利用闲置资金、增加企业收益的目的。

3 证券投资的风险

一、考点解读

（一）系统性风险

1. 价格风险

价格风险指由于**市场利率上升，使证券价格普遍下降的风险**。证券资产的期限越长，市场利率上升时其价格下跌越剧烈，价格风险越大。到期风险附加率是投资者承担市场利率上升导致证券价格下降的利率变动风险的一种补偿。期限越长的证券，要求的到期风险附加率越大。

2. 再投资风险

再投资风险指由于市场利率下降，再也找不到原来的高回报的投资机会，而造成的无法通过再投资实现预期收益的风险。

3. 购买力风险

购买力风险指由于**通货膨胀而使货币购买力下降的风险**。购买力风险对具有收款权利性质的资产影响很大，债券投资的购买力风险远大于股票投资。避免购买力风险的办法是将资本投向实体性资产。

（二）非系统性风险

1. **违约风险**

违约风险指证券**发行人无法按约定兑付**证券利息和偿还本金的可能性。

2. 变现风险

变现风险指证券持有者无法将证券以正常价格平仓出货的可能性。

3. 破产风险

破产风险指证券资产发行者破产清算时投资者无法收回应得权益的可能性。

二、例题点津

【例题1·单选题】关于证券投资的风险，下列说法错误的是（　　）。

A. 价格风险属于系统风险

B. 购买力风险属于系统风险

C. 违约风险属于系统风险

D. 破产风险属于非系统风险

【答案】C

【解析】非系统风险包括违约风险、变现风险、破产风险，系统风险包括价格风险、再投资风险、购买力风险。违约风险属于非系统风险，选项C错误。

【例题2·单选题】下列各项中，属于非系统风险的是（　　）。

A. 由于利率上升而导致的价格风险

B. 由于通货膨胀而导致的购买力风险

C. 由于公司经营不善而导致的破产风险

D. 由于利率下降而导致的再投资风险

【答案】C

【解析】系统风险包括价格风险、再投资风险和购买力风险。非系统风险包括违约风险、变现风险和破产风险。

【例题3·单选题】某公司预期未来市场利率上升而将闲置资金全部用于短期证券投资，而到期时市场利率却大幅度下降，这意味着公司的证券投资出现（　　）。

A. 再投资风险　　B. 购买力风险

C. 汇率风险　　D. 变现风险

【答案】A

【解析】再投资风险是由于市场利率下降所造成的无法通过再投资而实现预期收益的可能性。

【例题4·单选题】由于市场利率上升，而使证券资产价格具有普遍下跌的可能，投资者由此蒙受损失，此类证券投资风险指（　　）。

A. 购买力风险　　B. 价格风险

C. 再投资风险　　D. 变现风险

【答案】B

【解析】价格风险是指由于市场利率上升，而使证券资产价格普遍下跌的可能性。

【例题5·单选题】关于证券投资所面临的购买力风险，下列表述错误的是（　　）。

A. 购买力风险是一种系统性风险

B. 购买力风险将使证券投资名义收益率降低而实际收益率不变

C. 购买力风险不能通过多元化投资予以分散

D. 购买力风险主要由通货膨胀引起

【答案】B

【解析】购买力风险是由于通货膨胀而使货币购买力下降的可能性。证券资产是一种货币性资产，通货膨胀会使证券资产投资的本金和收益贬值，名义收益率不变而实际收益率降低。选项 B 错误。

4 债券投资

一、考点解读

（一）债券的基本要素

债券的基本要素包括**债券面值、票面利率（计息方式、付息方式）、到期日**。

（二）债券的价值

1. 基本要素

（1）基本公式：

债券价值 = 未来各期利息收入的现值合计 + 未来到期本金或售价的现值

$$V_b = I \times (P/A, i, n) + M \times (P/F, i, n)$$

（2）决策标准：

价值高于价格可以购买，反之则相反。

债券的票面利率可能小于、等于或大于市场利率，因而债券价值就可能小于、等于或大于债券票面价值，因此在债券实际发行时就要折价、平价或溢价发行。**折价发行**是为了对投资者未来少获利息而给予的必要补偿；**平价发行**是因为票面利率与市场利率是相等的，此时票面价值和债券价值是一致的，所以不存在补偿问题；**溢价发行**是为了对债券发行者未来多付利息而给予的必要补偿。

2. 债券期限对债券价值的敏感性

（1）引起债券价值随债券期限变化而波动的原因，是债券票面利率与市场利率的不一致性。如果票面利率与市场利率一致，债券期限变化不会引起债券价值的变化。即只有溢价或折价的债券，才产生不同期限下债券价值有所不同的现象。

（2）债券期限越短，债券票面利率对债券价值的影响越小。不论是溢价债券还是折价债券，当债券期限较短时，票面利率与市场利率的差异不会使债券价值过于偏离债券的面值。

（3）债券期限越长，债券价值越偏离债券面值，并且，溢价债券的期限对债券价值的敏感性要大于折价债券。

（4）超长期债券的期限差异，对债券价值的影响不大。

3. 市场利率对债券价值的敏感性

（1）市场利率提高，债券价值变小，反之则相反。

（2）长期债券对市场利率的敏感性要大于短期债券。

（3）市场利率低于票面利率时，债券价值对市场利率的变化较为敏感，市场利率稍有变化债券价值就会发生剧烈波动；市场利率超过票面利率之后债券价值对市场利率的变化的敏感性减弱，市场利率的提高，不会使债券价值过分降低。

二、例题点津

【例题1·单选题】根据债券估价基本模型，不考虑其他因素的影响，当市场利率上升时，固定利率债券价值的变化方向是（　　）。

A. 不变　　　　B. 不确定

C. 下降　　　　D. 上升

【答案】C

【解析】债券价值与市场利率是反向变动的。市场利率下降，债券价值上升；市场利率上升，债券价值下降。

【例题2·单选题】根据债券估值基本模型，若不考虑其他因素的影响，下列表述错误的是（　　）。

A. 债券的面值越大，债券的价值越大

B. 折现率越大，债券的价值越大

C. 债券的票面利率越大，债券的价值越大

D. 利息的支付频率越高，债券的价值越大

【答案】B

【解析】折现率与债券价值反向变动，折现率越大，债券的价值越小，选项 B 错误。

【例题3·多选题】下列关于债券的表述中，

正确的有（　　）。

A. 对于到期一次还本付息债券，若债券的票面利率等于其市场利率，则债券的价值就是其面值

B. 对于分次付息债券，若债券的票面利率等于其市场利率，则债券的价值就是其面值

C. 零票面利率债券的发行价格一定低于其面值

D. 零票面利率债券在其整个存续期内其价值一定低于其面值

【答案】BCD

【解析】对于到期一次还本付息的债券来说，若债券的票面利率等于其市场利率，则债券的价值低于其面值。

【例题4·多选题】债券票面利率大于市场利率的情况下，基于债券估价，下列表述正确的有（　　）。

A. 付息频率提高，债券价值下降

B. 票面利率提高，债券价值上升

C. 市场利率上升，债券价值下降

D. 债券期限延长，债券价值下降

【答案】BC

【解析】票面利率大于市场利率，债券溢价发行，付息频率提高会使债券价值上升，选项A错误。债券价值与票面利率同向变动，选项B正确。债券价值与市场利率（贴现率）反向变动，选项C正确。对于溢价发行的债券，期限延长会使债券价值上升，选项D错误。

【例题5·判断题】当公司债券折价发行时，债券的内部收益率将低于票面利率。（　　）

【答案】×

【解析】溢价债券的内部收益率低于票面利率，折价债券的内部收益率高于票面利率，平价债券的内部收益率等于票面利率。

5 债券投资的收益率

一、考点解读

（一）债券收益的来源

（1）名义利息收益；

（2）利息再投资收益；

（3）价差收益。

（二）债券的内部收益率

1. 含义

债券的内部收益率是指以当前市场价格购买债券并持有至到期日或转让日所能获得的收益率，即：使未来现金流入现值等于债券购入价格的贴现率。

2. 计算方法

（1）试算法（考虑时间价值）。使用债券价值的计算公式，将债券价值改为已知的买价，倒求折现率即可。

（2）简便算法（不考虑时间价值）。

$R = [I + (B - P)/N]/[(B + P)/2]$

式中，P表示债券的当前购买价格，B表示债券面值，N表示债券持有期限，分母是平均资金占用，分子是平均收益。

（3）说明。

①平价发行债券，持有到期的内含收益率＝票面利率。

②溢价发行债券，持有到期的内含收益率＜票面利率。

③折价发行债券，持有到期的内含收益率＞票面利率。

（4）决策标准。内含收益率大于投资人要求的报酬率，可以买入债券。

二、例题点津

【例题1·单选题】债券内含收益率的计算公式中不包含的因素是（　　）。

A. 债券面值　　　　B. 债券期限

C. 市场利率　　　　D. 票面利率

【答案】C

【解析】在计算债券内含收益率时不涉及市场利率或给定的折现率。

【例题2·判断题】甲公司2×23年2月1日用平价购买一张面额为1 000元的债券，其票面利率为8%，每年2月1日计算并支付一次利息，并于5年后的1月31日到期。该公司持有该债券至到期日，则其内部收益率为7.25%。（　　）

【答案】×

【解析】平价购买的每年付息一次的债券的内部收益率等于票面利率，应该等于8%。

6 股票投资

一、考点解读

（一）股票的价值

1. 股票估价的基本模型

$$V_S = \sum_{t=1}^{\infty} \frac{D_t}{(1 + R_s)^t}$$

2. 固定增长模式

$$V_S = \frac{D_0 \times (1 + g)}{R_S - g} = \frac{D_1}{R_S - g}$$

3. 零成长模式

$$V_S = D/R_S$$

4. 阶段性成长模式

对于阶段性增长的股票，需要分段计算，才能确定股票的价值。

（二）股票投资的收益率

1. 股票收益的来源

（1）股利收益；

（2）股利再投资收益；

（3）转让价差。

2. 股票的内部收益率

（1）零成长股票：

$$R = D/P_0$$

（2）固定成长股票：

$$R = \frac{D_1}{P_0} + g$$

（3）阶段性成长股票。

使用股票估值的公式，按某个特定价格买入股票后倒求折现率，这个折现率就是股票的内部收益率。

二、例题点津

【例题1·单选题】在其他条件不变的情况下，下列事项中能够引起股票投资收益率上升的是（　　）。

A. 当前股票价格上升

B. 资本利得收益率上升

C. 预期现金股利下降

D. 预期持有该股票的时间延长

【答案】B

【解析】根据固定增长股利模型，股票投资收益率＝预计下一期股利/当前股票价格＋股利增长率＝股利收益率＋资本利得收益率。所以，选项A、C都会使股票投资收益率下降，选项B会使股票投资收益率上升，选项D对股票投资收益率没有影响。

【例题2·计算分析题】某投资人持有ABC公司的股票，他的投资必要报酬率为15%。预计ABC公司未来3年股利将高速增长，增长率为20%。在此以后转为正常增长，增长率为12%。公司最近支付的股利为2元。

要求：计算该公司股票的价值。

【答案】

（1）计算非正常增长期的股利现值，如表6-2所示。

表6-2　　　　　非正常增长期的股利现值计算

年数	股利（D_t）（元）	现值系数（15%）	现值（元）
1	2×1.2＝2.4	0.870	2.088
2	2.4×1.2＝2.88	0.756	2.177
3	2.88×1.2＝3.456	0.658	2.274
合计（3年股利的现值）			6.539

（2）计算第3年年底的普通股价值：

$$P_3 = \frac{D_4}{R_S - g} = \frac{D_3(1 + g)}{R_S - g} = \frac{3.456 \times 1.12}{0.15 - 0.12} = 129.02（元）$$

计算其现值：

$PVP_3 = 129.02 \times (P/F, 15\%, 3) = 129.02 \times 0.658 = 84.90$（元）

（3）计算股票目前的内在价值：

$P_0 = 6.539 + 84.90 = 91.439$（元）

【例题3·计算分析题】某投资者准备购买甲公司的股票，并打算长期持有。甲公司股票当前的市场价格为32元/股，预计未来3年每年股利均为2元/股，随后股利年增长率为10%。甲

公司股票的 β 系数为 2，当前无风险收益率为 5%，市场平均收益率为 10%。

有关货币时间价值系数如下：

(P/F，10%，3) = 0.7513，(P/A，10%，3) = 2.4869；(P/F，15%，3) = 0.6575，(P/A，15%，3) = 2.2832。

要求：

(1) 采用资本资产定价模型计算甲公司股票的必要收益率。

(2) 以要求 (1) 的计算结果作为投资者要求的收益率，采用股票估价模型计算甲公司股票的价值。

(3) 根据要求 (2) 的计算结果，判断甲公司股票是否值得购买，并说明理由。

【答案】

(1) 甲公司股票的必要收益率 = 5% + 2 × (10% − 5%) = 15%

(2) 甲公司股票的价值 = 2 × (P/A，15%，3) + 2 × (1 + 10%)/(15% − 10%) × (P/F，15%，3) = 33.50 (元/股)

(3) 甲公司股票的价值 33.50 元/股大于股票当前的市场价格 32 元/股，甲公司股票值得投资。

【例题 4·计算分析题】某投资者准备购买甲公司的股票，当前甲公司股票的市场价格为 4.8 元/股，甲公司采用固定股利政策，预计每年的股利均为 0.6 元/股。已知甲公司股票的 β 系数为 1.5，无风险收益率为 6%，市场平均收益率为 10%。

要求：

(1) 采用资本资产定价模型计算甲公司股票的必要收益率。

(2) 以要求 (1) 的计算结果作为投资者要求的收益率，采用股票估价模型计算甲公司股票的价值，据此判断是否值得购买，并说明理由。

(3) 采用股票估价模型计算甲公司股票的内部收益率。

【答案】

(1) 甲公司股票的必要收益率 = 6% + 1.5 × (10% − 6%) = 12%

(2) 甲公司股票的价值 = 0.6/12% = 5 (元/股)

甲公司股票的价值 5 元/股大于股票的市场价格 4.8 元/股，该股票值得购买。

(3) 甲公司股票的内部收益率 = 0.6/4.8 = 12.5%。

第五单元　基金投资与期权投资

1 证券投资基金

一、考点解读

1. 投资基金的概念

投资基金是一种集合投资方式，投资者通过购买基金份额，将众多资金集中起来，由专业的投资者即基金管理人进行管理，通过投资组合的方式进行投资，实现利益共享、风险共担。

投资基金按照投资对象的不同可以分为证券投资基金和另类投资基金。证券投资基金主要投资于证券交易所或银行间市场上公开交易的有价证券，如股票、债券等；另类投资基金包括私募股权基金 (private equity，PE)、风险投资基金 (venture capital，VC)、对冲基金 (hedge fund，HF) 以及投资于实物资产如房地产、大宗商品、基础设施等的基金。

2. 证券投资基金的特点

(1) 集合理财实现专业化管理。

(2) 通过组合投资实现分散风险的目的。

(3) 投资者利益共享且风险共担。

(4) 权力隔离的运作机制。

(5) 严格的监管制度。

3. 证券投资基金的分类（见表 6 – 3）

表6-3

分类方式	名称	概念
依据法律形式分类	契约型基金	契约型基金依据基金管理人、基金托管人之间签署的基金合同设立，合同规定了参与基金运作各方的权利与义务。基金投资者通过购买基金份额成为基金合同当事人，享受合同规定的权利，也需承担相应义务
	公司型基金	公司型基金则为独立法人，依据基金公司章程设立，基金投资者是基金公司的股东，按持有股份比例承担有限责任，分享投资收益。与一般股份有限公司类似，也有董事会这种行使股东权力的机构，虽然公司型基金在形式上类似于一般股份公司，但不同于一般股份公司的是，它委托基金管理公司作为专业的投资顾问来经营与管理基金资产
依据运作方式分类	封闭式基金	封闭式基金的基金份额持有人不得在基金约定的运作期内赎回基金，即基金份额在合同期限内固定不变
	开放式基金	开放式基金则可以在合同约定的时间和场所对基金进行申购或赎回，即基金份额不固定。封闭式基金适合资金可进行长期投资的投资者，开放式基金则更适合强调流动资金管理的投资者
依据投资对象进行分类	股票基金	股票基金为基金资产80%以上投资于股票的基金
	债券基金	债券基金为基金资产80%以上投资于债券的基金
	货币市场基金	仅投资于货币市场工具的为货币市场基金
	混合基金	混合基金是指投资于股票、债券和货币市场工具，但股票投资和债券投资的比例不符合股票基金、债券基金规定的基金
依据投资目标分类	增长型基金	增长型基金主要投资于具有较好增长潜力的股票，投资目标为获得资本增值，较少考虑当期收入
	收入型基金	收入型基金则更加关注能否取得稳定的经常性收入，投资对象集中于风险较低的蓝筹股、公司及政府债券等
	平衡型基金	平衡型基金则集合了上述两种基金投资的目标，既关注是否能够获得资本增值，也关注收入问题
依据投资理念分类	主动型基金	主动型基金是指由基金经理主动操盘寻找超越基准组合表现的投资组合进行投资
	被动（指数）型基金	被动型基金则期望通过复制指数的表现，选取特定的指数成份股作为投资对象，不期望能够超越基准组合，只求能够与所复制的指数表现同步
依据募集方式分类	私募基金	私募基金采取非公开方式发售，面向特定的投资者，他们往往风险承受能力较高，单个投资者涉及的资金量较大
	公募基金	公募基金可以面向社会公众公开发售，募集对象不确定，投资金额较低，适合中小投资者，由于公募基金涉及的投资者数量较多，因此受到更加严格的监管并要求更高的信息透明度

注：增长型基金、平衡型基金和收入型基金三者的风险和收益的关系为：增长型基金风险＞平衡型基金风险＞收入型基金风险，增长型基金收益＞平衡型基金收益＞收入型基金收益。

4. 证券投资基金业绩评价

在投资时仅了解投资产品实现的回报率是不够的，只有通过完备的投资业绩评估，投资者才有足够的信息来了解自己的投资状况，进行基金投资决策。往往需要考虑以下因素：

（1）投资的目标和范围。

两种投资目标与范围不同的基金不具有可比性，不能作为基金投资决策的选择标准。

（2）风险水平。

风险增加时必然要求更高的收益进行补偿，所以单纯比较收益水平会导致业绩评价结果存在偏差，应当关注收益背后的风险水平。

（3）基金规模。

与产品生产的固定成本类似，基金也存在研究费用、信息获取费用等固定成本，随着基金规模的增加，基金的平均成本会下降。另外，非系统性风险也会随着基金规模的增加而降低。当然，这里不是一味肯定基金规模增大的好处，因为基金规模过大也会对投资对象选择以及被投资对象流动性产生不利影响。

（4）时间区间。

在比较不同的基金业绩时需要注意是否处在同样的业绩计算期，不同的业绩比较起止时间下基金业绩可能存在较大差异。为提高业绩比较结果的准确性，可以采用多个时间段的业绩进行比较，比如选择近一个月、近三个月或者近一年等。

5. 常用的基金业绩评估指标

（1）绝对收益。

基金绝对收益指标不关注与业绩基准之间的差异，测量的是证券或投资组合的增值或贬值，在一定时期内获得的回报情况，一般用百分比形式的收益率衡量。绝对收益的计算涉及持有期间收益率、现金流和时间加权收益率、平均收益率。其中平均收益率又分为算数平均收益率和几何平均收益率。

①持有期间收益率：基金持有期间所获得的收益通常来源于所投资证券的资产回报和收入回报两部分。资产回报是指股票、债券等资产价格的增加，收入回报为股票或债券的分红、利息等。计算公式为：

$$持有期间收益率 = \frac{期末资产价格 - 期初资产价格 + 持有期间红利收入}{期初资产价格} \times 100\%$$

②现金流和时间加权收益率：该方法将收益率计算区间划分为若干个子区间，每个子区间以现金流发生时间划分，以各个子区间收益率为基础计算整个期间的绝对收益水平。

③平均收益率：基金的平均收益率根据计算方法不同可分为算术平均收益率和几何平均收益率。其中，算术平均收益率即计算各期收益率的算术平均值。算术平均收益率（R_A）的计算公式为：

$$R_A = \frac{\sum_{t=1}^{n} R_t}{n} \times 100\%$$

式中：R_t 表示 t 期收益率；n 表示期数。

几何平均收益率（R_G）的计算公式为：

$$R_G = \left(\sqrt[n]{\prod_{i=1}^{n} (1 + R_i)} - 1 \right) \times 100\%$$

式中：R_i 表示 i 期收益率；n 表示期数。

几何平均收益率相比算术平均收益率考虑了货币时间价值。一般来说，收益率波动越明显，算术平均收益率相比几何平均收益率越大。

（2）相对收益。

基金的相对收益，是基金相对于一定业绩比较基准的收益。根据基金投资的目标选取对应的行业或市场指数，例如沪深 300 指数、上证 50 指数等，以此指数成分股股票收益率作为业绩比较基准，求解相对收益。

二、例题点津

【例题1·单选题】相对于公募证券投资基金，关于私募证券投资基金的表述中，错误的是（　　）。

A. 面向特定投资者出售

B. 采用非公开形式发售

C. 涉及投资者数量相对较小

D. 受到监管更严格

【答案】D

【解析】由于公募基金涉及的投资者数量较多，因此受到更加严格的监管并要求更高的信息透明度。选项 D 错误。

2 私募股权投资基金

一、考点解读

具体见表6-4。

表6-4

概念	属于股权投资基金，投资对象往往为私人股权，包括未上市企业和上市企业非公开发行和交易的普通股、依法可转换为普通股的优先股和可转换债券
特点	(1) 具有较长的投资周期； (2) 较大的投资收益波动性； (3) 对投资决策与管理的专业要求较高，投后需进行非财务资源注入
退出	**(1) 股份上市转让或挂牌转让；** **(2) 股权转让；** **(3) 清算退出**
与风险投资基金的关系	在我国经济发展过程中，私募股权基金和风险投资基金受到较高关注。从投资阶段看，私募股权基金主要投资拟上市公司，被投资方业务已进入发展阶段，而风险投资基金则更关注初创型企业，公司经营可能刚刚起步，投资标的以高新技术企业或项目为主。但从目前风险投资基金机构的投资取向看，也不排除中后期的投资活动。风险投资基金愿意承担更高的投资风险，但同时也期望有更高的投资报酬率。在目前的投资过程中，私募股权基金与风险投资基金仅做概念上的区分，其投资对象可能重合，实际经营中并不存在严格的界限

二、例题点津

【例题1·单选题】 某基金的全部资产中，有10%投资于股票，5%投资于短期国债，85%投资于公司债券。则该基金被认定为（　　）。

A. 股票基金　　　　B. 货币市场基金

C. 混合基金　　　　D. 债券基金

【答案】 D

【解析】 根据中国证监会对基金类别的分类标准，股票基金为基金资产80%以上投资于股票的基金。债券基金为基金资产80%以上投资于债券的基金。仅投资于货币市场工具的为货币市场基金。混合基金是指投资于股票、债券和货币市场工具，但股票投资和债券投资的比例不符合股票基金、债券基金规定的基金。因此本题选择选项D。

【例题2·单选题】 关于证券投资基金的特点，下列说法错误的是（　　）。

A. 通过集合理财实现专业化管理

B. 基金投资风险主要由基金管理人和基金托管人承担

C. 通过组合投资实现分散风险的目的

D. 基金操作权力与资金管理权力相互隔离

【答案】 B

【解析】 基金投资是指基金投资者通过投资组合的方式进行投资，实现利益共享、风险共担。参与基金运作的基金管理人和基金托管人仅按照约定的比例收取管理费用和托管费用，无权参与基金收益的分配，不承担基金投资的风险。选项B错误。

【例题3·单选题】 与私募基金相比，以下对于公募基金的特点表述错误的是（　　）。

A. 监管较宽松

B. 募集对象不确定

C. 投资金额要求较低

D. 信息透明度要求高

【答案】 A

【解析】 公募基金可以面向社会公众公开发售，募集对象不确定，投资金额较低，适合中小投资者，由于公募基金涉及的投资者数量较多，因此受到更加严格的监管并要求更高的信息透明度。选项A表述错误。

3　期权合约

一、考点解读

1. 期权合约的概念

期权合约，又称选择权合约，是指合约持有人可以选择在某一特定时期或该日期之前的任何时间以约定价格买入或者卖出标的资产的合约，即期权合约购买方既可以选择行权也可以选择不行权。该合约允许买方从市场的变动中受益，但市场朝反方向变动时也不会遭受损失，即期权的买方和卖方获利与损失的机会并不均等，期权的买方通过支付期权合约的购买费用获得了一项仅有权利而没有义务的合约，买方与卖方进行的是零和博弈，两者盈亏正好相反。

2. 期权合约的构成要素

（1）标的资产指期权合约中约定交易的资产，包括商品、金融资产、利率、汇率或综合价格指数等。

（2）期权买方通过支付费用获取期权合约规定的权利，也称为期权的多头。

（3）卖方卖出期权的一方通过获得买方支付的合约购买费用，承担在规定时间内履行期权合约义务的责任，也称为期权的空头。

（4）执行价格（或称为协议价格），指依据合约规定，期权买方在行权时所实际执行的价格。该价格与行权时的实际价格之差将体现为期权买方的收益或损失。

（5）期权费用是指期权买方为获取期权合约所赋予的权利而向卖方支付的费用，一旦支付，无论买方是否选择行权，费用不予退回。期权费用对于买方而言是该项投资的成本，对于卖方而言，是一项回报。

（6）通知日为预先确定的交货日之前的某一天，以便做好准备。到期日为期权合约必须履行的时间点。

3. 期权合约的分类

按照期权执行时间的不同，可以分为欧式期权和美式期权。欧式期权指买方仅能在到期日执行期权，不可推迟或提前，欧式期权的卖方有权拒绝提前执行合约，如果推迟执行则合约作废。美式期权允许买方在期权到期前的任何时间执行期权合约，包括到期日当天，但如果超过到期日则同样作废。由于美式期权的行权更加自由，因此在同样条件下，美式期权的费用也较高。

按照期权买方权利的不同，可以分为看涨期权与看跌期权。看涨期权赋予了期权买方在到期日或到期日之前，以固定价格购买标的资产的权利，也称为买入期权。看跌期权赋予了期权买方在到期日或到期日之前，以固定价格卖出标的资产的权利，也称为卖出期权。

4. 期权到期日价值与净损益的计算（见表 6-5）

表 6-5

买入看涨期权	投资者买入看涨期权，即投资者预测在期权到期日时，标的资产市场价格 A_m 将高于执行价格 X。因此，当到期日 $A_m >$ X 时，投资者将选择行权，规避标的资产价格上涨的风险，否则不会执行期权	期权到期日价值（V）	$V = \max(A_m - X, 0)$ 当 $A_m > X$ 时，期权买方将选择行权，期权到期价值为 $A_m - X$；当 $A_m < X$ 时，期权买方不会行权，期权到期价值为 0
		期权净损益（P）	$P = V -$ 期权费用 买入看涨期权方的净损失最大为期权费用，净收益则没有上限
卖出看涨期权	看涨期权卖方与买方为零和博弈，买方获取的收益即为卖方的损失。卖出看涨期权的一方，向买方收取了期权费用	期权到期日价值（V）	$V = -\max(A_m - X, 0)$ 当 $A_m > X$ 时，期权买方将选择行权，则对于卖方而言，期权到期价值为 $-(A_m - X)$；当 $A_m < X$ 时，期权买方不会行权，则对于卖方而言期权到期价值为 0
		期权净损益（P）	$P = V +$ 期权费用 卖出看涨期权方的净损失没有下限，净收益最大为期权费用

续表

	投资者买入看跌期权，即投资者预测在期权到期日时，标的资产市场价格 A_m 将低于执行价格 X。因此，当到期 $A_m <$ X 时，投资者将选择行权，规避标的资产价格下跌的风险，否则不会执行期权	期权到期日价值（V）	$V = max（X - A_m，0）$ 当 $A_m <$ X 时，期权买方将选择行权，期权到期价值为 $X - A_m$； 当 $A_m >$ X 时，期权买方不会行权，期权到期价值为 0
买入看跌期权		期权净损益（P）	$P = V -$ 期权费用 买入看跌期权方的净损失最大为期权费用，净收益上限为 $X -$ 期权费用，即标的资产市场价格 A_m 降至 0
卖出看跌期权	看跌期权卖方与买方为零和博弈，买方获取的收益即为卖方的损失。卖出看跌期权的一方，向买方收取了期权费用	期权到期日价值（V）	$V = - max（X - A_m，0）$ 当 $A_m <$ X 时，期权买方将选择行权，则对于卖方而言，期权到期价值为 $-（X - A_m）$； 当 $A_m >$ X 时，期权买方不会行权，则对于卖方而言，期权到期价值为 0
		期权净损益（P）	$P = V +$ 期权费用 卖出看跌期权方的净收益最大为期权费用，净损失最大为 $X -$ 期权费用，即标的资产市场价格 A_m 降至 0

二、例题点津

【例题 1·单选题】关于投资者买入看涨期权的净损失，下列表述正确的是（　　）。

A. 净损失最大为 0

B. 净损失最大为标的资产市场价格

C. 净损失最大为期权费用

D. 净损失最大为执行价格

【答案】C

【解析】买入看涨期权的净损益 = max（到期日标的资产市场价格 - 执行价格，0）- 期权费用，因此买入看涨期权的到期日价值最小值为 0，所以买入看涨期权的净损失最大为期权费用，选项 C 正确。

【例题 2·单选题】下列关于期权特征的表述正确的是（　　）。

A. 欧式看涨期权的空头拥有在到期日以固定价格购买标的资产的权利

B. 美式看涨期权的空头可以在到期日或到期日之前的任何时间执行以固定价格出售标的资产的权利

C. 欧式看跌期权的多头拥有在到期日或到期日之前的任何时间执行以固定价格出售标的资产的权利

D. 美式看跌期权的多头拥有在到期日或到期日之前的任何时间执行以固定价格出售标的资产的权利

【答案】D

【解析】期权的特权是针对多头而言的。看跌期权是卖权，看涨期权是买权。欧式期权只能在到期日执行，美式期权可以在到期日或到期日之前的任何时间执行。

【例题 3·多选题】在其他因素不变的情况下，下列事项中，会导致欧式看涨期权价值增加的有（　　）。

A. 期权执行价格提高

B. 期权到期期限延长

C. 股价波动率增加

D. 无风险利率提高

【答案】CD

【解析】执行价格提高会使看涨期权价值下降，选项 A 错误；期权到期期限延长对于欧式期权价值的影响不一定，选项 B 错误。

本章考点巩固练习题

一、单项选择题

1. 现值指数与净现值的主要区别是（　　）。
   A. 现值指数未考虑资金时间价值
   B. 现值指数无须事先设定折现率就可以计算
   C. 现值指数可以从动态角度反映项目的效率
   D. 现值指数无须事先设定折现率就可以排定项目的优劣次序

2. 某投资项目的原始投资额总现值 1 000 万元，净现值 350 万元，则该项目的现值指数是（　　）。
   A. 0.35　　　　　B. 0.65
   C. 1　　　　　　D. 1.35

3. 以下不属于互斥投资的特点的是（　　）。
   A. 相互关联　　　B. 相互替代
   C. 可以同时存在　D. 属于非相容性投资

4. 某公司拟进行一项固定资产投资决策，设定贴现率为 8%，有四个方案可供选择。其中甲方案的现值指数为 0.95；乙方案的内含收益率为 7.8%；丙方案的寿命期为 10 年，净现值为 800 万元，（P/A，8%，10）= 6.7101；丁方案的寿命期为 8 年，年金净流量为 100 万元。最优的投资方案是（　　）。
   A. 甲方案　　　　B. 乙方案
   C. 丙方案　　　　D. 丁方案

5. 如果某投资项目在建设起点一次性投入资金，随后每年都有正的现金净流量，在采用内含收益率对该项目进行财务可行性评价时，下列说法正确的是（　　）。
   A. 如果内含收益率大于折现率，则项目净值大于 1
   B. 如果内含收益率小于折现率，则项目现值指数大于 1
   C. 如果内含收益率小于折现率，则项目现值指数小于 0
   D. 如果内含收益率等于折现率，则项目动态回收期等于项目寿命期

6. 某投资项目于建设起点一次性投资，没有建设期，投产后每年现金净流量相等，为了计算该项目内含收益率所求的普通年金现值系数等于该项目的（　　）。
   A. 内含收益率　　B. 静态回收期
   C. 现值指数　　　D. 动态回收期

7. 某公司新建一条生产线，预计投产后第一年、第二年流动资产需用额分别为 40 万元和 50 万元，流动负债需用额分别为 15 万元和 20 万元，则第二年新增的流动资金额是（　　）万元。
   A. 5　　　　　　B. 15
   C. 20　　　　　D. 30

8. 某投资项目只有第一年年初产生现金净流出，随后各年均产生现金净流入，且其动态回收期短于项目的寿命期，则该投资项目的净现值（　　）。
   A. 大于 0　　　　B. 无法判断
   C. 等于 0　　　　D. 小于 0

9. （　　）可以从动态的角度直接反映投资项目可能达到的报酬水平。
   A. 动态回收期　　B. 净现值
   C. 现值指数　　　D. 内含收益率

10. 甲公司拟投资某项目，一年前花费 10 万元做过市场调查，后因故中止。现重启该项目，拟使用闲置的一间房，厂房购入时价格 2 000 万元，当前市价 2 500 万元，项目还需要投资 500 万元购入新设备，在进行该项目投资决策时，初始投资是（　　）万元。
    A. 2 510　　　　B. 2 500
    C. 3 000　　　　D. 3 010

11. 原始投资额不同，而且项目寿命期不同的互斥方案比较决策，最适合采用的评价方法是（　　）。
    A. 现值指数法　　B. 净现值法

C. 动态回收期法　　D. 年金净流量法

12. 在设备更换不改变生产能力且新旧设备未来使用年限不同的情况下，固定资产更新决策应选择的方法是（　　）。

A. 动态回收期法　　B. 净现值法

C. 年金成本法　　　D. 内含收益率法

13. 下列不属于证券投资基金的特点的是（　　）。

A. 集合理财实现专业化管理

B. 通过组合投资实现分散风险的目的

C. 投资者利益共享且风险共担

D. 松散的监管制度

14. 已知某投资项目的原始投资额现值为100万元，净现值为25万元，则该项目的现值指数为（　　）。

A. 0.25　　　　　B. 0.75

C. 1.05　　　　　D. 1.25

15. 采用静态回收期法进行项目评价时，下列表述错误的是（　　）。

A. 只有每年现金净流量相等时，才可以使用静态回收期

B. 静态回收期法没有考虑资金时间价值

C. 若每年现金净流量相等，则静态回收期等于原始投资额除以每年现金净流量

D. 静态回收期法没有考虑回收期后的现金流量

16. A企业投资20万元购入一台设备，无其他投资，初始期可以忽略，预计使用年限为20年，无残值。项目的折现率是10%，设备投产后预计每年可获得净利润22 549元，则该投资的动态回收为（　　）年。

A. 5　　　　　　　B. 7

C. 9　　　　　　　D. 10

17. 某公司拟进行一项固定资产投资决策，项目资本成本为12%，有四个方案可供选择：甲方案的现值指数为0.85；乙方案的内含报酬率为10.58%；丙方案的寿命期为10年，净现值为1 020万元；丁方案的寿命期为11年，净现值的等额年金为192.45万元。则最优的投资方案是（　　）。

A. 甲方案　　　　B. 乙方案

C. 丙方案　　　　D. 丁方案

18. 某公司两年前以100万元购入一块土地；目前评估价为200万元，增值部分需要缴纳所得税，企业所得税税率为25%。目前如果用该土地投资建设厂房，则该项目考虑的相关现金流出量为（　　）万元。

A. 100　　　　　B. 175

C. 200　　　　　D. 225

19. 某投资方案，当折现率为15%时，其净现值为45元，当折现率为17%时，其净现值为−20元。该方案的内含报酬率为（　　）。

A. 14.88%　　　B. 16.86%

C. 16.38%　　　D. 17.14%

20. 某公司预计M设备报废时的变现净残值为2 000元，税法规定净残值为3 000元，该公司适用的所得税税率为25%，则该设备报废引起的预计现金净流量为（　　）元。

A. 3 250　　　　B. 2 250

C. 1 750　　　　D. 2 750

21. 某企业计划购买设备用于扩张经营，设备购买时支付100万元，该设备使用寿命为5年，预计净残值为0元，设备购买时立即投入运营，每年带来营业收入120万元，每年运营成本为50万元。采用直线法计提折旧，企业所得税税率为25%，必要收益率为6%，(P/A, 6%, 5) = 4.21，则该项目的净现值为（　　）万元。

A. 100　　　　　B. 140

C. 142　　　　　D. 150

22. 下列说法正确的是（　　）。

A. 对于买入看涨期权而言，到期日股票市价高于执行价格时，净损益大于0

B. 买入看跌期权，获得在到期日或到期日之前按照执行价格购买某种资产的权利

C. 多头看涨期权的最大净收益为期权价格

D. 空头看涨期权的最大净收益为期权价格

23. 下列关于债券价值影响因素的相关表述中，不正确的是（　　）。

A. 票面利率上升会导致债券价值上升

B. 债券期限越长，其价值越大

C. 当票面利率大于市场利率时，债券价值 > 票面面值

D. 市场利率越大，其价值越小

24. 某投资者购买 A 公司股票，并且准备长期持有，要求的最低收益率为 11%，该公司本年的股利为 0.6 元/股，预计未来股利年增长率为 6%，则该股票的内在价值是（　　）元/股。
    A. 12　　　　　　B. 12.72
    C. 5.78　　　　　D. 5.45

25. 基金管理人偏好投资于具有较好增长潜力的股票，投资目标为获得资本增值，较少考虑当期收入，属于高风险高收益的基金是（　　）。
    A. 收入型基金　　B. 平衡型基金
    C. 增长型基金　　D. 股票基金

26. 下列关于期权说法不正确的是（　　）。
    A. 期权的买方需要支付期权费，也称为期权的多头
    B. 期权卖方可以选择在规定的时间内不履行期权合约义务
    C. 期权合约应约定在行权时执行的价格
    D. 期权的买方和卖方获利与损失的机会并不均等

27. 甲卖出一份看涨期权，期权费用为 8 元。该看涨期权执行价格为 30 元，在到期日市价为 35 元时，则甲投资期权的净损益为（　　）元。
    A. 5　　　　　　B. 13
    C. 3　　　　　　D. −3

28. 甲上市公司 2023 年度的利润分配方案是每 10 股派发现金股利 12 元，预计公司股利可以 10% 的速度稳定增长，股东要求的收益率为 12%。于股权登记日，甲公司股票的预期价格为（　　）元。
    A. 60　　　　　　B. 61.2
    C. 66　　　　　　D. 67.2

29. 某企业长期持有 A 股票，目前每股现金股利为 2 元，每股市价 20 元，在保持目前的经营效率和财务政策不变，且不发行股票（包含不回购股票）的情况下，其预计收入增长率为 10%，则该股票的期望报酬率是（　　）。
    A. 10%　　　　　B. 11%
    C. 20%　　　　　D. 21%

二、多项选择题

1. 甲公司拟在华东地区建立一家专卖店，经营期限 6 年，资本成本 8%，假设该项目的初始现金流量发生在期初，营业现金流量均发生在投产后期末，该项目现值指数小于 1。下列关于该项目的说法中，正确的有（　　）。
    A. 净现值小于 0
    B. 折现回收期小于 6 年
    C. 静态回收期小于 6 年
    D. 内含收益率小于 8%

2. 下列关于净现值的表述中，正确的有（　　）。
    A. 净现值的经济含义是投资方案收益超过基本收益后的剩余收益
    B. 净现值能灵活地考虑投资风险
    C. 适用性比较差
    D. 净现值为 0 时，说明方案的投资收益刚好达到所要求的投资收益

3. 下列关于现值指数法的表述中，正确的有（　　）。
    A. 现值指数法是净现值法的辅助方法
    B. 现值指数法用于独立方案的评价，可以克服内含收益率指标的缺陷
    C. 现值指数法用于独立方案的评价，可以克服净现值指标的缺陷
    D. 在原始投资额相同时，现值指数法实质就是净现值法

4. 下列情形中，债券的实际利率与票面利率不一致的有（　　）。
    A. 债券溢价发行，每年年末付息一次，到期一次偿还本金
    B. 债券折价发行，按年复利计息，到期一次还本付息
    C. 债券按面值发行，每年年末付息一次，到期一次偿还本金
    D. 债券按面值发行，按年复利计息，到期一次还本付息

5. 动态回收期是长期投资项目评价的一种辅助方法，该方法的缺点有（　　）。
    A. 忽视了货币的时间价值
    B. 忽视了折旧对现金流的影响

C. 没有考虑回收期满后的现金流

D. 促使放弃有战略意义的长期投资项目

6. 某公司正在开会讨论投产一种新产品，对以下收支发生争论：你认为不应列入该项目评价的现金流量有（　　）。

A. 新产品投产需要增加营运资金80万元

B. 新产品项目利用公司现有未充分利用的厂房，如将该厂房出租可获收益200万元，但公司规定不得将厂房出租

C. 新产品销售会使本公司同类产品减少收益100万元（如果本公司不经营此产品，竞争对手也会推出新产品）

D. 新产品项目需要购置设备的运输、安装、调试等支出15万元

7. 下列关于年金净流量的计算中，正确的有（　　）。

A. 某方案的年金净流量＝现金净流量总现值/年金现值系数

B. 某方案的年金净流量＝现金净流量总终值/年金终值系数

C. 某方案的年金净流量＝净现值/年金现值系数

D. 某方案的年金净流量＝现金净流量总现值/年金终值系数

8. 下列关于内含收益率的表述中，正确的有（　　）。

A. 对于互斥方案，如果各方案原始投资额现值相等，无法使用内含收益率进行决策

B. 对于互斥方案，如果各方案原始投资额现值不相等，无法使用内含收益率进行决策

C. 对于独立方案，如果各方案原始投资额现值相等，可以使用内含收益率进行项目排序

D. 对于独立方案，如果各方案原始投资额现值不相等，可以使用内含收益率进行项目排序

9. 下列各项中，属于系统性风险的有（　　）。

A. 价格风险

B. 违约风险

C. 破产风险

D. 购买力风险

10. 有甲、乙两个互斥投资项目，其原始投资额和项目计算期都不同。在此情况下，可以对甲、乙两方案进行优选的方法有（　　）。

A. 净现值法　　　　B. 内含收益率法

C. 年金净流量法　　D. 共同年限法

11. 如果考虑所得税，下列关于营业现金流量的计算公式中，正确的有（　　）。

A. 营业现金净流量＝营业收入－付现成本－所得税

B. 营业现金净流量＝税后营业利润＋非付现成本

C. 营业现金净流量＝营业利润＋非付现成本

D. 营业现金净流量＝营业收入×（1－所得税税率）－付现成本×（1－所得税税率）＋非付现成本×所得税税率

12. 对于同一投资方案，下列表述正确的有（　　）。

A. 资本成本越低，净现值越高

B. 资本成本等于内含收益率时，净现值为0

C. 资本成本高于内含收益率时，净现值为负数

D. 资本成本越高，净现值越高

13. 固定资产更新决策一般采用（　　）。

A. 内含收益率法　　B. 净现值法

C. 年金净流量法　　D. 现值指数法

14. 下列各项中，会随着贴现率的下降而上升的指标有（　　）。

A. 动态回收期　　　B. 净现值

C. 内含收益率　　　D. 现值指数

15. 下列有关债券影响因素的表述中，正确的有（　　）。

A. 债券期限越短，票面利率变化对债券价值影响越小

B. 债券期限越短，市场利率变化对债券价值影响越小

C. 债券期限越长，票面利率变化对债券价值影响越小

D. 债券期限越长，市场利率变化对债券价值影响越小

16. 对于每半年付息一次的平价债券来说票面利率为10%，下列说法中正确的有（　　）。

A. 报价利率为10%

B. 计息期利率为5%

C. 计息期利率为5.125%

D. 有效的等风险投资市场年利率为10.25%

17. 下列因素中，与固定增长股票内在价值呈反方向变化的有（　　）。

A. 股利年增长率

B. 最近一次发放的股利

C. 投资的必要报酬率

D. β系数

18. 能够同时影响债券价值和债券期望报酬率的因素有（　　）。

A. 债券价格 　　　　　B. 必要报酬率

C. 票面利率 　　　　　D. 债券面值

19. 下列各项中，能够影响债券到期收益率的因素有（　　）。

A. 债券的价格

B. 债券的计息方式（单利还是复利）

C. 当前的市场利率

D. 债券的付息方式（分期付息还是到期一次付息）

20. 下列选项关于企业投资管理原则说法正确的有（　　）。

A. 投资项目要具有财务可行性，在经济上具有效益性

B. 投资资金要合理配置，避免资源的闲置和浪费

C. 要对投资项目实施过程进行控制

D. 利用投资分散公司的风险

三、判断题

1. 如果投资项目A的动态回收期小于投资项目B，那么项目A的收益高于项目B。（　　）

2. 企业兼并合并的决策、转换新行业和开发新产品决策、大幅扩大生产规模的决策属于战略性投资。（　　）

3. 更新替换旧设备的决策、配套流动资金投资、生产技术革新的决策属于维持性投资。（　　）

4. 甲公司拟投资一条生产线，初始现金流量发生在期初，资本成本12%，净现值200万元，则该项目的现值指数大于1。（　　）

5. 某公司面临设备的选择，有两组互斥设备可供选择，两组设备给公司带来的年收入相同，甲设备使用年限8年，乙设备使用年限12年。则进行甲乙设备优选决策最适合的办法是净现值法。（　　）

6. 对单个投资项目进行财务可行性评价时，利用净现值法和现值指数法所得出的结论是一致的。（　　）

7. 由于债券的面值、期限和票面利息通常是固定的，因此债券给持有者所带来的未来收益仅为利息收益。（　　）

8. 投资项目是否具有财务可行性，完全取决于该项目在整个寿命周期内获得的利润总额是否超过整个项目投资成本。（　　）

9. 从投资企业的立场看，企业取得借款应视为项目相关现金流入量，而归还借款和支付利息则应视为项目相关现金流出量。（　　）

10. 在项目投资决策中，内含收益率的计算本身与项目设定的贴现率的高低无关。（　　）

11. 一般情况下，能使投资项目的净现值小于0的贴现率，一定小于该项目的内含收益率。（　　）

12. 利用内含收益率法评价投资项目时，计算出的内含收益率是方案本身的投资收益率，因此不需要再估计投资项目的资本成本或要求的最低投资回报率。（　　）

13. 封闭式基金在合同期限内不得赎回或申购，所以导致其比开放式基金灵活性低，更适合偏好长期的投资者。（　　）

14. 不考虑其他因素的影响，如果债券的票面利率大于市场利率，则该债券的期限越长，其价值就越低。（　　）

15. 企业的经营活动要先于投资活动，因为投资活动需要大量的资金，时间长，对企业经营活动的方向产生重大影响。（　　）

16. 为了扩大生产经营规模，企业更新替换旧设备，属于企业的战略性投资。（　　）

17. 投资项目可行性分析是要以利润为对象进行分析，衡量项目的经济效益。（　　）

四、计算分析题

1. 甲公司业务转型，拟投资M生产线，相关资

料如下：

资料一：该生产线需要投资固定资产 500 万元，不需要安装就可以使用，预计使用寿命为 5 年，期满无残值，采用直线法计提折旧。

在生产线运营的 5 年中，预计每年为公司增加税前利润 60 万元。

M 生产线的现金流量如表 6-6 所示。

表 6-6   单位：万元

项目	0	1~4 年	5 年
一、投资期现金流量			
固定资产投资	(A)		
营运资金垫支	(B)		
投资期现金净流量	-600		
二、营业期现金流量			
销售收入		*	*
付现成本		*	*
年折旧额		(C)	*
税前利润		60	*
所得税		*	*
净利润		(D)	*
营业期现金净流量		(E)	(G)
三、终结期现金流量			
固定资产净残值			*
回收营运资金			(H)
终结期现金净流量			*
四、现金净流量合计	-600	(F)	(I)

资料二：甲公司为 M 生产线融资的目标资本结构（负债/权益）为 1/1，负债部分依靠银行借款解决，借款利率为 8%，没有筹资费用。

与 M 生产线经营风险类似的公司是乙公司，乙公司的资本结构（负债/权益）为 2/3，乙公司的 β 系数为 1.5；假设市场平均收益率为 12%，无风险收益率为 4%。

资料三：该公司适用的所得税税率为 25%。

要求：

(1) 确定表中字母所代表的数值（不需要列示计算过程）。

(2) 计算 M 生产线的项目资本成本。

(3) 根据以上结果计算 M 生产线的现值指数。

(4) 以现值指数为标准，据此判断该生产线项目是否值得投资。

2. 甲公司是一家日用品生产企业，适用的企业所得税税率为 25%，该公司要求的最低收益率为 12%，因设备老化，为提升运营效率，拟对正在使用的一台旧设备予以更新。相关资料如下：

资料一：旧设备原值 2 000 万元，已使用 3 年，剩余使用寿命 5 年，税法规定按直线法计提折旧，预计净残值 200 万元。目前处置变价净收入 1 200 万元，五年后再处置可得变价净收入 100 万元。旧设备每年运行维护的付现成本为 500 万元。

资料二：升级版的新设备目前购买价格为 3 500 万元，可使用寿命 5 年，税法规定按直线法计提折旧，预计净残值 500 万元。新设备每年运行维护的付现成本为 200 万元。

资料三：新、旧设备不改变产品性能和销量，即营业收入没有变化。

要求：

（1）计算旧设备的年折旧额。

（2）计算旧设备当前处置的现金流量和五年后处置的现金流量。

（3）计算继续使用旧设备的现金流出总现值。

（4）计算新设备的年折旧额和现金流出总现值。

（5）请作出是否更新设备的决策。

3. 甲公司在 2×18 年 1 月 1 日平价发行甲债券，每张面值 1 000 元，票面利率为 10%，5 年到期，每年 6 月 30 日和 12 月 31 日付息。乙公司在 2×18 年 1 月 1 日发行乙债券，每张面值 1 000 元，票面利率 8%，5 年到期，每年 6 月 30 日和 12 月 31 日付息（计算过程中至少保留小数点后 4 位，计算结果取整）。

要求：

（1）计算 2×18 年 1 月 1 日投资购买甲公司债券的年有效到期收益率是多少？

（2）若投资人想获得和甲公司债券同样的年有效收益率水平，在 2×18 年 1 月 1 日乙公司债券的价值应为多少？

（3）假定 2×22 年 1 月 1 日的市场利率下降到 8%，那么此时甲债券的价值是多少？

（4）假定 2×22 年 10 月 1 日的市价为 1 000 元，此时购买甲债券的年有效到期收益率是多少？

（5）假定 2×22 年 4 月 1 日的市场利率为 12%，甲债券的价值是多少？

4. 甲公司正在考虑购买一套新的生产线，估计初始投资为 3 000 万元。按税法规定生产线应以 5 年期直线法折旧，净残值率为 10%。该生产线投入运营后，预期每年可产生税前经营利润 500 万元。该生产线的投资项目已用净现值法评价方案可行。假设所得税税率为 25%，要求投资报酬率为 10%，无论何时报废净残值收入均为 300 万元。

要求：

估计该项目可行的最短使用寿命是多少年（假设使用年限与净现值呈线性关系用插补法求解，计算结果保留小数点后两位）？

5. 甲企业计划利用一笔长期资金投资购买股票。现有 A、B、C 三家公司股票可供选择，甲企业只准备投资一家公司股票。已知 A 公司股票现行市价为每股 15 元，上年每股股利为 1.1 元，预计以后每年以 6% 的增长率固定增长。

B 公司股票现行市价为每股 9 元，上年每股股利为 0.8 元，股利分配政策一贯坚持固定股利政策。

C 公司股票现行市价为每股 20 元，上年支付每股股利 0.6 元。预计该公司未来股利第 1 年增长 20%，第 2 年增长 20%，第 3 年增长 15%。第 4 年及以后将保持每年 5% 的固定增长水平。

若无风险收益率为 4%，股票市场平均收益率为 10%，A 公司股票的 β 系数为 1.5，B 公司股票的 β 系数为 1.2，C 公司股票的 β 系数为 1。

要求：

（1）利用股票估价模型，分别计算 A、B、C 公司股票价值。

（2）为甲企业做出股票投资决策。

6. 甲公司计划按照当前市价发行股票筹集资金，以满足扩张需要，筹资费率为筹资额的 5%。甲公司普通股面值为 1 元，当前每股市价为 8 元，预计下一年派发现金股利每股 0.5 元，并且预计以后年度股利增长率为 6%；

乙公司也计划按照当前市价发行股票筹集资金以进行固定资产更新，筹资费率为筹资额的 4%，乙公司股票面值 2 元，当前每股市价 10 元，该公司采用的是固定股利政策，每年派发现金股利每股 1 元。

要求：

（1）计算甲公司发行股票的资本成本率，如果投资者按市价购买该公司股票,则内部收益率是多少?

(2)计算乙公司发行股票的资本成本率,如果投资者按市价购买该公司股票,则内部收益率是多少?

(3)如果某投资者的必要收益率为11%,他应该选择哪个公司的股票?

五、综合题

1. 某期权交易所2×22年1月20日对A公司股票的期权报价如表6-7所示。

表6-7   单位:元

到期日	执行价格	看涨期权价格	看跌期权价格
5月22日	38	3.80	5.20

要求:请针对以下互不相关的问题回答。

(1)甲投资人购买一项看涨期权,标的股票的到期日市价为46元,此时期权到期日价值为多少?投资净损益为多少?

(2)乙投资人卖出一项看涨期权,标的股票的到期日市价为46元,此时期权到期日价值为多少?投资净损益为多少?

(3)甲投资人购买一项看涨期权,标的股票的到期日市价为33元,此时期权到期日价值为多少?投资净损益为多少?

(4)乙投资人卖出一项看涨期权,标的股票的到期日市价为33元,此时期权到期日价值为多少?投资净损益为多少?

(5)丙投资人购买一项看跌期权,标的股票的到期日市价为46元,此时期权到期日价值为多少?投资净损益为多少?

(6)丁投资人卖出一项看跌期权,标的股票的到期日市价为46元,此时期权到期日价值为多少?投资净损益为多少?

(7)丙投资人购买一项看跌期权,标的股票的到期日市价为31元,此时期权到期日价值为多少?投资净损益为多少?

(8)丁投资人卖出一项看跌期权,标的股票的到期日市价为31元,此时期权到期日价值

为多少?投资净损益为多少?

2. 甲公司计划在2×21年初构建一条新生产线,现有A、B两个互斥投资方案,有关资料如下:

资料一:A方案需要一次性投资30 000 000元,建设期为0,该生产线可用3年,按直线法计提折旧,净残值为0,第1年可取得税后营业利润10 000 000元,以后每年递增20%。

资料二:B方案需要一次性投资50 000 000元,建设期为0,该生产线可用5年,按直线法计提折旧,净残值为0,投产后每年可获得营业收入35 000 000元,每年付现成本为8 000 000元。

在投产期初需垫支营运资金5 000 000元,并于营业期满时一次性收回。

资料三:甲公司适用的企业所得税税率为25%,项目折现率为8%。

有关货币时间价值系数如下:

$(P/A,8\%,3)=2.5771$,$(P/A,8\%,4)=3.3121$,$(P/A,8\%,5)=3.9927$;$(P/F,8\%,1)=0.9259$,$(P/F,8\%,2)=0.8573$,$(P/F,8\%,3)=0.7938$,$(P/F,8\%,5)=0.6806$。

资料四:为筹集投资所需资金,甲公司在2×21年1月1日按面值发行可转换债券,每张面值100元,票面利率为1%,按年计息,每年年末支付一次利息,一年后可以转换为公司股票,转换价格为每股20元。如果按面值发行相同期限、相同付息方式的普通债券,票面利率需要设定为5%。

要求:

(1)根据资料一和资料三,计算A方案的下列指标:

①第1年的营业现金净流量;②净现值;③现值指数。

(2)根据资料二和资料三,不考虑利息费用及其影响,计算B方案的下列指标:

①投资时点的现金净流量;②第1~4年的营业现金净流量;③第5年的现金净流量;④净现值。

(3)根据资料一、资料二和资料三,计算A方案和B方案的年金净流量,据此进行投资

方案选择，并给出理由。

（4）根据资料四和要求（3）的计算选择结果，计算：

①可转换债券在发行当年比一般债券节约的利息支出；②可转换债券的转换比率。

3. 甲公司是一家制造企业，计划在 2×21 年初新增一套设备，用于生产一种新产品。

相关资料如下：

资料一：公司拟通过外部筹资购置新设备，根据目标资本结构设计的筹资组合方案如下：银行借款筹资占 40%，资本成本为 7%；发行普通股筹资占 60%，资本成本为 12%。

资料二：设备投资额为 30 000 000 元，建设期为 0，运营期为 5 年，采用直线法计提折旧，预计净残值为 1 500 000 元。

设备投入运营之初，需垫支营运资金 5 000 000 元，该营运资金在运营期满时全额收回。

公司以筹资组合的资本成本率为项目折现率，适用的企业所得税税率为 25%。

资料三：设备运营期间，预计年产销量为 40 000 件，单价为 1 000 元/件，单位变动成本为 600 元/件，变动成本均为付现成本，固定成本仅包括设备折旧费。

资料四：货币时间价值系数表如表 6-8 所示。

表 6-8

期数	年金现值系数					复利现值系数				
	7%	8%	9%	10%	12%	7%	8%	9%	10%	12%
4	3.3872	3.3121	3.2397	3.1699	3.0373	0.7629	0.7350	0.7084	0.6830	0.6355
5	4.1002	3.9927	3.8897	3.7908	3.6048	0.7130	0.6806	0.6499	0.6209	0.5674

要求：

（1）根据资料一，计算筹资组合的平均资本成本率。

（2）根据资料二和资料三，计算：①边际贡献率；②盈亏平衡点的产销量；③安全边际额；④盈亏平衡作业率。

（3）根据资料二、资料三和资料四，不考虑利息费用及其影响，计算：①年营业现金净流量；②净现值；③年金净流量；④静态回收期。

4. 甲公司是一家上市公司，企业所得税税率为 25%，相关资料如下：

资料一：公司为扩大生产经营而准备购置一条新生产线，计划于 2×20 年初一次性投入资金 6 000 万元，全部形成固定资产并立即投入使用，建设期为 0，使用年限为 6 年。

新生产线每年增加营业收入 3 000 万元，增加付现成本 1 000 万元。

新生产线开始投产时需垫支营运资金 700 万元，在项目终结时一次性收回。

固定资产采用直线法计提折旧，预计净残值

为 1 200 万元。

公司所要求的最低投资收益率为 8%，相关资金时间价值系数 =（P/A，8%，5）= 3.9927，（P/F，8%，6）= 0.6302。

资料二：为满足购置生产线的资金需求，公司设计了两个筹资方案。

方案一为向银行借款 6 000 万元，期限为 6 年，年利率为 6%，每年年末付息一次，到期还本。

方案二为发行普通股 1 000 万股，每股发行价为 6 元。公司将持续执行稳定增长的股利政策，每年股利增长率为 3%，预计公司 2×20 年每股股利（D1）为 0.48 元。

资料三：已知筹资方案实施前，公司发行在外的普通股股数为 3 000 万股，年利息费用为 500 万元。经测算，追加筹资后预计年息税前利润可达到 2 200 万元。

要求：

（1）根据资料一，计算新生产线项目下列指标：①第 0 年现金净流量；②第 1~5 年每年的现金净流量；③第 6 年的现金净流量；④现值指数。

（2）根据现值指数指标，并判断公司是否应该进行新生产线投资，并说明理由。

（3）根据资料二，计算①银行借款的资本成本率；②发行股票资本成本率。

（4）根据资料二、资料三，计算两个筹资方案的每股收益无差别点，判断公司应该选择哪个筹资方案，并说明理由。

本章考点巩固练习题参考答案及解析

一、单项选择题

1.【答案】C

【解析】现值指数是相对数，分子是现金流入的现值（产出），分母是现金流出的现值（投入），反映投资的效率。

2.【答案】D

【解析】现值指数＝未来现金净流量现值/原始投资额现值＝（原始投资额现值＋净现值）/原始投资额现值＝（1 000＋350）/1 000＝1.35。

3.【答案】C

【解析】互斥投资是非相容性投资，各个投资项目之间相互关联、相互替代，不能同时存在。

4.【答案】C

【解析】甲方案现值指数小于1，不可行；乙方案内含收益率小于基准贴现率，不可行；丙方案与丁方案属于寿命期不同的互斥方案，用年金净流量法比较，年金净流量大的方案为优。丙方案的年金净流量＝800/6.7101＝119.22（万元）；丁方案的年金净流量为100万元，丙方案的年金净流量大于丁方案的年金净流量，因此丙方案是最优方案。

5.【答案】D

【解析】内含收益率是使净现值等于0时的贴现率。内含收益率大于项目折现率时，项目净现值大于0，现值指数大于1，反之则相反。内含收益率等于折现率时，项目未来现金净流量的现值刚好等于原始投资额的现值，即动态回收期等于项目寿命期。

6.【答案】B

【解析】根据内含收益率的概念，净现值＝年现金净流量×普通年金现值系数－原始投资总额＝0，则普通年金现值系数＝原始投资总额/年现金净流量＝静态回收期。

7.【答案】A

【解析】第一年流动资金需用额＝40－15＝25（万元），第二年流动资金需用额＝50－20＝30（万元），第二年新增流动资金额＝30－25＝5（万元）。所以本题正确答案为选项A。

8.【答案】A

【解析】动态回收期是未来现金净流量的现值等于原始投资额现值时所经历的时间，动态回收期短于项目的寿命期，意味着项目未来现金净流量现值大于项目原始投资额现值，即净现值大于0。

9.【答案】D

【解析】内含收益率的优点是既可以从动态的角度直接反映投资项目可能达到的报酬率水平，又不受事先给定的贴现率高低的影响，比较客观。

10.【答案】C

【解析】本题中的市场调查费用和厂房的购置成本都属于沉没成本，属于非相关成本，所以，项目初始投资额＝2 500＋500＝3 000（万元）。

11.【答案】D

【解析】年金净流量法是净现值法的辅助方法，在各方案寿命期相同时，实质上就是净现值法。因此，它适用于期限不同的互斥方案决策。

12.【答案】C

【解析】对于使用年限不同的设备替换重置决策，在不改变企业的生产能力时，决策标准应当选用年金成本法，即选择年金成本最低的方案。所以选项C正确。

13.【答案】D

【解析】证券投资基金的特点：（1）集合理财实现专业化管理。（2）通过组合投资实现分散风险的目的。（3）投资者利益共享且风险共担。（4）权力隔离的运作机制。（5）严格的监管制度。所以选项D错误。

14.【答案】D

【解析】现值指数＝未来现金净流量现值/原始投资额现值＝（100＋25）/100＝1.25。选项D正确。

15.【答案】A

【解析】不是只有相等时才能用静态回收期法。若每年现金净流量不相等时，可以计算累积的现金流量，能使累积现金流量为0所对应的时间即静态回收期。

16.【答案】D

【解析】年折旧＝20/20＝1（万元），经营期内年税后净现金流量＝2.2549＋1＝3.2549（万元），因此有3.2549×（P/A，10%，n）－20＝0，即（P/A，10%，n）＝20/3.2549＝6.1446，查表得n＝10，即动态回收期为10年。

17.【答案】D

【解析】甲方案的现值指数小于1，不可行；乙方案的内含报酬率10.58%小于项目资本成本12%，也不可行，所以排除选项A、B；由于丙、丁方案寿命期不同应选择等额年金法进行决策。由于资本成本相同，因此可以直接比较净现值的等额年金。丙方案净现值的等额年金＝1 020/（P/A，12%，10）＝1 020/5.6502＝180.52（万元），小于丁方案净现值的等额年金192.45万元，所以本题的最优方案应该是丁方案。

18.【答案】B

【解析】该项目考虑的相关现金流出量＝200－（200－100）×25%＝175（万元）。

19.【答案】C

【解析】内含收益率是使净现值为0时的折现率。根据（IRR－15%）/（17%－15%）＝（0－45）/（－20－45），解得：内含收益率＝16.38%。

20.【答案】B

【解析】变现净残值2 000元＜税法规定净残值3 000元，该设备报废时卖亏了，则亏损部分可以抵税（3 000－2 000）×25%＝250（元）。所以，该设备报废引起的预计现金净流量＝2 000＋250＝2 250（元），选项B正确。

21.【答案】C

【解析】每年折旧＝20万元

每年营业净现金流量＝（120－50－20）×（1－25%）＋20＝57.5（万元）

净现值＝未来现金净流量的现值－初始投资额＝57.5×4.21－100＝142（万元）。

22.【答案】D

【解析】买入看涨期权到期日价值＝max（股票市价－执行价格，0），买入看涨期权净损益＝买入看涨期权到期日价值－期权价格，由此可知，选项A的说法不正确，正确的说法应该是"到期日价值大于0"。"看跌期权"也称为"卖出期权"，"看涨期权"也称为"买入期权"，因此期权名称与解释不一致，混淆概念。选项B的说法不正确，正确的说法应该是：买入看跌期权，获得在到期日或到期日之前按照执行价格卖出某种资产的权利。或买入看涨期权，获得在到期日或到期日之前按照执行价格购买某种资产的权利。"买入看涨期权"也称"多头看涨期权"，对于多头看涨期权而言，最大净损失为期权价格，而净收益没有上限，因此，选项C的说法不正确。空头看涨期权净损益＝到期日价值＋期权价格＝期权价格－max（股票市价－执行价格，0），由此可知，由于max（股票市价－执行价格，0）的最小值为0，因此，空头看涨期权的最大净收益为期权价格，选项D的说法正确。

23.【答案】B

【解析】票面利率与债券价值正相关，选项A正确；债券期限对债券价值的影响需要划分是折价债券还是溢价债券，折价债券随着债券期限的延长而降低，溢价债券随着债券期限的延长而提高（穷的越穷，富的越富），所以选项B不正确；当票面利率＞市场利率时，利息高，则溢价发行，所以债券价值＞票面面值，选项C正确；市场利率为折现率，折现率越大，现值越小，即债券价值越小，所以选项D正确。

24.【答案】B
【解析】股票的内在价值＝0.6×（1+6%）/（11%－6%）＝12.72（元/股）。

25.【答案】C
【解析】增长型基金主要投资于具有较好增长潜力的股票，投资目标为获得资本增值，较少考虑当期收入。

26.【答案】B
【解析】期权的买方和卖方获利与损失的机会并不均等，期权的买方通过支付期权合约的购买费用获得了一项仅有权利而没有义务的合约，若期权买方行权，期权卖方必须在规定时间内履行期权合约义务，所以选项B错误。

27.【答案】C
【解析】当到期日市价为35元时，持有看涨期权方会行权，获得净收入＝35－30＝5（元），则甲收入为－5元，所以甲净损益＝－5＋8＝3（元）。

28.【答案】D
【解析】股票的预期价格＝未来股利的现值，本题中，2013年的每股股利：12/10＝1.2（元），预计2014年的每股股利＝1.2×（1+10%），2014年以及以后各年的股利现值＝1.2×（1+10%）/（12%－10%）＝66（元），股权登记日持有股票的股东有权领取本次股利，很快（几天内）就会收到，所以，对于2013年的每股股利，不用复利折现，股权登记日甲公司股票的预期价格＝1.2+66＝67.2（元）。注意：如果该题问的是"除息日"的股票价格，则不能加上1.2元，因为

在除息日持有股票的股东不能获得2013年的1.2元的股利。

29.【答案】D
【解析】在保持经营效率和财务政策不变，且不发行股票（包含不回购股票）的情况下，即处于可持续增长状态，此时股利增长率等于收入增长率＝10%。股利收益率＝2×（1+10%）/20＝11%；期望报酬率＝11%+10%＝21%。

二、多项选择题

1.【答案】AD
【解析】该项目现值指数小于1，说明项目的净现值小于0，项目不可行，因此内含收益率小于资本成本8%，折现回收期大于经营期限6年，根据题目无法判断静态回收期。

2.【答案】ABD
【解析】净现值的优点之一是适用性强，能基本满足项目年限相同的互斥方案的投资决策。

3.【答案】ACD
【解析】现值指数法用于独立方案的评价时，可以克服净现值指标不便于对原始投资额现值不同的独立方案进行比较和评价的缺陷。

4.【答案】AB
【解析】"每年年末付息一次，到期一次偿还本金"和"按年复利计息，到期一次还本付息"，在实质上是相同的。债券按面值发行的情况下，实际利率与票面利率一致。溢价发行的情况下，实际利率低于票面利率。折价发行的情况下，实际利率高于票面利率。

5.【答案】CD
【解析】动态回收期的主要缺点：没有考虑回收期满以后的现金流，也就是没有衡量营利性；促使公司接受短期项目，放弃有战略意义的长期项目。

6.【答案】BC
【解析】选项A属于营运资金的增加，应列入该项目评价的现金流出量；选项B和选项C，由于是否投产新产品不改变企业总的现金流量，不应列入项目的现金流量；选项D，额外的资本性支出（运输、安装、调试等）应

第六章

列入该项目评价的现金流出量。

7.【答案】ABC

【解析】某方案的年金净流量＝现金净流量总现值/年金现值系数＝现金净流量总终值/年金终值系数＝净现值/年金现值系数。

8.【答案】BCD

【解析】对于互斥方案，如果各方案原始投资额现值相等，项目寿命也相同，净现值与内含收益率的结论是一致的，当然可以用内含收益率进行决策，所以选项A错误；对于互斥方案，如果某一方案原始投资额现值小，净现值小，但内含收益率高，而另一方案原始投资额现值大，净现值大，但内含收益率低，应当以净现值大的方案为最优，所以选项B正确；对于独立方案，一般是依据内含收益率来排定项目优先次序的，所以选项C、D正确。

9.【答案】AD

【解析】证券资产的系统性风险，是指由于外部经济环境因素变化引起整个资本市场不确定性加强，从而对所有证券都产生影响的共同性风险。主要包括：价格风险、再投资风险、购买力风险。

10.【答案】CD

【解析】在项目寿命不同的情况下，只能通过比较其相同时间段内收益的高低判断方案的优劣，应当使用年金净流量法或共同年限法，所以选项C、D正确。

11.【答案】ABD

【解析】如果考虑所得税，营业现金净流量＝营业收入－付现成本－所得税＝税后营业利润＋非付现成本＝营业收入×（1－所得税税率）－付现成本×（1－所得税税率）＋非付现成本×所得税税率。

12.【答案】ABC

【解析】资本成本作为折现率与净现值呈反向变化，资本成本越低，净现值越高；资本成本等于内含收益率时，净现值为0；资本成本高于内含收益率时，净现值为负数。

13.【答案】BC

【解析】从决策性质上看，固定资产更新决策属于互斥方案的决策类型，因此，所采用

的决策方法是净现值法和年金净流量法。

14.【答案】BD

【解析】贴现率下降，未来现金净流量现值会提高，进而缩短动态回收期。选项A不选。内含收益率不受贴现率的影响。选项C不选。

15.【答案】AB

【解析】从债券价值的计算公式 $V_b = \sum\limits_{t=1}^{n} \dfrac{I_t}{(1+R)^t} + \dfrac{M}{(1+R)^n}$ 可以看出，选项A、B正确；选项C、D错误。

16.【答案】ABD

【解析】对于一年内付息多次的债券来说，给出的票面利率指的是报价利率，即报价利率为10%，选项A正确；计息期利率＝报价利率/一年内付息次数＝10%/2＝5%，选项B正确、选项C错误；有效等风险投资市场年利率＝$(1+10\%/2)^2 - 1 = 10.25\%$，选项D正确。

17.【答案】CD

【解析】固定增长股票的内在价值＝D×（1＋g）/（r－g），公式中可以看出，股利增长率g，最近一次发放的股利D，均与股票内在价值呈同方向变化；投资的必要报酬率（或资本成本率）r 与股票内在价值呈反向变化，而 β 系数与投资的必要报酬率（或资本成本率）呈同向变化，因此 β 系数与股票内在价值亦呈反方向变化。

18.【答案】CD

【解析】债券价值等于债券未来现金流入量按照必要报酬率折现的现值。债券的到期收益率是使未来现金流入量现值等于债券购入价格的折现率。债券价格影响到期收益率但不影响债券价值；必要报酬率影响债券价值但不影响到期收益率。票面利率和债券面值影响债券未来的现金流量，因此既影响债券价值又影响债券到期收益率。

19.【答案】ABD

【解析】债券的到期收益率是指以特定价格购买债券并持有至到期日所能获得的报酬

率，它是使未来现金流入现值等于债券购入价格的折现率。由此可知，影响债券到期收益率的因素有：债券的价格；计息方式（单利还是复利）、付息方式（分期付息还是到期一次付息）、债券票面利率、债券期限、债券面值、到期时间。

20.【答案】ABC

【解析】利用投资分散公司的风险是企业投资的意义，不是投资管理的原则。

三、判断题

1.【答案】×

【解析】计算动态回收期没有考虑超过原始投资额现值的部分，而计算收益率考虑了寿命期全部的现金净流量，所以两者的大小没有必然的关系。

2.【答案】√

【解析】发展性投资属于战略性投资，是指对企业未来的生产经营发展全局有重大影响的企业投资。如企业兼并合并的决策、转换新行业和开发新产品决策、大幅扩大生产规模的决策等。

3.【答案】√

【解析】维持性投资：属于战术性投资，是为维持企业现有的生产经营正常进行，不会改变企业未来生产经营发展全局的企业投资。如更新替换旧设备的决策、配套流动资金投资、生产技术革新的决策等。

4.【答案】√

【解析】净现值大于0，则该项目的现值指数大于1，内含收益率大于资本成本，所以正确。

5.【答案】×

【解析】两个互斥项目现金流入相同，寿命期不同，应采用平均年成本法，净现值法不适用于项目寿命期不同的互斥方案决策。

6.【答案】√

【解析】现值指数法是净现值法的辅助方法，在各方案原始投资额现值相同时，实质上就是净现值法。对单个投资项目进行财务可行性评价时，净现值大于0、现值指数大于1，则项目可行；反之，则不可行。

7.【答案】×

【解析】债券投资收益是投资于债券所获得的全部投资报酬，这些投资报酬来源于三个方面：名义利息收益、利息再投资收益、价差收益。

8.【答案】×

【解析】对于投资方案财务可行性来说，项目的现金流量状况比会计期间盈亏状况更为重要。一个投资项目能否顺利进行，有无经济上的效益，不一定取决于有无会计期间利润，而在于能否带来正现金流量，即整个项目能否获得超过项目投资的现金回收。

9.【答案】×

【解析】从投资企业的立场看，企业取得借款或归还借款和支付利息均应视为项目无关的现金流量。

10.【答案】√

【解析】内含收益率的计算本身与项目设定的贴现率的高低无关。

11.【答案】×

【解析】净现值与贴现率呈反方向变动，能使投资项目的净现值小于0的贴现率，一定大于该项目的内含收益率。

12.【答案】×

【解析】内含收益率是投资方案本身的投资收益率，判断一个投资方案是否可行需要将其内含收益率与事先给定的贴现率（即投资项目的资本成本或要求的最低投资回报率）进行比较才能进行决策。

13.【答案】√

【解析】封闭式基金的基金份额持有人不得在基金约定的运作期内赎回基金，即基金份额在合同期限内固定不变。开放式基金则可以在合同约定的时间和场所对基金进行申购或赎回，即基金份额不固定。封闭式基金适合资金可进行长期投资的投资者，开放式基金则更适合强调流动资金管理的投资者。

14.【答案】×

【解析】如果债券的票面利率大于市场利率，则是溢价发行的债券，该债券的期限越长，其价值就越高。

15.【答案】×

【解析】企业的投资活动要先于企业的经营活动。

16.【答案】×

【解析】更新替换旧设备等属于企业的战术性投资。

17.【答案】×

【解析】投资项目可行性分析是要以现金流量为对象进行分析。

四、计算分析题

1.【答案】

(1) $A = -500$ 万元，$B = -100$ 万元，$C = 500/5 = 100$（万元），$D = 60 \times (1 - 25\%) = 45$（万元），$E = F = G = 45 + 100 = 145$（万元），$H = 100$ 万元，$I = 145 + 100 = 245$（万元）

表 6 - 9

项目	0	1 ~ 4 年	5 年
一、投资期现金流量			
固定资产投资	(A) -500		
营运资金垫支	(B) -100		
投资期现金净流量	-600		
二、营业期现金流量			
销售收入		—	—
付现成本		—	—
年折旧额		(C) 100	—
税前利润		60	
所得税		—	
净利润		(D) 45	—
营业期现金净流量		(E) 145	(G) 145
三、终结期现金流量			
固定资产净残值			—
回收营运资金			(H) 100
终结期现金净流量			—
四、现金净流量合计	-600	(F) 145	(I) 245

(2) 乙公司 $\beta_{资产} = 1.5/[1 + (1 - 25\%) \times (2/3)] = 1$

M 生产线 $\beta_{权益} = 1 \times [1 + (1 - 25\%) \times (1/1)] = 1.75$

M 生产线的股东权益成本 $= 4\% + 1.75 \times (12\% - 4\%) = 18\%$

M 生产线的资本成本 $= 8\% \times (1 - 25\%) \times 1/2 + 18\% \times 1/2 = 12\%$

(3) M 生产线的现值指数 $= [145 \times (P/A, 12\%, 4) + 245 \times (P/F, 12\%, 5)]/600 = 0.9657$

（4）因为现值指数小于1，所以该生产线不值得投资。

2.【答案】

（1）旧设备的年折旧额＝（2 000－200）/8＝225（万元）

（2）旧设备当前处置的现金流量

＝1 200－［1 200－（2 000－225×3）］×25%

＝1 231.25（万元）

旧设备五年后处置的现金流量

＝100－（100－200）×25%

＝125（万元）

（3）继续使用旧设备的现金流出总现值

＝1 231.25－125×（P/F，12%，5）+［500×（1－25%）－225×25%］×（P/A，12%，5）

＝2 309.36（万元）

（4）新设备的年折旧额＝（3 500－500）/5＝600（万元）

新设备的现金流出总现值

＝3 500－500×（P/F，12%，5）+［200×（1－25%）－600×25%］×（P/A，12%，5）

＝3 216.3（万元）

（5）旧设备的现金流出总现值2 309.36万元小于新设备的现金流出总现值3 216.3万元，所以不应该更新设备。

3.【答案】

（1）平价购入，名义到期收益率与票面利率相同，即为10%

甲公司年有效到期收益率＝（1＋10%/2）²－1＝10.25%

（2）乙公司债券价值＝40×（P/A，5%，10）+1 000×（P/F，5%，10）＝923（元）

（3）V＝50×（P/A，4%，2）+1 000×（P/F，4%，2）＝1 019（元）

（4）年有效到期收益率为i，

1 000＝1 050×［1/（1+i）^{1/4}］

（1+i）^{1/4}＝1 050/1 000＝1.05

（1+i）＝1.2155

年有效到期收益率i＝（1.2155－1）×100%＝21.55%

（5）甲债券价值＝［50＋1 050×（P/F，6%，1）］/（1+6%）^{1/2}＝1 010.69（元）。

4.【答案】

年折旧＝3 000×（1－10%）/5＝540（万元）

（1）如果项目的寿命期是4年。

4年后账面价值＝3 000－540×4＝840（万元）

变现损失减税＝（840－300）×25%＝135（万元）

第1～第3年营业现金毛流量＝500×（1－25%）+540＝915（万元）

第4年现金净流量＝915＋300＋135＝1 350（万元）

净现值＝915×（P/A，10%，3）+1 350×（P/F，10%，4）－3 000＝197.56（万元）

（2）如果项目的寿命期是3年。

3年后账面价值＝3 000－540×3＝1 380（万元）

变现损失减税＝（1 380－300）×25%＝270（万元）

第1～第2年营业现金毛流量＝500×（1－25%）+540＝915（万元）

第3年现金净流量＝915＋300＋270＝1 485（万元）

净现值＝915×（P/A，10%，2）+1 485×（P/F，10%，3）－3 000＝－296.34（万元）

（n－3）/（4－3）＝（0＋296.34）/（197.56＋296.34）

n＝3.60年。

5.【答案】

（1）甲企业对A公司股票要求的必要收益率＝4%＋1.5×（10%－4%）＝13%

A公司股票价值＝1.1×（1＋6%）/（13%－6%）＝16.66（元/股）

甲企业对B公司股票要求的必要收益率＝4%＋1.2×（10%－4%）＝11.2%

B公司股票价值＝0.8/11.2%＝7.14（元/股）

甲企业对C公司股票要求的必要收益率＝4%＋1×（10%－4%）＝10%

C公司预期第1年的股利＝0.6×（1＋20%）＝0.72（元）

C公司预期第2年的股利＝0.72×（1＋20%）＝0.864（元）

C公司预期第3年的股利＝0.864×（1＋15%）＝0.9936（元）

C 公司股票价值 = 0.72 × (P/F，10%，1) + 0.864 × (P/F，10%，2) + 0.9936 × (P/F，10%，3) + [0.9936 × (1 + 5%)/(10% - 5%)] × (P/F，10%，3) = 17.79（元/股）

（2）应购买 A 公司股票，由于 A 公司股票价值 16.66 元/股，高于其市价 15 元/股，故 A 公司股票值得投资购买。

B 公司股票价值 7.14 元/股，低于其市价 9 元/股。

C 公司股票价值 17.79 元/股，低于其市价 20 元/股，故 B 公司和 C 公司的股票都不值得投资。

6.【答案】

（1）甲公司股票的资本成本率 = 0.5/[8 × (1 - 5%)] + 6% = 12.58%

甲公司股票的内部收益率 = 0.5/8 + 6% = 12.25%

（2）乙公司股票的资本成本率 = 1/[10 × (1 - 4%)] = 10.42%

乙公司股票的内部收益率 = 1/10 = 10%

（3）因为甲公司股票的内部收益率 12.25% 大于该投资者的必要收益率 11%，而乙公司股票的内部收益率 10% 小于该投资者的必要收益率 11%，投资者应该选择甲公司的股票。

五、综合题

1.【答案】

（1）市价高于执行价格，甲投资人购买看涨期权到期日价值 = 46 - 38 = 8（元）

甲投资人购买看涨期权净损益 = 8 - 3.8 = 4.2（元）

（2）市价高于执行价格，乙投资人卖出看涨期权到期日价值 = -(46 - 38) = -8（元）

乙投资人卖出看涨期权净损益 = -8 + 3.8 = -4.2（元）

（3）市价低于执行价格，甲投资人购买看涨期权到期日价值为 0

甲投资人购买看涨期权净损益 = 0 - 3.8 = -3.8（元）

（4）市价低于执行价格，乙投资人卖出看涨期权到期日价值为 0

乙投资人卖出看涨期权净损益 = 0 + 3.8 = 3.8（元）

（5）市价高于执行价格，丙投资人购买看跌期权到期日价值为 0

丙投资人购买看跌期权净损益 = 0 - 5.20 = -5.20（元）

（6）市价高于执行价格，丁投资人卖出看跌期权到期日价值为 0

丁投资人卖出看跌期权净损益 = 0 + 5.20 = 5.20（元）

（7）市价低于执行价格，丙投资人购买看跌期权到期日价值 = 38 - 31 = 7（元）

丙投资人购买看跌期权净损益 = 7 - 5.20 = 1.80（元）

（8）市价低于执行价格，丁投资人卖出看跌期权到期日价值 = -(38 - 31) = -7（元）

丁投资人卖出看跌期权净损益 = -7 + 5.20 = -1.80（元）。

2.【答案】

（1）①年折旧额 = 30 000 000/3 = 10 000 000（元）

第 1 年的营业现金净流量 = 税后营业利润 + 年折旧额 = 10 000 000 + 10 000 000 = 20 000 000（元）

②第 2 年的营业现金净流量 = 10 000 000 × (1 + 20%) + 10 000 000 = 22 000 000（元）

第 3 年的营业现金净流量 = 10 000 000 × (1 + 20%)^2 + 10 000 000 = 24 400 000（元）

净现值 = 20 000 000 × (P/F，8%，1) + 22 000 000 × (P/F，8%，2) + 24 400 000 × (P/F，8%，3) - 30 000 000 = 26 747 320（元）

③现值指数 = [20 000 000 × (P/F，8%，1) + 22 000 000 × (P/F，8%，2) + 24 400 000 × (P/F，8%，3)]/30 000 000 = 1.89

（2）①投资时点的现金净流量 = -50 000 000 - 5 000 000 = -55 000 000（元）

②年折旧额 = 50 000 000/5 = 10 000 000（元）

第 1~4 年的营业现金净流量 = 35 000 000 × (1 - 25%) - 8 000 000 × (1 - 25%) + 10 000 000 × 25% = 22 750 000（元）

③第5年的现金净流量=22 750 000+5 000 000=27 750 000（元）

④净现值=22 750 000×（P/A，8%，4）+27 750 000×（P/F，8%，5）-55 000 000=22 750 000×3.3121+27 750 000×0.6806-55 000 000=39 236 925（元）

（3）A方案年金净流量=26 747 320/（P/A，8%，3）=26 747 320/2.5771=10 378 844.44（元）

B方案年金净流量=39 236 925/（P/A，8%，5）=39 236 925/3.9927=9 827 165.83（元）

A方案年金净流量大于B方案年金净流量，所以选择A方案。

（4）①可转换债券在发行当年比一般债券节约的利息支出=30 000 000×（5%-1%）=1 200 000（元）

②可转换债券的转换比率=100/20=5。

3.【答案】

（1）筹资组合的平均资本成本率=40%×7%+60%×12%=10%

（2）①边际贡献率=（1 000-600）/1 000=40%

②年折旧额=（30 000 000-1 500 000）/5=5 700 000（元）

盈亏平衡点的产销量=5 700 000/（1 000-600）=14 250（件）

③安全边际额=（40 000-14 250）×1 000=25 750 000（元）

④盈亏平衡作业率=14 250/40 000=35.63%

（3）①年营业现金净流量=（1 000-600）×40 000×（1-25%）+5 700 000×25%=

13 425 000（元）

②净现值=13 425 000×（P/A，10%，5）+（1 500 000+5 000 000）×（P/F，10%，5）-（30 000 000+5 000 000）=19 927 340（元）

③年金净流量=19 927 340/（P/A，10%，5）=5 256 763.74（元）

④静态回收期=（30 000 000+5 000 000）/13 425 000=2.61（年）。

4.【答案】

（1）①第0年现金净流量=-6 000-700=-6 700（万元）

②折旧=（6 000-1 200）/6=800（万元）

第1~5年每年的现金净流量=（3 000-1 000）×（1-25%）+800×25%=1 700（万元）

③第6年现金净流量=1 700+700+1 200=3 600（万元）

④现值指数=［1 700×（P/A，8%，5）+3 600×（P/F，8%，6）］/6 700=1.35

（2）因为现值指数大于1，所以甲公司应该购置该生产线。

（3）银行借款资本成本率=6%×（1-25%）=4.5%

普通股资本成本率=0.48/6+3%=11%

（4）（EBIT-500-6 000×6%）×（1-25%）/3 000=（EBIT-500）×（1-25%）/（3 000+1 000）

解得：每股收益无差别点EBIT=1 940万元

因为预计年息税前利润2 200万元大于每股收益无差别点EBIT 1 940万元，所以甲公司应该选择方案一。

第六章

第七章　营运资金管理

考情分析

本章属于财务管理的重点章节，主要介绍营运资金管理策略、流动资产（现金、应收账款、存货）的管理和流动负债（短期借款、短期融资券、商业信用）的管理。本章题型主要是客观题与计算分析题，也可以与其他章节知识合并考综合题。

教材变化

2024 年本章教材内容无实质性变化。

考点提示

本章主要考点有：（1）流动资产的投资策略与融资策略；（2）现金管理；（3）应收账款管理；（4）存货管理；（5）流动负债管理。需要考生掌握：现金收支和应收账款日常管理、存货的成本信用政策决策和现金折扣决策的方法，最优存货量的确定、目标现金余额的确定，现金收支和应收账款日常管理，流动负债管理；熟悉：营运资金的特点和管理原则，营运资金的管理策略，持有现金的动机，存货的控制系统。

本章考点框架

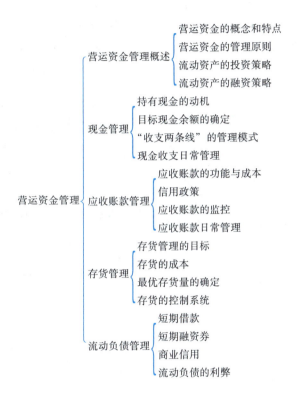

营运资金管理 ┬ 营运资金管理概述 ┬ 营运资金的概念和特点
　　　　　　　│　　　　　　　　　├ 营运资金的管理原则
　　　　　　　│　　　　　　　　　├ 流动资产的投资策略
　　　　　　　│　　　　　　　　　└ 流动资产的融资策略
　　　　　　　├ 现金管理 ┬ 持有现金的动机
　　　　　　　│　　　　　├ 目标现金余额的确定
　　　　　　　│　　　　　├ "收支两条线"的管理模式
　　　　　　　│　　　　　└ 现金收支日常管理
　　　　　　　├ 应收账款管理 ┬ 应收账款的功能与成本
　　　　　　　│　　　　　　　├ 信用政策
　　　　　　　│　　　　　　　├ 应收账款的监控
　　　　　　　│　　　　　　　└ 应收账款日常管理
　　　　　　　├ 存货管理 ┬ 存货管理的目标
　　　　　　　│　　　　　├ 存货的成本
　　　　　　　│　　　　　├ 最优存货量的确定
　　　　　　　│　　　　　└ 存货的控制系统
　　　　　　　└ 流动负债管理 ┬ 短期借款
　　　　　　　　　　　　　　　├ 短期融资券
　　　　　　　　　　　　　　　├ 商业信用
　　　　　　　　　　　　　　　└ 流动负债的利弊

考点解读及例题点津

第一单元　营运资金管理概述

1 营运资金的概念和特点

一、考点解读

（一）概念

营运资金是指在企业生产经营活动中占用在流动资产上的资金。营运资金有广义和狭义之分，广义的营运资金是指一个企业流动资产的总额；狭义的**营运资金**概念是指**流动资产减去流动负债后的余额**。这里指的是狭义的营运资金概念。

（二）流动资产

1. 特点

（1）**占用时间短**；

（2）**周转快**；

（3）**易变现**。

2. 分类

（1）按占用形态不同，分为现金、以公允价值计量且其变动计入当期损益的金融资产、应收及预付款项和存货。

（2）按在生产经营过程中所处的环节不同，分为生产领域中的流动资产、流通领域中的流动资产以及其他领域的流动资产。

（三）流动负债

1. 特点

（1）成本低；

（2）偿还期短。

2. 分类

（1）以应付金额是否确定为标准，可以分成应付金额确定的流动负债和应付金额不确定的流动负债。

（2）以流动负债形成情况为标准，可以分成自然性流动负债和人为性流动负债。

（3）以是否支付利息为标准，可以分为有息流动负债和无息流动负债。

（四）营运资金的特点

（1）来源具有灵活多样性；

（2）数量具有波动性；

（3）周转具有短期性；

（4）实物形态具有变动性和易变现性。

二、例题点津

【例题1·多选题】下列各项中，对营运资金占用水平产生影响的有（ ）。

A. 货币资金　　　B. 应收账款

C. 预付账款　　　D. 存货

【答案】ABCD

【解析】营运资金＝流动资产－流动负债，选项A、B、C、D均属于流动资产，所以均会影响营运资金占用水平。

2 营运资金的管理原则

一、考点解读

1. 满足正常资金需求

2. 提高资金使用效率

3. 节约资金使用成本

4. 保持短期偿债能力

二、例题点津

【例题1·单选题】营运资金管理应当遵循的原则包括（ ）。

A. 保持足够的长期偿债能力

B. 提高资金盈利能力

C. 保证合理的资金需求

D. 保持一定的增长数量

【答案】C

【解析】营运资金管理应当遵循的原则包括：保证合理的资金需求；提高资金使用效率；节约资金使用成本；保持足够的短期偿债能力。

3 流动资产的投资策略

一、考点解读

（一）紧缩的流动资产投资策略

（1）维持低水平的流动资产与销售收入比率，将存货尽可能压缩，应收账款和现金余额保持在最低水平。

（2）可以节约流动资产的持有成本，但与此同时可能伴随着更高风险，这些风险表现为更紧的应收账款信用政策和较低的存货占用水平，以及缺乏现金用于偿还应付账款等。

（3）对企业的管理水平有较高的要求。因为一旦失控，由于流动资产的短缺，会对企业的经营活动产生重大影响。

（二）宽松的流动资产投资策略

（1）维持高水平的流动资产与销售收入比率，企业将保持高水平的现金和有价证券、高水平的应收账款和高水平的存货。

（2）低风险、低收益。在这种策略下，由于较高的流动性，企业的财务与经营风险较小。但是，过多的流动资产投资，无疑会承担较大的流动资产持有成本，提高企业的资金成本，降低企业的收益水平。

从理论上说，最优的流动资产投资策略应该是使流动资产的持有成本和短缺成本之和最低。

二、例题点津

【例题 1 · 单选题】 下列不属于紧缩的流动资产投资战略特点的是（　　）。

A. 维持较低的流动资产对销售收入比率

B. 将存货尽可能压缩

C. 应收账款和现金余额保持在最低水平

D. 其风险与收益均较低

【答案】 D

【解析】 紧缩的流动资产投资战略的特点是维持较低的流动资产——营业收入比率，将存货尽可能压缩，应收账款和现金余额保持在最低水平。其风险与收益均较高。所以应选 D。

【例题 2 · 单选题】 某公司在营运资金管理中，为了降低流动资产的持有成本、提高资产的收益性，决定保持一个低水平的流动资产与销售收入比率，据此判断，该公司采取的流动资产投资策略是（　　）。

A. 紧缩的流动资产投资策略

B. 宽松的流动资产投资策略

C. 匹配的流动资产投资策略

D. 稳健的流动资产投资策略

【答案】 A

【解析】 在紧缩的流动资产投资策略下，企业维持较低水平的流动资产与销售收入比率。紧缩的流动资产投资策略可以节约流动资产的持有成本。所以选项 A 是正确的。

【例题 3 · 多选题】 下列关于宽松的流动资产投资策略的表述中，正确的有（　　）。

A. 低风险

B. 高收益

C. 保持较高的存货水平

D. 持有成本高

【答案】 ACD

【解析】 宽松的流动资产投资策略是指企业持有较多的流动资产，保持高水平的存货、应收账款和现金余额。在这种策略下，由于较高的流动性，企业的财务与经营风险较小。但是，过多的流动资产投资，会承担较大的流动资产持有成本，提高企业的资金成本，降低企业的收益水平。

【例题 4 · 多选题】 下列各项中，不属于宽松的流动资产投资策略特点的有（　　）。

A. 风险较低　　　　　B. 流动性低

C. 较少的流动资产　　D. 收益较低

【答案】 BC

【解析】 在宽松的流动资产投资策略下，企业通常会维持高水平的流动资产，因此流动性高。企业的财务与经营风险较小。但是，过多的流动资产投资，无疑会承担较大的流动资产持有成本，提高企业的资金成本，降低企业的收益水平。所以选项 B、C 不属于宽松的流动资产投资策略特点。

【例题 5 · 多选题】 企业采取的下列措施中，能够减少营运资本需求的有（　　）。

A. 加速应收账款周转

B. 加速存货周转

C. 加速应付账款的偿还

D. 加速固定资产周转

【答案】 AB

【解析】 加速应收账款周转会减少应收账款，减少营运资本需求；加速存货周转会减少存货，减少营运资本需求；加速应付账款的偿还，会减少应付账款，增加营运资本需求；加速固定资产周转，会减少固定资产，不影响营运资本需求。

【例题 6 · 判断题】 企业维持较高的流动资产存量水平有助于提高资金使用效率和整体收益水平。（　　）

【答案】 ×

【解析】 企业维持较高的流动资产存量水平会导致资金占用增加，降低资金使用效率，且降低企业的收益水平。

4　流动资产的融资策略

一、考点解读

（一）期限匹配的融资策略特点

长期融资满足非流动资产和永久性流动资产资金的需要，短期融资满足波动性流动资产的资金需要。该种策略风险与收益适中（见图 7 - 1）。

（二）保守融资策略特点

长期融资不仅满足非流动资产和永久性流动资产资金的需要，还满足部分波动性流动资产的资金需要，短期融资只满足部分波动性流动资产的资金需要。该种策略风险与收益均较低。

（三）激进融资策略特点

长期融资只满足非流动资产和部分永久性流动资产资金的需要，短期融资不仅满足全部波动性流动资产的资金需要，还满足部分永久性流动资产的资金需要。该种策略风险与收益均较高。

图7-1　可供选择的流动资产融资策略

二、例题点津

【例题1·单选题】某公司生产经营中永久性流动资产和波动性流动资产各400万元，不考虑其他因素，下列行为符合保守流动资产融资策略的是（　　）。

A. 用短期资金来源支持400万元波动性流动资产

B. 用短期资金来源支持200万元永久性流动资产

C. 用短期资金来源支持200万元波动性流动资产

D. 用短期资金来源支持400万元永久性流动资产

【答案】C

【解析】保守流动资产融资策略下，短期资金来源小于波动性流动资产，剩余的波动性流动资产、永久性流动资产和非流动资产由长期资金来源支持，因此选项C正确。

【例题2·单选题】某企业生产淡季占用流动资产20万元，固定资产140万元，生产旺季还要增加40万元的临时性存货，若企业权益资本为100万元，长期负债40万元，经营性流动负债10万元。该企业实行的是（　　）。

A. 激进融资策略

B. 匹配融资策略

C. 集中融资策略

D. 保守融资策略

【答案】C

【解析】波动性流动资产=40万元，临时性流动负债=50万元，波动性流动资产小于临时性流动负债，故该企业采用的是激进融资策略。

【例题3·单选题】关于保守型流动资产融资策略，下列表述正确的是（　　）。

A. 长期资金来源=非流动资产+永久性流动资产

B. 长期资金来源>非流动资产+永久性流动资产

C. 短期资金来源>波动性流动资产

D. 长期资金来源<非流动资产+永久性流动资产

【答案】B

【解析】在保守融资策略中，长期融资支持非流动资产、永久性流动资产和部分波动性流动资产。企业通常以长期融资来源为波动性流动资产的平均水平融资，短期融资仅用于融通剩余的波动性流动资产。因此，长期资金来源>非流动资产+永久性流动资产。

【例题4·单选题】某公司总资产为400万元，其中波动性流动资产为50万元，短期负债为85万元，不考虑其他情形，可以判断该公司的融资策略属于（　　）。

A. 激进融资策略

B. 保守融资策略

C. 期限匹配融资策略

D. 折中融资策略

【答案】A

【解析】因为波动性流动资产小于短期负债，所以该公司的融资策略为激进融资策略。

【例题5·多选题】企业在制定流动资产融资策略时，下列各项中被视为长期资金来源的

有（　　）。

A. 股东权益资本

B. 临时性流动负债

C. 自发性流动负债

D. 长期负债

【答案】ACD

【解析】在流动资产的融资策略中，融资的长期来源包括自发性流动负债、长期负债以及股东权益资本；短期来源主要是指临时性流动负债，例如短期银行借款。

第二单元　现 金 管 理

1 持有现金的动机

一、考点解读

（一）现金的含义

现金有广义、狭义之分。广义的现金是指在生产经营过程中以货币形态存在的资金，包括库存现金、银行存款和其他货币资金等。狭义的现金仅指库存现金。这里所讲的现金是指广义的现金。

（二）现金的特点

1. 变现能力最强

2. 收益性最弱

（三）持有现金的动机（见表7-1）

表7-1

动机	含义	影响因素
交易性需求	企业为了维持日常周转及正常商业活动所需持有的现金额	企业业务的季节性
预防性需求	企业需要持有一定量现金，以应付突发事件	（1）企业愿冒现金短缺风险的程度；（2）企业预测现金收支可靠的程度；（3）企业临时融资的能力
投机性需求	企业需要持有一定量的现金以抓住突然出现的获利机会	

提示 企业的现金持有量一般小于三种需求下的现金持有量之和，因为为某一需求持有的现金可以用于满足其他需求。

二、例题点津

【例题1·单选题】某企业因供应商收回了信用政策，导致资金支付需求增加，需要补充持有大量现金，这种持有现金的动机属于（　　）。

A. 交易性需求

B. 投资性需求

C. 预防性需求

D. 调整性需求

【答案】A

【解析】交易性需求是企业为了维持日常周转及正常商业活动所需持有的现金额。

【例题2·判断题】企业之所以持有一定数量的现金，主要是出于三个方面的动机：交易动机、预防动机和投资动机。（　　）

【答案】×

【解析】企业持有现金是由于三种需求：交易性需求、预防性需求和投机性需求。

【例题3·判断题】为满足每年"双十一"大促销的备货需求而增持现金，反映了企业持有现金的交易性需求。（　　）

【答案】√

【解析】企业的交易性需求是指企业为了维

持日常周转及正常商业活动所需持有的现金额。"双十一"属于正常的销售旺季，既不是突发事件也不是突然出现的获利机会，因此不属于预防性需求和投机性需求。

【例题4·判断题】 公司为应对未来可能出现的突发事件而持有一定量的现金，该现金持有动机在于满足预防性需求。（　　）

【答案】 √

【解析】 预防性需求是指企业需要持有一定量的现金，以应付突发事件。

2 目标现金余额的确定

一、考点解读

（一）成本模型

成本模型强调的是：持有现金是有成本的，最优的现金持有量是使得现金持有成本最小化的持有量。成本模型考虑的现金持有成本主要包括以下项目：

1. 机会成本

机会成本指因持有一定现金而丧失的再投资收益。与现金持有量成正比。

2. 管理成本

管理成本指因持有一定现金而发生的管理费用。在一定范围内与现金持有量之间没有明显的比例关系。

3. 短缺成本

短缺成本指因现金持有量不足所造成的损失。与现金持有量负相关。

4. 最佳现金持有量的确定

最佳现金持有量下的现金持有总成本 = min（管理成本 + 机会成本 + 短缺成本）

（二）存货模型

1. 思路

交易成本和机会成本之和最小的每次现金转换量，就是最佳现金持有量。

2. 相关成本

（1）机会成本：与现金持有量呈正比例变化。

（2）交易成本（固定转化成本）：与现金持有量呈反比例变化。

3. 相关公式

（1）相关总成本 = 机会成本 + 交易成本
= (C/2) × K + (T/C) × F

（2）最佳现金持有量 $C^* = \sqrt{(2 \times T \times F)/K}$

（三）随机模型

1. 应用前提

企业现金流量具有很大的不确定性，即企业的现金未来需求总量和收支不可预测。

2. 随机模型的内容

确定现金持有量的上限（H）和下限（L）以及最优现金返回线（R）。当现金余额在上限和下限之间波动时，表明企业现金持有量处于合理的水平，无须进行调整。当现金余额达到上限时，则将部分现金转换为有价证券；当现金余额下降到下限时，则卖出部分证券换取现金。

3. 现金持有量上限、下限和最优现金返回线的确定

（1）最低控制线 L 取决于模型之外的因素，其数额是由现金管理部经理在综合考虑短缺现金的风险程度、公司借款能力、公司日常周转所需资金、银行要求的补偿性余额等因素的基础上确定的。

（2）最优现金返回线的计算公式为：

$$R = \left(\frac{3b \times \delta^2}{4i}\right)^{\frac{1}{3}} + L$$

式中，b——证券与现金的转换成本（指固定转换成本）；

δ——企业每日现金变化的标准差（可根据历史资料预测）；

i——以日为基础计算的现金机会成本，即有价证券的日利息率。

（3）最高控制线 H 的计算公式为：

H = 3R − 2L

4. 随机模型的特点

随机模型建立在企业现金未来需求总量和收支不可预测的前提下，因此，计算出来的现金持有量比较保守。

二、例题点津

【例题1·单选题】 根据经济订货基本模型，

下列各项中，与计算经济订货批量无关的因素是（　　）。

A. 缺货成本

B. 单位变动储存成本

C. 存货年需要量

D. 每次订货的变动成本

【答案】A

【解析】基本模型下经济订货批量＝$(2 \times$ 每次订货变动成本 $\times$ 年需要量/单位变动储存成本$)^{\frac{1}{2}}$，缺货成本与经济订货批量计算无关。

【例题2·单选题】在确定目标现金余额的随机模型中，如果最低控制线 L 值为 10 000 元，回归线 R 为 15 500 元，则最高控制线 H 值为（　　）元。

A. 21 000　　　　B. 25 500

C. 31 000　　　　D. 26 500

【答案】D

【解析】最高控制线 H 值＝3R－2L＝3×15 500－2×10 000＝26 500（元）。

【例题3·单选题】随机模型下现金管理目标现金余额为 42 万元，下限为 27 万元，持有 60 万元，应（　　）。

A. 买入有价证券 21 万元

B. 无须调整持有量

C. 卖出有价证券 12 万元

D. 卖出有价证券 18 万元

【答案】B

【解析】现金余额上限 H＝3R－2L＝3×42－2×27＝72（万元），目前现金余额 60 万元处于上限和下限之间，因此无须调整。

【例题4·单选题】某企业根据现金持有量随机模型进行现金管理。已知现金最低持有量为 15 万元，现金余额回归线为 80 万元。如果公司现有现金 220 万元，此时应当投资于有价证券的金额是（　　）万元。

A. 65　　B. 95　　C. 140　　D. 205

【答案】C

【解析】H＝3R－2L＝3×80－2×15＝210（万元），因此应当投资于有价证券的金额＝220－80＝140（万元）。

【例题5·多选题】使用成本分析模型确定目标现金余额时，下列表述正确的有（　　）。

A. 一般将管理成本视为固定成本

B. 交易成本与现金持有量负相关

C. 机会成本与现金持有量负相关

D. 短缺成本与现金持有量负相关

【答案】AD

【解析】成本分析模型考虑的成本不包括交易成本，选项 B 错误。机会成本与现金持有量正相关，选项 C 错误。

【例题6·判断题】在确定目标现金余额时，无论成本模型还是存货模型，都需要考虑持有现金的机会成本。（　　）

【答案】√

【解析】成本模型需要考虑的成本有机会成本、管理成本和短缺成本。存货模型需要考虑的成本有机会成本和交易成本。所以两种模型都需要考虑持有现金的机会成本。

【例题7·判断题】根据存货模型，最佳现金持有量是机会成本线和交易成本线交叉点所对应的现金持有量。（　　）

【答案】√

【解析】现金的机会成本和交易成本是两条随现金持有量呈不同方向发展的曲线，两条曲线交叉点相应的现金持有量，即相关总成本最低的现金持有量，也就是最佳现金持有量。

【例题8·计算分析题】某公司现金收支平稳，预计全年（按 360 天计算）现金需要量为 250 000 元，现金与有价证券的转换成本为每次 500 元，有价证券年利率为 10%。

要求：

（1）计算最佳现金持有量。

（2）计算最佳现金持有量下的全年现金管理总成本、全年现金转换成本和全年现金持有机会成本。

（3）计算最佳现金持有量下的全年有价证券交易次数和有价证券交易间隔期。

【答案】

（1）

$$最佳现金持有量 = \sqrt{\frac{2 \times 250\,000 \times 500}{10\%}} = 50\,000$$

（元）。

（2）

最低现金管理总成本 $= \sqrt{2 \times 250\,000 \times 500 \times 10\%}$
$= 5\,000$（元）

转换成本 $= (250\,000/50\,000) \times 500 = 2\,500$（元）

机会成本 $= (50\,000/2) \times 10\% = 2\,500$（元）。

（3）

有价证券交易次数 $= 250\,000/50\,000 = 5$（次）

有价证券交易间隔期 $= 360/5 = 72$（天）。

3 "收支两条线"的管理模式

一、考点解读

"收支两条线"原本是政府为了加强财政管理和整顿财政秩序对财政资金采取的一种管理模式。当前，企业特别是大型集团企业，也纷纷采用"收支两条线"资金管理模式。

（一）企业实行"收支两条线"管理模式的目的

企业作为追求价值最大化的营利组织，实施"收支两条线"主要出于两个目的：第一，对企业范围内的现金进行集中管理，减少现金持有成本，加速资金周转，提高资金使用效率；第二，以实施"收支两条线"为切入点，通过高效的价值化管理来提高企业效益。

（二）"收支两条线"资金管理模式的构建

构建企业"收支两条线"资金管理模式，可从规范资金的流向、流量和流程三个方面入手：

（1）资金的流向方面：企业"收支两条线"要求各部门或分支机构在内部银行或当地银行设立两个账户（收入户和支出户），并规定所有收入的现金都必须进入收入户（外地分支机构的收入户资金还必须及时、足额地回笼到总部），收入户资金由企业资金管理部门（内部银行或

财务结算中心）统一管理，而所有的货币性支出都必须从支出户里支付，支出户里的资金只能根据一定的程序由收入户划拨而来，严禁现金坐支。

（2）资金的流量方面：在收入环节上要确保所有收入的资金都进入收入户，不允许有私设的账外小金库。另外，还要加快资金的结算速度，尽量压缩资金在结算环节的沉淀量；在调度环节上通过动态的现金流量预算和资金收支计划实现对资金的精确调度；在支出环节上，根据"以收定支"和"最低限额资金占用"的原则从收入户按照支出预算安排将资金定期划拨到支出户，支出户平均资金占用额应压缩到最低限度。有效的资金流量管理将有助于确保及时、足额地收入资金，合理控制各项费用支出和有效调剂内部资金。

（3）资金的流程方面：资金流程是指与资金流动有关的程序和规定。它是"收支两条线"内部控制体系的重要组成部分，主要包括以下几个部分：①关于账户管理、货币资金安全性等规定；②收入资金管理与控制；③支出资金管理与控制；④资金内部结算和信贷管理与控制；⑤"收支两条线"的组织保障等。

4 现金收支日常管理

一、考点解读

（一）现金周转期

1. 含义

现金周转期指介于企业支付现金与收到现金之间的时间段，也就是经营周期减去应付账款周转期。其中，从收到原材料，加工原材料，形成产成品，到将产成品卖出的这一时期，称为存货周转期；产品卖出后到收到顾客支付的货款的这一时期，称为应收账款周转期或收账期。

但是企业购买原材料并不用立即付款，这一延迟的付款时间段就是应付账款周转期或收账期。具体循环过程如图7-2所示。

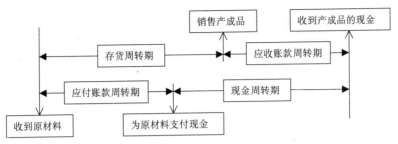

图 7-2 现金周转期

2. 计算方法

经营周期 = 存货周转期 + 应收账款周转期

现金周转期 = 经营周期 - 应付账款周转期

其中：

存货周转期 = 存货平均余额/每天的销货成本

应收账款周转期 = 应收账款平均余额/每天的销货收入

应付账款周转期 = 应付账款平均余额/每天的购货成本

3. 减少现金周转期的措施

（1）加快制造与销售产成品（减少存货周转期）；

（2）加速应收账款的回收（减少应收账款周转期）；

（3）减缓支付应付账款（延长应付账款周转期）。

（二）收款管理

1. 高效率收款系统的标志

（1）使收款成本和收款浮动期达到最小；

（2）保证与客户汇款及现金流入来源相关的信息质量。

2. 收款成本

（1）浮动期成本（机会成本）；

（2）管理收款系统的相关费用（例如：银行手续费）；

（3）第三方处理费用或清算相关费用。

3. 收款浮动期

收款浮动期指从支付开始到企业收到资金的时间间隔。包括以下三个方面：

（1）邮寄浮动期：从付款人寄出支票到收款人或收款人的处理系统收到支票的时间间隔。

（2）处理浮动期：支票的接受方处理支票和将支票存入银行以收回现金所花的时间。

（3）结算浮动期：通过银行系统进行支票结算所需的时间。

4. 收款方式的改善

电子支付方式对比纸基（或称纸质）支付方式是一种改进。电子支付方式提供了如下好处：

（1）结算时间和资金可用性可以预计。

（2）向任何一个账户或任何金融机构的支付具有灵活性，不受人工干扰。

（3）客户的汇款信息可与支付同时传送，更容易更新应收账款。

（4）客户的汇款从纸基方式转向电子方式，减少或消除了收款浮动期，降低了收款成本，收款过程更容易控制，并且提高了预测精度。

（三）付款管理

现金支出管理的主要任务是尽可能延缓现金的支出时间。

1. 使用现金浮游量

现金浮游量是指由于企业提高收款效率和延长付款时间所产生的企业账户上的现金余额和银行账户上的企业存款余额之间的差额。

2. 推迟应付款的支付

推迟应付款的支付是指企业在不影响自己信誉的前提下，充分运用供货方所提供的信用优惠，尽可能地推迟应付款的支付期。

3. 用汇票代替支票

与支票不同的是，承兑汇票并不是见票即付。它推迟了企业调入资金支付汇票的实际所需时间。

4. 改进员工工资支付模式

企业可以为支付工资专门设立一个工资账户，通过银行向职工支付工资。

5. 透支

企业开出支票的金额大于活期存款余额。

6. 争取现金流出与现金流入同步

企业应尽量使现金流出与流入同步，这样，就可以降低交易性现金余额，同时可以减少有价证券转换为现金的次数，提高现金的利用效率，节约转换成本。

7. 使用零余额账户

企业与银行合作，保持一个主账户和一系列子账户。企业只在主账户保持一定的安全储备，而在一系列子账户不需要保持安全储备。

二、例题点津

【例题 1·单选题】下列管理措施中，不能缩短现金周转期的是（　　）。

A. 加快制造和销售产品

B. 提前偿还短期融资券

C. 加大应收账款催收力度

D. 利用商业信用延期付款

【答案】B

【解析】现金周转期 = 存货周转期 + 应收账款周转期 - 应付账款周转期，故选项 B 正确。

【例题 2·单选题】某公司存货周转期为 180 天，应收账款周转期为 90 天，应付款周转期为 100 天，则该公司现金周转期为（　　）天。

A. 30　　B. 160　　C. 170　　D. 260

【答案】C

【解析】现金周转期 = 存货周转期 + 应收账款周转期 - 应付账款周转期 = 180 + 90 - 100 = 170（天），选项 C 正确。

【例题 3·计算分析题】戊公司 2×20 年与营运资金周转的相关资料如表 7-2 所示。

表 7-2　　　　　　　　　　　　　　单位：万元

项目	期初余额	期末余额
应收账款	3 280	4 000
存货	7 800	7 306
应付账款	2 600	2 900

该公司 2×20 年销售收入为 50 400 万元，销货成本为 29 880 万元，购货成本为 18 000 万元（一年按 360 天计算）。

要求：

（1）根据以上资料，计算 2×20 年该公司的经营周期和现金周转期。

（2）如果该公司计划在 2×21 年将现金周转期控制在 60 天，存货周转期、应付账款周转期维持在 2×20 年的水平，2×21 年预计销售收入将增加到 61 200 万元，则 2×21 年末的应收账款应控制在什么水平上？

【答案】

（1）应收账款周转期 = [（3 280 + 4 000）/2]/（50 400/360）= 26（天）

存货周转期 = [（7 800 + 7 306）/2]/（29 880/360）= 91（天）

应付账款周转期 = [（2 600 + 2 900）/2]/（18 000/360）= 55（天）

经营周期 = 26 + 91 = 117（天）

现金周转期 = 117 - 55 = 62（天）。

（2）60 = 2×21 年应收账款周转期 + 91 - 55

2×21 年应收账款周转期 = 24（天）

设 2×21 年末应收账款为 X 万元：

24 = [（4 000 + X）/2]/（61 200/360）

X = 4 160 万元

2×21 年末应收账款应控制在 4 160 万元。

第三单元　应收账款管理

1 应收账款的功能与成本

一、考点解读

（一）功能

1. 增加销售的功能

2. 减少存货的功能

（二）成本

1. 应收账款的机会成本

应收账款会占用企业一定量的资金，而企业若不把这部分资金投放于应收账款，便可以用于其他投资并可能获得收益，例如投资债券获得利息收入。这种因投放于应收账款而放弃其他投资所带来的收益，即为应收账款的机会成本。其计算公式如下：

应收账款平均余额＝日销售额×平均收现期

应收账款占用资金＝应收账款平均余额×变动成本率

应收账款占用资金的应计利息（即机会成本）

＝应收账款占用资金×资本成本

＝应收账款平均余额×变动成本率×资本成本

＝日销售额×平均收现期×变动成本率×资本成本

＝全年销售额/360×平均收现期×变动成本率×资本成本

＝（全年销售额×变动成本率）/360×平均收现期×资本成本

＝全年变动成本/360×平均收现期×资本成本

式中：平均收现期指的是各种收现期的加权平均数。

2. 应收账款的管理成本

应收账款的管理成本主要是指在进行应收账款管理时，所增加的费用。主要包括：调查顾客信用状况的费用、收集各种信息的费用、账簿的记录费用、收账费用、数据处理成本、相关管理人员成本和从第三方购买信用信息的成本等。

3. 应收账款的坏账成本

在赊销交易中，债务人由于种种原因无力偿还债务，债权人就有可能因无法收回应收账款而发生损失，这种损失就是坏账成本。可以说，企业发生坏账成本是不可避免的，而此项成本一般与应收账款发生的数量成正比。

坏账成本一般用下列公式测算：

应收账款的坏账成本＝赊销额×预计坏账损失率

二、例题点津

【例题1·单选题】 某公司购货的付款条件

为 "2/20，N/90"，1年按360天计算，该公司放弃现金折扣的信用成本率为（ ）。

A. 8.5% B. 9.5%
C. 12.5% D. 10.5%

【答案】 D

【解析】 该公司放弃现金折扣的信用成本率＝2%/（1－2%）×360/（90－20）＝10.5%。

【例题2·单选题】 根据信用评价的 "5C系统"，如果公司当前的现金流不足以还债，其在短期和长期内可供使用的财务资源，属于（ ）因素。

A. 品质 B. 能力
C. 条件 D. 资本

【答案】 D

【解析】 资本是指如果公司或个人当前的现金流不足以还债，他们在短期和长期内可供使用的财务资源。

【例题3·单选题】 某公司信用条件为 "0.8/10，N/30"，预计有25%（按销售额计算）的客户选择现金折扣优惠，其余客户在信用期满时付款，则平均收现期为（ ）天。

A. 15 B. 20
C. 30 D. 25

【答案】 D

【解析】 平均收现期＝25%×10+（1－25%）×30＝25（天）。

【例题4·多选题】 赊销在企业生产经营中所发挥的作用有（ ）。

A. 增加现金 B. 减少存货
C. 促进销售 D. 减少借款

【答案】 BC

【解析】 赊销是对客户的优惠，有促进销售和减少存货的功能。

【例题5·多选题】 信用条件是指销货企业要求赊购客户支付货款的条件，其构成要素有（ ）。

A. 信用期限 B. 信用标准
C. 现金折扣 D. 机会成本

【答案】 AC

【解析】 信用条件是指销货企业要求赊购客户支付货款的条件，由信用期限、折扣期限和现金折扣三个要素组成。

【例题6·多选题】 企业如果延长信用期限，可能导致的结果有（　　　）。

A. 扩大当期销售　　B. 延长平均收账期

C. 增加坏账损失　　D. 增加收账费用

【答案】 ABCD

【解析】 延长信用期限，会使销售额增加，与此同时，应收账款、收账费用和坏账损失增加，当前者大于后者时，可以延长信用期。本题正确选项为选项A、B、C、D。

【例题7·计算分析题】 甲公司当年销售额为3 000万元（全部为赊销），变动成本率为50%，固定成本总额为100万元，应收账款平均收现期为30天，坏账损失占销售额的0.2%。公司为扩大市场份额，计划于次年放宽信用期限并开始提供现金折扣。经测算，采用新信用政策后销售额将增至3 600万元（全部为赊销），应收账款平均收现期延长到36天，客户享受到的现金折扣占销售额的0.5%，坏账损失占销售额的0.3%，变动成本率与固定成本总额保持不变。一年按360天计算，不考虑企业所得税等其他因素，并假设公司进行等风险投资的必要收益率为10%。

要求：

（1）计算公司采用新信用政策而增加的应收账款机会成本。

（2）计算公司采用新信用政策而增加的坏账损失与现金折扣成本。

（3）计算公司采用新信用政策而增加的边际贡献。

（4）计算新信用政策增加的损益，并据此判断改变信用政策是否合理。

【答案】

（1）公司采用新信用政策而增加的应收账款机会成本 = 3 600/360 × 36 × 50% × 10% − 3 000/360 × 30 × 50% × 10% = 5.5（万元）

（2）公司采用新信用政策而增加的坏账损失 = 3 600 × 0.3% − 3 000 × 0.2% = 4.8（万元）

公司采用新信用政策而增加的现金折扣成本 = 3 600 × 0.5% = 18（万元）

（3）公司采用新信用政策而增加的边际贡献 = (3 600 − 3 000) × (1 − 50%) = 300（万元）

（4）新信用政策增加的损益 = 300 − 5.5 − 4.8 − 18 = 271.7（万元）

因为新信用政策增加的损益大于0，所以改变信用政策合理。

2　信用政策

一、考点解读

（一）信用标准

（1）含义。

信用标准指信用申请者获得企业提供信用必须达到的最低信用水平，通常以预期的坏账损失率作为判别标准。

（2）信用的定性分析（**5C 信用评价系统**，见表7−3）。

表7−3

5C	含义	衡量
品质	指个人申请人或公司申请人管理者的诚实和正直表现；这是5C中最主要的因素	通常要根据过去的记录结合现状调查来进行分析
能力	指偿债能力	着重了解申请人流动资产数量、质量以及流动比率的高低，必要时还可考察申请人的日常运营情况
资本	资本是指如果企业或个人当前的现金流不足以还债，他们在短期和长期内可供使用的财务资源	调查了解企业资本规模和负债比率，反映企业资产或资本对负债的保障程度。资本雄厚的企业具有强大的物质基础和抗风险能力

续表

5C	含义	衡量
抵押	当公司或个人不能满足还款条款时，可以用作债务担保的资产或其他担保物	分析担保抵押手续是否齐备、抵押品的估值和出售有无问题、担保人的信誉是否可靠等
条件	指影响申请人还款能力和还款意愿的各种外在因素	对企业的经济环境，包括企业发展前景、行业发展趋势、市场需求变化等进行分析，预测其对企业经营效益的影响

（二）信用条件

信用条件指销货企业要求赊购客户支付货款的条件，包括**信用期限和折扣条件**。

1. 信用期限

信用期限是企业允许顾客从购货到付款之间的时间，或者说是企业给予顾客的最长付款时间。

2. 折扣条件

折扣条件包括**现金折扣和折扣期限两个方面**。

（1）现金折扣。

现金折扣是在顾客提前付款时给予的优惠。企业采用什么程度的现金折扣，要与信用期限结合起来考虑。

（2）折扣期限。

折扣期限是为顾客规定的可享受现金折扣的付款时间。

（三）收账政策

收账政策是指信用条件被违反时，企业采取的收账策略。

二、例题点津

【例题1·判断题】 在其他条件不变的情况下，如果应收账款收现期延长，则应收账款的机会成本增加。（　　）

【答案】 √

【解析】 应收账款的机会成本＝日销售额×平均收现期×变动成本率×资本成本，公式表明，应收账款收现期延长，应收账款的机会成本增加。

【例题2·计算分析题】 某公司的年赊销收入为720万元，平均收账期为60天，坏账损失为赊销额的10%，年收账费用为5万元。该公司认为通过增加收账人员等措施，可以使平均收

账期降为50天，坏账损失降为赊销额的7%。假设公司的资本成本率为6%，变动成本率为50%。

要求：

计算为使上述变更经济上合理，新增收账费用的上限（每年按360天计算）。

【答案】

原方案信用成本＝日赊销额×平均收现期×变动成本率×资本成本＋赊销额×原坏账损失率＋原收账费用＝（720/360）×60×50%×6%＋720×10%＋5＝80.6（万元）

新方案信用成本＝日赊销额×平均收现期×变动成本率×资本成本＋赊销额×新坏账损失率＋新收账费用＝（720/360）×50×50%×6%＋720×7%＋新收账费用＝53.4＋新收账费用

根据：新方案信用成本≤原方案信用成本

即：53.4万元＋新收账费用≤80.6万元

可知：新收账费用上限＝80.6−53.4＝27.2（万元）

因为原来的收账费用为5万元，所以，新增收账费用上限＝27.2−5＝22.2（万元）

3 应收账款的监控

一、考点解读

（一）应收账款监控的理由

（1）在开票或收款过程中可能会发生错误或延迟；

（2）有些客户可能故意拖欠到企业采取追款行动才付款；

（3）客户财务状况的变化可能会改变其按时付款的能力，并且需要缩减该客户未来的赊销

额度。

（二）应收账款监控的方法

1. 应收账款周转天数

（1）计算公式。

应收账款周转天数 = 应收账款平均余额/平均日销售额

（2）说明。

①将企业当前的应收账款周转天数与规定的信用期限、历史趋势以及行业正常水平进行比较，可以反映公司整体收款效率；

②应收账款周转天数可能会被销售量的变动趋势和剧烈的销售季节性所破坏。

2. 账龄分析表

（1）账龄分析表可以将应收账款划分为未到信用期的应收账款和以 30 天为间隔的逾期应收账款。

（2）企业既可以按照应收账款总额进行账龄分析，也可以分顾客进行账龄分析。

（3）账龄分析表与应收账款周转天数的比较：

①账龄分析表比计算应收账款周转天数更能揭示应收账款变化趋势，因为账龄分析表给出了应收账款分布的模式，而不仅仅是一个平均数。

②应收账款周转天数有可能与信用期限相一致，但是有一些账户可能拖欠很严重，应收账款周转天数不能明确地表现出账款拖欠情况。

③当各个月之间的销售额变化很大时，账龄分析表和应收账款周转天数都可能发出类似的错误信号。

3. 应收账款账户余额模式

（1）含义。

应收账款账户余额的模式反映一定期间的赊销额在发生赊销的当期期末及随后各期仍未偿还的百分比。

（2）意义。

①将当前模式和过去模式进行对比来评价应收账款余额模式的任何变化。

②运用应收账款账户余额的模式来计划应收账款金额水平，衡量应收账款的收账效率以及预测未来的现金流。

4. ABC 分析法

（1）含义。

ABC 分析法又称重点管理法。它将企业的所有欠款客户按其金额的多少进行分类排队，然后分别采用不同的收账策略的一种方法。它一方面能加快应收账款收回，另一方面能将收账费用与预期收益联系起来。

（2）各类客户的特点及管理方法。

①A 类客户。

应收账款逾期金额占应收账款逾期金额总额的比重大。这类客户作为催款的重点对象，可以发出措辞较为严厉的信件催收，或派专人催收，或委托收款代理机构处理，甚至可以通过法律途径解决。

②B 类客户。

应收账款逾期金额占应收账款逾期金额总额的比重居中。可以多发几封信函催收，或打电话催收。

③C 类客户。

应收账款逾期金额占应收账款逾期金额总额的比重较小。对 C 类客户只需要发出通知其付款的信函即可。

二、例题点津

【例题 1·单选题】甲公司第一季度各月赊销额分别为 100 万元、110 万元和 120 万元，信用条件为 n/30，3 月底公司应收账款余额为 150 万元。则该公司在第一季度应收账款平均逾期（   ）天（一个月按 30 天计算）。

A. 12.88 B. 10.87

C. 30 D. 45

【答案】B

【解析】该公司平均日赊销 =（100 + 110 + 120）/90 = 3.67（万元），应收账款周转天数 = 150/3.67 = 40.87（天），平均逾期天数 = 40.87 - 30 = 10.87（天）。

【例题 2·单选题】按照 ABC 分析法，作为催款的重点对象是（   ）。

A. 应收账款逾期金额占应收账款逾期金额总额的比重大的客户

B. 应收账款账龄长的客户

C. 应收账款数额占全部应收账款数额比重大的客户

D. 应收账款比重小的客户

【答案】A

【解析】应收账款逾期金额占应收账款逾期金额总额的比重大的客户属于A类客户，这类客户作为催款的重点对象。

【例题3·单选题】能够预计公司现金流量和应收账款水平的应收账款监控方法是（　　）。

A. 账龄分析表

B. 应收账款周转天数

C. 应收账款账户余额模式

D. ABC分析法

【答案】C

【解析】应收账款账户余额模式反映一定期间的赊销额在发生赊销的当期期末及随后各期仍未偿还的百分比。这种方法可以进行应收账款金额水平的计划，衡量应收账款的收账效率以及预测未来的现金流量。

4　应收账款日常管理

一、考点解读

（一）调查客户信用

（二）评估客户信用

（三）收账的日常管理

收账的花费越大，收账措施越有力，可收回的账款应越多，坏账损失也就越小。因此，制定收账政策，需要在收账费用和所减少坏账损失之间作出权衡。

（四）应收账款保理

1. 含义

应收账款保理是企业将赊销形成的未到期应收账款，在满足一定条件的情况下转让给保理商，以获得流动资金，加快资金的周转。

2. 种类（见表7-4）

表7-4

分类标准	类别	含义
是否有追索权	有追索权保理（非买断型）	供应商将债权转让给保理商，供应商向保理商融通资金后，如果购货商拒绝付款或无力付款，保理商有权向供应商要求偿还预付的现金，如购货商破产或无力支付，只要有关款项到期未能收回，保理商都有权向供应商进行追索，因而保理商具有全部"追索权"
	无追索权保理（买断型）	是指保理商将销售合同完全买断，并承担全部的收款风险
是否通知购货商保理情况	明保理	指保理商和供应商需要将销售合同被转让的情况通知购货商，并签订保理商、供应商、购货商之间的三方合同
	暗保理	指供应商为了避免让客户知道自己因流动资金不足而转让应收账款，并不将债权转让情况通知客户，货款到期时仍由销售商出面催款，再向银行偿还借款
是否提供预付账款融资	折扣保理（融资保理）	即在销售合同到期前保理商将剩余未收款部分先预付给销售商，一般不超过全部合同额的70%~90%
	到期保理	指保理商并不提供预付账款融资，而是在赊销到期时才支付，届时不管货款是否收到，保理商都必须向销售商支付货款

3. 作用

（1）融资功能。

（2）减轻企业应收账款的管理负担。

（3）减少坏账损失、经营风险。

（4）改善企业的财务结构。

二、例题点津

【例题1·多选题】关于企业应收账款保理，下列表述正确的有（　　）。

A. 增强了资产的流动性

B. 是资产证券化的一种形式

C. 具有融资功能

D. 能够减少坏账损失

【答案】ACD

【解析】应收账款保理不属于资产证券化。企业应收账款资产支持证券，是指证券公司、基金管理公司子公司作为管理人，通过设立资产支持专项计划开展资产证券化业务，以企业应收账款债权为基础资产或基础资产现金流来源所发行的资产支持证券。

【例题2·判断题】企业采用无追索权保理方式筹资时，如果应收账款发生坏账，其坏账风险必须由本企业承担。（　　）

【答案】×

【解析】无追索权保理是指保理商将销售合同完全买断，并承担全部的收款风险。

【例题3·判断题】应收账款保理的主要意图在于将逾期未能收回的应收账款转让给保理商，从而获取相应的资金。（　　）

【答案】×

【解析】应收账款保理是企业将赊销形成的未到期应收账款（而不是逾期未能收回的应收账款），在满足一定条件的情况下转让给保理商，以获得流动资金，加快资金的周转。

第四单元　存货管理

❶ 存货管理的目标

一、考点解读

（一）保证生产正常进行

（二）提高销售机动性

（三）便于维持均衡生产，降低产品成本

（四）降低存货取得成本

（五）防止意外发生

二、例题点津

【例题1·判断题】企业大批量集中进货的目的主要是保证生产正常进行。（　　）

【答案】×

【解析】企业大批量集中进货，可以减少订货次数，更容易享受价格折扣，降低存货取得的成本。

❷ 存货的成本

一、考点解读

（一）取得成本（用 TC_a 表示）

1. 订货成本

订货成本指取得订单的成本。包括：

（1）订货的固定成本（用 F_1 表示）。

（2）订货的变动成本。计算公式如下：

$$订货成本 = F_1 + \frac{D}{Q}K$$

（每次订货的变动成本用 K 表示；订货次数等于存货年需要量 D 与每次进货量 Q 之商）

2. 购置成本

购置成本指购买存货本身所支出的成本，即存货本身的价值。计算公式如下：

$$购置成本 = 订货总量 \times 采购单价 = D \times U$$

（年需要量用 D 表示，单价用 U 表示，于是购置成本为 DU）

3. 取得成本 $TC_a = F_1 + \dfrac{D}{Q}K + DU$

（二）储存成本（用 TC_c 表示）

储存成本指为保持存货而发生的成本。包括：

1. 固定储存成本（用 F_2 表示）

2. 变动储存成本（用 K_c 表示）

变动储存成本＝平均存货量×单位存货储存成本＝$K_c\dfrac{Q}{2}$

3. 储存成本 $TC_c = F_2 + K_c\dfrac{Q}{2}$

（三）缺货成本（用 TC_s 表示）

缺货成本指由于存货供应中断所造成的损失，比如停工损失、拖欠发货损失、丧失销售机会损失、商誉损失。

（四）储备存货的总成本（用 TC 表示）

$$TC = TC_a + TC_c + TC_s$$
$$= F_1 + \dfrac{D}{Q}K + DU + F_2 + K_c\dfrac{Q}{2} + TC_s$$

二、例题点津

【例题1·单选题】下列属于变动性订货成本的是（　　）。

A. 采购人员差旅费

B. 存货占用资金应计利息

C. 常设采购机构的房租

D. 存货保管员工资

【答案】A

【解析】选项 B、D 属于储存成本；选项 C 属于固定性订货成本。

3 最优存货量的确定

一、考点解读

（一）经济订货基本模型

1. 经济订货基本模型假设条件

（1）存货总需求量是已知常数。

（2）不存在订货提前期，即可以随时补充存货。

（3）货物是一次性入库。

（4）单位货物成本为常数，无批量折扣。

（5）库存储存成本与库存水平呈线性关系。

（6）货物是一种独立需求的物品，不受其他货物影响。

（7）不允许缺货，即无缺货成本。

2. 相关公式

相关总成本 $= D/Q \times K + Q/2 \times K_c$

经济订货批量 $EOQ = \sqrt{2KD/K_c}$

最小相关总成本 $TC(EOQ) = \sqrt{2KDK_c}$

（二）基本模型的扩展

1. 再订货点

（1）含义。

在订货提前的情况下，企业再次发出订货单时应保持的存货库存量，称为再订货点。

（2）公式。

再订货点 R＝平均交货时间×每日平均需要量 $= L \times d$

（3）说明。

在订货提前的情况下，订单虽然提前发出，但订货间隔时间、订货批量、订货次数不变，故订货提前期对经济订货量并无影响。

2. 存货陆续供应和使用模型

经济订货基本模型是建立在存货一次全部入库的假设之上的。事实上，各批存货可能陆续入库，存量陆续增加。特别是产成品入库和在产品转移，几乎总是陆续供应和陆续耗用的。在这种情况下，需要对基本模型作一些修正。

（1）相关总成本 $TC(Q) = \dfrac{D}{Q} \times K + \dfrac{Q}{2} \times (1 - d/p) \times K_c$

（2）经济订货批量 $EOQ = \sqrt{2KD/K_c \times p/(p-d)}$

（3）最小相关总成本 $TC(EOQ) = \sqrt{2KDK_c \times (1 - d/p)}$

3. 保险储备

最佳的保险储备应该是使缺货损失和保险储备的储存成本之和达到最低。

二、例题点津

【例题1·单选题】下列关于存货保险储备的表现中，正确的是（　　）。

A. 较低的保险储备可降低存货缺货成本

B. 保险储备的多少取决于经济订货量的大小

C. 最佳保险储备能使缺货损失和保险储备的储存成本之和达到最低

D. 较高的保险储备可降低存货储存成本

【答案】C

【解析】较高的保险储备可降低缺货损失，但也增加了存货的储存成本。因此，最佳的保险储备应该使缺货损失和保险储备的储存成本之和达到最低。

【例题 2·单选题】某材料日需用量为 50 千克，经济订货批量为 4 500 千克，订货后平均交货时间为 6 天，基于扩展的经济订货模型，再订货点为（ ）千克。

A. 750　　　　　B. 150

C. 540　　　　　D. 300

【答案】D

【解析】再订货点 = 50 × 6 = 300（千克）。

【例题 3·多选题】在存货订货量决策中，下列关于保险储备的表述正确的有（ ）。

A. 保险储备增加，存货的缺货损失减小

B. 保险储备增加，存货中断的概率变小

C. 保险储备增加，存货的再订货点降低

D. 保险储备增加，存货的储存成本提高

【答案】ABD

【解析】较高的保险储备可降低存货中断的概率和存货中断的损失，即降低缺货损失，但也增加了存货的储存成本。因此，最佳的保险储备应该使缺货损失和保险储备的储存成本之和达到最低。所以选项 A、B、D 正确。再订货点 = 预计交货期内的需求 + 保险储备，保险储备增加，存货的再订货点提高，所以选项 C 错误。

【例题 4·判断题】存货管理中，较高的保险储备增加了存货的储存成本，但降低了缺货成本。（ ）

【答案】√

【解析】较高的保险储备可降低缺货损失，进而降低缺货成本，但同时也增加了存货的储存成本。

【例题 5·判断题】在经济订货扩展模型中，若某材料的保险储备为 100 千克，每千克材料的储存成本为 2 元，则保险储备的储存成本为 100

元。（ ）

【答案】×

【解析】保险储备的储存成本 = B × K_c = 100 × 2 = 200（元）。

4 存货的控制系统

一、考点解读

（一）ABC 控制系统

ABC 控制系统（见表 7-5）。

表 7-5

类型	特征	管理方法
A 类	价值高，品种数量较少	实行重点控制、严格管理
B 类	价值一般，品种数量相对较多	对 B 类和 C 类库存的重视程度则可依次降低，采取一般管理
C 类	品种数量繁多，价值却很小	

（二）适时制库存控制系统

适时制库存控制系统（见表 7-6）。

表 7-6

基本原理	优点	缺点
制造企业事先与供应商和客户协调好；只有当制造企业在生产过程中需要原料或零件时，供应商才会将原料或零件送来；而每当产品生产出来就被客户拉走	降低库存成本	经营风险大（适时制库存控制系统需要的是稳定而标准的生产程序以及供应商的诚信，否则，任何一环出现差错都将导致整个生产线的停止）

二、例题点津

【例题 1·单选题】下列关于 ABC 控制系统的表述中，错误的是（ ）。

A. A 类存货价值高，品种数量较少

B. C 类存货品种繁多，价值很小

C. B 类存货价值一般，品种数量相对较多

D. 对 B 类存货要按品种进行管理

【答案】D

【解析】ABC 控制系统中，对 A 类存货要按品种进行管理；对 B 类和 C 类存货的重视程度可依次降低，采取一般管理。

【例题 2·多选题】企业如果采取适时制库存控制系统，则下列表述中正确的有（　　）。

A. 库存成本较低

B. 制造企业必须事先与供应商和客户协调好

C. 需要的是稳定而标准的生产程序以及供应商的诚信

D. 供应商必须提前将企业生产所需要的原料或零件送来，避免企业缺货

【答案】ABC

【解析】适时制库存控制系统下只有当制造企业在生产过程中需要原料或零件时，供应商才会将原料或零件送来。

第五单元　流动负债管理

1 短期借款

一、考点解读

（一）短期借款的信用条件

1. 信贷额度

借款企业与银行在协议中规定的借款最高限额。

2. 周转信贷协议

银行具有法律义务地承诺提供不超过某一最高限额的贷款协定。企业要享用周转信贷协定，通常要对贷款限额的未使用部分付给银行一笔承诺费用。

3. 补偿性余额

银行要求借款企业在银行中保持按贷款限额或实际借用额的一定比例（通常为 10%～20%）计算的最低存款余额。补偿性余额降低了银行贷款的风险，提高了贷款的实际利率。

补偿性余额贷款的实际利率 = 名义利率/（1 - 补偿性余额比率）

4. 借款抵押

短期借款的抵押品主要有应收账款、存货、应收票据、债务等。

5. 偿还条件

贷款的偿还有到期一次偿还和在贷款期内定期（每月、季）等额偿还两种方式。一般来讲，企业不希望采用后一种偿还方式，因为这会提高借款的实际年利率；而银行不希望采用前一种偿还方式，是因为这会加重企业的财务负担，增加企业的拒付风险，同时会降低实际贷款利率。

6. 其他承诺

银行有时还会要求企业为取得贷款而作出其他承诺，如及时提供财务报表、保持适当的财务水平等。

（二）短期借款的成本

1. 收款法

收款法是在借款到期时向银行支付利息的方法。采用此法计息，借款的实际利率和名义利率相等。

2. 贴现法

贴现法又称折价法，是指银行向企业发放贷款时，先从本金中扣除利息部分，到期时借款企业偿还全部贷款本金的一种利息支付方法。在这种利息支付方式下，企业可以利用的贷款只是本金减去利息部分后的差额，因此，贷款的实际利率要高于名义利率。

实际利率 = 利息/（贷款金额 - 利息）

= 名义利率/（1 - 名义利率）

3. 加息法

加息法是银行发放分期等额偿还贷款时采用的利息收取方法。在分期等额偿还贷款情况下，银行将根据名义利率计算的利息加到贷款本金上，计算出贷款的本息和，要求企业在贷

款期内分期偿还本息之和的金额。由于贷款本金分期均衡偿还，借款企业实际上只平均使用了贷款本金的一半，却支付了全额利息。**这样企业所负担的实际利率便要高于名义利率大约1倍。**

二、例题点津

【例题1·单选题】 某公司借入名义年利率为10%的银行借款6 000万元，分12个月等额偿还本息，则按照加息法计算的该借款的实际年利率为（   ）。

A. 20%　　　　　B. 10.25%

C. 21%　　　　　D. 10%

【答案】 A

【解析】 按照加息法计算的该借款的实际年利率 = 10% × 2 = 20%。

【例题2·判断题】 某公司从银行取得1年期借款100万元，年利率5%。若按贴现法付息，则实际利率大于5%。（   ）

【答案】 √

【解析】 按贴现法付息，企业可以利用的贷款只是本金减去利息部分后的差额，因此，贷款的实际利率要高于名义利率5%。

2 短期融资券

一、考点解读

（一）含义

短期融资券是由企业依法发行的无担保短期本票。

（二）分类

（1）按发行人分类，短期融资券分为**金融企业的融资券和非金融企业的融资券**。在我国，目前发行和交易的是非金融企业的融资券。

（2）按发行方式分类，短期融资券分**为经纪人承销的融资券和直接销售的融资券**。非金融企业一般采用**间接承销方式**进行，金融企业一般采用**直接发行方式**进行。

（三）筹资特点

（1）短期融资券的**筹资成本较低**。

（2）短期融资券的**筹资数额比较大**。

（3）发行短期融资券**的条件比较严格**。

二、例题点津

【例题1·多选题】 根据我国对短期融资券的相关规定，下列说法正确的有（   ）。

A. 与银行借款相比，短期融资券发行条件较为严格

B. 企业需要为发行的短期融资券提供担保

C. 短期融资券面向社会公众发行和交易

D. 与企业债券相比，短期融资券的筹资成本较低

【答案】 AD

【解析】 短期融资券是由企业依法发行的无担保短期本票，选项B错误；短期融资券发行和交易的对象是银行间债券市场的机构投资者，不向社会公众发行和交易，选项C错误。

【例题2·多选题】 在我国，关于短期融资券的下列说法中正确的有（   ）。

A. 相对于银行借款，其信用等级要求较高

B. 相对于商业信用，其偿还方式比较灵活

C. 相对于企业债券，其筹资成本较高

D. 相对于银行借款，其一次性筹资金额较大

【答案】 AD

【解析】 商业信用，企业能够根据需要，选择决定筹资的金额大小和期限长短，同样要比银行借款等其他方式灵活得多，甚至如果在期限内不能付款或交货时，一般还可以通过与客户的协商，请求延长时限，选项B错误。短期融资券相对于发行公司债券筹资而言，发行短期融资券的筹资成本较低，选项C错误。

3 商业信用

一、考点解读

（一）含义

商业信用是指在商品或劳务交易中，以延期付款或预收货款方式进行购销活动而形成的借贷关系，是一种"自动性筹资"。包括应付账款、应付票据、预收货款、应计未付款（应付职工

薪酬、应付股利等）。

（二）应付账款

1. 公式

放弃折扣的信用成本率 = [折扣百分比/(1 - 折扣百分比)] × [360/(付款期 - 折扣期)]

2. 放弃现金折扣的信用决策的原因

（1）可能是企业资金暂时的缺乏；

（2）可能是基于将应付的账款用于临时性短期投资，以获得更高的投资收益。企业将应付账款额用于短期投资，所获得的投资报酬率高于放弃折扣的信用成本率，则应当放弃现金折扣。

（三）商业信用的特点

1. 优点

（1）商业信用容易获得。

（2）企业有较大的机动权。

（3）企业一般不用提供担保。

2. 缺点

（1）商业信用筹资成本高。

（2）容易恶化企业的信用水平。

（3）受外部环境影响较大。

二、例题点津

【例题1·单选题】下列各项中，不属于商业信用筹资方式的是（　　）。

A. 预收货款　　　　B. 预付货款

C. 应付账款　　　　D. 应付票据

【答案】B

【解析】商业信用的形式包括应付账款、应付票据、预收货款、应计未付款。选项B不属于商业信用筹资方式。

【例题2·单选题】相对于其他流动资金来源，商业信用筹资的优点是（　　）。

A. 受外部市场环境影响小

B. 一般不用提供担保

C. 有利于提升企业信用水平

D. 放弃现金折扣的信用成本低

【答案】B

【解析】商业信用筹资的优点：（1）商业信用容易获得。（2）企业有较大的机动权。（3）企业一般不用提供担保。商业信用筹资的缺点：（1）商业信用筹资成本高。（2）容易恶化企业的

信用水平。（3）受外部环境影响较大。

【例题3·单选题】下列筹资方式中，由企业之间商品或劳务交易活动形成的，能够作为企业短期资金经常性来源的是（　　）。

A. 融资租赁　　　　B. 留存收益

C. 短期借款　　　　D. 商业信用

【答案】D

【解析】商业信用是指企业在商品或劳务交易中，以延期付款或预收货款方式进行购销活动而形成的借贷关系，是企业之间的直接信用行为，也是企业短期资金的重要来源。

【例题4·多选题】一般而言，与短期筹资和短期借款相比，商业信用融资的优点有（　　）。

A. 融资数额较大

B. 融资条件宽松

C. 融资机动权大

D. 无须提供担保

【答案】BCD

【解析】商业信用筹资的优点：商业信用容易获得、企业有较大的机动权、企业一般不用提供担保。

【例题5·判断题】由于商业信用筹资无须支付利息，所以不属于债务筹资。（　　）

【答案】×

【解析】商业信用，是指企业之间在商品或劳务交易中，由于延期付款或延期交货所形成的借贷信用关系，是企业短期资金的一种重要的和经常性的来源，因此是一种债务筹资方式。

【例题6·计算分析题】某企业拟采购一批原材料，价值10 000元，供应商规定的付款条件如下：

（1）立即付款，价格9 630元；

（2）第20天付款，价格9 750元；

（3）第40天付款，价格9 870元；

（4）第60天付款，价格10 000元。

要求：假设银行短期贷款的利率为23%，计算放弃现金折扣的成本（比率），并确定对该公司最有利的付款日期和付款价格（一年按360天计算）。

【答案】

立即付款的现金折扣率 = (10 000 - 9 630)/

10 000 = 3.7%

第 20 天付款现金折扣率 = （10 000 - 9 750）/10 000 = 2.5%

第 40 天付款现金折扣率 = （10 000 - 9 870）/10 000 = 1.3%

立即付款的放弃现金折扣的成本 = [3.7%/（1 - 3.7%）] × [360/（60 - 0）] = 23.05%

第 20 天付款放弃现金折扣的成本 = [2.5%/（1 - 2.5%）] × [360/（60 - 20）] = 23.08%；

第 40 天付款放弃现金折扣的成本 = [1.3%/（1 - 1.3%）] × [360/（60 - 40）] = 23.71%；

由于各种方案放弃折扣的信用成本率均高于借款利息率，因此初步结论是要取得现金折扣，借入银行借款以偿还货款。

立即付款方案，得折扣 370 元，用资 9 630 元，借款 60 天，利息 369.15 元（9 630 × 23% × 60/360），净收益 0.85 元（370 - 369.15）；

20 天付款方案，得折扣 250 元，用资 9 750 元，借款 40 天，利息 249.17 元（9 750 × 23% × 40/360），净收益 0.83 元（250 - 249.17）；

40 天付款方案，得折扣 130 元，用资 9 870 元，借款 20 天，利息 126.12 元（9 870 × 23% × 20/360），净收益 3.88 元（130 - 126.12）。

结论：第 40 天付款是最佳方案，其净收益最大。

4 流动负债的利弊

一、考点解读

（一）经营优势

（1）容易获得，具有灵活性，能够有效地满足企业季节性信贷需求，创造了需要融资和获得融资之间的同步性。

（2）短期借款一般比长期借款具有更少的约束性条款。

（二）经营劣势

需要持续地重新谈判或滚动安排负债。

二、例题点津

【例题 1·单选题】下列关于流动负债利弊的表述中，错误的是（　　）。

A. 需要持续地重新谈判或滚动安排负债

B. 具有更少的约束性条款

C. 创造了需要融资和获得融资之间的同步性

D. 筹资风险较低

【答案】D

【解析】流动负债需要在短期内偿还，如果企业资金安排不当，就会陷入财务困境，所以其筹资风险较高。

本章考点巩固练习题

一、单项选择题

1. 下列各项中，不属于营运资金构成内容的是（　　）。

A. 存货　　　　B. 应收账款

C. 货币资金　　D. 无形资产

2. 某公司在营运资金管理中，为了降低流动资产的持有成本、提高资产的收益性，决定保持一个低水平的流动资产与销售收入比率，据此判断，该公司采取的流动资产投资策略是（　　）。

A. 紧缩的流动资产投资策略

B. 宽松的流动资产投资策略

C. 匹配的流动资产投资策略

D. 稳健的流动资产投资策略

3. 某企业以长期融资方式满足固定资产、永久性流动资产和部分波动性流动资产的需要，短期融资仅满足剩余的波动性流动资产的需要，该企业所采用的流动资产融资策略是（　　）。

A. 激进融资策略　　B. 保守融资策略

C. 折中融资策略　　D. 期限匹配融资策略

4. 某公司有长期资金来源 7 000 万元，全部非流动资产 6 000 万元、流动资产 3 000 万元，其中永久性流动资产 2 000 万元，则该公司的流动资产融资策略是（   ）。
   A. 激进融资策略   B. 保守融资策略
   C. 折中融资策略   D. 期限匹配融资策略

5. 某公司发现某股票的价格因突发事件而大幅度下降，预判有很大的反弹空间，但苦于没有现金购买。这说明该公司持有的现金未能满足（   ）。
   A. 投机性需求   B. 预防性需求
   C. 决策性需求   D. 交易性需求

6. 企业为维持日常生产经营活动，必须保持一定的现金余额，下列各项中，影响现金余额的是（   ）。
   A. 企业愿意承担风险的程度
   B. 企业临时举债能力的强弱
   C. 企业销售水平
   D. 企业对现金流量预测的可靠程度

7. 应收账款赊销效果的好坏，依赖于企业的信用政策。公司在对是否改变信用期间进行决策时，不需要考虑的因素是（   ）。
   A. 等风险投资的最低报酬率
   B. 产品的变动成本率
   C. 应收账款的坏账损失率
   D. 公司的所得税税率

8. 某公司持有有价证券的平均年利率为 5%，公司的现金最低持有量为 1 500 元，现金余额的最优返回线为 8 000 元。如果公司现有现金 20 000 元，根据现金持有量随机模型，此时应当投资于有价证券的金额是（   ）元。
   A. 0   B. 6 500
   C. 12 000   D. 18 500

9. 企业持有现金的动机包括交易性需求、预防性需求和投机性需求，企业为满足交易性需求而持有现金，所需考虑的主要因素是（   ）。
   A. 企业维持日常周转及正常商业活动
   B. 企业临时融资能力
   C. 企业对待风险的态度
   D. 金融市场投资机会的多少

10. 某公司向银行借款 2 000 万元，期限为 1 年，

年利率为 6.5%，银行要求的补偿性余额比例为 12%，则该借款的实际利率为（   ）。
   A. 7.28%   B. 6.59%
   C. 7.39%   D. 12%

11. 减少现金周转期的措施不包括（   ）。
   A. 加快制造与销售产成品
   B. 加速应收账款的回收
   C. 减缓支付应付账款
   D. 降低现金折扣的比率

12. 在利用成本模型进行最佳现金持有量决策时，下列成本因素中未被考虑在内的是（   ）。
   A. 机会成本   B. 交易成本
   C. 短缺成本   D. 管理成本

13. 企业目前信用条件是"n/30"，赊销额为 600 万元；预计信用条件变为"n/60"，赊销额将变为 900 万元。若信用条件改变后应收账款占用资金增加 60 万元，一年按 360 天计算，则该企业的边际贡献率为（   ）。
   A. 30%   B. 40%
   C. 50%   D. 60%

14. 某企业按年利率 10% 从银行借入款项 800 万元，银行要求企业按贷款限额的 15% 保持补偿性余额，存款利率为 2%，该借款的实际利率为（   ）。
   A. 11.41%   B. 11.76%
   C. 12%   D. 12.11%

15. 甲公司全年销售额 36 000 元（一年按 360 天计算），信用政策是"1/20，N/50"，平均有 40% 顾客（按销售额计算）享受现金折扣，没有顾客逾期付款，变动成本率 60%，则应收账款的平均余额是（   ）元。
   A. 2 280   B. 3 000
   C. 3 800   D. 5 000

16. 下列对信用期限的叙述中，不正确的是（   ）。
   A. 信用期限越长，企业坏账风险越大
   B. 信用期限越长，客户享受的信用条件越优越
   C. 信用期限越长，应收账款的机会成本越低

D. 延长信用期限，有利于销售收入的扩大

17. 某公司存货年需求量为 36 000 千克，经济订货批量为 600 千克，一年按 360 天计算，则最佳订货期为（ ）天。
A. 100　　　　　B. 1.67
C. 60　　　　　 D. 6

18. 信用条件为"2/10，N/30"时，预计赊销额的 60% 的客户选择现金折扣优惠，则平均收账期为（ ）天。
A. 16　　　　　B. 18
C. 26　　　　　D. 28

19. 甲公司与乙银行签订了一份周转信贷协定，周转信贷限额为 1 000 万元，借款利率为 6%，承诺费率为 0.5%，甲公司需按照实际借款额维持 10% 的补偿性余额。甲公司年度内使用借款 600 万元，则该笔借款的实际税前资本成本是（ ）。
A. 6%　　　　　B. 6.33%
C. 6.67%　　　 D. 7.04%

20. 某企业获批 100 万元的周转信贷额度，约定年利率为 10%，承诺费率为 0.5%，年度内企业实际动用贷款 60 万元，使用了 12 个月，则该笔业务在当年实际发生的借款成本为（ ）万元。
A. 10　　　　　B. 6
C. 6.2　　　　　D. 10.2

21. 某企业选择使用长期融资满足企业非流动资产、永久性流动资产和部分波动性流动资产的需求，选择使用短期融资满足部分波动性流动资产，则企业的融资策略是（ ）。
A. 匹配融资策略
B. 保守融资策略
C. 激进融资策略
D. 宽松融资策略

22. 某公司基于随机模型进行现金管理，目标现金余额为 42 万元，现金余额下限为 27 万元。公司当前的现金持有量为 60 万元，此时公司应采取的策略为（ ）。
A. 无须调整现金持有量
B. 买入有价证券 21 万元
C. 卖出有价证券 12 万元

D. 卖出有价证券 18 万元

23. 采用 ABC 控制法进行存货管理时，应该重点控制的存货类别是（ ）。
A. 品种较多的存货
B. 数量较多的存货
C. 库存时间较长的存货
D. 单位价值较大的存货

二、多项选择题

1. 下列有关流动资产的表述错误的有（ ）。
A. 流动资产是指可以在一年内变现或运用的资产
B. 流动资产具有占用时间短、周转慢、易变现的特点
C. 存货是流动资产的主要组成部分
D. 流动资产按生产经营所处的环节不同可分为生产领域中的流动资产与流通领域中的流动资产

2. 不考虑其他因素，企业采用宽松的流动资产投资策略将导致（ ）。
A. 较低的流动资产
B. 较低的偿债能力
C. 较低的流动资产短缺成本
D. 较低的收益水平

3. 运用成本模型确定企业最佳现金持有量时，现金持有量与持有成本之间的关系不正确的有（ ）。
A. 现金持有量越小，总成本越大
B. 现金持有量越大，机会成本越大
C. 现金持有量越小，短缺成本越大
D. 现金持有量越大，管理成本越大

4. 在存货订货量决策中，下列关于保险储备的表述正确的有（ ）。
A. 保险储备增加，存货的缺货损失减少
B. 保险储备增加，存货中断的概率变小
C. 保险储备增加，存货的再订货点降低
D. 保险储备增加，存货的储存成本提高

5. 在确定目标现金余额的存货模型中，需要考虑的相关现金成本有（ ）。
A. 管理成本　　　B. 短缺成本
C. 交易成本　　　D. 机会成本

6. 甲公司的生产经营存在季节性，公司定性流动资产 300 万元，营业低谷时的折现率为 120%。下列各项说法中，正确的有（　　）。
   A. 公司采用的是激进型筹资策略
   B. 波动性流动资产全部来源于短期资金
   C. 稳定性流动资产全部来源于长期资金
   D. 营业低谷时，公司有 60 万元的闲置资金

7. 与长期债务筹资相比，短期债务筹资的特点有（　　）。
   A. 筹资成本高　　　B. 筹资风险高
   C. 限制条件少　　　D. 筹资速度快

8. 企业持有现金，主要出于交易性、预防性和投机性三大需求，下列各项中，体现了交易性需求的有（　　）。
   A. 为满足季节性库存的需求而持有现金
   B. 为避免因客户违约导致的资金链意外断裂而持有现金
   C. 为提供更长的商业信用期而持有现金
   D. 为在证券价格下跌时买入证券而持有现金

9. 企业采取的下列措施中，能够减少营运资金需求的有（　　）。
   A. 加速应收账款周转
   B. 加速存货周转
   C. 加速应付账款的偿还
   D. 加速固定资产周转

10. 企业在持续经营过程中，会自发地、直接地产生一些资金来源，部分地满足企业的经营需要，我们称其为自然性流动负债，比如（　　）。
    A. 预收账款
    B. 应付职工薪酬
    C. 应付票据
    D. 根据周转信贷协定取得的借款

11. 制定企业的信用政策，需要考虑的因素包括（　　）。
    A. 等风险投资的最低报酬率
    B. 收账费用
    C. 存货数量
    D. 现金折扣

12. 利用成本分析模式确定最佳现金持有量时，无须考虑的成本费用包括（　　）。

A. 现金管理费用
B. 持有现金的机会成本
C. 现金短缺成本
D. 现金与有价证券的转换成本

13. 甲公司采用随机模式进行现金管理，确定的最低现金持有量是 10 万元，现金返回线是 40 万元，下列操作中正确的有（　　）。
    A. 当现金余额为 8 万元时，应转让有价证券换回现金 2 万元
    B. 当现金余额为 50 万元时，应用现金 10 万元买入有价证券
    C. 当现金余额为 80 万元时，不用进行有价证券与现金之间的转换操作
    D. 当现金余额为 110 万元时，应用现金 70 万元买入有价证券

14. 为了加快资金周转，H 公司计划将其账龄在 6～12 个月的对 Y 公司的应收账款出售给有关银行。银行与 H 公司商定在赊销到期时支付货款，但 H 公司未将债权转让情况通知 Y 公司，货款到期时仍由 H 公司出面催款。上述业务中，包括的保理种类有（　　）。
    A. 融资保理　　　B. 到期保理
    C. 暗保理　　　　D. 明保理

15. 商业信用筹资的特点包括（　　）。
    A. 容易取得　　　B. 限制条件少
    C. 没有筹资成本　D. 筹资风险高

16. 现金折扣政策的目的在于（　　）。
    A. 吸引顾客为享受优惠而提前付款
    B. 减轻企业税负
    C. 缩短应收账款平均收款期
    D. 节约收账费用

17. 下列选项中，属于营运资金来源的融资方式的有（　　）。
    A. 发行股票　　　B. 短期融资券
    C. 商业信用　　　D. 应交税费

18. 下列各项中，与企业储备存货有关的成本有（　　）。
    A. 取得成本　　　B. 管理成本
    D. 缺货成本　　　C. 储存成本

19. 企业确定因预防性需求持有现金的数额，需要考虑（　　）因素。

A. 企业愿意冒现金短缺风险的程度

B. 企业预测现金收支可靠的程度

C. 企业临时融资的能力

D. 企业业务的季节性

20. 经济订货量的存货陆续供应和使用模型需要设立的假设条件包括（　　）。

A. 不允许缺货

B. 企业现金充足，不会因现金短缺而影响进货

C. 需求量稳定，并且能预测

D. 能集中到货

三、判断题

1. 为满足"双十一"大促销的备货需求而增持现金，反映了企业持有现金的交易性需求。
（　　）

2. 周转信贷协定的有效期通常超过 1 年，且银行并不承担必须支付全部信贷数额的义务。
（　　）

3. 在紧缩型流动资产投资策略下，企业一般会维持较高水平的流动资产与销售收入比率，因此财务风险与经营风险较小。（　　）

4. 相对于长期资产而言，流动资产具有占用时间短、周转快、易变现等特点。
（　　）

5. 根据期限匹配融资策略，固定资产比重较大的上市公司主要应通过长期负债和发行股票筹集资金。
（　　）

6. 现金存货模型中，最佳现金持有量是机会成本和交易成本线交叉的点所对应的现金持有量。
（　　）

7. 在确定目标现金余额时，无论成本模型还是存货模型，都需要考虑持有现金的机会成本。
（　　）

8. 在最优现金确定的存货模式下，持有现金的机会成本与证券变现的交易次数成本相等时，此时的现金持有量为最佳现金持有量。
（　　）

9. 银行借款如附带补偿性余额条款，则会降低银行借款的实际利率。（　　）

10. 由于企业诉讼失败支付违约金导致现金流不足，影响了企业正常的生产运营，这是因为公司持有的现金未能满足交易性需求导致的。
（　　）

11. 一般而言，存货周转速度越快，存货占用水平越低，企业的营运能力就越强。（　　）

12. 应收账款保理中，从风险角度看，无追索权的保理相对于有追索权的保理对保理商更有利，对供应商更不利。（　　）

13. 流动资产、流动负债以及二者之间的关系可以较好地反映企业的偿债能力。（　　）

14. 狭义的营运资金是流动资产减去流动负债后的余额，其中流动资产具有占用时间短、周转快、易变现等特点，流动负债具有成本低、偿还期短等特点，必须加强管理。（　　）

15. 企业保持高水平的现金、应收账款和存货等流动资产的投资策略，有助于企业节约资金成本，提高企业的收益水平。（　　）

16. 最佳的保险储备应该是使缺货损失和保险储备的储存成本之和达到最低。保险储备越高，则缺货损失越大，保险储备的储存成本越小。（　　）

17. 仓库人员的固定月工资会影响经济订货批量的大小。（　　）

18. 贴现法付息会导致短期借款的有效年利率高于报价利率。（　　）

19. 由于 A 企业银行信誉较差，资金流动性低，不符合申请贷款条件。银行要求按较高的利息率支付利息才提供贷款，则该借款利率属于优惠利率。（　　）

四、计算分析题

1. 乙公司使用存货模型确定最佳现金持有量。根据有关资料分析，2×21 年该公司全年现金需求量为 8 100 万元，每次现金转换的成本为 0.2 万元，持有现金的机会成本率为 10%。

要求：

（1）计算最佳现金持有量。

（2）计算最佳现金持有量下的现金转换次数。

（3）计算最佳现金持有量下的现金交易成本。

（4）计算最佳现金持有量下持有现金的机会成本。

（5）计算最佳现金持有量下的相关总成本。

2. 甲企业每年需要外购原材料 2 500 千克，原材料单价 10 元，单位储存变动成本 17 元，一次订货成本 20 元，去年订货 4 次，单位材料年存储成本为材料单价的 40%，单位材料缺货成本 60 元，企业目前建立的保险储备量为 20 千克。在交货期内，生产需要量及概率分布如表 7−7 所示。

表 7−7

生产需要量（千克）	概率
60	0.2
70	0.2
80	0.4
90	0.1
100	0.1

要求：

（1）计算企业的经济订货量，每年最佳订货次数（计算结果保留整数）。

（2）按照目前的保险储备水平，计算再次订货点是多少。

（3）企业目前的保险储备水平是否合适，如果不合适，请确定最优的保险储备水平。

3. A 公司生产、销售一种产品，该产品的单位变动成本是 60 元，单位售价是 80 元，公司目前采用 30 天按发票金额付款的信用政策，80% 的顾客（按销售量计算，同）能在信用期内付款，另外 20% 的顾客平均在信用期满后 20 天付款，逾期应收账款的收回需要支出占逾期账款 5% 的收账费用，公司每年的销售量为 36 000 件，平均存货水平为 2 000 件。

为了扩大销售量、缩短平均收现期，公司拟推出"5/10、2/20、N/30"的现金折扣政策。采用该政策后，预计销售量会增加 15%，40% 的顾客会在 10 天内付款，30% 的顾客会在 20 天内付款，20% 的顾客会在 30 天内付款，另外 10% 的顾客平均在信用期满后 20 天付款，逾期应收账款的收回需要支出占逾期账款 5% 的收账费用。为了保证及时供货，平均

存货水平需提高到 2 400 件，其他条件不变。假设等风险投资的必要报酬率为 12%，一年按 360 天计算。

要求：

（1）计算改变信用政策后边际贡献、收账费用、应收账款应计利息、存货应计利息、现金折扣成本的变化。

（2）计算改变信用政策后的净损益增加，并回答 A 公司是否应推出该现金折扣政策。

4. 甲超市季节性采购一批取暖器，供应商报价为 100 万元，付款条件为"3/30，N/90"，目前该超市资金紧张，预计到第 90 天才有资金用于支付，若要在 90 天内付款只能通过银行借款解决，银行借款年利率为 6%，假设一年按 360 天计算。

要求：

（1）如果享受折扣，请计算折扣额与银行借款的利息，并计算净收益。

（2）如果超市第 30 天内有资金可以享受折扣，但是也面临一个 60 天的短期投资机会，投资额 100 万元，60 天后可收回资金 105 万元，请计算放弃折扣的信用成本率以及短期投资的收益率，并作出决策。

5. 甲公司是一家模具制造企业，生产需要使用 A 材料。该材料每千克 5 元，全年需求量 72 000 千克（一年按 360 天计算）。一次订货成本 250 元，单位储存成本 1 元/千克，单位缺货成本为 0.5 元。

材料集中到货，从订货至到货需要 5 天。在交货期内，甲公司材料需求量及其概率如表 7−8 所示。

如果设置保险储备，以每天平均需求量为最小单位。

表 7−8

需求量（千克）	800	1 000	1 200	1 400
概率	10%	40%	30%	20%

要求：

（1）计算 A 材料的经济订货量、年订货次

数、与批量相关的年存货总成本。

（2）计算 A 材料不同保险储备量的年相关总成本，并确定最佳保险储备量。

五、综合题

1. D 公司是一家服装加工企业，2×20 年营业收入为 3 600 万元，营业成本为 1 800 万元，日购货成本为 5 万元。该公司与经营有关的购销业务均采用赊账方式。假设一年按 360 天计算。D 公司简化的资产负债简表如表 7-9 所示。

表 7-9　资产负债简表
（2×20 年 12 月 31 日） 单位：万元

资产	金额	负债和所有者权益	金额
货币资金	211	应付账款	120
应收账款	600	应付票据	200
存货	150	应付职工薪酬	255
流动资产合计	961	流动负债合计	575
固定资产	850	长期借款	300
非流动资产合计	850	负债合计	875
		实收资本	600
		留存收益	336

续表

资产	金额	负债和所有者权益	金额
		所有者权益合计	936
资产合计	1 811	负债和所有者权益合计	1 811

要求：

（1）计算 D 公司 2×20 年的营运资金数额。

（2）计算 D 公司 2×20 年的应收账款周转期、应付账款周转期、存货周转期以及现金周转期（为简化计算，应收账款、存货、应付账款的平均余额均以期末数据代替）。

（3）在其他条件相同的情况下，如果 D 公司利用供应商提供的现金折扣，则对现金周转期会产生何种影响？

（4）在其他条件相同的情况下，如果 D 公司增加存货，则对现金周转期会产生何种影响？

2. 甲公司是一家制造业公司，两年来经营状况稳定，并且产销平衡，相关资料如下：

资料一：公司 2×20 年资产负债表和利润表如表 7-10 所示。

表 7-10 单位：万元

	资产负债表			利润表	
资产	2×20 年末余额	负债和股东权益	2×20 年末余额	项目	2×20 年发生额
货币资金	1 000	应付账款	2 100	营业收入	30 000
应收账款	5 000	短期借款	3 100	营业成本	18 000
存货	2 000	长期借款	4 800	期间费用	6 000
固定资产	12 000	股东权益	10 000	利润总额	6 000
资产合计	20 000	负债和股东权益合计	20 000	净利润	4 500

资料二：全年购货成本 9 450 万元，公司永久性流动资产为 2 500 万元，一年按 360 天计算。

资料三：公司收紧赊销政策导致收入减少 6 000 万元，变动成本率为 70%，机会成本减少 500 万元，收账费用减少 200 万元。

要求：

（1）根据资料一，计算 2×20 年末营运资金数额；

（2）根据资料一，计算：①营业毛利率；②资产周转率；③净资产收益率。

（3）根据资料一、资料二，计算：①存货周转期；②应付账款周转期；③应收账款周转期；④现金周转期（以上计算结果均用天数表示）。

（4）根据资料一、资料二，依据公司资产与资金来源期限结构的匹配情况，判断该公司流动资产融资策略属于哪种类型。

（5）根据资料三，计算收缩信用政策对税前利润的影响额，判断是否应收缩信用政策。

3. 甲公司生产、销售一种产品，变动成本率为75%。

公司目前采用"N/30"信用政策。如果2022年还执行该信用政策，将实现销售收入300万元，预计平均收现期为35天，逾期应收账款的收回需要支出3万元的收账费用，预计产生的坏账占销售收入的1%。

为扩大销售量、缩短平均收现期，公司拟推出"5/10、N/30"的现金折扣政策。采用该政策后，预计2022年销售额会增加20%，同时增加固定成本5万元。40%的顾客会在第10天付款，50%的顾客会在第30天付款，另外10%的顾客平均在信用期满后10天付款，逾期应收账款的收回需要支出占逾期账款5%的收账费用，预计不会产生坏账。

假设公司等风险投资的最低收益率为12%，一年按360天计算。

要求：

（1）计算改变信用条件后增加的收益；

（2）计算改变信用条件后应收账款的平均收现期；

（3）计算改变信用条件引起的应收账款机会成本的增加额；

（4）计算改变信用条件引起的现金折扣成本的增加额；

（5）计算改变信用条件引起的收账费用和坏账损失的增加额；

（6）计算改变信用条件引起的税前利润增加额；

（7）判断提出的信用条件是否可行并说明理由。

4. 甲公司是一家制造企业，有关资料如下：

资料一：甲公司2020年12月31日资产负债表（单位：万元）如表7-11所示。

表 7-11
单位：万元

资产			负债与股东权益		
项目	年初数	年末数	项目	年初数	年末数
货币资金	4 400	4 000	短期借款	5 700	5 500
应收账款	4 000	6 000	应付账款	3 500	4 500
存货	4 500	5 500	长期借款	8 300	7 400
固定资产	17 900	17 400	股本	20 000	20 000
无形资产	8 000	8 000	留存收益	1 300	3 500
资产总计	38 800	40 900	负债与股东权益总计	38 800	40 900

资料二：公司2020年度营业收入（即销售额，下同）为50 000万元，营业成本为40 000万元。

资料三：公司2020年应付账款周转期为36天，一年按360天计算。

资料四：公司预计2021年度的营业收入将达到70 000万元，净利润预计为7 000万元，利润留存率为40%。

假定公司2020年末的货币资金、应收账款、存货、应付账款项目与营业收入的比例关系在2021年度保持不变。

此外，因销售额增长，现有生产能力不足，公司需要在2021年追加固定资产投资6 000万元。

资料五：对于外部资金需求，公司选择按面值发行债券，期限为5年，票面利率为9%，每年付息一次，到期一次性还本，筹资费用率为2%。公司适用的企业所得税税率为25%。

要求：

（1）根据资料一，计算2020年末下列指标：①流动比率；②速动比率；③现金比率。

（2）根据资料一和资料二，计算：①2020年总资产周转率；②2020年末权益乘数。

（3）根据资料一、资料二和资料三，计算2020年下列指标：①应收账款周转期；②存货周转期；③经营周期；④现金周转期。

（4）根据资料一、资料二和资料四，计算2021年的外部融资需求量。

（5）根据资料五，计算债券的资本成本率（不考虑货币时间价值）。

5. 甲公司是一家电子产品制造企业，生产需要使用X零件。该零件单价5元。全年需求量72 000件（一年按360天计算）。一次订货成本250元，单位储存成本1元/年，单位缺货成本为0.5元。

零件集中到货，从订货至到货需要5天，正常到货概率为100%。在5日交货期内，甲公司零件需求量及概率如表7-12所示。

表7-12

需求量（件）	800	1 000	1 200	1 400
概率	10%	40%	30%	20%

如果设置保险设备，以每天平均需求量为最小单位。

要求：

（1）计算X零件的经济订货量、年订货次数、与批量相关的年存货总成本。

（2）计算X零件不同保险储备量的年相关总成本，并确定最佳保险储备量。

6. 甲公司是一家制造业企业集团，生产耗费的原材料为L零部件。有关资料如下：

资料一：L零部件的年正常需要量为54 000个，2018年及以前年度，一直从乙公司进货，单位购买价格100元/个，单位变动储存成本为6元/个，每次订货变动成本为2 000元，

一年按360天计算。

资料二：2018年，甲公司全年应付账款平均余额为450 000元，假定应付账款全部为应向乙公司支付的L零部件的价款。

资料三：2019年年初，乙公司为鼓励甲公司尽早还款，向甲公司开出的现金折扣条件为"2/10，N/30"，目前甲公司用于支付账款的资金需要在30天时才能周转回来，30天以内的资金需求要通过银行借款筹集，借款利率为4.8%，甲公司综合考虑借款成本与折扣收益，决定在第10天付款方案和第30天付款方案中作出选择。

资料四：受经济环境的影响，甲公司决定自2020年将零部件从外购转为自行生产，计划建立一个专门生产L零部件的A分厂。该分厂投入运行后的有关数据估算如下，零部件的年产量为54 000个，单位直接材料为30元/个，单位直接人工为20元/个，其他成本全部为固定成本，金额为1 900 000元。

资料五：甲公司将A分厂作为一个利润中心予以考核，内部结算价格为100元/个，该分厂全部固定成本1 900 000元中，该分厂负责人可控的部分占700 000元。

要求：

（1）根据资料一，按照经济订货基本模型计算：①零部件的经济订货量；②全年最佳订货次数；③最佳订货周期（要求用天数表示）；④经济订货量下的变动储存成本总额。

（2）根据资料一和资料二，计算2018年度的应付账款周转期（要求用天数表示）。

（3）根据资料一和资料三，分别计算甲公司2019年度两个付款方案的净收益，并判断甲公司应选择哪个付款方案。

（4）根据资料四，计算A分厂投入运营后预计年产品成本总额。

（5）根据资料四和资料五，计算A分厂作为利润中心的如下业绩考核指标：①边际贡献；②可控边际贡献；③部门边际贡献。

7. A公司是电脑经销商，预计今年需求量为3 600台，平均购进单价为1 500元，平均每日供货量100台，每日销售量为10台（一年

按 360 天计算），单位缺货成本为 100 元。与订货和储存有关的成本资料预计如下：

（1）采购部门全年办公费为 100 000 元，平均每次差旅费为 800 元，每次装卸费为 200 元。

（2）仓库职工的工资每月 2 000 元，仓库年折旧 40 000 元，银行存款利息率为 4%，平均每台电脑的破损损失为 80 元，每台电脑的保险费用为 60 元。

（3）从发出订单到第一批货物运到需要的时间有五种可能，分别是 8 天（概率 10%），9 天（概率 20%），10 天（概率 40%），11 天（概率 20%），12 天（概率 10%）。

要求：

（1）计算经济订货批量、送货期和订货次数。

（2）确定合理的保险储备量和再订货点（确定保险储备量时，以 10 台为间隔）。

本章考点巩固练习题参考答案及解析

一、单项选择题

1.【答案】D

【解析】营运资金 = 流动资产 - 流动负债，无形资产属于非流动资产，不属于营运资金构成的内容。

2.【答案】A

【解析】在紧缩的流动资产投资策略下，企业维持较低水平的流动资产与销售收入比率。紧缩的流动资产投资策略可以节约流动资产的持有成本。所以选项 A 正确。

3.【答案】B

【解析】在保守融资策略中，长期融资支持固定资产、永久性流动资产和某部分波动性流动资产。

4.【答案】A

【解析】短期资金来源为：6 000 + 3 000 - 7 000 = 2 000（万元）；波动性流动资产为：3 000 - 2 000 = 1 000（万元）。短期资金来源 > 波动性流动资产，符合营运资金激进融资策略的特征，所以选项 A 正确。

5.【答案】A

【解析】投机性需求是企业需要持有一定量的现金以抓住突然出现的获利机会，这种机会大多是一闪即逝的，如证券价格的突然下跌，企业若没有用于投机的现金，就会错过这一机会。

6.【答案】C

【解析】企业为了维持日常生产经营活动，必须保持一定数额的现金余额的动机是交易性需求。一般来说，企业为满足交易性需求所持有的现金余额的影响因素包括：每日现金流入和流出在时间及数额上的不匹配；企业向客户提供的商业信用条件和从供应商那里获得的信用条件不同；企业销售水平。

7.【答案】D

【解析】公司在对是否改变信用期间进行决策时，需要分析其收益增加是否大于相关成本增加。其中收益增加受到边际贡献率（或变动成本率）影响，相关成本增加包括应收账款应计利息增加、收账费用增加、坏账损失增加、现金折扣成本增加和存货占用资金应计利息增加等，不需要考虑所得税问题。

8.【答案】A

【解析】H = 3R - 2L = 3 × 8 000 - 2 × 1 500 = 21 000（元），根据现金管理的随机模式，如果现金量在控制上下限之间，不必进行现金与有价证券转换。

9.【答案】A

【解析】企业为满足交易性需求所持有的现金余额主要取决于企业维持日常周转及正常商业活动所需持有的现金数额。

10.【答案】C

【解析】借款的实际利率 = 6.5% / (1 - 12%) = 7.39%。

11.【答案】D

【解析】降低现金折扣的比率意味着减少给客户提供的优惠，会降低客户付款的积极性，从而减缓应收账款的回收，所以选项 D 正确。

12.【答案】B

【解析】成本模型考虑的现金成本包括机会成本、管理成本和短缺成本。

13.【答案】B

【解析】假设变动成本率为 W，则 $900/360 \times 60 \times W - 600/360 \times 30 \times W = 60$，则 $W = 60\%$，所以边际贡献率 $= 1 - 60\% = 40\%$。

14.【答案】A

【解析】实际利率 $= (800 \times 10\% - 800 \times 15\% \times 2\%)/[800 \times (1-15\%)] = 11.41\%$。

15.【答案】C

【解析】平均收现期 $= 20 \times 40\% + 50 \times 60\% = 38$（天），应收账款平均余额 $= (36\,000/360) \times 38 = 3\,800$（元）。

16.【答案】C

【解析】信用期限越长，占用在应收账款上的资金越多，应收账款的机会成本越高。所以选项 C 不正确。

17.【答案】D

【解析】最佳订货周期 $= 360/(36\,000/600) = 6$（天）。

18.【答案】B

【解析】应收账款的平均收账天数 $= 10 \times 60\% + 30 \times 40\% = 18$（天）。

19.【答案】D

【解析】税前资本成本 $= [6\% \times 600 + (1\,000 - 600) \times 0.5\%]/(600 - 600 \times 10\%) \times 100\% = 7.04\%$。

20.【答案】C

【解析】本题考查的是短期借款中周转信贷额度的相关计算。对于贷款限额中已使用部分，企业需要支付利息；对于贷款限额中未使用部分，企业需要支付承诺费。因此，该笔业务的实际借款成本由两部分组成，即支付的利息与承诺费之和，其中利息部分 $= 60 \times 10\% = 6$（万元），承诺费部分 $= 40 \times 0.5\% = 0.2$（万元），因此实际发生的借款成本 $= 6 + 0.2 = 6.2$（万元），选项 C 正确。

21.【答案】B

【解析】本题考查的是保守融资策略。长期融资支持非流动资产、永久性流动资产和部分波动性流动资产，短期融资仅用于融通剩余的波动性流动资产。

22.【答案】A

【解析】本题考查目标现金余额确定的随机模型。回归线 R = 目标现金余额 = 42（万元），最低控制线 L = 27（万元），最高控制线 $H = 3R - 2L = 3 \times 42 - 2 \times 27 = 72$（万元），目前持有现金介于最低控制线和最高控制线之间，公司不需要采取任何措施，选项 A 正确。

23.【答案】D

【解析】本题考查存货的控制系统。ABC 控制系统就是把企业种类繁多的存货，依据其重要程度、价值大小或者资金占用等标准分为三大类：A 类高价值存货，品种数量约占整个存货的 10% 至 15%，价值约占全部存货的 50% 至 70%，单位价值较高，选项 D 正确。

二、多项选择题

1.【答案】ABD

【解析】流动资产是指可以在一年内或超过一年的一个营业周期内变现或运用的资产，所以选项 A 错误；流动资产具有占用时间短、周转快、易变现的特点，所以选项 B 错误。存货是流动资产的主要组成部分，所以选项 C 正确；流动资产按生产经营所处的环节不同可分为生产领域中的流动资产、流通领域中的流动资产和其他领域的流动资产，所以选项 D 错误。

2.【答案】CD

【解析】在宽松的流动资产投资策略下，企业将保持较高的流动资产，增加流动资产投资会增加流动资产的持有成本，降低资产的收益性，但会提高资产的流动性，短缺成本会降低，偿债能力会提高。

3.【答案】AD

【解析】现金持有量越大，机会成本越大，所以选项 B 正确；现金持有量越大，短缺成本越小，所以选项 C 正确；现金持有量越小，短缺成本越大，机会成本越小，总成本不一定越大，所以选项 A 错误；现金持有量越大，管理成本一般不变，所以选项 D 错误。

4. 【答案】ABD

【解析】再订货点＝平均交货期×交货期内平均每日需求量＋保险储备。从公式中可见，保险储备增加，含保险储备的再订货点提高。

5. 【答案】CD

【解析】在确定目标现金余额的存货模型中，需要考虑的相关现金成本有交易成本与机会成本。所以选项 C、D 正确。

6. 【答案】CD

【解析】在营业低谷期的易变现率大于 1，则说明企业采用的是保守型筹资策略。在该政策下，短期金融负债只满足部分波动性流动资产的资金需求，另一部分波动性流动资产、稳定性流动资产和长期资产，则由长期资金来源支持。因为营业低谷易变现率为 120%，即：（股东权益＋长期债务＋经营性流动负债）－长期资产＝300×120%＝360（万元），而稳定性流动资产为 300 万元，则营业低谷期的公司闲置资金为 60 万元。

7. 【答案】BCD

【解析】短期债务筹资的筹资成本低，所以选项 A 不是答案。

8. 【答案】AC

【解析】本题考查的是持有现金的动机。企业的交易性需求是指企业为了维持日常周转及正常商业活动所需持有的现金额。企业为满足季节性库存的需求而持有现金，属于典型的交易性需求，企业需要持有现金购买存货，以等待销售旺季的到来，选项 A 正确；企业提供更长的商业信用期意味着企业将较晚收到客户支付的款项，因此为满足日常周转需要而持有现金，也属于交易性需求，选项 C 正确；选项 B 属于应付突发事件，体现预防性需求；选项 D 是企业需要持有一定量的现金以抓住突然出现的获利机会，体现投机性需求。

9. 【答案】AB

【解析】营运资金是流动资产与流动负债的差额。选项 A、B 会减少流动资产占用，从而减少营运资金需求。

10. 【答案】ABC

【解析】自然性流动负债是指不需要正式安排，由于结算程序或有关法律法规的规定等原因而自然形成的流动负债；人为性流动负债是指根据企业对短期资金的需求情况，通过人为安排所形成的流动负债。选项 D 属于人为性流动负债。

11. 【答案】ABCD

【解析】信用政策包括信用期间、信用标准和现金折扣政策，选项 D 正确。信用期的确定，主要是分析改变现行信用政策对收入和成本的影响，此时需要考虑收账费用、坏账损失、应收账款占用资金应计利息以及存货占用资金应计利息等，计算应收账款占用资金应计利息以及存货占用资金应计利息时，按照等风险投资的最低报酬率作为利息率，所以选项 A、B、C 正确。

12. 【答案】AD

【解析】运用成本分析模式确定最佳现金持有量，只考虑因持有一定量现金而产生的机会成本和短缺成本，而不予考虑管理费用和转换成本。

13. 【答案】CD

【解析】当现金余额为 8 万元时，小于最低现金持有量 10 万元，应转让有价证券换回现金 32 万元（40－8），选项 A 错误；H＝3R－2L＝3×40－2×10＝100（万元），当现金余额为 50 万元时，在上下限之内，不用进行有价证券与现金之间的转换操作，选项 B 错误；当现金余额为 80 万元时，在上下限之内，不用进行有价证券与现金之间的转换操作，选项 C 正确；当现金余额为 110 万元时，大于现金持有量上限 100 万元，应用现金 70 万元（110－40）买入有价证券，选项 D 正确。

14. 【答案】BC

【解析】本题考查的是应收账款保理的分类。

"保理商与供货商商定在赊销到期时支付货款"属于到期保理，即保理商不提供预付账款融资，选项B正确；"供货商未将债权转让情况通知客户，货款到期时仍由供货商出面催款"属于暗保理，选项C正确。

15.【答案】ABD

【解析】在没有现金折扣或使用不带息票据时，商业信用筹资才会不负担成本。存在现金折扣时，放弃现金折扣所付出的成本较高。

16.【答案】ACD

【解析】现金折扣是企业对顾客在商品价格上所作的扣减，其主要目的在于吸引顾客为享受优惠而提前付款，缩短企业的平均收款期。另外，顾客提前付款的积极性提高，还可以节约收账费用。

17.【答案】BCD

【解析】发行股票是企业长期资金的来源，营运资金是企业短期资金，可以通过短期融资券、商业信用、应交税费等方式筹集。

18.【答案】ACD

【解析】与企业储备存货有关的成本包括取得成本、储存成本和缺货成本。管理成本属于持有现金和应收账款的成本。

19.【答案】ABC

【解析】企业业务的季节性是交易性需求量考虑的因素。

20.【答案】ABC

【解析】存货陆续供应和使用模型与基本模型假设条件的唯一区别在于：存货陆续入库，而不是集中到货。

三、判断题

1.【答案】√

【解析】本题考查持有现金的动机。企业的交易性需求是指企业为了维持日常周转及正常商业活动所需持有的现金额。"双十一"大促销，此为企业的正常经营活动，为此增持的现金，属于企业持有现金的交易性需求。

2.【答案】×

【解析】本题考查短期借款筹资。周转信贷协定的有效期通常超过1年，但银行有义务承

诺提供不超过某一最高限额的贷款。

3.【答案】×

【解析】在紧缩型流动资产投资策略下，企业一般会维持较低水平的流动资产与销售收入比率，因此财务风险与经营风险较高。

4.【答案】√

【解析】流动资产具有占用时间短、周转快、易变现等特点。

5.【答案】√

【解析】根据期限匹配融资战略，波动性流动资产等于短期资金来源，固定资产等于长期资金来源（通过长期负债和股票筹集资金）。

6.【答案】√

【解析】现金持有量的机会成本和交易成本是两条随现金持有量呈不同方向延伸的线，两条线交叉点相应的现金持有量是相关总成本最低所对应的现金持有量，即最佳现金持有量。

7.【答案】√

【解析】在确定目标现金余额时，成本模型考虑了机会成本、管理成本和短缺成本；存货模型考虑了机会成本和交易成本。

8.【答案】√

【解析】在存货模式下，持有现金的机会成本与证券变现的固定转换成本相等时，现金管理的总成本最低，此时的现金持有量为最佳现金持有量。

9.【答案】×

【解析】补偿性余额是指银行要求借款人在银行中保持按贷款限额或实际借用额的一定百分比计算的最低存款余额。补偿性余额降低了银行贷款的风险，提高了借款的实际利率。补偿性余额借款的实际利率 = 名义利率/(1 - 补偿性余额比率)。

10.【答案】×

【解析】企业诉讼失败支付违约金属于突发事件，是由企业持有的现金未能满足预防性需求导致的。

11.【答案】√

【解析】存货周转速度越快，存货占用水平越低，流动性越强，存货转换为现金或应收账款的速度就越快，这样会增强企业的短期偿债

能力和盈利能力，企业的营运能力也越强。

12.【答案】×

【解析】无追索权保理是指保理商将销售合同完全买断，并承担全部的收款风险。所以对保理商不利，对供应商更有利。

13.【答案】×

【解析】偿债能力分为短期偿债能力和长期偿债能力，流动资产、流动负债以及二者之间的关系可以较好地反映企业的短期偿债能力。

14.【答案】√

【解析】符合营运资金的概念特征。

15.【答案】×

【解析】企业持有较高水平现金应收账款和存货等，属于宽松的流动资产投资策略，宽松的流动资产投资策略有助于企业提高流动性，降低企业的财务和经营风险，但资金成本会提高，收益水平会降低。

16.【答案】×

【解析】较高的保险储备会降低缺货数量，可降低缺货成本，但同时增加了存货的数量，也增加了存货的储存成本。

17.【答案】×

【解析】影响经济订货量的因素有每次的变动订货成本、每年需要量、单位储存变动成本，所以仓库人员的固定月工资不会产生影响。

18.【答案】√

【解析】贴现法付息会导致短期借款的有效年利率高于报价利率。

19.【答案】×

【解析】优惠利率是银行向财力雄厚、经营状况良好的企业贷款时采用的利率，为贷款利率的最低限。而非优惠利率是银行贷款给一般企业时收取的高于优惠利率的利率。

四、计算分析题

1.【答案】

（1）最佳现金持有量 = $\sqrt{(2 \times 8\,100 \times 0.2)/10\%}$ = 180（万元）

（2）最佳现金持有量现金转换次数 = 8 100/180 = 45（次）

（3）最佳现金持有量现金交易成本 = 45 × 0.2 = 9（万元）

（4）最佳现金持有量下持有现金的机会成本 = 180/2 × 10% = 9（万元）

或：最佳现金持有量下持有现金的机会成本 = 9（万元）

（5）最佳现金持有量下的相关总成本 = 9 + 9 = 18（万元）

或：最佳现金持有量下的相关总成本 = $\sqrt{2 \times 8\,100 \times 0.2 \times 10\%}$ = 18（万元）。

2.【答案】

（1）经济订货量 = $\sqrt{2KD/K_c}$

     = $\sqrt{2 \times 2\,500 \times 20/17}$

     = 77（千克）

每年最佳订货次数 = 2 500/77 = 33（次）

（2）再次订货点 = 预计交货期内的需求 + 保险储备 = （0.2 × 60 + 0.2 × 70 + 0.4 × 80 + 0.1 × 90 + 0.1 × 100）+ 20 = 97（千克）

（3）最优的保险储备水平是当缺货损失与储存成本之和最低的时候。

预计交货期内的需求 = 77 千克

当保险储备水平等于 0 时，总成本 = 0.4 × （80 − 77）× 60 × 33 + 0.1 × （90 − 77）× 60 × 33 + 0.1 × （100 − 77）× 60 × 33 + 0 × 10 × 40% = 9 504（元）

当保险储备水平等于 3 千克时，总成本 = 0.1 × （90 − 80）× 60 × 33 + 0.1 × （100 − 80）× 60 × 33 + 3 × 10 × 40% = 5 952（元）

当保险储备水平等于 13 千克时，总成本 = 0.1 × （100 − 90）× 60 × 33 + 13 × 10 × 40% = 2 032（元）

当保险储备水平等于 20 千克时，总成本 = 0.1 × （100 − 97）× 60 × 33 + 20 × 10 × 40% = 674（元）

当保险储备水平等于 23 千克时，总成本 = 23 × 10 × 40% = 92（元）

根据以上的总成本测算，当甲企业保险储存水平为 23 千克的时候，企业总成本最低，当前的保险储备水平有点低，应该加大保险储备水平。

3.【答案】

（1）改变信用政策后的销售额增加 = 36 000 × 15% × 80 = 432 000（元）

改变信用政策后边际贡献增加额 = 432 000 × (80 − 60)/80 = 108 000（元）

改变信用政策后收账费用减少额 = 36 000 × 80 × 20% × 5% − 36 000 × (1 + 15%) × 80 × 10% × 5% = 12 240（元）

改变信用政策前平均收账天数 = 30 × 80% + 20% × (30 + 20) = 34（天）

改变信用政策前应收账款应计利息 = (36 000 × 80/360) × 34 × (60/80) × 12% = 24 480（元）

改变信用政策后平均收账天数 = 40% × 10 + 30% × 20 + 20% × 30 + 10% × (30 + 20) = 21（天）

改变信用政策后应收账款应计利息 = [36 000 × (1 + 15%) × 80/360] × 21 × (60/80) × 12% = 17 388（元）

改变信用政策后应收账款应计利息减少额 = 24 480 − 17 388 = 7 092（元）

改变信用政策后存货应计利息增加额 = (2 400 − 2 000) × 60 × 12% = 2 880（元）

改变信用政策后现金折扣成本增加额 = 36 000 × (1 + 15%) × 80 × 40% × 5% + 36 000 × (1 + 15%) × 80 × 30% × 2% = 86 112（元）

（2）改变信用政策后的净损益增加 = 108 000 + 12 240 + 7 092 − 2 880 − 86 112 = 38 340（元）

由于改变信用政策后的净损益增加额大于 0，所以该公司应该推出该现金折扣政策。

4.【答案】

（1）享受的折扣额 = 100 × 3% = 3（万元）

银行借款利息 = (100 − 3) × 6% × (90 − 30)/360 = 0.97（万元）

享受折扣的净收益 = 3 − 0.97 = 2.03（万元）

（2）放弃折扣的信用成本率 = [3%/(1 − 3%)] × [360/(90 − 30)] = 18.56%

短期投资的收益率 = [(105 − 100)/100] × (360/60) = 30%

该超市应该放弃折扣进行短期投资，相当于以 18.56% 的利率和供应商借款，投资了收益率为 30% 的项目。资产的投资收益率大于资

本成本率。

5.【答案】

（1）A 材料的经济订货量 = (2 × 72 000 × 250/1)$^{\frac{1}{2}}$ = 6 000（千克）

年订货次数 = 72 000/6 000 = 12（次）

与批量相关的年存货总成本 = (2 × 72 000 × 250 × 1)$^{\frac{1}{2}}$ = 6 000（元）

（2）每天平均需求量 = 72 000/360 = 200（千克）

不考虑保险储备的再订货点 = 200 × 5 = 1 000（千克）

保险储备为 0 千克时，与保险储备相关总成本 = [(1 200 − 1 000) × 30% + (1 400 − 1 000) × 20%] × 12 × 0.5 = 840（元）

保险储备为 200 千克时，再订货点 = 1 000 + 200 = 1 200（千克）

与保险储备相关总成本 = 200 × 1 + (1 400 − 1 200) × 20% × 12 × 0.5 = 440（元）

保险储备为 400 千克时，再订货点 = 1 000 + 400 = 1 400（千克）

与保险储备相关总成本 = 400 × 1 = 400（元）

当保险储备为 400 千克时，与保险储备相关总成本最低，所以最佳保险储备量为 400 千克。

五、综合题

1.【答案】

（1）2×20 年营运资金数额 = 流动资产 − 流动负债 = 961 − 575 = 386（万元）

（2）应收账款周转期 = 360/(3 600/600) = 60（天）

应付账款周转期 = 120/5 = 24（天）

存货周转期 = 150/(1 800/360) = 30（天）

现金周转期 = 60 + 30 − 24 = 66（天）

（3）利用现金折扣会缩短应付账款的周转期，则现金周转期增加。

（4）增加存货会延长存货周转期，则现金周转期增加。

2.【答案】

（1）2×20 年末营运资金数额 = 1 000 + 5 000 + 2 000 − 2 100 − 3 100 = 2 800（万元）

（2）①营业毛利率＝（30 000－18 000）/ 30 000 ＝40%

②资产周转率＝30 000/20 000＝1.5（次）

③净资产收益率＝4 500/10 000＝45%

（3）①存货周转期＝2 000/（18 000/360）＝40（天）

②应付账款周转期＝2 100/（9 450/360）＝80（天）

③应收账款周转期＝5 000/（30 000/360）＝60（天）

④现金周转期＝40＋60－80＝20（天）

（4）公司采用的是保守融资策略，因为波动性流动资产＝1 000＋5 000＋2 000－2 500＝5 500（万元），短期来源为3 100万元，即波动性流动资产大于短期来源。

（5）收缩信用政策对税前利润的影响额＝－6 000 ×（1－70%）＋500＋200 ＝－1 100（万元），因为收缩信用政策后会导致税前利润减少，所以不应该收缩信用政策。

3.【答案】

（1）原方案边际贡献＝300 ×（1－75%）＝75（万元）

新方案边际贡献＝300 ×（1＋20%）×（1－75%）＝90（万元）

增加的收益＝90－75－5＝10（万元）

（2）改变信用条件后应收账款平均收现期＝10 ×40%＋30 ×50%＋40 ×10%＝23（天）

（3）原方案应收账款机会成本＝300/360 × 35 ×75% ×12%＝2.63（万元）

新方案应收账款机会成本＝300 ×（1＋20%）/ 360 ×23 ×75% ×12%＝2.07（万元）

应收账款机会成本增加＝2.07－2.63＝－0.56（万元）

（4）原方案现金折扣成本＝0

新方案现金折扣成本＝300 ×（1＋20%）× 40% ×5%＝7.2（万元）

现金折扣成本增加＝7.2万元

（5）原方案收账费用＝3万元

新方案收账费用＝300 ×（1＋20%）×10% × 5%＝1.8（万元）

收账费用的增加＝1.8－3＝－1.2（万元）

原方案坏账损失＝300 ×1%＝3（万元）

新方案坏账损失＝0

坏账损失的增加＝0－3＝－3（万元）

（6）改变信用条件引起税前利润增加额＝增加的收益－应收账款机会成本增加－现金折扣成本增加－收账费用的增加－坏账损失的增加＝10－（－0.56）－7.2－（－1.2）－（－3）＝7.56（万元）

（7）改变信用条件引起税前利润增加额大于零，改变信用条件可行。

4.【答案】

（1）①流动比率＝（4 000＋6 000＋5 500）/（5 500＋4 500）＝1.55

②速动比率＝（4 000＋6 000）/（5 500＋4 500）＝1

③现金比率＝4 000/（5 500＋4 500）＝0.4

（2）①总资产周转率＝50 000/［（38 800＋40 900）/2］＝1.25（次）

②权益乘数＝40 900/（20 000＋3 500）＝1.74

（3）①应收账款周转率＝50 000/［（4 000＋6 000）/2］＝10（次）

应收账款周转期＝360/10＝36（天）

②存货周转率＝40 000/［（4 500＋5 500）/2］＝8（次）

存货周转期＝360/8＝45（天）

③经营周期＝36＋45＝81（天）

④现金周转期＝81－36＝45（天）

（4）2021年的外部融资需求量＝（4 000＋6 000＋5 500－4 500）/50 000 ×（70 000－50 000）＋6 000－7 000 ×40%＝7 600（万元）

（5）债券资本成本率＝9% ×（1－25%）/（1－2%）＝6.89%。

5.【答案】

（1）X零件的经济订货量＝$\sqrt{2 \times 72\,000 \times 250/1}$＝6 000（件）

年订货次数＝72 000/6 000＝12（次）

与批量相关的年存货总成本＝$\sqrt{2 \times 72\,000 \times 250 \times 1}$＝6 000（元）

（2）每天需求量＝72 000/360＝200（件）

交货期内的平均需求量＝200 ×5＝1 000（件）

如果不设置保险储备，则再订货点为1 000件：

一次订货的平均缺货量 =（1 200 - 1 000）× 30% +（1 400 - 1 000）× 20% = 140（件）

年相关总成本 = 140 × 0.5 × 12 = 840（元）

如果设置200件的保险储备，再订货点为1 200件：

一次订货的平均缺货量 =（1 400 - 1 200）× 20% = 40（件）

年相关总成本 = 40 × 0.5 × 12 + 200 × 1 = 440（元）

如果设置400件的保险储备，再订货点为1 400件：

一次订货的平均缺货量 = 0

年相关总成本 = 400 × 1 = 400（元）

通过比较，设置400件保险储备的相关总成本最低，即最佳保险储备量是400件。

6.【答案】

（1）① 零部件的经济订货量 = $\sqrt{(2 \times 54\,000 \times 2\,000/6)}$ = 6 000（个）

②全年最佳订货次数 = 54 000/6 000 = 9（次）

③最佳订货周期 = 360/9 = 40（天）

④经济订货量下的变动储存成本总额 = 6 000/2 × 6 = 18 000（元）

（2）2018年度的应付账款周转期 = 450 000/（54 000 × 100/360）= 30（天）

（3）在第10天付款的净收益 = 54 000 × 100 × 2% - 54 000 × 100 ×（1 - 2%）× 4.8%/360 ×（30 - 10）= 93 888（元）

在第30天付款的净收益 = 0

在第10天付款的净收益大，所以甲公司应选择在第10天付款。

（4）A分厂投入运营后预计年产品成本总额 = 54 000 ×（直接材料30 + 直接人工20）+ 固定成本1 900 000 = 4 600 000（元）

（5）①边际贡献 = 54 000 ×（100 - 30 - 20）= 2 700 000（元）

②可控边际贡献 = 2 700 000 - 700 000 = 2 000 000（元）

③部门边际贡献 = 2 700 000 - 1 900 000 = 800 000（元）。

7.【答案】

（1）每次订货的变动成本 = 800 + 200 = 1 000（元）

单位变动储存成本 = 1 500 × 4% + 80 + 60 = 200（元）

经济订货批量 = $\left(\dfrac{2 \times 1\,000 \times 3\,600}{200 \times \left(1 - \dfrac{10}{100}\right)} \right)^{\frac{1}{2}}$ = 200（台）

送货期 = 200/100 = 2（天）

订货次数 = 3 600/200 = 18（次）

（2）平均交货时间 = 8 × 10% + 9 × 20% + 10 × 40% + 11 × 20% + 12 × 10% = 10（天）

交货期内平均需要量 = 10 × 3 600/360 = 100（台）

再订货点 = 100 + 保险储备量

①再订货点为100台（即保险储备量 = 0）时：

平均缺货量 = 10 × 20% + 20 × 10% = 4（台）

TC（S，B）= 100 × 4 × 18 + 0 × 200 = 7 200（元）

②当再订货点为110台（即保险储备量 = 10台）时：

平均缺货量 = 10 × 10% = 1（台）

TC（S，B）= 100 × 1 × 18 + 10 × 200 = 3 800（元）

③当再订货点为120台（即保险储备量 = 20台）时：

平均缺货量 = 0

TC（S，B）= 100 × 0 × 18 + 20 × 200 = 4 000（元）

根据上述计算结果可知，合理的保险储备量为10台，再订货点为110台。

第八章　成本管理

本章属于教材的重点章节，主要介绍成本管理概述、本量利分析与应用、标准成本、作业成本以及责任成本，在历年的考试中客观题和主观题都有可能出现。

教材变化

2024 年本章教材内容没有实质性变化，对部分内容进行了完善调整。

考点提示

本章主要考点有：（1）成本管理概述；（2）本量利分析及应用；（3）标准成本管理；（4）作业成本管理；（5）责任成本管理。需要考生掌握：成本管理的主要内容，本量利分析的含义与基本原理、盈亏平衡分析、目标利润分析、敏感性分析、边际分析、标准成本的制定、成本差异的计算与分析；熟悉：成本管理的目标与原则、本量利分析的基本假设与优缺点、作业成本；了解：成本管理的意义、标准成本控制与分析的相关概念、责任成本。

本章考点框架

成本管理
- 成本管理概述
  - 成本管理的目标
  - 成本管理的原则
  - 成本管理的主要内容
- 本量利分析与应用
  - 本量利分析概述
  - 盈亏平衡分析
  - 目标利润分析
  - 敏感性分析
  - 边际分析
  - 本量利分析在经营决策中的应用
- 标准成本控制与分析
  - 标准成本控制与分析的相关概念
  - 标准成本的制定
  - 成本差异的计算及分析
- 作业成本与责任成本
  - 作业成本法的相关概念
  - 作业成本法的应用程序
  - 作业成本管理
  - 责任成本

考点解读及例题点津

第一单元　成本管理概述

1 成本管理的目标

一、考点解读

成本管理的总体目标和具体目标如表 8 - 1 所示。

表 8 - 1

目标	特点		内容
总体目标	主要依据企业竞争战略制定	成本领先战略	成本管理的总体目标是追求成本水平的绝对降低
		差异化战略	成本管理的总体目标是在保证实现产品、服务等方面差异化的前提下，对产品全生命周期成本进行管理，实现成本的持续降低
具体目标	对总体目标的进一步细分	成本计算的目标	为所有内、外部信息使用者提供成本信息
		成本控制的目标	降低成本水平

二、例题点津

【例题1·判断题】在成本领先战略中，成本管理的总体目标是追求成本水平的绝对降低。（　）

【答案】√

【解析】就成本管理的总体目标而言，成本领先战略中，成本管理的总体目标是追求成本水平的绝对降低；差异化战略中，成本管理的总体目标则是在保证实现产品、服务等方面差异化的前提下，对产品全生命周期成本进行管理，实现成本的持续降低。

【例题2·判断题】实施差异化战略的企业中，成本控制目标是在保证产品质量和服务的前提下，最大限度地降低企业的内部成本，表现为对生产成本和经营费用的控制。（　）

【答案】×

【解析】实施成本领先战略的企业中，成本控制目标是在保证产品质量和服务的前提下，最大限度地降低企业的内部成本，表现为对生产成本和经营费用的控制。实施差异化战略的企业中，成本控制目标是在保证企业实现差异化战略的前提下，降低产品生命周期成本。表现为对产品生命周期不同阶段成本的控制，如研发成本、供应商部分成本和消费成本的重视和控制。

2　成本管理的原则

一、考点解读

企业进行成本管理，一般应遵循以下原则：

（一）融合性原则

成本管理应以企业业务模式为基础，将成本管理嵌入业务的各领域、各层次、各环节，实现成本管理责任到人、控制到位、考核严格、目标落实。

（二）适应性原则

成本管理应与企业生产经营特点和目标相适应，尤其要与企业发展战略或竞争战略相适应。

（三）成本效益原则

成本管理应用相关工具方法时，应权衡其为企业带来的收益和付出的成本，避免获得的收益小于其投入的成本。

（四）重要性原则

成本管理应重点关注对成本具有重大影响的项目，对于不具有重要性的项目可以适当简化处理。

二、例题点津

【例题1·单选题】成本管理应以企业业务模式为基础，将成本管理嵌入业务的各领域、各层次、各环节，实现成本管理责任到人、控制到位、考核严格、目标落实。这些要求是遵循了成本管理的（　）原则。

A. 融合性　　　　B. 适应性

C. 成本效益　　　D. 重要性

【答案】A

【解析】融合性原则是指成本管理应以企业业务模式为基础，将成本管理嵌入业务的各领域、各层次、各环节，实现成本管理责任到人、控制到位、考核严格、目标到位。

3　成本管理的主要内容

一、考点解读

成本管理具体包括成本预测、成本决策、成本计划、成本控制、成本核算、成本分析和成本考核七项内容。

（一）成本预测

成本预测是以现有条件为前提，在历史成本资料的基础上，根据未来可能发生的变化，利用科学的方法，对未来的成本水平及其发展趋势进行描述和判断的成本管理活动。成本预测是进行成本管理的第一步，也是组织成本决策和编制成本计划的前提。

（二）成本决策

成本决策是在成本预测及有关成本资料的基础上，综合经济效益、质量、效率和规模等指标，运用定性和定量的方法对各个成本方案进行分析并选择最优方案的成本管理活动。成本决策不仅是成本管理的重要职能，还是企业营运决策体系中的重要组成部分。

（三）成本计划

成本计划是以营运计划和有关成本数据、资料为基础，根据成本决策所确定的目标，通过一定的程序，运用一定的方法，针对计划期企业的生产耗费和成本水平进行的具有约束力的成本**筹划管理活动**。

（四）成本控制

成本控制是成本管理者根据预定的目标，对成本发生和形成过程以及影响成本的各种因素条件施加主动的影响或干预，把**实际成本控制在预期目标内的成本管理活动**。成本控制的关键是选取适用于本企业的成本控制方法，它决定着成本控制的效果。

（五）成本核算

成本核算是根据成本核算对象，按照国家统一的会计制度和企业管理要求，对营运过程中实际发生的各种耗费按照规定的**成本项目进行归集、分配和结转**，取得不同成本核算对象的总成本和单位成本，向有关使用者提供成本信息的成本管理活动。

成本核算分为**财务成本核算和管理成本核算**。

（六）成本分析

成本分析是成本管理的重要组成部分，是利用成本核算提供的成本信息及其他有关资料，**分析成本水平与构成的变动**情况，查明影响成本变动的各种因素和产生的原因，并采取有效措施控制成本的管理活动。

（七）成本考核

成本考核是对成本计划及其有关指标实际完成情况**进行定期总结和评价**，并根据考核结果和责任制的落实情况，进行**相应奖励和惩罚**，以监督和促进企业加强成本管理责任制，提高成本管理水平的成本管理活动。

二、例题点津

【例题1·单选题】在企业的日常经营管理工作中，成本管理工作的起点是（　　）。

A. 成本预测　　　　　B. 成本决策

C. 成本计划　　　　　D. 成本控制

【答案】A

【解析】成本预测是进行成本管理的第一步，也是组织成本决策和编制成本计划的前提。选项A正确。

【例题2·多选题】现代成本控制使用了包括技术和组织手段在内的所有可能的控制手段，具体有（　　）。

A. 目标成本法　　　　B. 作业成本法

C. 责任成本法　　　　D. 标准成本法

【答案】ABC

【解析】现代成本控制突破了经济手段的限制，还使用了包括技术和组织手段在内的所有可能的控制手段，如目标成本法、作业成本法以及责任成本法等，选项A、B、C正确。选项D标准成本法属于传统的成本控制方法。

【例题3·多选题】成本管理是一系列成本管理活动的总称，下列各项中属于成本管理的内容的有（　　）。

A. 成本预测　　　　　B. 成本计划

C. 成本控制　　　　　D. 成本考核

【答案】ABCD

【解析】成本管理具体包括成本预测、成本决策、成本计划、成本控制、成本核算、成本分析和成本考核七项内容。

第二单元　本量利分析与应用

1 本量利分析概述

一、考点解读

（一）本量利分析的含义

本量利分析，简称 CVP 分析（cost-volume-profit analysis，CVP），是指以**成本性态分析和变**动成本法为基础，运用数学模型和图式，**对成本、利润、业务量与单价等**因素之间的依存关系进行分析，发现变动的规律性，为企业进行预测、决策、计划和控制等活动提供支持的一种方法。

（二）本量利分析的基本假设

一般来说，本量利分析主要基于以下四个假设前提：

（1）总成本由变动成本和固定成本两部分组成。

（2）销售收入与业务量呈完全线性关系。

（3）产销平衡。

（4）产品产销结构稳定。

（三）本量利分析的基本原理

本量利分析所考虑的相关因素主要包括销售量、单价、销售收入、单位变动成本、固定成本、息税前利润等。这些因素之间的关系可以用下列基本公式来反映：

利润＝销售收入－总成本

　　＝销售收入－（变动成本＋固定成本）

　　＝销售量×单价－销售量×单位变动成本
　　　－固定成本

　　＝销售量×（单价－单位变动成本）
　　　－固定成本

二、例题点津

【例题 1·单选题】本量利分析中，关于指标之间的数量关系，下列选项错误的是（　　）。

A. 变动成本率＋边际贡献率＝1

B. 盈亏平衡作业率＋安全边际率＝1

C. 单位边际贡献＝单价－单位变动成本

D. 销售利润率＝安全边际率×边际贡献

【答案】D

【解析】销售利润率＝安全边际率×边际贡献率，选项 D 错误。

【例题 2·多选题】基于本量利分析模型，下列各项中，在其他条件不变的情况下，引起盈亏平衡点上升的有（　　）。

A. 单价下降

B. 单位变动成本上升

C. 固定成本总额上升

D. 销售量下降

【答案】ABC

【解析】盈亏平衡点销售量＝固定成本/（单价－单位变动成本），单价下降，单价－单位变动成本降低，盈亏平衡点销售量上升，所以选项 A 正确；单位变动成本上升，单价－单位变动成本降低，盈亏平衡点销售量上升，所以选项 B 正确；固定成本总额上升，盈亏平衡点销售量

上升，所以选项 C 正确；销售量不影响盈亏平衡点销售量，所以选项 D 错误。

【例题 3·多选题】下列各项中，属于本量利分析基本假设的有（　　）。

A. 产品产销结构稳定

B. 产销平衡

C. 销售收入与业务量呈完全线性关系

D. 全部成本被区分为变动成本和固定成本

【答案】ABCD

【解析】本量利分析基本假设包括：（1）总成本由变动成本和固定成本两部分组成；（2）销售收入与业务量呈完全线性关系；（3）产销平衡；（4）产品产销结构稳定。

【例题 4·多选题】某企业生产销售单一产品，基于本量利分析模型，若产品的单价和单位变动成本同时提高 1 元，其他因素不变，下列表述正确的有（　　）。

A. 单位边际贡献不变

B. 盈亏平衡点销售量不变

C. 边际贡献率不变

D. 安全边际量不变

【答案】ABD

【解析】若产品的单价和单位变动成本同时提高 1 元，单位边际贡献不变，选项 A 正确。盈亏平衡点销售量＝固定成本/单位边际贡献，固定成本和单位边际贡献不变，盈亏平衡点销售量不变，进而导致安全边际量不变，选项 B、D 正确；边际贡献率＝单位边际贡献/单价，单位边际贡献不变，单价提高，边际贡献率下降，选项 C 错误。

【例题 5·多选题】本量利分析的基本假设包括（　　）。

A. 对成本按性态进行分类

B. 单价不变

C. 产成品存货不变

D. 产销结构平衡

【答案】ABCD

【解析】本量利分析的基本假设包括：总成本由固定成本和变动成本两部分组成，选项 A 正确；销售收入与业务量呈完全线性关系，选项 B 正确；产销平衡，选项 C 正确；产品产销

结构稳定，选项 D 正确。

【例题 6·多选题】 根据本量利分析的基本原理，下列计算公式中，正确的有（ ）。

A. 利润＝销售收入－总成本

B. 利润＝销售收入－（变动成本＋固定成本）

C. 利润＝销售量×单价－销售量×单位变动成本－固定成本

D. 利润＝销售量×（单价－单位变动成本）－固定成本

【答案】 ABCD

【解析】 选项 A、B、C、D 四个计算公式均正确。本量利分析的基本原理就是在假设单价、单位变动成本和固定成本为常量以及产销一致的基础上，将利润、产销量分别作为因变量与自变量，给定产销量，便可以求出其利润，或者给定目标利润，计算出目标产量。

2 盈亏平衡分析

一、考点解读

（一）单一产品盈亏平衡分析

1. 盈亏平衡点

盈亏平衡点（又称保本点），是指企业达到盈亏平衡状态的业务量或销售额，即企业一定时期的总收入等于总成本、利润为零时的业务量或销售额。

$$盈亏平衡点的业务量 = \frac{固定成本}{单价 - 单位变动成本}$$

$$= \frac{固定成本}{单位边际贡献}$$

$$盈亏平衡点的销售额 = 盈亏平衡点的业务量 × 单价$$

$$或：盈亏平衡点的销售额 = \frac{固定成本}{1 - 变动成本率}$$

$$或：盈亏平衡点的销售额 = \frac{固定成本}{边际贡献率}$$

2. 盈亏平衡作业率

盈亏平衡作业率是指盈亏平衡点的业务量（或销售额）占正常经营情况下的业务量（或销售额）的百分比，或者是盈亏平衡点的业务量（或销售额）占实际或预计业务量（销售额）的百分比。

$$盈亏平衡作业率$$

$$= \frac{盈亏平衡点的业务量}{\substack{正常经营业务量 \\ （实际业务量或预计业务量）}} × 100\%$$

$$= \frac{盈亏平衡点的销售额}{\substack{正常经营销售额 \\ （实际销售额或预计销售额）}} × 100\%$$

3. 本量利关系图

（1）传统式本量利关系图（见图 8－1）。

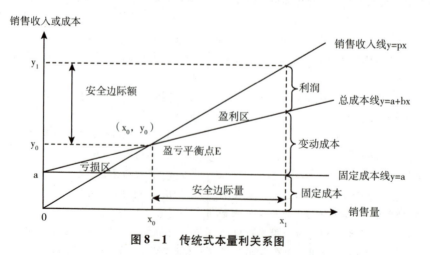

图 8－1　传统式本量利关系图

（2）边际贡献式本量利关系图（见图 8－2）。

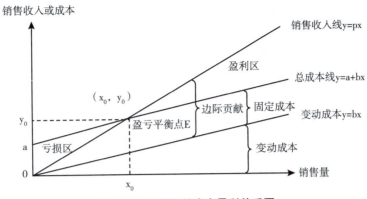

图 8 - 2　边际贡献式本量利关系图

（3）利量式本量利关系图（见图 8 - 3）。

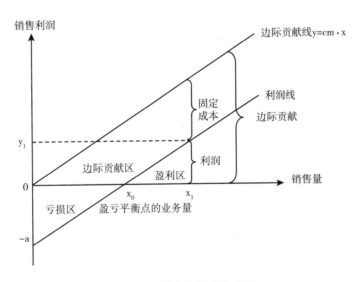

图 8 - 3　利量式本量利关系图

（二）产品组合盈亏平衡分析

对多种产品进行盈亏平衡分析，在遵循单一产品的盈亏平衡分析的基础上，应根据不同情况采用相应的具体方法来确定。目前，进行多种产品盈亏平衡分析的方法包括加权平均法、联合单位法、分算法、主要产品法等。

1. 加权平均法

加权平均法是指在掌握每种单一产品的边际贡献率的基础上，按各种产品销售额的比重进行加权平均，据以计算综合边际贡献率，从而确定多产品组合的盈亏平衡点。其计算公式如下：

某种产品的销售额权重 = 该产品的销售额 ÷ 各种产品的销售额合计

综合边际贡献率 $= \sum$（某种产品的销售额权重 × 该种产品的边际贡献率）

盈亏平衡点的销售额 = 固定成本 ÷ 综合边际贡献率

综合边际贡献率 = 1 - 综合变动成本率

2. 联合单位法

联合单位法是指在事先确定各种产品间产销实物量比例的基础上，将各种产品产销实物量的最小比例作为一个联合单位，确定每一联合单位的单价、单位变动成本，进行本量利分析的一种分析方法。其计算公式为：

$$联合盈亏平衡点的业务量 = \frac{固定成本总额}{联合单价 - 联合单位变动成本}$$

某产品盈亏平衡点的业务量 = 联合盈亏平衡点的业务量 × 一个联合单位中包含的该产品的数量

3. 分算法

分算法是在一定的条件下，将全部固定成本按一定标准在各种产品之间进行合理分配，确定每种产品应补偿的固定成本数额，然后再对每一种产品按单一品种条件下的情况分别进行本量利分析的方法。

4. 主要产品法

在企业产品品种较多的情况下，如果存在一种产品是主要产品，它提供的边际贡献占企业边际贡献总额的比重较大，则可以按该主要品种的有关资料进行本量利分析，视同于单一品种。确定主要品种应以边际贡献为标准，并只能选择一种主要产品。

二、例题点津

【例题1·单选题】 甲公司产销一种产品。该产品单价为30元，单位变动制造成本为7元，固定制造费用为95 000元，固定管理费用为65 000元，销售佣金为单价的10%。则该产品盈亏平衡点的销售量是（　　）件。

A. 3 250　　　　　　B. 4 000

C. 4 750　　　　　　D. 8 000

【答案】 D

【解析】 盈亏平衡点销售量 = 固定成本 ÷（单价 - 单位变动成本）=（95 000 + 65 000）÷（30 - 7 - 30 × 10%）= 8 000（件）。

【例题2·单选题】 某公司的销售收入为50万元，边际贡献率为30%，该公司仅有K、W两个部门，其中K部门变动成本为30万元，边际贡献率为25%，下列各项中表述错误的是（　　）。

A. K部门的变动成本率为70%

B. K部门的边际贡献为10万元

C. W部门的边际贡献率为50%

D. W部门的销售收入为10万元

【答案】 A

【解析】 变动成本率 + 边际贡献率 = 1，所以K部门的变动成本率 = 1 - 25% = 75%，选项A不正确；K部门销售收入 = 30 ÷ 75% = 40（万元），则K部门边际贡献 = 40 × 25% = 10（万元），选项B正确；W部门销售收入 = 50 - 40 = 10（万元），选项D正确；该公司边际贡献总额 = 50 × 30% = 15（万元），W部门边际贡献 = 15 - 10 = 5（万元），W部门边际贡献率 = 5 ÷ 10 = 50%，选项C正确。

【例题3·多选题】 根据单一产品的盈亏平衡分析，下列计算公式中，正确的有（　　）。

A. $盈亏平衡点的业务量 = \frac{固定成本}{单价 - 单位变动成本}$

B. 盈亏平衡点的销售额 = 盈亏平衡点的业务量 × 单价

C. $盈亏平衡点的销售额 = \frac{固定成本}{1 - 变动成本率}$

D. $盈亏平衡点的销售额 = \frac{固定成本}{边际贡献率}$

【答案】 ABCD

【解析】 选项A、B、C、D均正确。盈亏平衡分析是根据本量利分析基本关系式，确定盈亏平衡点时企业达到盈亏平衡状态的业务量或销售额，即企业一定时期的总收入等于总成本、利润为零时的业务量或销售额。

【例题4·多选题】 从盈亏平衡点的计算公式可以看出，降低盈亏平衡点的途径主要有（　　）。

A. 降低固定成本总额

B. 降低单位变动成本

C. 提高销售单价

D. 降低销售单价

【答案】 ABC

【解析】 选项A、B、C正确。从盈亏平衡点的计算公式可以看出，降低盈亏平衡点的途径主要有三个：一是降低固定成本总额。在其他因素不变时，盈亏平衡点的降低幅度与固定成本的降低幅度相同。二是降低单位变动成本。在其他因素不变时，可以通过降低单位变动成本来降低盈亏平衡点，但两者降低的幅度并不一致。三是提高销售单价。在其他因素不变时，可以通过提高单价来降低盈亏平衡点，同降低单位变动成本一样，销售单价与盈亏平衡点的变动幅度也不一致。

【例题5·多选题】边际贡献为正，产品单位变动成本和单价均下降1元，下列各项正确的有（　　）。

A. 盈亏平衡点销售额不变

B. 盈亏平衡点销售量不变

C. 单位边际贡献不变

D. 边际贡献率不变

【答案】BC

【解析】单位边际贡献＝单价－单位变动成本，单位变动成本和单价均下降1元，单位边际贡献不变。边际贡献率＝单位边际贡献/单价，单位边际贡献不变，单价降低，边际贡献率变大。盈亏平衡点销售量＝固定成本/单位边际贡献，保持不变。盈亏平衡点销售额＝固定成本/边际贡献率，会变小。选项B、C正确，选项A、D错误。

【例题6·多选题】如果采用加权平均法进行多种产品盈亏平衡分析，下列各项中，将会影响综合盈亏平衡点的有（　　）。

A. 固定成本　　　　B. 销售数量

C. 单价　　　　　　D. 单位变动成本

【答案】ABCD

【解析】盈亏平衡点的销售额＝固定成本÷综合边际贡献率，销售数量、单价、单位变动成本都会影响加权平均边际贡献率，选项A、B、C、D均正确。

【例题7·计算分析题】某公司生产销售A、B、C三种产品，销售单价分别为20元、30元、40元；预计销售量分别为30 000件、20 000件、10 000件；预计各产品的单位变动成本分别为12元、24元、28元；预计固定成本总额为180 000元。

要求：按联合单位法进行多种产品的盈亏平衡分析。

【答案】产品销售比＝A：B：C＝30 000：20 000：10 000＝3：2：1

联合单价＝20×3＋30×2＋40×1＝160

（元）

联合单位变动成本＝12×3＋24×2＋28×1＝112（元）

联合盈亏平衡点的业务量＝180 000÷（160－112）＝3 750（联合单位）

各种产品盈亏平衡点销售量计算：

A产品盈亏平衡点销售量＝3 750×3＝11 250（件）

B产品盈亏平衡点销售量＝3 750×2＝7 500（件）

C产品盈亏平衡点销售量＝3 750×1＝3 750（件）

各种产品盈亏平衡点销售额计算：

A产品盈亏平衡点销售额＝11 250×20＝225 000（元）

B产品盈亏平衡点销售额＝7 500×30＝225 000（元）

C产品盈亏平衡点销售额＝3 750×40＝150 000（元）。

3 目标利润分析

一、考点解读

（一）目标利润分析的基本原理

目标利润分析，是在本量利分析方法的基础上，计算为达到**目标利润所需达到的业务量、收入和成本的一种利润规划方法**，该方法应反映市场的变化趋势、企业战略规划目标以及管理层需求等。其计算公式为：

目标利润＝（单价－单位变动成本）×销售量－固定成本

实现目标利润销售量＝（固定成本＋目标利润）÷（单价－单位变动成本）

实现目标利润销售额＝（固定成本＋目标利润）÷边际贡献率

实现目标利润销售额＝实现目标利润销售量×单价

（二）实现目标利润的措施

1. 提高销售量

2. 提高销售价格

3. 降低单位变动成本

4. 降低固定成本

二、例题点津

【例题1·单选题】 某公司生产和销售一种产品，产销平衡，单价为60元/件，单位变动成本为20元/件，固定成本总额为60 000元。假设目标利润为30 000元，则实现目标利润的销售量为（ ）件。

A. 1 500　　　　　B. 4 500

C. 1 000　　　　　D. 2 250

【答案】 D

【解析】 实现目标利润销售量＝（固定成本＋目标利润）÷（单价－单位变动成本）＝（30 000＋60 000）÷（60－20）＝2 250（件）。

【例题2·判断题】 基于本量利分析模型，若其他因素不变，目标利润的变动会影响盈亏平衡点的销售额。（ ）

【答案】 ×

【解析】 目标利润的变动会影响实现目标利润的销售量或销售额，不影响盈亏平衡点的销售额。

4 敏感性分析

一、考点解读

（一）各因素对利润的影响程度

各相关因素变化都会引起利润的变化，但其影响程度各不相同。反映**各因素对利润敏感程度的指标为利润的敏感系数**，其计算公式为：

敏感系数＝利润变动百分比÷因素变动百分比

将四个因素按敏感系数的绝对值排列，其顺序依次为**单价、单位变动成本、销售量、固定成本**。也就是说，对利润影响程度**最大的因素是单价**，然后是单位变动成本、销售量和固定成本。上述各因素敏感系数的排序是在例题所设定的条件下得到的，如果条件发生变化，各因素敏感系数的排序也可能发生变化。

（二）目标利润要求变化时允许各因素的升降幅度

当目标利润有所变化时，只有通过调整各因素现有水平才能达到目标利润变动的要求。因此，对各因素允许升降幅度的分析，实质上是各因素对利润影响程度分析的反向推算，在计算上表现为敏感系数的倒数。

二、例题点津

【例题1·单选题】 某公司生产和销售单一产品，计划年度销售量为10 000件，单价为300元，单位变动成本为200元，固定成本为200 000元。假设销售单价增长了10%，则销售单价的敏感系数（即息税前利润变化百分比相当于单价变化百分比的倍数）为（ ）。

A. 0.1　　B. 3.75　　C. 1　　D. 3

【答案】 B

【解析】 单价上涨前的息税前利润＝10 000×（300－200）－200 000＝800 000（元）；单价上涨后的息税前利润＝10 000×[300×（1＋10%）－200]－200 000＝1 100 000（元）；息税前利润增长率＝（1 100 000－800 000）/800 000＝37.5%。则销售单价的敏感系数＝37.5%/10%＝3.75。

或者利用简易算法：单价的敏感系数＝销售收入/EBIT＝10 000×300/800 000＝3.75。

5 边际分析

一、考点解读

（一）边际贡献分析

边际贡献分析，是指通过分析**销售收入减去变动成本总额之后的差额**，衡量产品为企业贡献利润的能力。边际贡献分析主要包括边际贡献总额和边际贡献率两个指标。

1. 边际贡献总额

边际贡献总额是产品的**销售收入扣除变动成本总额后给企业带来的贡献**，进一步扣除企业的固定成本总额后，剩余部分就是企业的利润，相关计算公式如下：

边际贡献总额＝销售收入－变动成本总额

＝销售量×单位边际贡献

＝销售收入×边际贡献率

单位边际贡献＝单价－单位变动成本

＝单价×边际贡献率

2. 边际贡献率

边际贡献率，是指边际贡献在销售收入中所占的百分比，表示每 1 元销售收入中边际贡献所占的比重，计算公式如下：

$$边际贡献率 = \frac{边际贡献总额}{销售收入} \times 100\%$$

$$= \frac{单位边际贡献}{单价} \times 100\%$$

$$变动成本率 = \frac{变动成本总额}{销售收入} \times 100\%$$

$$边际贡献率 = 1 - 变动成本率$$

3. 相关方程式

根据本量利基本关系，利润、边际贡献及固定成本之间的关系可以表示为：

$$利润 = 边际贡献 - 固定成本$$
$$= 销售量 \times 单位边际贡献 - 固定成本$$
$$= 销售收入 \times 边际贡献率 - 固定成本$$

企业面临资源约束，需要对多个产品线或多种产品进行优化决策或对多种待选新产品进行投产决策的，可以通过计算边际贡献以及边际贡献率，评价待选产品的盈利性，优化产品组合。不同情况的评价标准如表 8 - 2 所示。

表 8 - 2　不同情况的评价标准

不同情况	评价标准
企业进行单一产品决策	当边际贡献总额 > 固定成本时，利润 > 0，表明企业盈利
	当边际贡献总额 < 固定成本时，利润 < 0，表明企业亏损
	当边际贡献总额 = 固定成本时，利润 = 0，表明企业保本
企业进行多产品决策	综合边际贡献率 = 1 - 综合变动成本率 综合边际贡献率反映了多产品组合给企业作出贡献的能力，该指标通常越大越好

（二）安全边际分析

安全边际分析，是指通过分析正常销售量（销售额）超过盈亏临界点销售量（销售额）的差额，衡量企业在盈亏平衡的前提下，能够承受因销售量（销售额）下降带来的不利影响的程度和企业抵御营运风险的能力。

1. 安全边际

安全边际 = 实际销售量（销售额）或预期销售量（销售额） - 盈亏平衡点的销售量（销售额）

2. 安全边际率

$$安全边际率 = \frac{安全边际}{\begin{array}{c}实际销售量（销售额）或\\预期销售量（销售额）\end{array}} \times 100\%$$

一般来讲，安全边际体现了企业在营运中的风险程度大小。由于盈亏平衡点是下限，所以，预期销售量（销售额）或实际销售量（销售额）与盈亏平衡点的销售量（销售额）差距越大，安全边际或安全边际率的数值越大，企业发生亏损的可能性越小，抵御营运风险的能力越强，盈利能力越大；反之则相反。

（三）盈亏平衡作业率与安全边际率的关系

只有安全边际才能为企业提供利润，而盈亏平衡点的销售额扣除变动成本后只为企业收回固定成本。安全边际销售额减去其自身变动成本后成为企业利润，即安全边际中的边际贡献等于企业利润。

要提高企业的销售利润率水平主要有两种途径：一是扩大现有销售水平，提高安全边际率；二是降低变动成本水平，提高边际贡献率。

（四）边际分析法的优缺点

边际分析方法的主要优点是：可有效地分析业务量、变动成本和利润之间的关系，通过定量分析，直观地反映企业营运风险，提高企业营运效益。

边际分析方法的主要缺点是：决策变量与相关结果之间关系较为复杂，所选取的变量直接影响边际分析的实际应用效果。

二、例题点津

【例题 1 · 单选题】生产 X 产品，产销平衡，单价为 30 元/件，单位变动成本为 18 元/件，固定成本为 6 000 万元，X 产品销售量为 800 万件，安全边际率为（　　）。

A. 62.5%　　　　　B. 40%

C. 37.5%　　　　　D. 60%

【答案】C

【解析】盈亏平衡点销售量 = 6 000/（30 - 18）= 500（万件），安全边际率 =（800 - 500）/800 = 37.5%。

【例题2·单选题】某公司产销一种产品，变动成本率为60%，盈亏平衡点作业率为70%，则销售利润率为（　　）。

A. 18%　　　　　　B. 28%

C. 12%　　　　　　D. 42%

【答案】C

【解析】销售利润率 = 安全边际率 × 边际贡献率 =（1 - 70%）×（1 - 60%）= 12%。

【例题3·单选题】根据本量利分析，提高安全边际量不降低盈亏平衡点销量的是（　　）。

A. 增加产销量

B. 降低单位变动成本

C. 压缩固定成本

D. 提高单价

【答案】A

【解析】在产销量不变的情况下，安全边际量和盈亏平衡点销量是此消彼长的关系。只有增加产销量，才会在提高安全边际量的同时不降低盈亏平衡点销量。

【例题4·单选题】下列各项指标中，能直接体现企业在营运中的风险程度的是（　　）。

A. 安全边际率　　　B. 边际贡献率

C. 净资产收益率　　D. 变动成本率

【答案】A

【解析】安全边际主要用于衡量企业承受营运风险的能力，尤其是销售量下降时承受风险的能力，也可以用于盈利预测。一般来讲，安全边际体现了企业在营运中的风险程度大小，所以选项A正确。

【例题5·单选题】某企业生产销售A产品，且产销平衡。其销售单价为25元/件，单位变动成本为18元/件，固定成本为2 520万元。若A产品的正常销售量为600万件，则安全边际率为（　　）。

A. 30%　　　　　　B. 50%

C. 60%　　　　　　D. 40%

【答案】D

【解析】盈亏平衡点的销售量 = 固定成本 ÷（单价 - 单位变动成本）= 2 520 ÷（25 - 18）= 360（万件），安全边际量 = 正常销售量 - 盈亏平衡点的销售量 = 600 - 360 = 240（万件），安全边际率 = 240 ÷ 600 × 100% = 40%。

【例题6·单选题】甲公司只生产销售一种产品，变动成本率为30%，盈亏平衡点作业率为40%，甲公司销售利润率为（　　）。

A. 12%　　　　　　B. 18%

C. 28%　　　　　　D. 42%

【答案】D

【解析】销售利润率 = 边际贡献率 × 安全边际率 =（1 - 30%）×（1 - 40%）= 42%。

6 本量利分析在经营决策中的应用

一、考点解读

（一）产品生产和定价策略

任何一个企业为了预测利润，从而把目标利润确定下来，首先要预测盈亏平衡点，超过盈亏平衡点再扩大销售量或增加销售额才谈得上利润，盈亏平衡分析在产品生产和定价策略中经常用到，例如计算盈亏平衡点业务量或者可接受最低售价等。

（二）生产工艺设备的选择

企业进行营运活动的最终目的是获取利润，企业管理者的各种经营决策也应围绕着这个目标，在分析时应考虑哪个方案能够为企业提供更多的边际贡献，最大程度上弥补发生的固定成本，从而使企业获得更多利润。

（三）新产品投产的选择

二、例题点津

【例题1·判断题】将本量利分析应用于生产工艺设备的选择，在分析时应考虑哪个方案能够为企业提供更多的销售收入，能够在最大程度上弥补发生的固定成本，从而使企业获得更多利润。（　　）

【答案】×

【解析】将本量利分析应用于生产工艺设备的选择，在分析时应考虑哪个方案能够为企业提供更多的边际贡献，能够在最大限度上弥补发生的固定成本，从而使企业获得更多利润。

第三单元　标准成本控制与分析

1 标准成本控制与分析的相关概念

一、考点解读

（一）标准成本的概念

标准成本，是指在正常的生产技术水平和有效的经营管理条件下，企业经过努力应达到的产品成本水平。

（二）标准成本的分类

1. 理想标准成本

这是一种理论标准，它是指在现有条件下所能达到的最优成本水平，即在生产过程无浪费、机器无故障、人员无闲置、产品无废品等假设条件下制定的成本标准。

2. 正常标准成本

正常标准成本是指在正常情况下，企业经过努力可以达到的成本标准，这一标准考虑了生产过程中不可避免的损失、故障、偏差等。

提示 通常来说，理想标准成本小于正常标准成本。由于理想标准成本要求异常严格，一般很难达到，而正常标准成本具有客观性、现实性、激励性等特点，所以，正常标准成本在实践中得到广泛应用。

（三）标准成本控制与分析

标准成本控制与分析，又称标准成本管理，是以标准成本为基础，将实际成本与标准成本进行对比，揭示成本差异形成的原因和责任，进而采取措施，对成本进行有效控制的管理方法。标准成本法的流程一般应包括如下五个步骤，即：确定应用对象、制定标准成本、实施过程控制、成本差异计算与动因分析以及标准成本的修订与改进（见图8-4）。

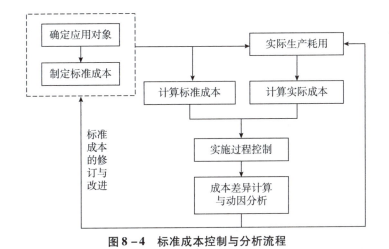

图8-4　标准成本控制与分析流程

（四）标准成本法的优缺点

1. 标准成本法的主要优点

（1）能够及时反馈各成本项目不同性质的差异，有利于考核相关部门及人员的业绩。

（2）标准成本的制定及其差异和动因的信息可以使企业预算编制更为科学和可行，有助于企业的经营决策。

2. 标准成本法的主要缺点

（1）要求企业产品的成本标准比较准确、稳定，在使用条件上存在一定的局限性。

（2）对标准管理要求较高，系统维护成本较高。

（3）标准成本需要根据市场价格波动频繁更新，导致成本差异可能缺乏可靠性，降低成本控制效果。

二、例题点津

【例题1·多选题】 下列各项中，属于标准成本法的主要优点的有（　　）。

A. 有利于考核相关部门及人员的业绩

B. 有助于企业的经营决策

C. 系统维护成本较低

D. 有利于提高成本控制效果

【答案】 AB

【解析】 标准成本法的主要优点有：一是能够及时反馈各成本项目不同性质的差异，有利于考核相关部门及人员的业绩（选项A正确）；二是标准成本的制定及其差异和动因的信息可以使企业预算编制更为科学和可行，有助于企业的经营决策（选项B正确）。标准成本法的主要缺点有：一是要求企业产品的成本标准比较准确、稳定，在使用条件上存在一定的局限性；二是对标准管理要求较高，系统维护成本较高（选项C错误）；三是标准成本需要根据市场价格波动频繁更新，导致成本差异可能缺乏可靠性，降低成本控制效果（选项D错误）。

【例题2·判断题】 理想标准成本考虑了生产过程中不能避免的损失、故障和偏差，属于企业经过努力可以达到的成本标准。（　　）

【答案】 ×

【解析】 正常标准成本考虑了生产过程中不能避免的损失、故障和偏差，属于企业经过努力可以达到的成本标准。

【例题3·判断题】 正常标准成本是指企业在生产过程无浪费、机器无故障、人员无闲置、产品无废品等假设条件下制定的成本标准。（　　）

【答案】 ×

【解析】 正常标准成本，是指在正常情况下，企业经过努力可以达到的成本标准，这一标准考虑了生产过程中不可避免的损失、故障、偏差等。

2 标准成本的制定

一、考点解读

产品标准成本通常由**直接材料标准成本、直接人工标准成本**和**制造费用标准成本**构成。每一成本项目的标准成本应分为**用量标准**（包括单位产品消耗量、单位产品人工小时等）和**价格标准**（包括原材料单价、小时工资率、小时制造费用分配率等）。

产品的标准成本 = 直接材料标准成本 + 直接人工标准成本 + 制造费用标准成本

直接材料标准成本 = $\sum$（单位产品的材料标准用量 × 材料的标准单价）

直接人工标准成本 = 单位产品的标准工时 × 小时标准工资率

制造费用标准成本 = 工时用量标准 × 标准制造费用分配率

（一）直接材料标准成本的制定

1. **直接材料的标准单价**

通常采用企业编制的计划价格，它通常是以订货合同的价格为基础，并考虑到未来物价、供求等各种变动因素后按材料种类分别计算的。

2. **直接材料的标准用量**

直接材料的标准用量，一般由生产部门负责，会同技术、财务、信息等部门，按照一系列步骤科学地制定标准用量。

（二）直接人工标准成本的制定

1. **直接人工的标准工时**

在制定直接人工的标准工时时，一般由生产部门负责，会同技术、财务、信息等部门，在对产品生产所需作业、工序、流程工时进行技术测定的基础上，考虑正常的工作间隙，并适当考虑生产条件的变化，生产工序、操作技术的改善，以及相关工作人员主观能动性的充分发挥等因素，合理确定单位产品的工时标准。

2. 直接人工的标准工资率

一般由人事部门负责，根据企业薪酬制度以及国家有关职工薪酬制度改革的相关规定等制定。

小时标准工资率＝标准工资总额÷标准总工时

（三）制造费用标准成本的制定

1. 制造费用价格标准

制造费用价格标准，即制造费用的分配率标准。其计算公式为：

标准制造费用分配率＝标准制造费用总额÷标准总工时

2. 制造费用的用量标准

制造费用的用量标准，即工时用量标准，其含义与直接人工用量标准相同。

二、例题点津

【例题1·单选题】下列各项中，属于"直接人工用量标准"组成内容的是（　　）。

A. 由于设备意外故障产生的停工工时

B. 由于更换产品产生的设备调整工时

C. 由于生产作业计划安排不当产生的停工工时

D. 由于外部供电系统故障产生的停工工时

【答案】B

【解析】工时用量标准包含现有条件下生产单位产品所需的必要时间，不包含偶然或意外发生的时间，因此由于设备意外故障产生的停工工时、由于生产作业计划安排不当产生的停工工时、由于外部供电系统故障产生的停工工时都不包括在内。

【例题2·单选题】下列成本差异中，应该由劳动人事部门承担责任的是（　　）。

A. 直接材料价格差异

B. 直接人工工资率差异

C. 直接人工效率差异

D. 变动制造费用效率差异

【答案】B

【解析】直接材料价格差异是在采购过程中形成的，属于采购部门的责任；直接人工工资率差异是价格差异，一般地，这种差异的责任不在

生产部门，劳动人事部门更应对其承担责任。直接人工效率差异和变动制造费用效率差异主要应该由生产部门承担责任。

3　成本差异的计算及分析

一、考点解读

成本差异，是指实际成本与相应标准成本之间的差额。当实际成本高于标准成本时，形成超支差异；当实际成本低于标准成本时，形成节约差异。

从标准成本的制定过程可以看出，任何一项费用的标准成本都是由用量标准和价格标准两个因素决定的。因此，差异分析就应该从这两个方面进行。总差异的计算公式为：

总差异＝实际产量下实际成本－实际产量下标准成本

＝实际用量×实际价格－实际产量下标准用量×标准价格

＝（实际用量－实际产量下标准用量）×标准价格＋实际用量×（实际价格－标准价格）

＝用量差异＋价格差异

（一）直接材料成本差异的计算分析

1. 公式

直接材料数量差异＝（实际用量－实际产量下标准用量）×标准单价

直接材料价格差异＝实际用量×（实际单价－标准单价）

2. 差异原因

（1）直接材料的耗用量差异形成的原因是多方面的，有生产部门的原因，也有非生产部门的原因。如产品设计结构、原料质量、工人的技术熟练程度、废品率的高低等，都会导致材料耗用量的差异。

（2）材料价格差异的形成受各种主客观因素的影响，较为复杂，如市场价格、供货厂商、运输方式、采购批量等的变动，都可能导致材料的价格差异。

（二）直接人工成本差异的计算分析

1. 公式

直接人工效率差异＝（实际工时－实际产量

下标准工时）×标准工资率

直接人工工资率差异＝实际工时×（实际工资率－标准工资率）

2. 差异原因

（1）**直接人工效率差异是用量差异**，其形成原因也是多方面的，工人技术状况、工作环境和设备条件的好坏等，都会影响效率的高低，但其**主要责任还是在生产部门**。

（2）**工资率差异是价格差异**，其形成原因比较复杂，工资制度的变动、工人的升降级、加班或临时工的增减等都将导致工资率差异。

（三）变动制造费用成本差异的计算分析

1. 公式

变动制造费用效率差异＝（实际工时－实际产量下标准工时）×变动制造费用标准分配率

变动制造费用耗费差异＝实际工时×（变动制造费用实际分配率－变动制造费用标准分配率）

2. 差异原因

效率差异是用量差异，耗费差异属于价格差异。 变动制造费用效率差异的形成原因与直接人工效率差异的形成原因基本相同。

（四）固定制造费用成本差异的计算分析

1. **两差异**分析法

耗费差异＝实际固定制造费用－预算产量下标准固定制造费用

＝实际固定制造费用－标准工时×预算产量×标准分配率

＝实际固定制造费用－预算产量下标准工时×标准分配率

能量差异＝预算产量下标准固定制造费用－实际产量下标准固定制造费用

＝预算产量下标准工时×标准分配率－实际产量下标准工时×标准分配率

＝（预算产量下标准工时－实际产量下标准工时）×标准分配率

2. **三差异**分析法

耗费差异＝实际固定制造费用－预算产量下标准固定制造费用

＝实际固定制造费用－预算产量×标准工时×标准分配率

＝实际固定制造费用－预算产量下标准工时×标准分配率

产量差异＝（预算产量下标准工时－实际产量下实际工时）×标准分配率

效率差异＝（实际产量下实际工时－实际产量下标准工时）×标准分配率

二、例题点津

【例题1·单选题】 某产品标准工时为2小时/件，变动制造费用标准分配率为3元/小时，如果实际产量为3 000件，实际工时为6 300小时，实际变动制造费用为20 160元。则变动制造费用效率差异为（ ）元。

A. 1 260　　　　B. 630

C. 2 160　　　　D. 900

【答案】 D

【解析】 变动制造费用效率差异＝（实际工时－实际产量下标准工时）×变动制造费用标准分配率＝（6 300－3 000×2）×3＝900（元）。

【例题2·单选题】 下列因素中，一般不会导致直接人工工资率差异的是（ ）。

A. 工资制度的变动

B. 工作环境的好坏

C. 工资级别的升降

D. 加班或临时工的增减

【答案】 B

【解析】 工资率差异是价格差异，其形成原因比较复杂，工资制度的变动、工人的升降级、加班或临时工的增减等都将导致工资率差异。

【例题3·单选题】 实际产量下的实际工时与实际产量下的标准工时的差额再乘以固定制造费用的标准分配率是（ ）。

A. 固定制造费用能量差异

B. 固定制造费用耗费差异

C. 固定制造费用效率差异

D. 固定制造费用产量差异

【答案】 C

【解析】 固定制造费用效率差异＝（实际产量下的实际工时－实际产量下的标准工时）×固定制造费用的标准分配率。

【例题4·多选题】 在标准成本差异分析中，

下列成本差异属于用量差异的有（　　）。

A. 变动制造费用效率差异

B. 直接材料价格差异

C. 直接人工效率差异

D. 变动制造费用耗费差异

【答案】AC

【解析】变动成本差异分析中，用量差异包括直接材料数量差异、直接人工效率差异、变动制造费用效率差异。

【例题5·判断题】在标准成本法下，固定制造费用成本差异是指固定制造费用实际金额与固定制造费用预算金额之间的差异。（　　）

【答案】×

【解析】在标准成本法下，固定制造费用耗费差异是指固定制造费用实际金额与固定制造费用预算金额之间的差异。

【例题6·判断题】在标准成本差异分析中，直接材料数量差异是指由实际消耗量脱离标准消耗量所形成的成本差异。（　　）

【答案】√

【解析】直接材料数量差异，是指在产品生产过程中，直接材料实际消耗量脱离标准消耗量所形成的差异。

第四单元　作业成本与责任成本

1 作业成本法的相关概念

一、考点解读

作业成本法的基本原理如图8-5所示。

图8-5　作业成本法的基本原理

（一）资源费用

资源费用是指企业在一定期间内开展经济活动所发生的各项资源耗费。资源费用既包括房屋及建筑物、设备、材料、商品等各种有形资源的耗费，也包括信息、知识产权、土地使用权等各种无形资源的耗费，还包括人力资源耗费以及其他各种税费支出等。

（二）作业

作业是指企业基于特定目的重复执行的任务或活动，是连接资源和成本对象的桥梁。

按消耗对象不同，作业可分为主要作业和次要作业。

主要作业是指被产品、服务或顾客等最终成本对象消耗的作业。次要作业是被原材料、主要作业等介于中间地位的成本对象消耗的作业。

（三）成本对象

成本对象是指企业追溯或分配资源费用、计算成本的对象物。成本对象可以是工艺、流程、零部件、产品、服务、分销渠道、客户、作业、作业链等需要计量和分配成本的项目。

（四）成本动因

成本动因亦称成本驱动因素，是指诱导成本发生的原因，是成本对象与其直接关联的作业和最终关联的资源之间的中介。

按其在资源流动中所处的位置和作用，成本动因可分为资源动因和作业动因。

资源动因是引起作业成本变动的驱动因素，反映作业量与耗费之间的因果关系。资源动因被用来计量各项作业对资源的耗用，根据资源动因可以将资源成本分配给各有关作业。按照作业成本计算法，作业量的多少决定着资源的耗用量，但资源耗用量的高低与最终的产品数量没有直接关系。

作业动因是引起产品成本变动的驱动因素，反映产品产量与作业成本之间的因果关系。作业动因计量各种产品对作业耗用的情况，并被用来作为作业成本的分配基础，是沟通资源消耗与最终产出的中介。

（五）作业中心

作业中心又称成本库，是指构成一个业务过程的相互联系的作业集合，用来汇集业务过程及其产出的成本。换言之，按照统一的作业动因，将各种资源耗费项目归结在一起，便形成了作业中心。作业中心有助于企业更明晰地分析一组相关的作业，以便进行作业管理以及企业组织机构和责任中心的设计与考核。

作业成本法一般适用于具备以下特征的企业：

（1）作业类型较多且作业链较长。

（2）同一生产线生产多种产品。

（3）企业规模较大且管理层对产品成本准确性要求较高。

（4）产品、客户和生产过程多样化程度较高。

（5）间接或辅助资源费用所占比重较大等。

二、例题点津

【例题1·单选题】甲企业采用作业成本法计算产品成本，每批产品生产前需要进行机器调试，在对调试作业中心进行成本分配时，最适合采用的作业成本动因是（　　）。

A. 产品品种　　　　B. 产品数量

C. 产品批次　　　　D. 每批产品数量

【答案】C

【解析】生产前的机器设备调试属于批别级作业，其成本的多少取决于生产批次，所以作业成本动因应当采用产品批次。选项C正确。

【例题2·单选题】作业成本法下，产品成本计算的基本程序可以表示为（　　）。

A. 作业—部门—产品

B. 资源—作业—产品

C. 资源—部门—产品

D. 资源—产品

【答案】B

【解析】作业成本法以"作业消耗资源、产品消耗作业"为原则，按照资源动因将资源费用追溯分配至各项作业，计算出作业成本，然后再根据作业动因，将作业成本追溯分配至各成本对象，最终完成成本计算的过程。

【例题3·多选题】推行作业成本法的企业，一般具有一定的适用特征，包括（　　）。

A. 作业类型较多且作业链较长

B. 企业规模较大且管理层对产品成本准确性要求较高

C. 间接或辅助资源费用所占比重较大

D. 同一生产线生产的产品种类单一

【答案】ABC

【解析】作业成本法一般适用于具备以下特征的企业：作业类型较多且作业链较长；同一生产线生产多种产品；企业规模较大且管理层对产品成本准确性要求较高；产品、客户和生产过程多样化程度较高；间接或辅助资源费用所占比重较大等。

【例题4·判断题】在作业成本法下，一个作业中心只能包括一种作业。（　　）

【答案】×

【解析】作业中心可以是某一项具体的作业，也可以是由若干个相互联系的能够实现某种特定功能的作业的集合。

2 作业成本法的应用程序

一、考点解读

（一）**资源识别及资源费用的确认与计量**

资源识别及资源费用的确认与计量，是指识别出由企业拥有或控制的所有资源，遵循相关会计制度的规定，合理选择会计政策，确认和计量全部资源费用，编制资源费用清单，为资源费用的追溯或分配奠定基础。

（二）**成本对象选择**

在作业成本法下，企业应将当期所有的资源费用，遵循因果关系和受益原则，根据资源动因和作业动因，分项目经由作业追溯或分配至相关的成本对象，确定成本对象的成本。企业应根据财务会计制度的相关规定并考虑预算控制、成本管理、营运管理、业绩评价以及经济决策等方面的要求确定成本对象。

（三）**作业认定**

作业认定，是指企业识别由间接或辅助资源执行的作业集，确认每一项作业完成的工作以及执行该作业所耗费的资源费用，并据以编制作业清单的过程。作业认定的内容主要包括对企业每项消耗资源的作业进行识别、定义和划分，确定每项作业在生产经营活动中的作用、同其他作业的区别以及每项作业与耗用资源之间的关系。

作业认定有以下两种形式：第一，根据企业生产流程，自上而下进行分解；第二，通过与企业每一部门负责人和一般员工进行交流，自下而上确定他们所做的工作，并逐一认定各项作业。

作业认定的具体方法一般包括调查表法和座谈法。调查表法，是指通过向企业全体员工发放调查表，并通过分析调查表来识别和确定作业的方法；座谈法，是指通过与企业员工的面对面交谈来识别和确定作业的方法。

（四）作业中心设计

作业中心设计，是指企业将认定的所有作业按照一定的标准进行分类，形成不同的作业中心，作为资源费用的追溯或分配对象的过程。作业中心可以是某一项具体的作业，也可以是由若干个相互联系的能够实现某种特定功能的作业的集合。企业可按照受益对象、层次和重要性，将作业分为以下五类，并分别设计相应的作业中心：

（1）产量级作业，是指明确地为个别产品（或服务）实施的、使单个产品（或服务）受益的作业。

（2）批别级作业，是指为一组（或一批）产品（或服务）实施的、使该组（该批）产品（或服务）受益的作业。

（3）品种级作业，是指为生产和销售某种产品（或服务）实施的、使该种产品（或服务）的每个单位都受益的作业。

（4）顾客级作业，是指为服务特定客户所实施的作业。

（5）设施级作业，是指为提供生产产品（或服务）的基本能力而实施的作业。

（五）资源动因选择与计量

资源动因是引起资源耗用的成本动因，它反映了资源耗用与作业量之间的因果关系。资源动因选择与计量为将各项资源费用归集到作业中心提供了依据。

（六）作业成本汇集

作业成本汇集，是指企业根据资源耗用与作业之间的因果关系，将所有的资源成本直接追溯或按资源动因分配至各作业中心，计算各作业总成本的过程。

作业成本汇集应遵循以下基本原则：（1）对于为执行某种作业直接消耗的资源，应直接追溯至该作业中心；（2）对于为执行两种或两种以上作业共同消耗的资源，应按照各种作业中心的资源动因量比例分配至各作业中心。

（七）作业动因选择与计量

作业动因是引起作业耗用的成本动因，它反映了作业耗用与最终产出的因果关系，是将作业成本分配到流程、产品、分销渠道、客户等成本对象的依据。当作业中心仅包含一种作业的情况下，所选择的作业动因应该是引起该作业耗用的成本动因；在作业中心由若干个作业集合而成的情况下，企业可采用回归分析法或分析判断法，分析比较各具体作业动因与该作业中心成本之间的相关性，选择相关性最大的作业动因，即代表性作业动因，作为作业成本分配的基础。

（八）作业成本分配

作业成本分配，是指企业将各作业中心的作业成本按作业动因分配至产品等成本对象，并结合直接追溯的资源费用，计算出各成本对象的总成本和单位成本的过程。作业成本分配一般按照以下两个步骤进行：

（1）分配次要作业成本至主要作业，计算主要作业的总成本和单位成本。

（2）分配主要作业成本至成本对象，计算各成本对象的总成本和单位成本。

（九）作业成本信息报告

作业成本信息报告的目的，是通过设计、编制和报送具有特定内容和格式要求的作业成本报表，向企业内部各有关部门和人员提供其所需要的作业成本及其他相关信息。作业成本报表的内容和格式应根据企业内部管理需要确定。

（十）作业成本法的优缺点

1. 作业成本法的主要优点

（1）能够提供更加准确的各维度成本信息，

有助于企业提高产品定价、作业与流程改进、客户服务等决策的准确性。

（2）改善和强化成本控制，促进绩效管理的改进和完善。

（3）推进作业基础预算，提高作业、流程、作业链（或价值链）管理的能力。

2. 作业成本法的**主要缺点**

部分作业的识别、划分、合并与认定，成本动因的选择以及成本动因计量方法的选择等均存在较大的主观性，操作较为复杂，开发和维护费用较高。

二、例题点津

【例题1·单选题】对于一家制造企业而言，在作业成本法下，下列作业中属于产量级作业的是（ ）。

A. 设备调试

B. 产品广告

C. 生产流程监控

D. 产品加工

【答案】D

【解析】产量级作业是指明确地为个别产品（或服务）实施的、使单个产品（或服务）受益的作业。该类作业的数量与产品（或服务）的数量呈正比例变动。包括产品加工、检验等。选项A属于批别级作业。选项B、C属于品种级作业。

【例题2·计算分析题】假设该企业主要生产门、窗户和地板，生产工艺流程如图8-6所示。

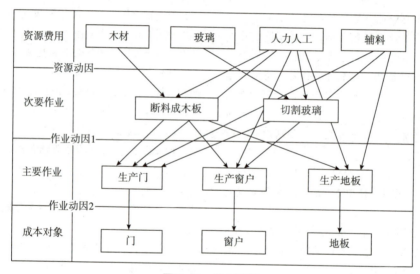

图8-6 作业流程

假设该厂商共进货100 000元木材，人工总成本为250 000元，假设各个作业平均分摊人工费用，将原木材断料成为木板以用于生产门、窗户和地板，共2 000立方米木板，其中1 000立方米木板用于生产门、400立方米木板用于生产窗户、600立方米木板用于生产地板，共生产出500块地板（注：本题中辅料成本忽略不计）。

作业成本的分配（以生产地板为例）：

第一步：次要作业成本分配至主要作业成本。

断料作业成本分配率=次要作业总成本÷该作业动因量=（100 000＋50 000）÷2 000＝75

生产地板消耗的断料成本=生产地板耗用的次要作业动因量×断料作业成本分配率

＝600×75＝45 000（元）

生产地板作业的总成本=生产地板直接耗用的人工成本＋生产地板断料成本

＝50 000＋45 000＝95 000（元）

生产地板作业单位成本＝95 000÷500＝190

（元）

第二步：主要作业成本分配至成本对象。

根据第一步可知生产地板作业单位成本为190元。

地板消耗的生产地板作业的成本 = 190 × 500 = 95 000（元）

地板总成本 = 95 000 元

地板单位成本 = 95 000 ÷ 500 = 190（元）

3 作业成本管理

一、考点解读

作业成本管理是基于作业成本法的，以提高客户价值、增加企业利润为目的的一种新型管理方法。它通过对作业及作业成本的确认、计量，最终计算产品成本，同时将成本计算深入到作业层次，对企业所有作业活动进行追踪并动态反映。

作业成本管理包含两个维度的含义：成本分配观和流程观，如图 8-7 所示。

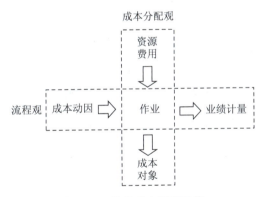

图 8-7　作业成本管理结构

图 8-7 中垂直部分反映了成本分配观，它说明成本对象引起作业需求，而作业需求又引起资源的需求。因此，**成本分配是从资源到作业，再从作业到成本对象**，而这一流程正是作业成本计算的核心。

图 8-7 中水平部分反映了流程观，它为企业提供引起作业的原因（成本动因）以及作业完成情况（业绩计量）的信息。流程观关注的

是确认作业成本的根源、评价已经完成的工作和已实现的结果。企业利用这些信息，可以改进作业链，提高从外部顾客获得的价值。

流程价值分析关心的是作业的责任，包括成本动因分析、作业分析和业绩考核三个部分。其基本思想是：以作业来识别资源，将作业分为增值作业和非增值作业，并把作业和流程联系起来，确认流程的成本动因，计量流程的业绩，从而促进流程的持续改进。

（一）成本动因分析

要进行作业成本管理，必须找出导致作业成本发生的动因。每项作业都有投入和产出。作业投入是为取得产出而由作业消耗的资源，而作业产出则是一项作业的结果或产品。

（二）作业分析

作业分析的主要目标是认识企业的作业过程，以便从中发现持续改善的机会及途径。分析和评价作业、改进作业和消除非增值作业构成了流程价值分析与管理的基本内容。按照对顾客价值的贡献，**作业可以分为增值作业和非增值作业**。

1. 增值作业和非增值作业

一项作业必须**同时满足下列三个条件才可断定为增值作业**：

（1）**该作业导致了状态的改变**。

（2）**该状态的变化不能由其他作业来完成**。

（3）**该作业使其他作业得以进行**。

如果一项作业不能同时满足增值作业的三个条件，就可断定其为非增值作业。

2. 增值作业成本和非增值成本

增值成本即是那些以完美效率执行的增值作业所发生的成本，或者说，是高效增值作业产生的成本。而那些增值作业中因为低效率所发生的成本则属于非增值成本。

执行非增值作业发生的成本全部是非增值成本。

3. 作业成本管理中进行成本节约的途径

作业成本管理中节约成本的途径，主要有以下**四种形式**：

（1）**作业消除**。

（2）**作业选择**。

（3）**作业减少**。

第八章

（4）**作业共享**。

4. 作业业绩考核

（1）**财务指标主要集中在增值成本和非增值成本上**，可以提供增值与非增值报告，以及作业成本趋势报告。

（2）**非财务指标主要体现在效率、质量和时间三个方面**，如投入产出比、次品率、生产周期等。

二、例题点津

【例题1·单选题】在作业成本法下，划分增值作业与非增值作业的主要是（　　）。

A. 是否有助于提高产品质量

B. 是否有助于增加产品功能

C. 是否有助于提升企业技能

D. 是否有助于增加顾客价值

【答案】D

【解析】增值作业和非增值作业是站在顾客角度划分的，选项D正确。

【例题2·多选题】一般而言，在制造业企业中，下列选项中不属于增值作业的有（　　）。

A. 质量检验作业

B. 生产准备作业

C. 返修作业

D. 等待作业

【答案】ACD

【解析】质量检验作业、返修作业、等待作业都不能增加产品对顾客的有用性，不能最终增加顾客价值，是非增值作业。

【例题3·多选题】甲公司采用作业成本法，下列选项中属于生产设施级作业的有（　　）。

A. 机器加工

B. 行政管理

C. 半成品检验

D. 针对企业整体的广告活动

【答案】BD

【解析】设施级作业是指为提供生产产品或服务的基本能力而实施的作业。该类作业是开展业务的基本条件，其使所有产品或服务都受益，但与产量或销量无关。包括行政管理作业、针对企业整体的广告活动等。

【例题4·多选题】基于作业成本法判定一项作业为增值作业，必须同时满足的条件有（　　）。

A. 该作业为重复作业

B. 该作业导致的状态变化不能由其他作业完成

C. 该作业导致了状态的改变

D. 该作业使得其他作业得以运行

【答案】BCD

【解析】一项作业必须同时满足下列三个条件才可断定为增值作业：（1）该作业导致了状态的改变。（2）该状态的变化不能由其他作业来完成。（3）该作业使其他作业得以进行。

【例题5·判断题】从作业成本管理的角度看，降低成本的途径中作业消除和作业减少是针对非增值作业而言的。（　　）

【答案】×

【解析】作业消除主要是针对非增值作业而言的，但作业减少是指降低作业的需求，包括对增值作业和非增值作业的需求。

4 责任成本

一、考点解读

（一）责任成本管理的含义

责任成本管理是指将企业内部划分成不同的责任中心，明确责任成本，**并根据各责任中心的权、责、利关系来考核其工作业绩的一种成本管理模式**。其中，责任中心也叫责任单位，是指企业内部具有一定权力并承担相应工作责任的部门或管理层次。

（二）责任中心及其考核

责任中心，是指企业内部独立提供产品（或服务）、资金等的责任主体。按照企业内部责任中心的权责范围以及业务活动的不同特点，责任中心一般可以划分为**成本中心**、**利润中心**和**投资中心**三类。

1. 成本中心

（1）含义：成本中心是指有权发生并控制成本的单位。**成本中心一般不会产生收入，通常只计量考核发生的成本**。

（2）特点：

①不考核收入，只考核成本。

②只对可控成本负责，不负责不可控成本。

③责任成本是成本中心考核和控制的主要内容。

（3）考核指标：

预算成本节约额＝实际产量预算责任成本－实际责任成本

预算成本节约率＝预算成本节约额÷实际产量预算责任成本×100%

2. 利润中心

（1）含义：**利润中心是指既能控制成本，又能控制收入和利润的责任单位。**它不但有成本发生，而且还有收入发生。因此，它要同时对**成本、收入以及收入成本的差额即利润负责。**

（2）分类：利润中心有两种形式：**一是自然利润中心**，它是**自然形成的**，直接对外提供劳务或销售产品以取得收入的责任中心；**二是人为利润中心**，它是**人为设定的**，通过企业内部各责任中心之间使用内部结算价格结算半成品内部销售收入的责任中心。

（3）考核指标：**利润中心**采用利润作为业绩考核指标，分为**边际贡献**、**可控边际贡献**和**部门边际贡献**。

边际贡献＝销售收入总额－变动成本总额

可控边际贡献＝边际贡献－该中心负责人可控固定成本

部门边际贡献＝可控边际贡献－该中心负责人不可控固定成本

3. 投资中心

投资中心是指既能控制成本、收入和利润，又能对投入的资金进行控制的责任中心。

（1）**投资收益率**。投资收益率是**投资中心获得的利润与投资额的比率**，其计算公式为：

投资收益率＝息税前利润÷平均经营资产

平均经营资产＝（期初经营资产＋期末经营资产）÷2

优点：根据现有的会计资料计算，比较客观，可用于部门之间，以及不同行业之间的比较。有利于资产存量的调整，优化资源配置。缺点：过于关注投资利润率会引起短视行为的产

生，追求局部利益最大化而损害整体利益。

（2）**剩余收益**。剩余收益是指**投资中心的经营收益扣减经营资产按要求的最低投资收益率计算的收益额之后的余额**。其计算公式为：

剩余收益＝息税前利润－平均经营资产×最低投资收益率

优点：弥补了投资收益率指标会使局部利益与整体利益冲突的不足。**缺点**：绝对指标，难以在不同规模的投资中心之间进行业绩比较。仅反映当期业绩，单纯使用这一指标也会导致投资中心管理者的短视行为。

（三）内部转移价格的制定

内部转移定价是企业内部转移价格的制定和应用方法。

企业应用内部转移定价工具方法，应遵循以下原则：

（1）合规性原则。

（2）效益性原则。

（3）适应性原则。

内部转移定价通常分为**价格型、成本型和协商型三种**：

（1）价格型内部转移定价。

（2）成本型内部转移定价。

（3）协商型内部转移定价。

二、例题点津

【例题1·单选题】某企业有一个利润中心，该中心本期实现销售收入100万元，变动成本为46万元，该中心负责人可控固定成本为15万元，不可控但应由该中心负担的固定成本为12万元，该中心的可控边际贡献为（　　）万元。

A. 73　　　　B. 54

C. 39　　　　D. 27

【答案】C

【解析】可控边际贡献＝销售收入总额－变动成本总额－该中心负责人可控固定成本＝100－46－15＝39（万元）。

【例题2·单选题】在责任中心业绩考核中，关于剩余收益的表述中，正确的是（　　）。

A. 剩余收益是指投资中心的经营收益扣除可控成本之后的余额

B. 容易导致投资中心片面追求局部利益而忽略公司整体利益

C. 可以反映每单位资产对公司利润贡献大小

D. 不便于在不同规模投资中心之间进行业绩比较

【答案】D

【解析】剩余收益是指投资中心的营业收益扣减经营资产按要求的最低投资收益率计算的收益额之后的余额，选项A错误；剩余收益指标弥补了投资收益率指标会使局部利益与整体利益相冲突这一不足之处，但由于其是一个绝对指标，故而难以在不同规模的投资中心之间进行业绩比较，选项B错误，选项D正确；投资收益率主要说明了投资中心运用公司的每单位资产对公司整体利润贡献的大小，选项C错误。

【例题3·单选题】在责任成本管理中，下列关于成本中心的表述中错误的是（ ）。

A. 责任成本是成本中心考核和控制的主要内容

B. 成本中心是指有权发生并控制成本的单位

C. 成本中心不考核收入，只考核成本

D. 成本中心需要对本中心的全部成本负责

【答案】D

【解析】成本中心只对可控成本负责，不负责不可控成本，选项D表述错误。

【例题4·单选题】对于成本中心而言，某项成本成为可控成本的条件不包括（ ）。

A. 该成本是成本中心可以计量的

B. 该成本的发生是成本中心可以预见的

C. 该成本是成本中心可以调节和控制的

D. 该成本是总部向成本中心分摊的

【答案】D

【解析】可控成本应具备三个条件：第一，该成本的发生是成本中心可以预计的；第二，该成本是成本中心可以计量的；第三，该成本是成本中心可以调节和控制的，答案为选项D。

【例题5·单选题】下列关于投资中心业绩评价指标的说法中，错误的是（ ）。

A. 使用投资收益率和剩余收益指标分别进行决策可能导致结果冲突

B. 采用投资收益率指标可能因追求局部利

益最大化而损害整体利益

C. 在不同规模的投资中心之间进行比较时不适合采用剩余收益指标

D. 计算剩余收益指标所使用的最低投资收益率一般小于资本成本

【答案】D

【解析】计算剩余收益所使用的最低投资收益率是根据资本成本确定的，一般等于或大于资本成本，选项D的说法不正确。

【例题6·单选题】某企业内部乙车间是人为利润中心，本期实现内部销售收入100万元，销售变动成本为60万元，该中心负责人可控固定成本为20万元，不可控但应由该中心负担的固定成本为10万元，则该中心对整个公司所做的经济贡献为（ ）万元。

A. 40　　　　　　　B. 20

C. 10　　　　　　　D. 100

【答案】C

【解析】该中心的边际贡献 = 100 - 60 = 40（万元）；可控边际贡献 = 40 - 20 = 20（万元）；部门边际贡献 = 20 - 10 = 10（万元）；部门边际贡献反映了部门为企业利润和弥补与生产能力有关的成本所作的贡献，它更多地用于评价部门业绩而不是利润中心管理者的业绩。

【例题7·单选题】企业以协商价格作为内部转移价格时，该协商价格的下限一般是（ ）。

A. 单位完全成本加上单位毛利

B. 单位变动成本加上单位边际贡献

C. 单位完全成本

D. 单位变动成本

【答案】D

【解析】企业以协商价格作为内部转移价格时，协商价格的上限是市场价格，下限则是单位变动成本，所以选项D正确。

【例题8·多选题】某公司有X、Y两个投资中心，本期息税前利润分别为108 000元、90 000元，平均经营资产分别为900 000元、600 000元，该公司股东权益的资本成本率为10%，公司整体的预期最低投资收益率为8%，下列表述中正确的有（ ）。

A. X中心的投资收益率为12%

B. Y 中心的剩余收益为 30 000 元

C. Y 中心的投资收益率为 15%

D. X 中心的剩余收益为 36 000 元

【答案】ACD

【解析】剩余收益=息税前利润－平均经营资产×最低投资收益率，最低投资收益率通常可以采用企业整体的最低期望投资收益率，也可以是企业为该投资中心单独规定的最低投资收益率，而不是该公司股东权益的资本成本率，所以 Y 中心的剩余收益 = 90 000 － 600 000 × 8% = 42 000（元），选项 B 错误。

本章考点巩固练习题

一、单项选择题

1. 当其他因素不变，固定成本下降时，下列指标中会随之下降的是（　　）。

A. 边际贡献总额

B. 息税前利润

C. 盈亏平衡点销售量

D. 安全边际量

2. 下列选项中，不属于降低盈亏平衡点的途径是（　　）。

A. 降低单位变动成本

B. 降低固定成本总额

C. 提高销售单价

D. 降低边际贡献率

3. 假设某企业只生产销售一种产品，单价 50 元，边际贡献率 40%，每年固定成本 300 万元，预计下年产销量 20 万件，则价格对利润影响的敏感系数为（　　）。

A. 10　　　　　　　B. 8

C. 4　　　　　　　D. 40

4. 下列关于安全边际和边际贡献的表述中，错误的是（　　）。

A. 边际贡献的大小，与固定成本支出的多少无关

B. 安全边际表明销售额下降多少，企业仍不至于亏损

C. 提高安全边际或提高边际贡献率，可以提高利润

D. 安全边际部分的销售额也就是企业的利润

5. 某企业生产销售 A、B、C 三种产品，销售单价分别是 10 元、8 元、5 元，年销售收入分别是 100 万元、160 万元和 150 万元，单位变动成本分别是 8 元、4 元和 2 元。固定成本总额 100 万元。采用加权平均法分别测算 A、B、C 三种产品盈亏平衡点销售额是（　　）（保留整数）。

A. 50 万元　80 万元　79 万元

B. 51 万元　80 万元　85 万元

C. 53 万元　85 万元　80 万元

D. 51 万元　85 万元　80 万元

6. 某企业产销单一产品，如果固定成本不变，单价大于单位变动成本，单价和单位变动成本等比例上升，则盈亏平衡点销售量（　　）。

A. 上升

B. 下降

C. 不变

D. 上述三种情况都可能出现

7. 在标准成本管理中，成本总差异是成本控制的重要内容。其计算公式是（　　）。

A. 实际产量下实际成本－实际产量下标准成本

B. 实际产量下标准成本－预算产量下实际成本

C. 实际产量下实际成本－预算产量下标准成本

D. 实际产量下实际成本－标准产量下标准成本

8. 使用三差异分析法分析固定制造费用差异时，固定制造费用的产量差异是（　　）。

A. 实际费用与预算费用之间的差异

B. 实际工时偏离预算产量标准工时而形成的差异

C. 实际产量标准工时偏离预算产量标准工时形成的差异

D. 实际工时脱离实际产量标准工时形成的差异

9. 某企业内部某车间为成本中心，生产甲产品，预算产量 1 000 件，单位预算成本 100 元，实际产量 1150 件，单位实际成本 97 元，该成本中心的预算成本节约率为（   ）。

A. 3%   B. 11.55%

C. 10.35%   D. 2.69%

10. 下列关于成本动因（又称成本驱动因素）的表述中，不正确的是（   ）。

A. 成本动因可作为作业成本法中的成本分配的依据

B. 成本动因可按作业活动耗费的资源进行度量

C. 成本动因可分为资源动因和生产动因

D. 成本动因可以导致成本的发生

11. 按产出方式的不同，企业的作业可以分为以下四类。其中，随产量变动而正比例变动的作业是（   ）。

A. 单位作业   B. 批次作业

C. 产品作业   D. 支持作业

12. 以协商价格作为内部转移价格时，该协商价格的下限通常是（   ）。

A. 单位市场价格

B. 单位变动成本

C. 单位制造成本

D. 单位标准成本

13. 下列关于投资中心业绩评价指标的说法中，错误的是（   ）。

A. 剩余收益指标仅反映当期业绩

B. 计算剩余收益指标所使用的最低投资收益率一般小于资本成本

C. 在不同规模的投资中心之间进行业绩比较时不适合采用剩余收益指标

D. 采用投资收益率指标可能因追求局部利益最大化而损害整体利益最大化目标

14. 既能反映投资中心的投入产出关系，又可使

个别投资中心的利益与企业整体利益保持一致的考核指标是（   ）。

A. 可控成本   B. 利润总额

C. 剩余收益   D. 投资收益率

15. 最适合作为企业内部利润中心对整个公司所做的经济贡献的评价指标是利润中心的（   ）。

A. 边际贡献

B. 可控边际贡献

C. 部门边际贡献

D. 净利润

16. 下列关于价格型内部转移定价的表述中，错误的是（   ）。

A. 一般适用于内部利润中心

B. 由成本和毛利构成

C. 主要适用于分权程度较高的情形

D. 以市场价格为基础

17. 为一组（或一批）产品（或服务）实施的、使该组（或该批）产品（或服务）受益的作业类别是（   ）。

A. 产量级作业   B. 批别级作业

C. 品种级作业   D. 顾客级作业

二、多项选择题

1. 成本管理作为企业日常经营管理的一项中心工作，其主要意义有（   ）。

A. 降低成本，为企业扩大再生产创造条件

B. 利用成本、价格、销量等因素之间的关系，提高企业的经济效益

C. 增强企业的竞争优势和竞争能力

D. 提高企业的生产效率，降低消耗

2. 在其他因素不变的情况下，产品单价上升会带来的结果有（   ）。

A. 单位边际贡献上升

B. 变动成本率上升

C. 安全边际下降

D. 盈亏平衡作业率下降

3. 关于本量利分析模式，下列各项中能够提高销售利润的有（   ）。

A. 提高边际贡献率

B. 提高盈亏平衡作业率

C. 提高变动成本率

D. 提高安全边际率

4. 某企业生产一种产品，单价20元，单位变动成本12元，固定成本80 000元/月，每月正常销售量为25 000件。以一个月为计算期，下列说法正确的有（　　）。

A. 盈亏平衡销售量为10 000件

B. 安全边际为300 000元

C. 盈亏平衡作业率为40%

D. 销售利润率为24%

5. 某产品的单位变动成本因原材料涨价提高了2元，企业为抵销该变动的不利影响决定产品售价也提高2元，假设其他因素不变，则（　　）。

A. 该产品的盈亏平衡点销售额不变

B. 该产品的单位边际贡献不变

C. 该产品的安全边际额不变

D. 该产品的盈亏平衡点销售额增加

6. 某企业只生产一种产品，当年的税前利润为20 000元。运用本量利关系对影响税前利润的各因素进行敏感分析后得出，单价的敏感系数为4，单位变动成本的敏感系数为 -2.5，销售量的敏感系数为1.5，固定成本的敏感系数为 -0.5。下列说法中，正确的有（　　）。

A. 上述影响税前利润的因素中，单价是最敏感的，固定成本是最不敏感的

B. 当单价提高10%时，税前利润将增长8 000元

C. 当单位变动成本的上升幅度超过40%时，企业将转为亏损

D. 企业的安全边际率为66.67%

7. 在进行标准成本差异分析时，形成直接材料用量差异的原因经常有（　　）。

A. 操作疏忽致使废品增加

B. 机器或工具不适用

C. 紧急订货形成的成本增加

D. 操作技术改进而节省用料

8. 在其他条件不变时，若使利润上升40%，单位变动成本需下降20%；若使利润上升50%，销售量需上升10%，下列说法错误的有（　　）。

A. 销售量对利润的影响比单位变动成本对利润的影响更为敏感

B. 单位变动成本对利润的影响比销售量对利润的影响更为敏感

C. 单位变动成本的敏感系数为负，表明单位变动成本为不敏感因素

D. 安全边际率是25%

9. 下列关于投资中心考核指标投资收益率的说法中，正确的有（　　）。

A. 投资收益率是净利润与平均经营资产的比值

B. 投资收益率说明投资中心运用公司的每单位资产对公司整体利润贡献的大小

C. 有利于资产存量的调整，优化资源配置

D. 会导致经理人员为眼前利益而牺牲长远利益

10. 下列关于制造费用分配率计算正确的有（　　）。

A. 标准制造费用分配率 = 标准制造费用总额÷标准总工时

B. 变动制造费用分配率 = 标准变动制造费用总额÷标准总工时

C. 固定制造费用标准分配率 = 固定制造费用标准总成本÷预算总工时

D. 固定制造费用标准分配率 = 固定制造费用标准总成本÷实际总工时

11. 下列关于成本差异分析说法正确的有（　　）。

A. 直接材料用量差异应由生产部门负责

B. 直接材料价格差异应由采购部门负责

C. 直接人工效率差异应由生产部门负责

D. 直接人工工资率差异应由人事部门负责

12. 增值作业是指那些顾客认为可以增加其购买的产品或服务的有用性，有必要保留在企业中的作业，一项作业可断定为增值作业必须同时满足的条件有（　　）。

A. 该作业使其他作业得以进行

B. 该作业导致加工对象状态的改变

C. 该加工对象状态变化不能由其他作业来完成

D. 该加工对象可以直接出售

13. 下列关于固定制造费用三差异分析法的说法中正确的有（　　）。

A. 耗费差异＝实际固定制造费用－预算产量下标准工时×标准分配率

B. 耗费差异＝实际固定制造费用－标准工时×预算产量×标准分配率

C. 产量差异＝（预算产量下标准工时－实际产量下实际工时）×标准分配率

D. 效率差异＝（实际产量下实际工时－实际产量下标准工时）×标准分配率

14. 成本中心只对可控成本负责，不负责不可控成本，以下属于可控成本应具备的条件的有（　　）。

A. 该成本的发生是成本中心可以预见的

B. 该成本是成本中心可以计量的

C. 该成本是由成本中心所导致的

D. 该成本是成本中心可以调节和控制的

15. 甲利润中心常年向乙利润中心提供劳务，在其他条件不变的情况下，如果提高劳务的内部转移价格，可能出现的结果有（　　）。

A. 甲利润中心内部利润增加

B. 乙利润中心内部利润减少

C. 企业利润总额增加

D. 企业利润总额不变

16. 下列关于多种产品综合边际贡献率的计算公式中，正确的有（　　）。

A. 综合边际贡献率＝（$\sum$ 各产品边际贡献/$\sum$ 各产品销售收入）×100%

B. 综合边际贡献率＝1－（$\sum$ 各产品变动成本/$\sum$ 各产品销售收入）

C. 综合边际贡献率＝$\sum$（各产品边际贡献率×各产品销售量占总销售量比重）

D. 综合边际贡献率＝$\sum$（各产品边际贡献率×各产品销售收入占总销售收入比重）

17. 固定制造费用的差异可以分解为（　　）。

A. 耗费差异和产量差异

B. 耗费差异和产量差异、效率差异

C. 能量差异和效率差异

D. 耗费差异和能量差异

18. 在作业成本法下，下列属于批别级作业的有（　　）。

A. 设备调试　　　B. 厂房维护

C. 生产准备　　　D. 新产品设计

19. 下列关于作业成本法特点的说法中，正确的有（　　）。

A. 提供更加准确的成本信息

B. 改善和强化成本控制

C. 操作较为复杂

D. 开发和维护费用较低

20. 下列各项指标中，根据责任中心权、责、利关系，适用于利润中心业绩评价的有（　　）。

A. 边际贡献

B. 可控边际贡献

C. 投资报酬率

D. 预算成本节约率

三、判断题

1. 成本管理的成本计算目标是为所有内外部信息使用者提供成本信息，成本控制目标是降低成本水平。（　　）

2. 对利润敏感因素分析得知，销售量因素对利润的敏感程度最大。（　　）

3. 根据传统式本量利关系图，销售收入线与总成本线的交点越小，则盈利区越小，亏损区越大。（　　）

4. 对于多种产品组合的盈亏平衡分析，选择将全部固定成本在各种产品之间进行合理分配的方法是分算法。（　　）

5. 标准成本法是一种将实际成本与标准成本比较，核算成本差异、分析差异原因、实施成本控制、评价成本管理业绩的成本管理方法。（　　）

6. 固定制造费用的实际数偏离固定制造费用预算数所形成的差异叫作耗费差异。（　　）

7. 能量差异指的是固定制造费用的实际金额与固定制造费用预算金额之间的差额。（　　）

8. 成本的可控与不可控与该责任中心所处管理层次的高低、管理权限及控制范围的大小没有直接联系。（　　）

9. 以交易动因作为作业动因的前提条件是执行每次作业所需的资源数量相同或相近。（　　）

10. 企业面临资源约束，需要对多个产品线或多种产品进行优化决策或对多种待选新产品进行投产决策的，可以通过计算安全边际以及安全边际率，评价待选产品的营利性，优化产品组合。　　　　　　（　）

11. 成本中心当期发生的所有可控成本之和是该责任中心考核和控制的主要内容。　　（　）

12. 企业职工个人不能构成责任实体，因而不能成为责任控制体系中的责任中心。　　（　）

13. 在不同规模的投资中心之间进行业绩比较时，使用剩余收益指标优于投资报酬率指标。　　　　　　　　　　　　　（　）

14. 成本型内部转移定价是指以标准成本等相对稳定的成本数据为基础制定的内部转移价格，一般适用于内部利润中心。　（　）

15. 标准成本法能够及时反馈各成本项目不同性质的差异，有利于考核相关部门及人员的业绩，但在使用条件上存在一定的局限性，并且对标准管理要求较高，系统维护成本较高。　　　　　　　　　　（　）

16. 在企业运用作业成本法时，作业的识别、划分、合并与认定，成本动因的选择以及成本动因计量方法都遵循了客观实际，因而作业成本法能够提供更加准确的各维度成本信息。　　　　　　　　　　　（　）

17. 在作业成本法下，资源动因是引起作业成本变动的驱动因素，而作业动因是引起产品成本变动的驱动因素。　　　（　）

18. 所谓增值作业，就是那些顾客认为可以增加其购买的产品或服务的有用性，有必要保留在企业中的作业。增值作业产生的成本则为增值成本。　　　　　　　（　）

19. 企业对成本中心进行行业绩考核时，应要求成本中心对其所发生或负担的全部责任成本负责。　　　　　　　　　（　）

20. 在标准成本控制与分析中，产品成本所出现的不利或有利差异均应由生产部门负责。　　　　　　　　　　　（　）

四、计算分析题

1. 某公司下设 A、B 两个投资中心。A 投资中心的平均经营资产为 200 万元，投资收益率为 15%；B 投资中心的投资收益率为 17%，剩余收益为 20 万元。该公司要求的平均最低投资收益率为 12%。现该公司决定追加平均经营资产 100 万元，若投向 A 投资中心，每年可增加息税前利润 20 万元；若投向 B 投资中心，每年可增加息税前利润 15 万元。

要求：

（1）计算追加投资前 A 投资中心的剩余收益。

（2）计算追加投资前 B 投资中心的平均经营资产。

（3）计算追加投资前该公司的投资收益率。

（4）若 A 投资中心接受追加投资，计算其剩余收益。

（5）若 B 投资中心接受追加投资，计算其投资收益率。

2. 甲公司是一家生产经营比较稳定的制造企业，假定只生产一种产品，并采用标准成本法进行成本计算分析。单位产品用料标准为 6 千克/件，材料标准单价为 1.5 元/千克。2×20 年 1 月实际产量为 500 件，实际用料为 2 500 千克，直接材料实际成本为 5 000 元。另外，直接人工实际成本为 9 000 元，实际耗用工时为 2 100 小时，经计算，直接人工效率差异为 500 元，直接人工工资率差异为 −1 500 元。

要求：

（1）计算单位产品直接材料标准成本。

（2）计算直接材料成本差异、直接材料数量差异和直接材料价格差异。

（3）计算该产品的直接人工单位标准成本。

3. 甲公司只生产并销售 A 产品，产销平衡，销售采用现销方式。目前正在做 2024 年的盈亏平衡分析和信用政策决策。

资料一：2023 年 A 产品单价为 80 元/件，单位变动成本 20 元/件，固定成本总额 63 000 元，销售量水平为 3 000 件。因为改进了工艺，2024 年 A 产品的单位变动成本降为 15 元/件，公司决定把单价也调低相同幅度，预计产品销售量将提高到 3 500 件，假设固定成本总额不变。

资料二：为了进一步提升产品市场占有率，

公司决定2024年将现销改为赊销方式，预计销售量将再增加500件，假设应收账款周转率为4次。改为赊销后，收账费用和坏账损失将会发生，分别占年销售收入的2%和3%。假定公司资本成本率为6%，赊销方式不影响原固定成本。

要求：

（1）根据资料一，计算A产品2024年的单位边际贡献、边际贡献率、盈亏平衡点的业务量、盈亏平衡作业率、安全边际率、销售利润率。

（2）假设资料一中，单位变动成本下降后，目标利润为84 000元，则可接受的最低售价是多少？

（3）根据资料一和资料二，计算公司改为赊销后，应收账款占用资金的机会成本、坏账损失、收账费用。

（4）计算公司因调整信用政策而预计增加的相关利润，并判断改变销售方式是否对公司有利。

4. 丙公司只生产L产品，计划投产一种新产品，现有M、N两个品种可供选择，相关资料如下：

资料一：L产品单位售价为600元，单位变动成本为450元，预计年产销量为2万件。

资料二：M产品的预计单价1 000元，边际贡献率为30%，年产销量为2.2万件，开发M产品需增加一台设备将导致固定成本增加100万元。

资料三：N产品的年边际贡献总额为630万元，生产N产品需要占用原有L产品的生产设备，将导致L产品的年产销量减少10%。丙公司采用本量利分析法进行生产产品的决策，不考虑增值税及其他因素的影响。

要求：

（1）根据资料二，计算M产品边际贡献总额；

（2）根据（1）的计算结果和资料二，计算开发M产品对丙公司息税前利润的增加额；

（3）根据资料一和资料三，计算开发N产品导致原有L产品的边际贡献减少额；

（4）根据（3）的计算结果和资料三，计算开发N产品对丙公司息税前利润的增加额；

（5）投产M产品或N产品之间作出选择并说明理由。

五、综合题

1. Y公司是一家生产制造业生产企业，长期以来只生产丙产品。本年度有关资料如下：

资料一：10月丙产品月初存货量预计为200件，10月和11月的预计销售量分别为2 300件和2 600件。丙产品的预计月末存货量为下月销售量的10%。

资料二：生产丙产品需要耗用A、B、C三种材料，其价格标准和用量标准如表8-3所示。

表8-3　丙产品直接材料成本标准

项目	标准		
	A材料	B材料	C材料
价格标准（元/千克）	6	10	5
用量标准（千克/件）	5	3	8

资料三：公司利用标准成本信息编制直接人工预算。生产丙产品的工时标准为5小时/件，标准工资率为25元/小时。10月丙产品的实际产量为2 500件，实际工时为12 000小时，实际发生直接人工成本235 000元。

资料四：公司利用标准成本信息，并采用弹性预算法编制制造费用预算，丙产品的单位变动制造费用标准成本为30元，每月的固定制造费用预算总额为37 760元。

资料五：丙产品的预计销售单价为350元/件，每月销售收入中，有30%在当月收取现金，另外的70%在下月收取现金。

资料六：11月初现金余额预计为80 600元，本月预计现金支出为900 000元。公司理想的月末现金余额为80 000元且不低于该水平，现金余额不足时向银行借款，多余时归还银行借款，借入和归还金额均要求为1 000元的整数倍。不考虑增值税及其他因素的影响。

要求：

（1）根据资料一，计算10月丙产品的预计生产量。

（2）根据资料二，计算丙产品的单位直接材料标准成本。

（3）根据要求（1）的计算结果和资料三，计算10月的直接人工预算金额。

（4）根据资料三，计算下列成本差异：①直接人工成本差异；②直接人工效率差异；③直接人工工资率差异。

（5）根据要求（1）的计算结果和资料四，计算10月制造费用预算总额。

（6）根据要求（1）、要求（2）的计算结果和资料三、资料四，计算丙产品的单位标准成本。

（7）根据资料一和资料五，计算公司11月的预计现金收入。

（8）根据要求（7）的计算结果和资料六，计算11月的预计现金余缺，并判断为保持所需现金余额，是否需要向银行借款，如果需要，指出应借入多少款项。

2. 甲公司只生产一种A产品，为了更好地进行经营决策和目标控制，该公司财务经理正在使用2×23年相关数据进行本量利分析，有关资料如下：

（1）2×23年产销量为8 000件，每件价格1 000元。

（2）生产A产品需要的专利技术需要从外部购买取得，甲公司每年除向技术转让方支付50万元的固定专利使用费外，还需按销售收入的10%支付变动专利使用费。

（3）2×23年直接材料费用为200万元，均为变动成本。

（4）2×23年人工成本总额为180万元，其中：生产工人采取计件工资制度，全年人工成本支出120万元，管理人员采取固定工资制度，全年人工成本支出为60万元。

（5）2×23年折旧费用总额为95万元，其中管理部门计提折旧费用15万元，生产部门计提折旧费用80万元。

（6）2×23年发生其他成本及管理费用87万元，其中40万元为变动成本，47万元为固定成本。

要求：

（1）计算A产品的单位边际贡献、盈亏平衡点销售量和安全边际率。

（2）计算甲公司税前利润对销售量和单价的敏感系数。

（3）如果2×24年原材料价格上涨20%，其他因素不变，A产品的销售价格应上涨多大幅度才能保持2×23年的利润水平？

3. 甲公司生产和销售X、Y两种产品，每年产销平衡。

为了加强产品成本管理，合理确定下年度经营计划和产品销售价格，公司目前正在做X产品的成本和盈亏平衡分析，相关资料如下：

资料一：决策人员认为制造费用按照作业成本法在X产品与Y产品之间进行分配，提供的成本信息更为准确，公司预计全年制造费用（作业成本）总额为202 000元，相关的作业有3个，X与Y消耗作业的情况预计如表8-4所示。

表8-4

作业名称	成本动因	作业成本（元）	X耗用作业量	Y耗用作业量
质量检验	检验次数（次）	40 000	150	50
订单处理	生产订单份数（份）	12 000	100	300
机器运行	机器小时数（小时）	150 000	2 400	1 200

资料二：X产品属于精密仪器，加工X产品还有一台专属设备，该设备年折旧费用13 000元。该设备的维修费用呈现出混合成本的特征，过去5年X产品的产量与维修费的数据资料如表8-5所示。

表8-5

年份	X产品产销量（件）	修理费（元）
2017	275	23 000
2018	250	24 000
2019	300	27 500
2020	325	27 000
2021	290	25 000

资料三：单位X产品消耗直接材料费用560元，直接人工400元，每件X产品的售价为2 000元。

预计明年销售量为400件。

要求：

（1）根据资料一，计算X产品应分配的制造费用。

（2）根据资料二，采用高低点法对X产品的维修费进行混合成本分解。

（3）根据资料一、资料二、资料三，计算X产品的单位变动成本和固定成本总额。

（4）计算X产品的单位边际贡献、边际贡献率、盈亏平衡点的业务量、盈亏平衡作业率、安全边际量、安全边际率。

（5）计算X产品预计的息税前利润，如果息税前利润希望在此基础上提高20%，其他因素不变，销量应该提高到多少件？

4. 甲是制造业股份有限公司，投资新生产线：

资料一：生产线需要于建设起点一次性投入资金2 500 000元，建设期为0。生产线预计使用5年，用直线法计提折旧，预计净残值为0。

资料二：运营初期需要垫支营运资金1 000 000元，运营期满全额收回。新产品预计年产销量100 000件，单价50元/件，单位变动成

本均为付现成本，为20元/件，每年付现固定成本为700 000元，非付现固定成本仅包括折旧费，不考虑利息，公司适用企业所得税税率25%。

资料三：生产线折现率10%，有关货币时间价值系数：（P/F，10%，5）=0.6209，（P/A，10%，5）=3.7908。

资料四：对于生产线投资所需资金，如果通过发行新股筹集，公司资产负债率将调为60%，负债资本成本为5%，股东权益资本成本根据资本资产定价模型确定股票β系数为1.5，市场平均收益率10%，无风险收益率4%。

要求：

（1）根据资料一、资料二，计算生产线投产后每年生产的息税前利润和净利润。

（2）根据资料二，计算：①投资时点的现金净流量；②第1~4年的营业现金净流量；③第5年的现金净流量。

（3）根据资料一、资料二和资料三，计算生产线项目的净现值，并判断是否具有财务可行性。

（4）根据资料四，计算：①股东权益资本成本率；②加权平均资本成本率。

5. 甲公司生产和销售A产品，有关资料如下：

资料一：2×23年产销量为45 000件，单价为240元/件，单位变动成本为200元/件，固定成本总额为1 200 000元。

资料二：2×23年公司负债为4 000 000元，平均利率为5%；发行在外的普通股为800 000股。公司适用的企业所得税税率为25%。

资料三：公司拟在2×24年初对生产线进行更新，更新后，原有产销量与单价保持不变，单位变动成本将降低到150元/件，年固定成本总额将增加到1 800 000元。

资料四：生产线更新需要融资6 000 000元，公司考虑如下两种融资方案：一是向银行借款6 000 000元，新增借款利息率为6%；二是增发普通股200 000股，每股发行价为30元。

要求：

（1）根据资料一，计算2×23年下列指标：①息税前利润；②盈亏平衡点销售额。

（2）根据资料一和资料二，以 2×23 年为基期，计算：①经营杠杆系数；②财务杠杆系数；③总杠杆系数。

（3）根据资料一和资料二，计算 2×23 年每股收益。

（4）根据资料一、资料二和资料三，计算生产线更新后的下列指标：①盈亏平衡点销售量；②安全边际率；③息税前利润。

（5）根据资料一至资料四，计算每股收益无差别点的息税前利润，并据此判断应选择哪种融资方案。

6. 戊公司生产和销售 F 产品，每年产销平衡。为了加强产品成本管理，合理确定下年度经营计划和产品销售价格，该公司专门召开总经理办公会进行讨论。相关资料如下：

资料一：F 产品年设计生产能力为 15 000 件，2024 年计划生产 12 000 件，预计单位变动成本为 200 元，计划期的固定成本总额为 720 000

元。该产品适用的消费税税率为 5%，成本利润率为 20%。

资料二：戊公司接到 F 产品的一个额外订单，意向订购量为 2 800 件，订单价格为 290 元/件，要求 2024 年内完工。

要求：

（1）根据资料一，运用全部成本费用加成定价法测算 F 产品的单价。

（2）根据资料二，运用变动成本费用加成定价法测算 F 产品的单价。

（3）根据资料一、资料二和上述测算结果，作出是否接受 F 产品额外订单的决策，并说明理由。

（4）根据资料一，如果 2024 年 F 产品的目标利润为 150 000 元，销售单价为 350 元，假设不考虑消费税的影响，计算 F 产品盈亏平衡点销售量和实现目标利润的销售量。

本章考点巩固练习题参考答案及解析

一、单项选择题

1.【答案】C

【解析】当固定成本下降时，边际贡献总额不变，息税前利润上升，盈亏平衡点销售量＝固定成本/单位边际贡献，所以盈亏平衡点销售量会随着固定成本下降而下降，则安全边际量会随之上升。

2.【答案】D

【解析】降低边际贡献率提高了盈亏平衡点销售额或业务量。

3.【答案】A

【解析】下年预计利润＝收入－变动成本－固定成本＝20×50－20×50×（1－40%）－300＝100（万元）；假设价格增长 10%，达到 55 元，单位变动成本不变还是 30 万元，由于单价变动，所以不能用原来的边际贡献率来计算；预计利润＝20×55－20×30－300＝200

（万元）；利润变动率＝（200－100）/100＝100%；单价的敏感系数＝100%/10%＝10。

4.【答案】D

【解析】利润＝安全边际×边际贡献率，安全边际和边际贡献率，与利润同方向变动，故选项 C 正确。安全边际部分的边际贡献是企业的利润，选项 D 错误。

5.【答案】C

【解析】综合边际贡献率＝100/410×20%＋160/410×50%＝150/410×60%＝46%

综合盈亏平衡点销售额＝100/46%＝217（万元）

A 产品的盈亏平衡点销售额＝217×100/410＝53（万元）

B 产品的盈亏平衡点销售额＝217×160/410＝85（万元）

C 产品的盈亏平衡点销售额＝217×150/410＝80（万元）。

6.【答案】B

【解析】盈亏平衡点销售量＝固定成本／（单价－单位变动成本），单价和单位变动成本等比例上升，则"单价－单位变动成本"也将等比例上升，则分母变大，分式变小，即盈亏平衡点销售量下降。可以用具体数字验证：假设单价和单位变动成本都上升10%，盈亏平衡点销售量＝固定成本／[（原单价－原单位变动成本）×（1＋10%）]，盈亏平衡点销售量下降。

7.【答案】A

【解析】成本总差异＝实际产量下实际成本－实际产量下标准成本。

8.【答案】B

【解析】选项A是固定制造费用耗费差异；固定制造费用产量差异＝（预算产量下标准工时－实际产量下实际工时）×标准分配率，选项B正确；选项C是固定制造费用能量差异；选项D是固定制造费用效率差异。

9.【答案】A

【解析】预算成本节约额＝100×1 150－97×1 150＝3 450（元），预算成本节约率＝3 450/（100×1150）×100%＝3%。

10.【答案】C

【解析】成本动因亦称成本驱动因素，是指导致成本发生的因素，所以选项D的说法正确；成本动因通常以作业活动耗费的资源来进行度量，所以选项B的说法正确；在作业成本法下，成本动因是成本分配的依据，所以选项A的说法正确；成本动因又可以分为资源动因和作业动因，所以选项C的说法不正确。

11.【答案】A

【解析】单位作业是指单位产品受益的作业，作业成本与产品数量成正比。

12.【答案】B

【解析】协商价格的上限是市场价格，下限则是单位变动成本。

13.【答案】B

【解析】选项B，计算剩余收益所使用的最低投资收益率，一般等于或大于资本成本，

通常可以采用企业整体的最低期望投资收益率，也可以是企业为该投资中心单独规定的最低投资收益率。

14.【答案】C

【解析】剩余收益指标弥补了投资收益率指标会使局部利益与整体利益相冲突的不足。所以选项C正确。

15.【答案】C

【解析】部门边际贡献反映了部门为企业利润和弥补与生产能力有关的成本所作的贡献，它更多地用于评价部门业绩而不是利润中心管理者的业绩，所以选项C正确。

16.【答案】C

【解析】价格型内部转移定价是指以市场价格为基础，由成本和毛利构成的内部转移价格，一般适用于内部利润中心。

17.【答案】B

【解析】批别级作业，是指为一组（或一批）产品（或服务）实施的、使该组（或该批）产品（或服务）受益的作业。

二、多项选择题

1.【答案】ABCD

【解析】选项A、B、C、D均符合企业成本管理的意义。

2.【答案】AD

【解析】单价－单位变动成本＝单位边际贡献，若单位变动成本不变动，单价上升，则单位边际贡献也会随之上升，选项A正确；盈亏平衡点的销售量＝固定成本／（单价－单位变动成本），若固定成本和单位变动成本不变动，单价上升，则单位边际贡献也会随之上升，则盈亏平衡点的销售量会下降，则盈亏平衡作业率下降，选项D正确。

3.【答案】AD

【解析】销售利润＝安全边际量×单位边际贡献＝边际贡献×安全边际率，提高边际贡献率、降低变动成本率会提高销售利润额，提高安全边际率、降低盈亏平衡作业率会提高销售利润，可知选项A、D正确，选项B、C错误。

4.【答案】ABCD

【解析】盈亏平衡销售量 = 80 000/(20 − 12) = 10 000（件）；安全边际 = 25 000 × 20 − 10 000 × 20 = 300 000（元）；盈亏平衡作业率 = 10 000/25 000 = 40%，安全边际率 = 1 − 40% = 60%，边际贡献率 = (20 − 12)/20 = 40%，销售利润率 = 60% × 40% = 24%。

5.【答案】BD

【解析】盈亏平衡点销售量 = 固定成本/(单价 − 单位变动成本)，盈亏平衡点销售量不变，但由于单价上升，所以盈亏平衡点销售额增加，所以选项A不正确，选项D正确；单位边际贡献 = 单价 − 单位变动成本，因单价与单位变动成本同时提高2元，单位边际贡献不变，所以选项B正确；盈亏平衡点销售额提高，安全边际额下降，所以选项C不正确。

6.【答案】ABCD

【解析】敏感系数的绝对值越大，敏感性越强，所以选项A的说法正确；根据单价的敏感系数为4可知，当单价提高10%时，税前利润提高40%，即提高20 000 × 40% = 8 000（元），选项B正确；根据单位变动成本的敏感系数为 −2.5可知，当单位变动成本的上升幅度超过40%时，税前利润的下降幅度将超过100%，所以选项C正确；根据固定成本的敏感系数为 −0.5可知，固定成本提高200%时，税前利润降低100%（即降低20 000元），而固定成本的提高额 = 税前利润的降低额，所以，固定成本 = 20 000/200% = 10 000（元），即当年的销售量 × (单价 − 单位变动成本) = 20 000 + 10 000 = 30 000（元），盈亏临界点时的销售量 × (单价 − 单位变动成本) = 0 + 10 000 = 10 000（元），即盈亏临界点时的销售量/当年的销售量 = 10 000/30 000 = 1/3，安全边际量/当年的销售量 = 1 − 1/3 = 2/3，安全边际率 = 2/3 = 66.67%，所以，选项D正确。

7.【答案】ABD

【解析】紧急订货形成的成本增加是直接材料价格差异。所以选项C不正确。

8.【答案】BCD

【解析】敏感系数 = 目标值变动百分比/参量值变动百分比，计算可知，利润对销售量的敏感系数 = 50%/10% = 5，利润对单位变动成本的敏感系数 = 40%/(−20%) = −2，敏感系数绝对值越大，说明利润对该参数越敏感，选项A正确，选项B错误。因素是否敏感要看敏感系数的绝对值是否大于1，因为单位变动成本的敏感系数的绝对值大于1，所以为敏感因素，选项C错误。利润对销售量的敏感系数就是经营杠杆系数，由此可知经营杠杆系数为5，由"息税前利润 = 安全边际率 × 边际贡献"可得，安全边际率 = 息税前利润/边际贡献 = 1/经营杠杆系数，所以安全边际率 = 1/5 = 20%。

9.【答案】BCD

【解析】投资收益率是息税前利润与平均经营资产的比值，选项A错误。

10.【答案】ABC

【解析】测算固定制造费用标准分配率公式的分母是预算总工时。

11.【答案】ABCD

【解析】成本差异形成的原因分析准确，责任部门分配正确。

12.【答案】ABC

【解析】增值作业是指那些顾客认为可以增加其购买的产品或服务的有用性，有必要保留在企业中的作业。一项作业必须同时满足下列三个条件才可断定为增值作业：(1) 该作业导致加工对象状态的改变；(2) 该加工对象状态变化不能由其他作业来完成；(3) 该作业使其他作业得以进行。所以选项A、B、C正确，选项D不正确。

13.【答案】ABCD

【解析】选项A、B、C、D都符合固定制造费用三差异分析法测算公式。

14.【答案】ABD

【解析】成本中心只对可控成本负责，不负责不可控成本，可控成本是指成本中心可以控制的各种耗费，它应具备三个条件：第一，该成本的发生是成本中心可以预见的；

第二，该成本是成本中心可以计量的；第三，该成本是成本中心可以调节和控制的。所以选项 C 错误。

15.【答案】ABD
【解析】内部转移价格的变化，会使买卖双方或供求双方的收入或内部利润呈相反方向变化。但是，从整个企业角度看，一方增加的收入或利润正是另一方减少的收入或利润，一增一减，数额相等，方向相反。从整个企业来看，内部转移价格无论怎样变动，企业利润总额不变，变动的只是企业内部各责任中心的收入或利润的分配份额。

16.【答案】ABD
【解析】根据综合边际贡献率的含义可知，选项 A、D 正确；边际贡献率 = 1 - 变动成本率，（$\sum$ 各产品变动成本 / $\sum$ 各产品销售收入）= 综合边际贡献率，所以 1 - 加权平均变动成本率 = 综合边际贡献率，选项 B 正确。

17.【答案】BD
【解析】在固定制造费用的两差异法下，把固定制造费用差异分为耗费差异和能量差异两个部分；在三差异法下，把固定制造费用差异分为耗费差异、产量差异和效率差异，所以本题选项 B、D 正确。

18.【答案】AC
【解析】批别级作业，是指为一批产品（或服务）实施的、使该批产品（或服务）受益的作业，选项 A、C 属于批别级作业，选项 B 属于设施级作业，选项 D 属于品种级作业。

19.【答案】ABC
【解析】作业成本法的主要优点有：一是能够提供更加准确的各维度成本信息，有助于企业提高产品定价、作业与流程改进、客户服务等决策的准确性；二是改善和强化成本控制，促进绩效管理的改进和完善；三是推进作业基础预算，提高作业、流程、作业链（或价值链）管理的能力。作业成本法的主要缺点有：部分作业

的识别、划分、合并与认定，成本动因的选择以及成本动因计量方法的选择等均存在较大的主观性，操作较为复杂，开发和维护费用较高。

20.【答案】AB
【解析】利润中心的业绩考核指标有边际贡献、可控边际贡献和部门边际贡献。投资报酬率属于投资中心的考核指标；预算成本节约率属于成本中心的考核指标。所以选项 A、B 正确。

三、判断题

1.【答案】√
【解析】符合成本管理的具体目标含义。

2.【答案】×
【解析】对利润影响程度最大的因素是单价，依次是单位变动成本、销售量和固定成本。

3.【答案】×
【解析】销售收入线与总成本线的交点即是盈亏平衡点，平衡点越小，则盈利区越大，亏损区域越小。

4.【答案】√
【解析】符合分算法的含义。

5.【答案】√
【解析】符合标准成本法的概念含义。

6.【答案】√
【解析】耗费差异 = 预算产量下的实际固定制造费用 - 预算产量下的标准固定制造费用，由公式可知该题正确。

7.【答案】×
【解析】耗费差异指的是固定制造费用的实际金额与固定制造费用的预算金额之间的差额；而能量差异则是指固定制造费用预算金额与固定制造费用标准成本的差额。

8.【答案】×
【解析】成本的可控与不可控与该责任中心所处管理层次的高低、管理权限及控制范围的大小有直接联系。

9.【答案】√
【解析】交易动因是指用执行频率或次数计

量的成本动因，包括接受或发出订单数、处理收据数等，如果执行每次作业所需要的资源数量相同或相近，应选择交易动因。

10.【答案】×

【解析】企业面临资源约束，需要对多个产品线或多种产品进行优化决策或对多种待选新产品进行投产决策的，可以通过计算边际贡献以及边际贡献率，评价待选产品的营利性，优化产品组合。

11.【答案】√

【解析】成本中心当期发生的所有可控成本之和就是其责任成本，责任成本是成本中心考核和控制的主要内容。所以该题表述正确。

12.【答案】×

【解析】成本中心的应用范围非常广，只要是对成本的发生负有责任的单位或个人都可以成为成本中心。

13.【答案】×

【解析】剩余收益指标弥补了投资收益率指标会使局部利益与整体利益相冲突的不足，但由于其是一个绝对指标，故而难以在不同规模的投资中心之间进行行业绩比较。因此该题的说法不正确。

14.【答案】×

【解析】成本型内部转移定价是指以标准成本等相对稳定的成本数据为基础制定的内部转移价格，一般适用于内部成本中心。

15.【答案】√

【解析】标准成本法的主要优点有：一是能够及时反馈各成本项目不同性质的差异，有利于考核相关部门及人员的业绩；二是标准成本的制定及其差异和动因的信息可以使企业预算编制更为科学和可行，有助于企业的经营决策。标准成本法的主要缺点有：一是要求企业产品的成本标准比较准确、稳定，在使用条件上存在一定的局限性；二是对标准管理要求较高，系统维护成本较高；三是标准成本需要根据市场价格波动频繁更新，导致成本差异可能缺乏可靠性，降低成本控制效果。

16.【答案】×

【解析】作业成本法的主要缺点是：部分作业的识别、划分、合并与认定，成本动因的选择以及成本动因计量方法的选择等均存在较大的主观性，操作较为复杂，开发和维护费用较高。

17.【答案】√

【解析】资源—作业—产品，资源费用根据资源动因分给作业，所以资源动因是作业成本变动的驱动因素，同理，作业成本根据作业动因分给产品成本，所以作业动因是产品成本变动的驱动因素。

18.【答案】×

【解析】增值成本即是那些以完美效率执行增值作业所发生的成本，或者说，是高效增值作业产生的成本。而那些增值作业中因为低效率所发生的成本则属于非增值成本。

19.【答案】√

【解析】成本中心只对可控成本负责，不负责不可控成本，成本中心当期发生的所有可控成本之和即为责任成本。

20.【答案】×

【解析】直接人工工资率差异，一般由人事部门负责；直接材料价格差异，一般由采购部门负责。

四、计算分析题

1.【答案】

（1）A投资中心的息税前利润额 $= 200 \times 15\% = 30$（万元）

A投资中心的剩余收益 $= 30 - 200 \times 12\% = 6$（万元）

（2）B投资中心的剩余收益 $=$ 平均经营资产 $\times 17\% -$ 平均经营资产 $\times 12\% = 20$（万元）

平均经营资产 $= 20/(17\% - 12\%) = 400$（万元）

（3）投资收益率 $= (200 \times 15\% + 400 \times 17\%)/(200 + 400) = 16.33\%$

（4）剩余收益 $= (200 \times 15\% + 20) - (200 + 100) \times 12\% = 14$（万元）

第八章

(5) 投资收益率 = (400 × 17% + 15)/(400 + 100) = 16.60%

2.【答案】

(1) 单位产品直接材料标准成本 = 6 × 1.5 = 9（元/件）

(2) ①直接材料成本差异 = 5 000 - 500 × 6 × 1.5 = 500（元）（超支）

②直接材料数量差异 = (2 500 - 500 × 6) × 1.5 = -750（元）（节约）

③直接材料价格差异 = 2 500 × (5 000/2 500 - 1.5) = 1 250（元）（超支）

(3) 直接人工成本差异 = 500 + (-1 500) = -1 000（元）（节约）

9 000 - 直接人工标准成本 = -1 000

直接人工标准成本 = 10 000 元

该产品的直接人工单位标准成本 = 10 000/500 = 20（元/件）

3.【答案】

(1) 单位变动成本的下降幅度 = (20 - 15)/20 × 100% = 25%

单价 = 80 × (1 - 25%) = 60（元/件）

单位边际贡献 = 60 - 15 = 45（元/件）

边际贡献率 = 45/60 × 100% = 75%

盈亏平衡点业务量 = 63 000/45 = 1 400（件）

盈亏平衡作业率 = 1 400/3 500 × 100% = 40%

安全边际率 = 1 - 40% = 60%

销售利润率 = 边际贡献率 × 安全边际率 = 75% × 60% = 45%

(2) 可接受的最低售价 = (84 000 + 63 000)/3 000 + 15 = 64（元/件）

注：(P - 15) × 3 000 - 63 000 = 84 000（元）。

(3) 应收账款占用资金的机会成本 = 60 × (3 500 + 500)/4 × (1 - 75%) × 6% = 900（元）

收账费用 = 60 × (3 500 + 500) × 2% = 4 800（元）

坏账损失 = 60 × (3 500 + 500) × 3% = 7 200（元）

(4) 增加的边际贡献 = 500 × (60 - 15) = 22 500（元）

增加的相关成本 = 900 + 4 800 + 7 200 = 12 900（元）

增加的相关利润 = 22 500 - 12 900 = 9 600（元）

改变销售方式后公司利润增加，所以改变销售方式对公司有利。

4.【答案】

(1) M 产品边际贡献总额 = 1 000 × 2.2 × 30% = 660（万元）

(2) 息税前利润的增加额 = 660 - 100 = 560（万元）

(3) 边际贡献减少额 = (600 - 450) × 2 × 10% = 30（万元）

(4) 息税前利润的增加额 = 630 - 30 = 600（万元）

(5) 开发 M 产品对丙公司息税前利润的增加额 560 万元小于开发 N 产品对丙公司息税前利润的增加额 600 万元，因此，应该投产 N 产品。

五、综合题

1.【答案】

(1) 10 月丙产品的预计生产量 = 2 300 + 2 600 × 10% - 200 = 2 360（件）

(2) 丙产品的单位直接材料标准成本 = 6 × 5 + 10 × 3 + 5 × 8 = 100（元/件）

(3) 10 月的直接人工预算金额 = 2 360 × 5 × 25 = 295 000（元）

(4) ①直接人工成本差异 = 235 000 - 2 500 × 5 × 25 = -77 500（元）

②直接人工效率差异 = (12 000 - 2 500 × 5) × 25 = -12 500（元）

③直接人工工资率差异 = [(235 000/12 000) - 25] × 12 000 = -65 000（元）

(5) 10 月制造费用预算总额 = 2 360 × 30 + 37 760 = 108 560（元）

(6) 丙产品的单位标准成本 = 100 + 5 × 25 + 30 + (37 760/2 360) = 271（元）

(7) 11 月的预计现金收入 = 2 600 × 350 × 30% + 2 300 × 350 × 70% = 836 500（元）

(8) 11 月的预计现金余缺 = 80 600 + 836 500 - 900 000 = 17 100（元）

需要筹集资金 = 80 000 - 17 100 = 62 900

（元），因为借款必须是 1 000 元的倍数，因此需要向银行借款 63 000 元。

2. 【答案】

（1）单位边际贡献 = 1 000 – 1 000 × 10% – (2 000 000 + 1 200 000 + 400 000)/8 000 = 450（元）

盈亏平衡点销售量 = (500 000 + 600 000 + 950 000 + 470 000)/450 = 5 600（件）

安全边际率 = (8 000 – 5 600)/8 000 = 30%

（2）目前的税前利润 = 450 × 8 000 – (500 000 + 600 000 + 950 000 + 470 000) = 1 080 000（元）

销量增加 10% 之后增加的税前利润 = 450 × 8 000 × 10% = 360 000（元）

税前利润增长率 = 360 000/1 080 000 = 33.33%

税前利润对销售量的敏感系数 = 33.33%/10% = 3.33

单价提高 10% 后增加的税前利润 = (1 000 × 10% – 1 000 × 10% × 10%) × 8 000 = 720 000（元）

税前利润增长率 = 720 000/1 080 000 = 66.67%

税前利润对单价的敏感系数 = 66.67%/10% = 6.67

（3）假设销售价格上涨的幅度为 W，则：

(1 000 × W – 1 000 × W × 10%) × 8 000 = 2 000 000 × 20%

即：900 × W × 8 000 = 400 000（元）

解得：W = 5.56%。

3. 【答案】

（1）X 产品应分配的制造费用 = 40 000 × 150/(150 + 50) + 12 000 × 100/(100 + 300) + 150 000 × 2 400/(2 400 + 1 200) = 133 000（元）

（2）根据高低点法，

变动维修费用 b = (27 000 – 24 000)/(325 – 250) = 40（元/件）

固定维修费用 a = 24 000 – 250 × 40 = 14 000（元）

（3）X 产品的单位变动成本 = 560 + 400 + 40 = 1 000（元/件）

X 产品的固定成本总额 = 133 000 + 13 000 + 14 000 = 160 000（元）

（4）X 产品的单位边际贡献 = 2 000 – 1 000 = 1 000（元/件）

边际贡献率 = 1 000/2 000 × 100% = 50%

盈亏平衡点的业务量 = 160 000/(2 000 – 1 000) = 160（件）

盈亏平衡作业率 = 160/400 × 100% = 40%

安全边际量 = 400 – 160 = 240（件）

安全边际率 = 240/400 × 100% = 60%

或者：安全边际率 = 1 – 40% = 60%。

（5）X 产品预计的息税前利润 = (2 000 – 1 000) × 400 – 160 000 = 240 000（元）

目标利润 = 240 000 × (1 + 20%) = 288 000（元）

满足目标利润要求的销售量 = (288 000 + 160 000)/(2 000 – 1 000) = 448（件）

4. 【答案】

（1）折旧 = 2 500 000/5 = 500 000（元）

息税前利润 = 100 000 × (50 – 20) – 700 000 – 500 000 = 1 800 000（元）

净利润 = 1 800 000 × (1 – 25%) = 1 350 000（元）

（2）①投资时点的现金净流量 = – 2 500 000 – 1 000 000 = – 3 500 000（元）

②第 1 ~ 4 年的营业现金净流量 = 1 350 000 + 500 000 = 1 850 000（元）

③第 5 年的现金净流量 = 1 850 000 + 1 000 000 = 2 850 000（元）

（3）净现值 = – 3 500 000 + 1 850 000 × (P/A, 10%, 5) + 1 000 000 × (P/F, 10%, 5) = 4 133 880（元）

因为净现值大于 0，所以项目具有财务可行性。

（4）①股东权益资本成本率 = 4% + 1.5 × (10% – 4%) = 13%

②加权平均资本成本率 = 5% × 60% + 13% × 40% = 8.2%

5. 【答案】

（1）①息税前利润 = 45 000 × (240 – 200) –

1 200 000 = 600 000（元）

②盈亏平衡点销售量 = 1 200 000/（240 − 200）= 30 000（件）

盈亏平衡点销售额 = 30 000 × 240 = 7 200 000（元）

（2）①经营杠杆系数 = 45 000 × （240 − 200）/600 000 = 3

②财务杠杆系数 = 600 000/（600 000 − 4 000 000 × 5%）= 1.5

③总杠杆系数 = 3 × 1.5 = 4.5

（3）2×23 年每股收益 = （600 000 − 4 000 000 × 5%）× （1 − 25%）/800 000 = 0.375（元/股）

（4）①盈亏平衡点销售量 = 1 800 000/（240 − 150）= 20 000（件）

②安全边际率 = 1 − 20 000/45 000 = 55.56%

③息税前利润 = 45 000 × （240 − 150）− 1 800 000 = 2 250 000（元）

（5）（EBIT − 4 000 000 × 5% − 6 000 000 × 6%）× （1 − 25%）/800 000 = （EBIT − 4 000 000 × 5%）× （1 − 25%）/（800 000 + 200 000）

解得：每股收益无差别点 EBIT = 2 000 000（元）。

生产线更新后息税前利润 2 250 000 元大于每股收益无差别点息税前利润 2 000 000 元，甲公司应选择向银行借款的融资方案。

6.【答案】

（1）设 F 产品的单价为 P，收入 × （1 − 消费税税率）= 成本 + 成本 × 成本利润率，

P × 12 000 × （1 − 5%）= （720 000 + 200 × 12 000）× （1 + 20%）

解得：P = 328.42 元。

（2）设 F 产品的单价为 W：

收入 × （1 − 消费税税率）= 变动成本 + 利润

W × （1 − 5%）= 200 × （1 + 20%）

解得：W = 252.63 元。

（3）有剩余生产能力时，变动成本是额外订单的定价下限，由于额外订单价格 290 元高于 252.63 元，故应接受这一额外订单。

（4）盈亏平衡点销售量 = 固定成本/（单价 − 单位变动成本）= 720 000/（350 − 200）= 4 800（件）

利润 EBIT = 边际贡献 − 固定成本 = 销量 × 单位边际贡献 − 固定成本

销量 × （350 − 200）− 720 000 = 150 000（元）

解得：销量 = 5 800 件。

第九章　收入与分配管理

考情分析

本章主要介绍收入与分配管理概述、收入管理、纳税管理、分配管理。在历年的考试中，本章客观题和主观题都可能出现，并可以与其他章节的知识点合并考综合题。

教材变化

2024 年本章教材内容无实质性改动，只对部分表述进行了完善调整。

考点提示

本章主要考点有：（1）收入与分配管理的意义与原则；（2）利润分配顺序；（3）收入管理；（4）纳税管理；（5）股利理论与股利政策；（6）股票分割与股票回购；（7）股权激励。需要考生掌握：收入与分配管理的内容，销售预测分析方法，产品定价方法，股利分配理论与政策，利润分配制约因素；熟悉：股权激励模式，纳税管理，企业的定价目标，股利支付形式与程序；了解：企业收入与分配管理的原则，销售定价管理的意义，影响产品价格的因素，股票分割与股票回购。

本章考点框架

收入与分配管理
- 收入与分配管理概述
  - 收入与分配管理的意义与原则
  - 收入与分配管理的内容
- 收入管理
  - 销售预测的定性分析法
  - 销售预测的定量分析法
  - 销售定价管理
  - 产品定价方法
  - 价格运用策略
- 纳税管理
  - 纳税管理概述
  - 企业筹资纳税管理
  - 企业投资纳税管理
  - 企业营运纳税管理
  - 企业利润分配纳税管理
  - 企业重组纳税管理
- 分配管理
  - 股利分配理论
  - 股利政策
  - 利润分配制约因素
  - 股利支付形式与程序
  - 股票分割与股票回购
  - 股权激励

考点解读及例题点津

第一单元　收入与分配管理概述

1 收入与分配管理的意义与原则

一、考点解读

（一）收入与分配管理的意义

企业收入与分配管理的意义表现在以下四个方面：

（1）体现了企业所有者、经营者与劳动者之间的利益关系。

（2）是企业维持简单再生产和实现扩大再生产的基本条件。

（3）是企业优化资本结构、降低资本成本的重要措施。

（4）为国家财政资金提供重要来源。

（二）收入与分配管理的原则

（1）依法分配原则。

（2）分配与积累并重原则。

（3）兼顾各方利益原则。

（4）投资与收入对等原则。

二、例题点津

【例题1·多选题】下列各项中，属于收入

与分配管理的原则的有（   ）。

A. 投资与收入对等原则

B. 兼顾各方面利益原则

C. 分配与积累并重原则

D. 依法分配原则

【答案】ABCD

【解析】收入分配管理的原则包含依法分配原则、分配与积累并重原则、兼顾各方面利益原则、投资与收入对等原则。

2 收入与分配管理的内容

一、考点解读

收入、成本费用和利润三者之间的关系：

收入－成本费用＝利润

（一）收入管理

收入管理的主要内容包括销售预测分析和销售定价管理。

（二）纳税管理

纳税管理的主要内容包括企业筹资纳税管理、企业投资纳税管理、企业营运纳税管理、企业利润分配纳税管理、企业重组纳税管理。

（三）分配管理

根据我国《公司法》及相关法律制度的规定，公司净利润的分配应按照下列顺序进行。

（1）弥补以前年度亏损。

（2）提取法定公积金。

法定公积金的提取比例为当年税后利润（弥补亏损后）的10%。当年法定公积金已达注册资本的50%时，可以不再提取。法定公积金可用于弥补亏损或转增资本，但企业用法定公积金转增资本后，法定公积金的余额不得低于转增前公司注册资本的25%。

（3）提取任意公积金。

（4）向股东（投资者）分配股利（利润）。

二、例题点津

【例题1·单选题】企业用税后利润弥补亏损不可以用（   ）。

A. 当年实现的净利润

B. 资本公积

C. 法定盈余公积转入

D. 任意盈余公积转入

【答案】B

【解析】企业用税后利润弥补亏损可以用当年实现的净利润，也可以用盈余公积转入。

第二单元 收入管理

1 销售预测的定性分析法

一、考点解读

（一）营销员判断法

营销员判断法又称意见汇集法，是由企业熟悉市场情况和相关变化信息的营销人员对市场进行预测，再将各种判断意见加以综合分析、整理，并得出预测结论的方法。

（二）专家判断法

专家判断法是由专家根据他们的经验和判断能力对特定产品的未来销售量进行判断和预测的方法。其主要包括个别专家意见汇集法、专家小

组法、德尔菲法等方法。

（三）产品寿命周期分析法

产品寿命周期分析法是利用产品销售量在不同寿命周期阶段上的变化趋势，进行销售预测的一种定性分析方法。产品寿命周期一般要经过推广期、成长期、成熟期和衰退期四个阶段。推广期增长率不稳定，成长期增长率最大，成熟期增长率稳定，衰退期增长率为负数。

二、例题点津

【例题1·多选题】下列各项中，属于销售预测定性分析法的有（   ）。

A. 营销员判断法

B. 专家判断法

C. 产品寿命周期分析法

D. 趋势预测分析法

【答案】ABC

【解析】销售预测的定性分析法主要包括营销员判断法、专家判断法和产品寿命周期分析法。选项A、B、C正确。

【例题2·多选题】下列方法中，属于专家判断法的有（　　）。

A. 产品寿命周期分析法

B. 个别专家意见汇集法

C. 专家小组法

D. 德尔菲法

【答案】BCD

【解析】专家判断法主要有个别专家意见汇集法、专家小组法、德尔菲法，选项B、C、D正确。

2 销售预测的定量分析法

一、考点解读

（一）趋势预测分析法

1. 算术平均法

（1）**算术平均法**是指将若干历史时期的实际销售量或销售额作为样本值，求出**其算术平均数，并将该平均数作为下期销售量的预测值**。

（2）公式：$Y = \dfrac{\sum X_i}{n}$。

（3）适用：每期销售量波动不大的产品的销售预测。

2. 加权平均法

（1）**加权平均法**是指将若干历史时期的实际销售量或销售额作为样本值，**将各个样本值按照一定的权数计算得出加权平均数，并将该平均数作为下期销售量的预测值**。由于市场变化较大，离预测期越近的样本值对其影响越大，而离预测期越远的则影响越小，所以权数的选取应遵循"近大远小"的原则。

（2）公式：$Y = \sum\limits_{i=1}^{n} W_i X_i$。

（3）适用：比算术平均法更为合理，在实

践中应用较多。

3. 移动平均法

（1）**移动平均法**是指从 n 期的时间数列销售量中选取 m 期（m 数值固定，且 m < n/2）数据作为样本值，**求其 m 期的算术平均数，并不断向后移动计算观测其平均值，以最后一个 m 期的平均数作为未来第 n + 1 期销售预测值的一种方法**。这种方法假设预测值主要受最近 m 期销售量的影响。

（2）公式：$Y_{n+1} = \dfrac{X_{n-(m-1)} + X_{n-(m-2)} + \cdots + X_{n-1} + X_n}{m}$。

为了使预测值更能反映销售量变化的趋势，可以对上述结果按趋势值进行修正，其计算公式为：$\overline{Y}_{n+1} = Y_{n+1} + (Y_{n+1} - Y_n)$。

（3）适用：代表性较差，适用于销售量略有波动的产品预测。

4. 指数平滑法

（1）指数平滑法实质上是一种加权平均法，**是以事先确定的平滑指数 a 及（1 − a）作为权数进行加权计算**，预测销售量的一种方法。

（2）公式：$Y_{n+1} = aX_n + (1-a)Y_n$。

（3）平滑指数的取值通常在 0.3 ~ 0.7，其取值大小决定了前期实际值与预测值对本期预测值的影响。采用较大的平滑指数，预测值可以反映样本值新近的变化趋势；采用较小的平滑指数，则反映了样本值变动的长期趋势。因此，**在销售量波动较大或进行短期预测时，可选择较大的平滑指数；在销售量波动较小或进行长期预测时，可选择较小的平滑指数**。

（二）因果预测分析法

1. 因果预测分析法最常用的是**回归分析法**，教材主要介绍回归直线法

回归直线法，也称一元回归分析法。它假定影响预测对象销售量的因素只有一个，根据直线方程式 y = a + bx，按照最小二乘法原理，来确定一条误差最小的、能正确反映自变量 x 和因变量 y 之间关系的直线，只要解出其常数项 a 和系数 b，即可计算出特定因素所对应的销售量。

2. 公式

$b = \dfrac{n\sum xy - \sum x \sum y}{n\sum x^2 - (\sum x)^2}$

$$a = \frac{\sum y - b \sum x}{n}$$

二、例题点津

【例题1·单选题】下列销售预测分析方法中，属于定量分析法的是（　　）。

A. 专家判断法

B. 营销员判断法

C. 因果预测分析法

D. 产品寿命周期分析法

【答案】C

【解析】选项A、B、D均为定性分析法。

【例题2·多选题】下列关于趋势预测分析法的表述中，正确的有（　　）。

A. 加权平均法比算术平均法更为合理，在实践中应用较多

B. 指数平滑法实质上是一种加权平均法

C. 指数平滑法在平滑指数的选择上具有一定的主观随意性

D. 指数平滑法运用比较灵活，但适用范围较窄

【答案】ABC

【解析】指数平滑法运用比较灵活，适用范围较广。所以选项D不正确。

【例题3·计算分析题】丙公司只生产销售H产品，其销售量预测相关资料如表9-1所示。

表9-1　销售量预测相关资料　单位：吨

项目	2×18年	2×19年	2×20年	2×21年	2×22年	2×23年
预计销售量	990	1 000	1 020	1 030	1 030	1 040
实际销售量	945	1 005	1 035	1 050	1 020	1 080

公司拟使用修正的移动平均法预测2×24年H产品的销售量，并以此为基础确定产品销售价格，样本期为3期。

要求：

（1）假设样本期为3期，使用移动平均法预测2×24年H产品的销售量。

（2）使用修正的移动平均法预测2×24年H产品的销售量。

【答案】

（1）2×24年H产品的预测销售量=（1 050+1 020+1 080）/3=1 050（吨）

（2）2×24年修正后的H产品预测销售量=1 050+（1 050-1 040）=1 060（吨）

3 销售定价管理

一、考点解读

（一）影响产品价格的因素

1. 价值因素

2. 成本因素

3. 市场供求因素

4. 竞争因素

5. 政策法规因素

（二）企业的定价目标

1. 实现利润最大化

2. 保持或提高市场占有率

3. 稳定市场价格

4. 应对和避免竞争

5. 树立企业形象及产品品牌

二、例题点津

【例题1·多选题】影响产品价格的因素有（　　）。

A. 价值因素

B. 成本因素

C. 市场供求因素

D. 竞争因素

【答案】ABCD

【解析】影响产品价格的因素包括价值因素、成本因素、市场供求因素、竞争因素、政策

法规因素。选项 A、B、C、D 均正确。

【例题 2·判断题】以保持或提高市场占有率作为企业的定价目标主要适用于中小型企业。（　　）

【答案】×

【解析】以保持或提高市场占有率作为企业的定价目标，要求企业具有潜在的生产经营能力，总成本的增长速度低于总销量的增长速度，商品的需求价格弹性较大，即适用于能够薄利多销的企业。

4 产品定价方法

一、考点解读

（一）以成本为基础的定价方法

1. 成本基础的选择

（1）变动成本。

变动成本是指在特定的业务量范围内，其总额会随业务量的变动而变动的成本。变动成本可以作为增量产量的定价依据，但不能作为一般产品的定价依据。

（2）制造成本。

制造成本包括直接材料、直接人工和制造费用，由于它不包括各种期间费用，因此不能正确反映企业产品的真实价值消耗和转移。利用制造成本定价不利于企业简单再生产的继续进行。

（3）全部成本费用。

全部成本费用包括制造成本、管理费用、销售费用和财务费用，在全部成本费用基础上制定价格，既可以保证企业简单再生产的正常进行，又可以使劳动者为社会劳动所创造的价值得以全部实现。

2. 定价方法

（1）全部成本费用加成定价法。

成本利润率定价：

单位产品价格 = 单位成本 × (1 + 要求的成本利润率) ÷ (1 - 适用税率)

销售利润率定价：

单位产品价格 = 单位成本 ÷ (1 - 销售利润率 - 适用税率)

（2）保本点定价法。

单位产品价格 = (单位固定成本 + 单位变动成本) ÷ (1 - 适用税率) = 单位完全成本 ÷ (1 - 适用税率)

（3）目标利润定价法。

单位产品价格 = (目标利润总额 + 完全成本总额) ÷ [产品销量 × (1 - 适用税率)] = (单位目标利润 + 单位完全成本) ÷ (1 - 适用税率)

（4）变动成本加成定价法。

企业在生产能力有剩余的情况下增加生产一定数量的产品只负担变动成本，可以不负担企业的固定成本。在确定价格时产品成本仅以变动成本计算。

单位产品价格 = 单位变动成本 × (1 + 成本利润率) ÷ (1 - 适用税率)

（二）以市场需求为基础的定价方法

1. 需求价格弹性系数定价法

$$价格弹性系数 E = \dfrac{\dfrac{需求变动量}{基期需求量}}{\dfrac{价格变动量}{基期单位产品价格}}$$

$$单位产品价格 P = \dfrac{基期单位产品价格 × 基期销售数量^{(1/需求价格弹性系数的绝对值)}}{预计销售数量^{(1/需求价格弹性系数的绝对值)}}$$

2. 边际分析定价法

边际分析定价法是指基于微分极值原理，通过分析不同价格与销售量组合下的产品边际收入、边际成本和边际利润之间的关系，进行定价决策的一种定量分析方法。按照边际分析定价法，当边际收入等于边际成本，即边际利润等于零时，利润将达到最大值。此时的价格就是最优销售价格。

二、例题点津

【例题 1·单选题】产品 A 的销量为 1 000 件，完全成本总额为 19 000 元，目标利润总额为 95 000 元，消费税税率 5%。则该产品的单价为（　　）元。

A. 108.3　　　　B. 120

C. 80　　　　D. 72.2

【答案】B

【解析】单价 = (19 000 + 95 000) ÷ [1 000 ×

（1 - 5%）] = 120（元）。

【例题2·单选题】某企业生产M产品，计划销售量为20 000件，目标利润总额为400 000元，完全成本总额为600 000元，不考虑其他因素，则使用目标利润法测算的M产品的单价为（　　）元。

A. 10　　　　　B. 30

C. 50　　　　　D. 20

【答案】C

【解析】单价 = （600 000 + 400 000）÷ 20 000 = 50（元）。

【例题3·单选题】根据成本性态，下列属于变动成本的是（　　）。

A. 厂房折旧

B. 员工培训费

C. 直接材料

D. 管理人员基本薪资

【答案】C

【解析】变动成本是指在特定的业务量范围内，其总额会随业务量的变动而呈正比例变动的成本。如直接材料、直接人工、按销售量支付的推销员佣金、装运费、包装费等。

5 价格运用策略

一、考点解读

（一）折让定价策略

折让定价策略是指在一定条件下，以降低产品的销售价格来刺激购买者，从而达到扩大产品销售量的目的。价格的折让主要表现是价格折扣，包括现金折扣、数量折扣、团购折扣、预购折扣、季节折扣等。

现金折扣，是指企业为了提高结算保障，对在一定期限内付款的购买者给予的折扣，即购买方如果在企业规定的期限内付款，企业就给予购买方一定的折扣。

数量折扣，是指企业对大量购买或集中购买本企业产品的购买方给予的一种折扣优惠。一般购买量越多、金额越大，折扣也越大。

团购折扣，是指通过团购集合足够人数，便可以优惠价格购买或使用第三方公司的物品、优惠券或服务。

预购折扣，是指对预先向企业订购或购买产品进行折扣。例如提前预订机票、提前预订旅游产品等。

季节折扣，是企业给予非季节性热销商品的购买者提供的一种价格优惠。

（二）心理定价策略

心理定价策略是指针对购买者的心理特点而采取的一种定价策略，主要有声望定价、尾数定价（一般只适用于价值较小的中低档日用消费品定价）、双位定价（适用于市场接受程度较低或销路不太好的产品）和高位定价等。

（三）组合定价策略

组合定价策略是针对相关产品组合所采取的一种方法。它根据相关产品在市场竞争中的不同情况，使互补产品价格有高有低，或使组合售价优惠。

（四）寿命周期定价策略

寿命周期定价策略是根据产品生命周期，分阶段定价的策略。产品寿命周期一般分为推广期、成长期、成熟期和衰退期。推广期应采用低价促销策略；成长期的产品有了一定的知名度，销售量稳步上升，可以采用中等价格；成熟期的产品市场知名度处于最佳状态，可以采用高价销售；衰退期应该降价促销或维持现价并辅之以折扣等其他手段。

二、例题点津

【例题1·判断题】采用心理定价策略时，对于价值较小的中低档日用消费品一般采用声望定价策略。（　　）

【答案】×

【解析】采用心理定价策略时，对于价值较小的中低档日用消费品一般采用尾数定价策略。

第三单元　纳税管理

1 纳税管理概述

一、考点解读

（一）纳税管理

纳税管理是指企业对其涉税业务和纳税实务所实施的全过程管理行为。

（二）纳税筹划

纳税筹划是指在纳税行为发生之前，在不违反税法及相关法律法规的前提下，对纳税主体的投资、筹资、营运、分配行为等涉税事项作出事先安排，以实现企业财务管理目标的一系列谋划活动。

（三）纳税筹划的原则

1. 合法性原则

合法性原则是纳税筹划的首要原则，是税收筹划与逃税、抗税和骗税等行为的本质区别。

2. 系统性原则

要将税收筹划置于财务管理的大系统下，要着眼于企业整体税负的降低。

3. 经济性原则

纳税筹划的目的是追求企业长期财务目标，选择净收益最大的方案。

4. 先行性原则

企业进行纳税筹划时，要对企业的筹资、投资、营运和分配活动等进行事先筹划和安排，尽可能减少应税行为的发生，降低企业的纳税负担，从而实现纳税筹划的目的。

（四）纳税筹划的方法

1. 减少应纳税额

（1）利用税收优惠政策筹划法。

从税制构成角度来看，利用税收优惠进行纳税筹划主要是利用免税政策、减税政策、退税政策、税收扣除政策、税率差异、分劈技术以及税收抵免等税收优惠政策。

（2）转让定价筹划法。

主要是指通过关联企业采用非常规的定价方式和交易条件进行的纳税筹划。

2. 递延纳税

采取有利的会计处理方法是企业实现递延纳税的一个重要途径，主要包括存货计价和固定资产折旧的方法选择等。

二、例题点津

【例题1·单选题】 在税法许可的范围内，下列纳税筹划方法中，能够导致递延纳税的是（　　）。

A. 固定资产折旧法

B. 费用在母、子公司之间合理分劈法

C. 转让定价筹划法

D. 研究开发费用加计扣除法

【答案】 A

【解析】 采取有利的会计处理方法是企业实现递延纳税的一个重要途径，主要包括存货计价和固定资产折旧的方法选择等。所以选项A正确。

【例题2·多选题】 下列属于利用税收优惠政策进行纳税筹划的方法有（　　）。

A. 通过关联企业采用非常规定价方式

B. 利用税率差异

C. 利用分劈技术

D. 利用税收抵免

【答案】 BCD

【解析】 利用税收优惠政策进行纳税筹划主要是利用免税政策、减税政策、退税政策、税收扣除政策、税率差异、分劈技术以及税收抵免等税收优惠政策。

2 企业筹资纳税管理

一、考点解读

（一）内部筹资纳税管理

内部筹资虽然不能减少企业的所得税负担，但若将这部分资金分配给股东，股东会承担双重税负。若将其留在企业内部获取投资收益，投资者可以享受递延纳税带来的收益。

（二）外部筹资纳税管理

$V_L = V_U + PV（利息抵税）- PV（财务困境成本）$

式中，V_L 表示有负债企业的价值，V_U 表示无负债企业的价值，PV（利息抵税）表示利息抵税的现值，PV（财务困境成本）表示财务困境成本的现值。

使用债务筹资的确可以带来节税收益，增加企业价值，但出于财务管理目标的考虑，在采用债务筹资方式筹集资金时，不仅要将资本结构控制在相对安全的范围内，还要确保总资产收益率（息税前）大于债务利息率。

二、例题点津

【例题 1·多选题】 从纳税筹划的角度看，使用内部留存收益的好处有（　　）。

　　A. 减少企业的所得税负担

　　B. 使股东避免双重税负

　　C. 使股东享受递延纳税带来的收益

　　D. 使股东享受免税带来的收益

【答案】 BC

【解析】 内部筹资虽然不会减少企业的所得税负担，但若将这部分资金以股利分配的形式发放给股东，股东会承担双重税负，若将其留在企业内部获取投资收益，投资者可以享受递延纳税带来的收益，股东也因此受惠。

3 企业投资纳税管理

一、考点解读

（一）直接投资纳税管理

1. 直接对外投资纳税管理

（1）投资组织形式的纳税筹划。

包括公司制企业与合伙制企业的选择，以及子公司与分公司的选择。

（2）投资行业的纳税筹划。

我国不同行业的税收负担不同，在进行投资决策时，应尽可能选择税收负担较轻的行业。

（3）投资地区的纳税筹划。

由于世界各国以及我国不同地区的税负各有差异，企业在选择注册地点时，应考虑不同地区的税收优惠政策。对设在西部地区属于国家鼓励类产业的企业，在 2021 年 1 月 1 日至 2030 年 12 月 31 日期间，减按 15% 的税率征收企业所得税。向海外投资时，由于不同国家的税法有较大差异，应该仔细研究有关国家的税收法规。

（4）投资收益取得方式的纳税筹划。

企业投资收益由股息红利和资本利得两部分组成，但这两种收益的所得税税务负担不同。根据企业所得税法规定，居民企业直接投资于其他居民企业取得的股息、红利等权益性投资收益为企业的免税收入，而企业卖出股份所取得的投资收益需要缴纳企业所得税。

2. 直接对内投资纳税管理

（1）长期经营性投资。

在投资环节的纳税筹划较少。

（2）无形资产投资。

为支持企业科技创新，2023 年财政部《关于进一步完善研发费用税前加计扣除政策的公告》中规定，企业开展研发活动中实际发生的研发费用，未形成无形资产计入当期损益的，在按规定据实扣除的基础上，自 2023 年 1 月 1 日起，再按照实际发生额的 100% 在税前加计扣除；形成无形资产的，自 2023 年 1 月 1 日起，按照无形资产成本的 200% 在税前摊销。因此，企业在具备相应的技术和资金实力时，应该进行自主研发，从而享受加计扣除优惠。

（二）间接投资纳税管理

间接投资又称证券投资，相比直接投资，间接投资考虑的税收因素较少，但也有纳税筹划的空间。例如，我国税法规定，我国国债利息收入免交企业所得税。

二、例题点津

【例题 1·单选题】 下列关于企业投资纳税管理的表述中，错误的是（　　）。

　　A. 子公司需要独立申报企业所得税

　　B. 分公司的所得税由总公司汇总计算缴纳

　　C. 企业投资收益由股息红利和资本利得两部分组成

　　D. 企业卖出股份所取得的投资收益无须缴

纳企业所得税

【答案】D

【解析】根据企业所得税法规定，居民企业直接投资于其他居民企业取得的股息、红利等权益类投资收益为企业免税收入（不包括连续持有居民企业公开发行并上市流通的股票不足12个月取得的投资收益）。而企业卖出股份所取得的投资收益要缴纳企业所得税。

4 企业营运纳税管理

一、考点解读

（一）采购的纳税管理

1. 增值税纳税人的纳税筹划

（1）某些处于生产经营初期的纳税人，由于其经营规模较小，可以选择成为一般纳税人或小规模纳税人，故存在纳税人身份的纳税筹划问题。

（2）一般来说，增值率高的企业，适宜作为小规模纳税人；反之，适宜作为一般纳税人。当增值率达到某一数值时，两类纳税人的税负相同，这一数值被称为无差别平衡点增值率。

（3）设X为增值率，S为不含税销售额，P为不含税购进额，假定一般纳税人适用的增值税税率为a，小规模纳税人的征收率为b，则：

$X = (S - P) \div S$

一般纳税人应纳增值税 $= S \times a - P \times a = S \times X \times a$

小规模纳税人应纳增值税 $= S \times b$

令：$S \times X \times a = S \times b$

得：$X = b/a$

由以上计算可知，一般纳税人与小规模纳税人的无差别平衡点的增值率为b/a，当一般纳税人适用的增值税率为13%，小规模纳税人①增值税的征收率为1%时，所计算出的无差别平衡点增值率为7.69%。若企业的增值率等于7.69%，选择成为一般纳税人或小规模纳税人在税负上没有差别，其应纳增值税税额相同。若企业的增值率小于7.69%，选择成为一般纳税人

税负较轻；反之，选择小规模纳税人较为有利。

2. 选择供货单位的纳税筹划

企业从不同类型的纳税人处采购货物，所承担的税收负担也不一样。一般纳税人从一般纳税人处采购的货物，增值税进项税额可以抵扣。一般纳税人从小规模纳税人处采购的货物，增值税不能抵扣（小规模纳税人自愿使用增值税发票管理系统自行开具或由税务机关代开增值税专用发票的除外），为了弥补购货人的损失，小规模纳税人有时会在价格上给予优惠，在选择购货对象时，要综合考虑由于价格优惠所带来的成本的减少和不能抵扣的增值税带来的成本费用的增加。

3. 结算方式的纳税筹划

结算方式包括赊购、现金、预付等。在价格无明显差异的情况下，采用赊购方式不仅可以获得推迟付款的好处，还可以在赊购当期抵扣进项税额；采用预付方式时，不仅要提前支付货款，在付款的当期如果未取得增值税专用发票，相应的增值税进项税额不能被抵扣。因此，在购货价格无明显差异时，要尽可能选择赊购方式。在三种购货方式的价格有差异的情况下，需要综合考虑货物价格、付款时间和进项税额抵扣时间。

4. 增值税专用发票管理

根据进项税额抵扣时间的规定，对于取得防伪税控系统开具的增值税专用发票，纳税人应及时使用增值税发票选择确认平台确认需要抵扣的增值税发票电子信息。购进的多用途物资应先进行网上确认再抵扣，待转为非应税项目时再作进项税额转出处理，以防止非应税项目物资转为应税项目时，由于超过发票确认时间而不能抵扣其进项税额。

（二）生产的纳税管理

1. 存货计价的纳税筹划

虽然从长期来看，存货的计价方法不会对应纳增值税总额产生影响，但纳税人可以通过

---

① 自2023年1月1日至2023年12月31日，对月销售额10万元以下（含本数）的增值税小规模纳税人，免征增值税。增值税小规模纳税人适用3%征收率的应税销售收入，减按1%征收率征收增值税；适用3%预征率的预缴增值税项目，减按1%预征率预缴增值税。该政策延续执行至2027年12月31日。

采用不同的存货计价方法来改变销售成本，继而改变所得税纳税义务在时间上的分布来影响企业价值。

2. 固定资产的纳税筹划

对于盈利企业，新增固定资产入账时，其账面价值应尽可能低，尽可能在当期扣除相关费用，在征得税务机关同意的情况下，尽量缩短折旧年限或采用加速折旧法。对于亏损企业和享受税收优惠的企业，应该合理预计企业的税收优惠期间或弥补亏损所需年限，进行适当的折旧安排，尽量在税收优惠期间和亏损期间少提折旧，以达到抵税收益最大化。

3. 期间费用的纳税筹划

企业在生产经营过程中所发生的费用和损失，只有部分能够计入所得税扣除项目，且有些扣除项目还有限额规定。

（三）销售的纳税管理

1. 结算方式的纳税筹划

不同销售结算方式中纳税义务的发生时间不同，这为企业进行纳税筹划提供了可能。销售结算方式的筹划是指在税法允许的范围内，尽量采取有利于本企业的结算方式，以推迟纳税时间，获得纳税期的递延。

2. 促销方式的纳税筹划

不同促销方式下，同样的产品取得的销售额有所不同，其应交增值税也有可能不一样。

销售折扣不得从销售额中减除，不能减少增值税纳税义务，但是可以尽早收到货款，提高企业资金周转效率。

如果销售额和折扣额在同一张发票上注明，可以以销售额扣除折扣额后的余额作为计税金额，减少企业的销项税额。

实物折扣，是指销货方在销售过程中，当购买方购买货物时配送、赠送一定数量的货物，实物款额不仅不能从货物销售额中减除，而且还需要按"赠送他人"计征增值税。

以旧换新，一般应按新货物的同期销售价格确定销售额，不得扣减旧货物的收购价格。

二、例题点津

【例题 1·单选题】某企业为增值税一般纳税人，经销商品的不含税销售额为 1 000 元，若不含税购进额为 930 元，一般纳税人适用的增值税率为 13%，小规模纳税人征收率为 1% 时，从减少税负角度看下列表述中正确的是（　　）。

A. 选择成为小规模纳税人税负较轻

B. 选择成为一般纳税人税负较轻

C. 选择成为小规模纳税人与一般纳税人税负无差别

D. 不一定

【答案】B

【解析】增值率 X = (1 000 − 930)/1 000 = 7%，无差别平衡点增值率 = 1%/13% = 7.69%。若企业的增值率等于 7.69%，选择成为一般纳税人或小规模纳税人在税负上没有差别，其应纳增值税额相同。若企业的增值率小于 7.69%，选择成为一般纳税人税负较轻；反之，选择小规模纳税人较为有利。

【例题 2·判断题】如果企业预计将长期盈利，应选择使本期存货成本最小化的存货计价方法。（　　）

【答案】×

【解析】如果企业预计将长期盈利，应选择使本期存货成本最大化的存货计价方法，这样可以减少当期利润，起到递延纳税的作用。

5 企业利润分配纳税管理

一、考点解读

（一）所得税纳税管理

利润分配环节的所得税纳税管理主要体现为亏损弥补的纳税筹划。税法规定，纳税人发生年度亏损，可以用下一纳税年度的所得弥补；下一年度的所得不足以弥补的，可以逐年延续弥补，但延续弥补期最长不得超过 5 年。但对于高新技术企业和科技型中小企业，自 2018 年 1 月 1 日起，亏损结转年限由 5 年延长至 10 年。

（二）股利分配纳税管理

1. 基于自然人股东的纳税筹划

当前法律制度下，对于上市公司自身而言，进行股利分配可以鼓励个人投资者长期持有公司股票，有利于稳定股价；对于自然人股东而言，如果持股期限超过1年，由于股票转让投资收益的税负（印花税）重于股息红利收益的税负（零税负），上市公司发放股利有利于长期持股的个人股东获得纳税方面的好处。

2. 基于法人股东的纳税筹划

基于法人股东考虑，公司进行股利分配可以帮助股东减少纳税负担，增加股东收益，为了维持与股东的良好关系，保障股东利益，在企业财务状况允许的情况下，公司应该进行股利分配。

二、例题点津

【例题1·单选题】我国鼓励投资者长期投资。个人持股（   ）以上的，股息红利暂免征个人所得税。

A. 5 年　　　　　　B. 3 年

C. 1 年　　　　　　D. 半年

【答案】C

【解析】我国鼓励投资者长期投资，个人持股1年以上的，股息红利暂免征个人所得税；持股前在1个月以内（含1个月）的，其股息红利所得全额计入应纳税所得额；持股期限在1个月以上至1年（含1年）的，暂减按50%计入应纳税所得额。

6 企业重组纳税管理

一、考点解读

企业重组纳税管理可以从两个方面入手：一是通过重组事项，长期降低企业各项纳税义务；二是减少重组环节的纳税义务。

（一）企业合并的纳税筹划

1. 并购目标企业的选择

并购有税收优惠政策的企业；并购亏损的企业；并购上下游企业或关联企业。

2. 并购支付方式的纳税筹划

（1）股权支付。

我国税法规定，当企业符合特殊性税务处理的其他条件，且股权支付金额不低于其交易支付总额的85%时，可以使用资产重组的特殊性税务处理方法，这样可以相对减少合并环节的纳税

义务，获得抵税收益。

（2）非股权支付。

非股权支付采用一般性税务处理方法，对合并企业而言，需对被合并企业公允价值大于原计税基础的所得进行确认，缴纳所得税，并且不能弥补被合并企业的亏损。

（二）企业分立的纳税筹划

1. 分立方式的选择

（1）新设分立。

通过新设分立，把一个企业分解成两个甚至更多个新企业，单个新企业应纳税所得额大大减少，使之适用于小型微利企业，可以按照更低的税率征收所得税。或者通过分立，使某些新设企业符合高新技术企业的规定，从而享受税收优惠。

（2）存续分立。

通过存续分立，可以将企业某个特定部门分立出去，获得流转税的税收收益。

2. 支付方式的纳税筹划

企业分立的支付方式有股权支付和非股权支付。我国税法规定，当企业符合特殊性税务处理的其他条件，且被分立企业股东在该企业分立发生时取得的股权支付金额不低于其交易支付总额的85%时，可以使用企业分立的特殊性税务处理方法，这样可以相对减少分立环节的所得税纳税义务，而且被分立企业未超过法定弥补期限的亏损额可按分立资产占全部资产的比例进行分配，由分立企业继续弥补。

二、例题点津

【例题1·多选题】下列关于企业重组纳税管理的表述中，正确的有（   ）。

A. 企业合并的支付方式有股权支付和非股权支付

B. 企业合并使用非股权支付采用一般性税务处理方法

C. 一般性税务处理方法不需要对被合并企业公允价值大于原计税基础的所得进行确认，因而无须缴纳所得税

D. 企业重组纳税管理主要包括长期降低企业各项纳税义务和减少重组环节的纳税义务两个

方面

【答案】ABD

【解析】非股权支付采用一般性税务处理方法，对合并企业而言，需要对被合并企业公允价值大于原计税基础的所得进行确认，缴纳所得税，并且不能弥补被合并企业的亏损。选项 C 不正确。

第四单元 分 配 管 理

1 股利分配理论

一、考点解读

（一）股利无关理论

股利无关理论认为，在一定的假设条件限定下，股利政策不会对公司的价值或股票的价格产生任何影响。公司市场价值的高低，是由公司投资决策的获利能力和风险组合决定，而与公司的利润分配政策无关。股利无关理论建立在完全资本市场理论之上，其假设包括：

（1）市场具有强式效率，没有交易成本，没有任何一个股东的实力足以影响股票价格。

（2）不存在任何公司或个人所得税。

（3）不存在任何筹资费用。

（4）公司的投资决策与股利决策彼此独立，即投资决策不受股利分配的影响。

（5）股东对股利收入和资本增值之间并无偏好。

（二）股利相关理论

1. "手中鸟"理论

"手中鸟"理论认为，公司的股利政策与公司的股票价格是密切相关的，即当公司支付较高的股利时，公司的股票价格会随之上升，公司的价值将得到提高。

2. 信号传递理论

信号传递理论认为，公司可以通过股利政策向市场传递有关公司未来获利能力的信息，从而会影响公司的股价。一般来讲，预期未来获利能力强的公司，往往愿意通过相对较高的股利支付水平，把自己同预期盈利能力差的公司区别开来，以吸引更多的投资者。

3. 所得税差异理论

所得税差异理论认为，由于普遍存在的税率以及纳税时间的差异，资本利得收入比股利收入更有助于实现收益最大化目标，公司应当采用低股利政策。

4. 代理理论

代理理论认为，股利的支付能够有效地降低代理成本。首先，股利的支付减少了管理者对自由现金流量的支配权，这在一定程度上可以抑制公司管理者的过度投资或在职消费行为，从而保护外部投资者的利益；其次，较多的现金股利发放，减少了内部融资，导致公司进入资本市场寻求外部融资，从而公司将接受资本市场上更多、更严格的监督，这样便通过资本市场的监督减少了代理成本。因此，高水平的股利政策降低了企业的代理成本，但同时增加了外部融资成本，理想的股利政策应当使两种成本之和最小。

二、例题点津

【例题1·单选题】 用留存收益再投资给投资者带来的收益具有较大的不确定性，并且投资的风险随着时间的推移会进一步加大，因此，厌恶风险的投资者会偏好于确定的股利收益，而不愿将收益留存在公司内部去承担未来的投资风险。这种观点的理论依据是（   ）。

A. "手中鸟"理论

B. 信号传递理论

C. 所得税差异理论

D. 代理理论

【答案】A

【解析】本题描述的是"手中鸟"理论的观点。

【例题2·多选题】 下列关于代理理论的表

第九章

述中，正确的有（　　）。

A. 股利的支付能够有效地降低代理成本

B. 股利的支付可以抑制公司管理者的在职消费行为

C. 股利的支付将使公司接受资本市场上更严格的监督

D. 企业应多分股利

【答案】ABC

【解析】代理理论认为，股利的支付能够有效地降低代理成本。首先，股利的支付减少了管理者对自由现金流量的支配权，这在一定程度上可以抑制公司管理者的过度投资或在职消费行为，从而保护外部投资者的利益；其次，较多的现金股利发放，减少了内部融资，导致公司进入资本市场寻求外部融资，从而公司将接受资本市场上更多的、更严格的监督，这样便通过资本市场的监督减少了代理成本。因此，高水平的股利政策降低了企业的代理成本，但同时增加了外部融资成本，理想的股利政策应当使两种成本之和最小。

2 股利政策

一、考点解读

（一）剩余股利政策

1. 含义

剩余股利政策是指公司生产经营所获得的净收益首先按照最优资本结构的要求满足追加投资的需要，如果还有剩余，拿剩余的部分作为股利发放给股东，如果没有剩余，则不派发股利。剩余股利政策的理论依据是股利无关理论。

2. 优点

有助于降低再投资的资金成本，保持最佳的资本结构，实现企业价值的长期最大化。

3. 缺点

不利于投资者安排收入与支出；不利于公司树立良好的形象。

4. 适用

一般适用于公司初创阶段。

（二）固定或稳定增长的股利政策

1. 含义

固定或稳定增长的股利政策指公司将每年派发的股利额固定在某一特定水平或是在此基础上维持某一固定比率逐年稳定增长。公司只有在确信未来盈余不会发生逆转时才会宣布实施固定或稳定增长的股利政策。

2. 优点

有利于树立公司的良好形象，增强投资者对公司的信心，稳定股票的价格；有助于投资者安排股利收入和支出。

3. 缺点

股利的支付与企业的盈利相脱节，可能会导致企业资金紧缺，财务状况恶化；在企业无利可图的情况下，若依然实施固定或稳定增长的股利政策，也是违反《公司法》的行为；不利于保持理想的资本结构。

4. 适用

通常适用于经营比较稳定或正处于成长期的企业，且很难被长期采用。

（三）固定股利支付率政策

1. 含义

固定股利支付率政策指公司将每年净利润的某一固定百分比作为股利分派给股东，股利支付率一经确定，一般不得随意变更。

2. 优点

股利与公司盈余紧密地配合，体现了"多盈多分、少盈少分、无盈不分"的股利分配原则；从企业的支付能力角度看，这是一种稳定的股利政策。

3. 缺点

容易给投资者带来经营状况不稳定、投资风险较大的不良印象；容易使公司面临较大的财务压力；确定合适的固定股利支付率的难度比较大；不利于股东安排收入与支出；不利于保持理想的资本结构。

4. 适用

只是比较适用于那些处于稳定发展且财务状况也较稳定的公司。

（四）低正常股利加额外股利政策

1. 含义

低正常股利加额外股利政策，是指公司事先设定一个较低的正常股利额，每年除了按正常股利额向股东发放股利外，还在公司盈余较多、资金较为充裕的年份向股东发放额外股利。但是，额外股利并不固定化，不意味着公司永久地提高了股利支付率。

2. 优点

赋予公司较大的灵活性；使那些依靠股利度日的股东每年至少可以得到虽然较低但比较稳定的股利收入，从而吸引住这部分股东。

3. 缺点

由于各年度之间盈利波动使得额外股利不断变化，造成分派的股利不同，容易给投资者造成收益不稳定的感觉。当公司在较长时间持续发放额外股利后，可能会被股东误认为是"正常股利"，一旦取消，传递出的信号可能会使股东认为这是公司财务状况恶化的表现，进而导致股价下跌。

4. 适用

对那些盈利随着经济周期而波动较大的公司或者盈利与现金流量很不稳定时，低正常股利加额外股利政策也许是一种不错的选择。

二、例题点津

【例题 1 · 单选题】下列关于固定或稳定增长的股利政策的表述中，错误的是（　　）。

A. 有利于投资者安排股利收入和支出

B. 有利于保持理想的资本结构

C. 有利于稳定股票价格

D. 有利于树立公司的良好形象

【答案】B

【解析】采用固定或稳定增长的股利政策，每期股利是固定或稳定增长的，而公司的盈利是波动的，所以不利于保持理想的资本结构。

【例题 2 · 单选题】某公司目标资本结构要求权益资本占 55%，2023 年的净利润为 2 500 万元，预计 2024 年投资所需资金为 3 000 万元。按照剩余股利政策，2023 年可发放的现金股利为（　　）万元。

A. 850　　　　　　　B. 1 150

C. 1 375　　　　　　D. 1 125

【答案】A

【解析】2023 年可发放的现金股利 = 2 500 − 3 000 × 55% = 850（万元）。

【例题 3 · 判断题】采用剩余股利政策，在有投资机会时，企业偏向留存收益进行筹资。（　　）

【答案】√

【解析】剩余股利政策是公司在有良好投资机会时，根据目标资本结构，测算出投资所需的权益资本额，先从盈余中留用，然后将剩余的盈余作为股利发放，因此本题说法正确。

【例题 4 · 判断题】与固定股利政策相比，低正常股利加额外股利政策赋予公司股利发放的灵活性。（　　）

【答案】√

【解析】低正常股利加额外股利政策下，公司可根据每年的具体情况，选择不同的股利发放水平，所以赋予了公司较大的灵活性。

3 利润分配制约因素

一、考点解读

（一）法律因素

法律因素包括：资本保全约束（目的在于维持企业资本的完整性，保护企业完整的产权基础，保障债权人的利益）、资本积累约束、超额累积利润约束、偿债能力约束。

（二）公司因素

公司因素包括：现金流量、资产的流动性、盈余的稳定性、投资机会、筹资因素、其他因素（由于股利的信号传递作用，公司不宜经常改变其利润分配政策，应保持一定的连续性和稳定性。此外，在进行政策选择时要考虑发展阶段以及所处行业状况）。

（三）股东因素

股东因素包括：控制权、稳定的收入、避税。

（四）其他因素

其他因素包括：债务契约、通货膨胀（在通货膨胀时期，企业一般会采取偏紧的利润分配政策）。

二、例题点津

【例题 1 · 判断题】股东为防止控制权稀释，往往希望公司提高股利支付率。（　　）

【答案】×

【解析】公司支付较高的股利，会导致留存收益减少，意味着将来发行新股的可能性加大，而发行新股会引起公司控制权的稀释。因此股东为防止控制权稀释，往往希望公司降低股利支付率。

4 股利支付形式与程序

一、考点解读

（一）股利支付形式

1. 现金股利

现金股利是最常见的方式。公司选择发放现金股利除了要有足够的留存收益外，还要有足够的现金。

2. 财产股利

财产股利是以现金以外的其他资产支付的股利，主要是以公司所拥有的其他公司的有价证券作为股利支付给股东。

3. 负债股利

负债股利是以负债方式支付的股利，通常以公司的应付票据支付给股东，有时也以发放公司债券的方式支付股利。

4. 股票股利

股票股利指公司以增发股票的方式支付股利。股票股利不会引起公司资产的流出或负债的增加，而只涉及股东权益内部结构的调整，即在减少未分配利润项目金额的同时，增加公司股本额，同时还可能引起资本公积的增减变化，而股东权益总额不变。发放股票股利会因普通股股数增加而引起每股利润下降，每股市价有可能因此而下跌，但股东持股比例不变，股东所持股票的市场价值总额仍能保持不变。

发放股票股利虽不直接增加股东的财富，也不增加公司的价值，但对股东和公司都有特殊意义。

对股东来讲，股票股利的优点主要有：

（1）派发股票股利后，若每股市价不成比例下降，股东便可以获得股票价值相对上升的好处。

（2）会给股东带来资本利得纳税上的好处。

对公司来讲，股票股利的优点主要有：

（1）公司保留成本较低的资金，从而有利于公司的发展。

（2）可以降低公司股票的市场价格，有利于促进股票的交易和流通。

（3）有利于促进股权的分散，防止公司被恶意控制。

（4）可以传递公司未来发展前景良好的信息，增强投资者的信心，在一定程度上稳定股票价格。

（二）股利支付程序

1. 股利宣告日

股东大会决议通过并由董事会将股利支付情况予以公告的日期。

2. 股权登记日

有权领取本期股利的股东资格登记截止日期。

3. 除息日

领取股利的权利与股票分离的日期。

4. 股利发放日

实际发放股利的日期。

二、例题点津

【例题1·单选题】企业以增发股票的方式支付股利，这个行为对公司的影响是（　　）。

A. 减少公司资产总额

B. 减少股东权益总额

C. 改变股东权益结构

D. 导致现金流出

【答案】C

【解析】发放股票股利不影响资产总额和股东权益总额，也不会导致现金流出。而是使得未分配利润减少，股本或股本和资本公积增加，所以会改变股东权益结构。

【例题2·单选题】要获得收取股利的权利，投资者购买股票的最迟日期是（　　）。

A. 除息日

B. 股权登记日

C. 股利宣告日

D. 股利发放日

【答案】B

【解析】股权登记日即有权领取本期股利的股东资格登记截止日期。

【例题3·单选题】如果某公司以所持有的其他公司的有价证券作为股利发放给本公司股东，则该股利支付方式属于（　　）。

A. 负债股利

B. 现金股利

C. 财产股利

D. 股票股利

【答案】C

【解析】财产股利是以现金以外的其他资产支付的股利，主要是以公司所拥有的其他公司的有价证券，如债券、股票等，作为股利支付给股东。

5 股票分割与股票回购

一、考点解读

（一）股票分割

1. 含义

股票分割又称拆股，即将一股股票拆分成多股股票的行为。股票分割对公司的资本结构和股东权益不会产生任何影响，只会使发行在外的股票总数增加，每股面值降低，并由此引起每股收益和每股市价下跌，而资产负债表中股东权益各账户的余额都保持不变，股东权益总额也维持不变。

2. 股票分割与股票股利的区别

（1）股票股利属于收益分配范畴，股票分割不属于收益分配。

（2）股票股利不影响股票的面值，股票分割会降低股票的面值。

（3）股票股利会对股东权益内部结构产生影响，股票分割不会对股东权益内部结构产生影响。

3. 作用

（1）使每股市价降低，促进股票流通和交易；

（2）可以向市场和投资者传递"公司发展前景良好"的信号，有助于提高投资者对公司股票的信心。

4. 反分割

与股票分割相反，如果公司认为其股票价格过低，不利于其在市场上的声誉和未来的再筹资时，为提高股票的价格，会采取反分割措施。

（二）股票回购

1. 含义

股票回购是指上市公司出资将其发行在外的普通股以一定价格购买回来予以注销或作为库存股的一种资本运作方式。

2. 动机

现金股利的替代；改变公司的资本结构；传递公司信息；基于控制权的考虑。

3. 影响

（1）符合股票回购条件的多渠道回购方式允许公司选择适当时机回购本公司股份，将进一步提升公司调整股权结构和管理风险的能力，提高公司整体质量和投资价值。

（2）因实施持股计划和股权激励的股票回购，形成资本所有者和劳动者的利益共同体，有助于提高投资者回报能力；将股份用于转换上市公司发行的可转换为股票的公司债券实施的股票回购，也有助于拓展公司融资渠道，改善公司资本结构。

（3）当市场不理性，公司股价严重低于股份内在价值时，为了避免投资者损失，适时进行股份回购，减少股份供应量，有助于稳定股价，增强投资者信心。

（4）股票回购若用大量资金支付回购成本，一方面，容易造成资金紧张，降低资产流动性，影响公司的后续发展；另一方面，在公司没有合适的投资项目又持有大量现金的情况下，回购股份，也能更好地发挥货币资金的作用。

（5）上市公司通过履行信息披露义务和公开的集中交易方式进行股份回购，有利于防止操纵市场、内幕交易等利益输送行为。

二、例题点津

【例题1·单选题】关于股票回购和发放现金股利对公司影响的表述中，错误的是（　　）。

A. 均减少公司现金

B. 均减少所有者权益

C. 均降低公司股票市场价格

D. 均改变所有者权益结构

【答案】C

【解析】发放现金股利会降低公司股票市场

价格，而股票回购使流通在外的股份数变少会提高公司股票市场价格，选项 C 错误。

【例题 2·单选题】 关于股票分割，下列表述中正确的是（ ）。

A. 会引起股票面值的变化

B. 不会增加发行在外的股票总数

C. 会引起所有者权益总额的变化

D. 会引起所有者权益内部结构的变化

【答案】 A

【解析】 股票分割，是将一股股票拆分成多股股票的行为。股票分割会改变股票面值，增加发行在外的股票总数，但不会改变所有者权益总额、所有者权益内部结构以及公司的资本结构。

【例题 3·多选题】 下列可以向投资者传递公司发展前景良好的信息的有（ ）。

A. 财产股利

B. 股票股利

C. 股票回购

D. 股票分割

【答案】 BD

【解析】 股票股利和股票分割都可以向投资者传递公司发展前景良好的信息。

【例题 4·多选题】 下列各项中，属于公司回购股票动机的有（ ）。

A. 改变公司的资本结构

B. 替代现金股利

C. 巩固控股股东的控制权

D. 传递公司股价被高估的信息

【答案】 ABC

【解析】 一般情况下，投资者会认为股票回购意味着公司认为其股票价值被低估而采取的应对措施，选项 D 错误。

【例题 5·多选题】 股票分割和股票股利的相同之处有（ ）。

A. 不改变公司股票数量

B. 不改变资本结构

C. 不改变股东权益结构

D. 不改变股东权益总额

【答案】 BD

【解析】 股票分割和股票股利都会导致股票数量增加，选项 A 错误；股票分割和股票股利都不改变资本结构和股东权益总额，选项 B、D 正确；股票分割不改变股东权益结构，而股票股利会改变股东权益结构，选项 C 错误。

6 股权激励

一、考点解读

（一）股票期权模式

1. 含义

股票期权模式是指上市公司授予激励对象在未来一定期限内以预先确定的条件购买本公司一定数量股票的选择权。

2. 优点

能够**降低委托代理成本**；有利于**降低激励成本**；可以**锁定期权人的风险**。

3. 缺点

影响现有股东的权益；**可能遭遇来自股票市场的风险**；**可能带来经营者的短期行为**。

4. 适用

适合那些初始资本投入较少、资本增值较快、处于**成长初期或扩张期的企业**，如互联网、高科技等风险较高的企业。

（二）限制性股票模式

1. 含义

公司为了实现某一特定目标，**先将一定数量的股票赠与或以较低的价格售予激励对象。只有当实现预定目标后，激励对象才可将限制性股票抛售并从中获利**。若预定目标没有实现，公司有权将免费赠与的限制性股票收回或将售出股票以激励对象购买时的价格回购。

2. 优点

在限制期间公司不需要支付现金对价，便能够留住人才。

3. 缺点

缺乏一个能推动企业股价上涨的激励机制，在企业股价下降的时候，激励对象仍能获得股份，这样可能达不到激励的效果，并使股东遭受损失。

4. 适用

对于成熟企业，由于**其股价上涨空间有限**，采用限制性股票模式较为合适。

（三）股票增值权模式

1. 含义

股票增值权模式指公司授予经营者一种权利，如果经营者努力经营企业，在规定的期限内，公司股票价格上升或者业绩上升，经营者就可以按一定比例获得这种由于股价上升所带来的收益，收益为行权价与行权日二级市场股份之间的差价或净资产的增值额。

2. 优点

比较易于操作，股票增值权持有人行权时，直接兑现股票升值部分；审批程序简单，无须解决股票来源问题。

3. 缺点

激励效果相对较差；使公司的现金支付压力较大。

4. 适用

股票增值权激励模式较适合现金流量比较充裕且比较稳定的上市公司和现金流量比较充裕的非上市公司。

（四）业绩股票激励模式

1. 含义

业绩股票激励模式指公司在年初确定一个合理的年度业绩目标，若激励对象实现了公司预定的年度业绩目标，公司给予激励对象一定数量的股票，或奖励给其一定数量的奖金来购买公司的股票。

2. 优点

激励对象获得激励股票后便成为公司股东，与原股东有了共同利益，会更加努力提升公司业绩和股价。

3. 缺点

公司业绩目标确定的科学性很难保证，容易导致公司高管人员为获得业绩股票而弄虚作假；激励成本较高，可能造成公司支付现金的压力。

4. 适用

比较适合业绩稳定型的上市公司及其集团公司、子公司。

二、例题点津

【例题1·单选题】某公司将1%的股票赠与管理者以激励其实现设定的业绩目标，如果目标未实现，公司有权将股票收回，这种股权激励模式是（　　）。

A. 股票期权模式

B. 股票增值权模式

C. 业绩股票激励模式

D. 限制性股票模式

【答案】D

【解析】限制性股票模式是指激励对象按照股权激励计划规定的条件，获得的转让等部分权利受到限制的本公司股票。公司为了实现某一特定目标，先将一定数量的股票赠与或以较低价格售予激励对象。只有当实现预定目标后，激励对象才可将限制性股票抛售并从中获利；若预定目标没有实现，公司有权将免费赠与的限制性股票收回或者将售出股票以激励对象购买时的价格回购。

【例题2·多选题】下列关于股权激励的股票期权模式的表述中，正确的有（　　）。

A. 能够降低委托代理成本

B. 有利于降低激励成本

C. 可以锁定期权人的风险

D. 可能带来经营者的短期行为

【答案】ABCD

【解析】股票期权模式的优点是能够降低委托代理成本、有利于降低激励成本、可以锁定期权人的风险。缺点是影响现有股东的权益、可能遭遇来自股票市场的风险、可能带来经营者的短期行为。选项A、B、C、D均正确。

【例题3·判断题】公司采用股票期权激励高管，如果行权期内的行权价格高于股价，则激励对象可以通过行权获得收益。（　　）

【答案】×

【解析】公司采用股票期权激励高管，在行权期内，如果股价高于行权价格，激励对象可以通过行权获得市场价与行权价格差带来的收益。

第九章

本章考点巩固练习题

一、单项选择题

1. 下列关于净利润的分配顺序正确的是（ ）。
   A. 弥补以前年度亏损、提取法定公积金、提取任意公积金、向股东分配股利
   B. 提取法定公积金、提取任意公积金、弥补以前年度亏损、向股东分配股利
   C. 提取任意公积金、提取法定公积金、向股东分配股利、弥补以前年度亏损
   D. 弥补以前年度亏损、向股东分配股利、提取任意公积金、提取法定公积金

2. 下列关于提取任意公积金的表述中，不正确的是（ ）。
   A. 应从税后利润中提取
   B. 应经股东大会决议
   C. 满足公司经营管理的需要
   D. 达到注册资本的50%时不再计提

3. 预测产品销量时将历史实际销售作为样本值，将各个样本值按照一定的权数计算得出加权平均数，并将该平均数作为下期销量的预测值的方法叫作（ ）。
   A. 加权平均法　　B. 算术平均法
   C. 移动平均法　　D. 指数平滑法

4. 下列各项中，一般不作为以成本为基础的转移定价计价基础的是（ ）。
   A. 全部成本费用　　B. 固定成本
   C. 变动成本　　D. 制造成本

5. 某企业生产销售A产品，计划销售20 000件，企业计划目标利润总额为300 000元，完全成本总额为42 000元，适用消费税税率为5%。根据以上资料，运用目标利润法测算A产品的单位价格为（ ）元。
   A. 17　　B. 18
   C. 19　　D. 20

6. 甲公司生产乙产品，最大产能90 000小时，单位产品加工工时6小时。目前订货量13 000件。乙产品销售单价150元，单位成本100元，单位变动成本70元。现有客户追加订货2 000件，单件报价90元，如果接受这笔订单，公司营业利润会（ ）。
   A. 增加100 000元　　B. 增加40 000元
   C. 增加180 000元　　D. 增加160 000元

7. 股利无关理论认为股利分配对公司市场价值不产生影响，下列关于股利无关理论的假设表述错误的是（ ）。
   A. 投资决策不受股利分配的影响
   B. 不存在股票筹资费用
   C. 不存在资本增值
   D. 不存在公司或个人所得税

8. 某企业2017~2023年度税前利润如表9-2所示，该企业适用的所得税税率为25%。

表9-2　　某企业2017~2023年度税前利润　　单位：万元

项目	2017年	2018年	2019年	2020年	2021年	2022年	2023年
税前利润	-120	-10	15	18	22	6	70

则该企业2023年应当缴纳的企业所得税为（ ）万元。
   A. 0　　B. 2.5
   C. 15　　D. 1.5

9. 某企业目前有1 000万元的闲置资金，打算近期进行为期半年的短期投资。拟选择投资购买国债，国债年利率3%，每半年付息一次，企业所得税税率25%，则该企业购买国

债投资的税后收益为（ ）万元。

A. 30 B. 22.5

C. 17.5 D. 15

10. 下列各项销售预测分析方法中，属于定性分析法的是（ ）。

A. 移动平均法

B. 指数平滑法

C. 因果预测分析法

D. 产品寿命周期分析法

11. 某公司近年来经营业务不断拓展，目前处于成长阶段，预计现有的生产经营能力能够满足未来10年稳定增长的需要，公司希望其股利与公司盈余紧密配合。基于以上条件，最为适宜该公司的股利政策是（ ）。

A. 剩余股利政策

B. 固定股利政策

C. 固定股利支付率政策

D. 低正常股利加额外股利政策

12. 认为较多地派发现金股利可以在一定程度上抑制管理者过度地扩大投资或进行特权消费的股利理论是（ ）。

A. "手中鸟"理论 B. 所得税差异理论

C. 代理理论 D. 信号传递理论

13. 下列各项政策中，最能体现"多盈多分、少盈少分、无盈不分"股利分配原则的是（ ）。

A. 剩余股利政策

B. 低正常股利加额外股利政策

C. 固定股利支付率政策

D. 固定或稳定增长的股利政策

14. 下列关于股利分配政策的表述中，正确的是（ ）。

A. 公司盈余的稳定程度与股利支付水平负相关

B. 偿债能力弱的公司一般不应采用高现金股利政策

C. 基于控制权的考虑，股东会倾向于较高的股利支付水平

D. 债权人不会影响公司的股利分配政策

15. 相对于其他股利政策而言，既可以维持股利的稳定性，又有利于优化资本结构的股利政策是（ ）。

A. 剩余股利政策

B. 固定股利政策

C. 固定股利支付率政策

D. 低正常股利加额外股利政策

16. 若其他因素不变，下列关于发放股票股利的表述中，不正确的是（ ）。

A. 不会导致公司现金流出

B. 每股市价会降低

C. 会改变公司股东权益的内部结构

D. 会对公司股东权益总额产生影响

17. 下列各项中，可能改变企业资本结构的是（ ）。

A. 股票回购 B. 股票股利

C. 股票分割 D. 股票合并

18. 在下列各项中，能够增加普通股股票发行在外股数，但不改变公司资本结构的行为是（ ）。

A. 支付现金股利 B. 增发普通股

C. 股票分割 D. 股票回购

19. 股票股利与股票分割都将增加股份数量，两者的主要差别在于是否会改变公司的（ ）。

A. 资产总额

B. 股东权益总额

C. 股东权益的内部结构

D. 股东持股比例

20. 对那些盈利随着经济周期而波动较大的公司或者在盈利与现金流量很不稳定时，（ ）也许是一种不错的选择。

A. 低正常股利加额外股利政策

B. 固定股利支付率政策

C. 固定或稳定增长的股利政策

D. 剩余股利政策

二、多项选择题

1. 在价格运用策略中，如果采用寿命周期定价策略，不应采用高价销售的时期有（ ）。

A. 推广期 B. 成长期

C. 成熟期 D. 衰退期

2. 以全部成本费用为基础计算产品成本，其成本计算范围有（ ）。

A. 制造成本 　　B. 管理费用
C. 销售费用 　　D. 财务费用

3. 下列关于促销方式的纳税筹划的表述中，正确的有（　　）。
A. 采用销售折扣方式销售的，销售折扣可以从销售额中扣减，从而减少增值税纳税义务
B. 如果销售额和折扣额在同一张发票中注明，按照打折后收入计算销项税额，缴纳增值税
C. 实物折扣的赠送行为视同销售，应计算销项税额，缴纳增值税
D. 以旧换新一般应按新货物的同期销售价格确定销售额，不得扣减旧货物的收购价格

4. 下列关于指数平滑法的表述中，正确的有（　　）。
A. 平滑指数取值大小决定了前期实际值与预测值对本期预测值的影响
B. 采用较大的平滑指数，预测值可以反映样本值变动的长期趋势
C. 采用较小的平滑指数，预测值可以反映样本值新近的变化趋势
D. 在销售量波动较大或进行短期预测时，可选择较大的平滑指数；在销售量波动较小或进行长期预测时，可选择较小的平滑指数

5. 某企业生产丁产品，设计生产能力为 2 000 件，计划生产 1 500 件，预计单位产品的变动成本为 200 元，计划期的固定成本费用总额为 60 000 元，该产品适用的消费税税率为 5%，成本利润率必须达到 20%。假定本年度接到一额外订单，订购 300 件丁产品，单价 260 元。则下列结果正确的有（　　）。
A. 计划内单位丁产品价格为 303.16 元
B. 追加生产 300 件丁产品的变动成本总额为 60 000 元
C. 计划外单位丁产品价格为 252.63 元
D. 该企业应接受这一额外订单

6. 下列股利分配理论中，认为股利政策会影响公司价值的有（　　）。
A. 信号传递理论 　　B. 所得税差异理论
C. "手中鸟"理论 　　D. 代理理论

7. 下列选项中，能够影响企业产品价格的有（　　）。
A. 产品的价值
B. 产品的成本
C. 产品的市场竞争程度
D. 产品的市场供求

8. 在选择固定资产的折旧方法时，能够起到延期纳税作用的有（　　）。
A. 直线折旧法 　　B. 双倍余额递减法
C. 年数总和法 　　D. 缩短折旧年限法

9. 下列各项股利政策中，股利水平与当期盈利直接关联的有（　　）。
A. 固定股利政策
B. 稳定增长股利政策
C. 固定股利支付率政策
D. 低正常股利加额外股利政策

10. 下列关于股利政策的说法中，符合代理理论观点的有（　　）。
A. 股利政策应当向市场传递有关公司未来获利能力的信息
B. 股利政策是协调公司与管理者代理关系的约束机制
C. 高股利政策有利于降低公司的代理成本
D. 理想的股利政策应当是发放尽可能高的现金股利

11. 发放股票股利对上市公司产生的影响有（　　）。
A. 公司股票数量增加
B. 公司资产总额增加
C. 公司股东权益总额增加
D. 公司股本增加

12. 某公司发放股利前的股东权益如下：股本 3 000 万元（每股面值 1 元），资本公积 2 000 万元，盈余公积 2 000 万元，未分配利润 5 000 万元。若每 10 股发放 1 股普通股作为股利，股利按市价（每股 10 元）计算，则公司发放股利后，下列说法正确的有（　　）。
A. 未分配利润的金额为 2 000 万元
B. 股东权益的金额为 12 000 万元
C. 股本的金额为 3 300 万元

D. 盈余公积的金额为 4 700 万元

13. 股票分割和股票股利的相同之处有（ ）。

    A. 不改变公司股票数量

    B. 不改变资本结构

    C. 不改变股东权益结构

    D. 不改变股东权益总额

14. 假设某公司按照 1：2 的比例进行股票分割，在净利润和市盈率不变的情况下，下列说法正确的有（ ）。

    A. 股本总额变大

    B. 每股市价变小

    C. 股东权益总额保持不变

    D. 资本结构变化

15. 下列关于以市场需求为基础的定价方法的表述中，错误的有（ ）。

    A. 需求价格弹性系数定价法确定的价格，是使利润达到最大值的价格

    B. 若其他条件不变，某种产品的需求量随其价格的升降而变动的程度，就是需求价格弹性系数

    C. 边际分析定价法确定的价格，是使产品能够销售出去的价格

    D. 边际收入等于边际成本，即边际利润等于零时，价格不是最优的

16. 采用低正常股利加额外股利政策的理由有（ ）。

    A. 有利于保持最优资本结构

    B. 使公司具有较大的灵活性

    C. 使股利与盈利相联系

    D. 使依靠股利度日的股东有比较稳定的收入，从而吸引住这部分股东

17. 处于初创阶段的公司，一般不宜采用的股利分配政策有（ ）。

    A. 固定股利政策

    B. 剩余股利政策

    C. 固定股利支付率政策

    D. 稳定增长股利政策

18. 下列关于股利无关理论的表述中，正确的有（ ）。

    A. 股东不关心股利分不分以及分多少

    B. 股利支付率对公司价值无影响

C. 公司价值由公司投资决策的获利能力和风险组合决定

D. 股利无关理论需要一定的假设条件限定

19. 下列关于固定股利支付率政策的说法中，正确的有（ ）。

    A. 体现了"多盈多分、少盈少分、无盈不分"的股利分配原则

    B. 从企业支付能力的角度看，这是一种稳定的股利政策

    C. 适合于盈利随着经济周期而波动较大的公司

    D. 容易使公司面临较大的财务压力

20. 下列属于股票回购缺点的有（ ）。

    A. 股票回购易造成公司资金紧缺，资产流动性变差

    B. 股票回购可能使公司的发起人忽视公司长远的发展

    C. 股票回购容易导致公司操纵股价

    D. 股票回购不利于公司实施反收购策略

21. 在确定企业的收益分配政策时，应当考虑相关公司因素的影响，下列情形中，可以采用高股利支付水平的有（ ）。

    A. 股东个人有更好的投资机会

    B. 公司的盈余稳定

    C. 公司缺乏良好投资机会

    D. 公司具有较强的筹资能力

22. 下列情形中，不适于采用高股利支付水平的有（ ）。

    A. 控股股东担心控制权稀释

    B. 高股利收入的股东有避税需求

    C. 债务契约中有股利政策的限制条款

    D. 目前正处于通货膨胀时期

23. 发放股票股利与发放现金股利相比，其优点有（ ）。

    A. 有节税优势

    B. 改善公司资本结构

    C. 提高每股收益

    D. 避免公司现金流出

24. 下列各项中，属于剩余股利政策优点的有（ ）。

    A. 有利于稳定股价

B. 有利于实现公司价值最大化

C. 有利于树立公司良好形象

D. 有利于优化公司资本结构

25. 在盈利总额和市盈率不变的情况下，上市公司发放股票股利可能导致的结果有（ ）。

A. 公司股东权益内部结构发生变化

B. 每位股东所持股票的市场价值下降

C. 公司每股收益下降

D. 公司股份总额发生变化

三、判断题

1. 以制造成本为基础定价，既可以保证企业简单再生产的正常进行，又可以使劳动者为社会劳动所创造的价值得以全部实现。（ ）

2. 采用产品寿命周期法进行销售预测分析，在成熟期产品销售稳定。（ ）

3. 加权平均法是将历史实际销售作为样本值，将各个样本值按照一定的权数计算得出加权平均数，并将该平均数作为下期销量的预测值。在使用加权平均法进行销售预测时，权数的选取应遵循"远大近小"的原则。（ ）

4. 采用边际分析定价法定价时，其决策原则是边际利润等于零时的价格就是最优销售价格。（ ）

5. 采用加权平均法进行销售预测，适用于每月销售量波动不大的产品的销售预测。（ ）

6. 采用指数平滑法进行销售预测，代表性较差。此法适用于销售量略有波动的产品预测。（ ）

7. 采用因果预测分析法进行销售预测，假定影响销售量的因素是多元的，所以预测起来比较复杂。（ ）

8. 在股利支付程序中，除息日是指领取股利的权利与股票分离的日期，在除息日股票的股东有权参与当次股利的分配。（ ）

9. 当公司处于经营稳定或成长期，对未来的盈利和支付能力可作出准确判断并具有足够把握时，可以考虑采用稳定增长的股利政策，增强投资者信心。（ ）

10. 剩余股利政策的理论依据是股利相关理论，将企业剩余的盈余作为股利来分配。（ ）

11. 体现风险投资与风险收益相对等的股利政策是低正常股利加额外股利政策。（ ）

12. 与固定或稳定增长的股利政策相比，低正常股利加额外股利政策赋予公司股利发放的灵活性。（ ）

13. 股利无关理论认为，投资者并不关心股利发放与否以及发放多少。（ ）

14. 在股权登记日前，股利权从属于股票，从股权登记日开始，股利权与股票相分离。（ ）

15. 股票分割不仅有利于促进股票流通和交易，而且还有助于公司并购政策的实施。（ ）

16. 在固定股利支付率政策下，各年的股利随着收益的波动而波动，容易给投资者带来公司经营状况不稳定的印象。（ ）

17. 业绩股票激励模式只对业绩目标进行考核，而不要求股价的上涨，因而比较适合业绩稳定的上市公司。（ ）

18. 企业有剩余生产能力时，额外订单价格可以采用变动成本定价法，该方法制定的价格只要能覆盖增量产品的变动成本即可。（ ）

19. 在公司具有良好的投资机会时，剩余股利政策要求公司尽量使用留存收益来满足投资需求。（ ）

20. 公司新设子公司时，由总公司汇总并计算和缴纳企业所得税。（ ）

四、计算分析题

1. 某公司 2×23 年底的所有者权益总额为 9 000 万元，普通股 6 000 万股。目前的资本结构为：长期负债占 55%，所有者权益占 45%，没有需要付息的流动负债。该公司的所得税税率为 30%。预计继续增加长期债务不会改变目前 11% 的平均利率水平。

董事会在讨论明年资金安排时提出：

（1）计划年度分配现金股利 0.05 元/股；

（2）为新的投资项目筹集 4 000 万元的资金；

（3）计划年度维持目前的资本结构，并且不增发新股，不举借短期借款。

要求：测算实现董事会上述要求所需要的息税前利润。

2. 甲公司发放股票股利之前，投资者张某持有甲公司普通股 20 万股，甲公司的股东权益账户情况如下：股本为 2 000 万元（发行在外的普通股为 2 000 万股，面值 1 元），资本公积为 3 000 万元，盈余公积为 2 000 万元，未分配利润为 3 000 万元。公司每 10 股发放 2 股股票股利，按市值确定的股票股利总额为 2 000 万元。

要求：

（1）计算股票股利发放后"未分配利润"项目金额。

（2）计算股票股利发放后"股本"项目金额。

（3）计算股票股利发放后"资本公积"项目金额。

（4）计算股票股利发放后张某持有公司股份的比例。

3. 丁公司 2023 年末的资产总额为 60 000 万元，权益资本占资产总额的 60%，当年净利润为 7 200 万元，丁公司认为其股票价格过高，不利于股票流通，于 2023 年末按照 1∶2 的比例进行股票分割，股票分割前丁公司发行在外的普通股股数为 2 000 万股。

根据 2024 年的投资计划，丁公司需要追加 9 000 万元，基于公司目标资本结构，要求追加的投资中权益资本占 60%。

要求：

（1）计算丁公司股票分割后的下列指标：①每股净资产；②净资产收益率。

（2）如果丁公司针对 2023 年度净利润采取固定股利支付率政策分配股利，股利支付率为 40%，计算应支付的股利总和。

（3）如果丁公司针对 2023 年度净利润采取剩余股利政策分配股利。计算下列指标：①2024 年追加投资所需要的权益资本额；②可发放的股利总额。

4. 甲公司是一家制造业上市公司，2×22 年公司净利润为 10 000 万元，2×22 年分配现金股利 2 000 万元，2×23 年净利润为 110 00 万元，2×24 年只投资一个新项目，总投资额为

9 500 万元。

要求：

（1）如果甲公司采用固定股利政策，指出 2×23 年的股利发放额并计算 2×23 年的股利支付率。

（2）如果甲公司采用固定股利支付率政策，计算 2×23 年股利发放额以及新项目的外部融资额。

（3）如果甲公司采用剩余股利政策，目标资本结构是负债∶权益为 3∶2，计算投资需要的权益资金、2×23 年的股利发放额、股利支付率以及新项目外部融资额。

（4）如果甲公司采用低正常股利加额外股利政策，低正常股利为 1 000 万元，额外股利为 2×23 年净利润扣除低正常股利后余额的 20%，计算 2×23 年的股利发放额以及股利支付率。

五、综合题

1. 戊公司是一家以软件研发为主要业务的上市公司，其股票于 2×18 年在我国深圳证券交易所创业板上市交易。戊公司有关资料如下：

资料一：X 是戊公司下设的一个利润中心，2×23 年 X 利润中心的营业收入为 600 万元，变动成本为 400 万元，该利润中心负责人可控的固定成本为 50 万元，由该利润中心承担的但其负责人无法控制的固定成本为 30 万元。

资料二：Y 是戊公司下设的一个投资中心，年初已占用的投资额为 2 000 万元，预计每年可实现利润 300 万元，投资收益率为 15%。2×24 年初有一个投资额为 1 000 万元的投资机会，预计每年增加利润 90 万元。假设戊公司投资的必要收益率为 10%。

资料三：2×23 年戊公司实现的净利润为 500 万元，2×23 年 12 月 31 日戊公司股票每股市价为 10 元。戊公司 2×23 年末资产负债表相关数据如表 9-3 所示。

表9-3　　戊公司资产负债表相关数据

单位：万元

项目	金额
资产总计	10 000
负债合计	6 000
股本（面值1元，发行在外1 000万股）	1 000
资本公积	500
盈余公积	1 000
未分配利润	1 500
所有者权益合计	4 000

资料四：戊公司2×24年拟筹资1 000万元以满足投资的需要。戊公司2×23年末的资本结构是该公司的目标资本结构。

资料五：戊公司制定的2×23年度利润分配方案如下：（1）鉴于法定盈余公积累计已超过注册资本的50%，不再计提盈余公积；（2）每10股发放现金股利1元；（3）每10股发放股票股利1股，该方案已经股东大会审议通过。发现股利时戊公司的股价为10元/股。

要求：

（1）依据资料一，计算X利润中心的边际贡献、可控边际贡献和部门边际贡献，并指出以上哪个指标可以更好地评价X利润中心负责人的管理业绩。

（2）依据资料二：①计算接受新投资机会之前的剩余收益；②计算接受新投资机会之后的剩余收益；③判断Y投资中心是否应该接受该投资机会，并说明理由。

（3）根据资料三和资料四，如果戊公司采用剩余股利分配政策，计算：①戊公司2×24年度投资所需的权益资本数额；②每股现金股利。

（4）根据资料三和资料五，计算戊公司发放

股利后的下列指标：①未分配利润；②股本；③资本公积。

2. 甲公司全部产品适用的消费税税率为5%，该公司下设三个利润中心，目前各利润中心都在做下一年度的定价决策，有关资料如下：

资料一：A利润中心只生产并销售甲产品，预计甲产品的单位变动成本为100元，计划销售10 000件，计划期该中心负责人可控的固定成本为50 000元，该中心负责人不可控的固定成本为40 000元；该利润中心期望达到的成本利润率为20%。

资料二：B利润中心从事乙零件的采购和销售，预计乙零件的采购价为80元，预计销售量12 000件，计划期的期间费用总额为96 000元；该中心期望达到的销售利润率为20%。

资料三：C利润中心只生产并销售丙产品，年设计生产能力10 000件，下年计划销售量为8 000件，应负担的固定成本总额为160 000元，单位产品变动成本为70元；目标利润总额为240 000元。

要求：

（1）运用全部成本费用加成定价法计算单位甲产品的价格。

（2）运用全部成本费用加成定价法计算单位乙产品的价格。

（3）运用保本点定价法计算单位丙产品的价格。

（4）运用目标利润法计算单位丙产品的价格。

（5）假定C利润中心接到一个额外订单，订购2 000件丙产品，报价95元。该利润中心最低成本利润率为20%，运用变动成本定价法确定丙产品的价格，并作出是否接受额外订单的决策，并说明理由？

（6）假设甲产品能按要求（1）的价格销售，并达到预计销售量，请计算A利润中心的边际贡献、可控边际贡献、部门边际贡献，并指出考核A利润中心业绩的最佳指标。

本章考点巩固练习题参考答案及解析

一、单项选择题

1.【答案】A
【解析】净利润的分配顺序应该是弥补以前年度亏损、提取法定公积金、提取任意公积金、向股东分配股利。

2.【答案】D
【解析】根据《公司法》的规定，法定公积金的提取比例为当年税后利润（弥补亏损后）的10%。当法定盈余公积金的累积额已达注册资本的50%时，可以不再提取，而不是任意公积金。所以本题的答案为选项D。

3.【答案】A
【解析】加权平均法是将历史实际销售作为样本值，将各个样本值按照一定的权数计算得出加权平均数，并将该平均数作为下期销量的预测值。

4.【答案】B
【解析】在企业成本范畴中，基本上有三种成本可以作为定价基础，即变动成本、制造成本和全部成本费用。制造成本是指企业为生

产产品或提供劳务等发生的直接费用支出，一般包括直接材料、直接人工和制造费用，因此，选项B是正确答案。

5.【答案】B
【解析】单位产品价格 =（300 000 + 42 000）/[20 000 ×（1 - 5%）] = 18（元）。

6.【答案】B
【解析】追加订货后，产能为（13 000 + 2 000）× 6 = 90 000（小时），未超出最大产能。公司增加的营业利润 = 2 000 ×（90 - 70）= 40 000（元）

7.【答案】C
【解析】"股利无关理论"是建立在完全资本市场理论之上的。假设包括：（1）市场具有强式效率；（2）不存在任何公司和个人所得税；（3）不存在任何筹资费用；（4）公司的投资决策与股利决策彼此独立；（5）股东对股利收入和资本增值之间并无偏好。

8.【答案】C
【解析】具体分析见表9-4。

表9-4　　　　　　　　　　　　　　　　　　　　　　　单位：万元

项目	2017年	2018年	2019年	2020年	2021年	2022年	2023年
税前利润	-120	-10	15	18	22	6	70
应纳税所得额	-120	-130	-115	-97	-75	-69	60
应交所得税	0	0	0	0	0	0	60×25% = 15

9.【答案】D
【解析】投资收益 = 1 000 × 3% × 1/2 = 15（万元），根据税法规定国债的利息收入免交所得税，所以税后收益为15万元。选项D正确。

10.【答案】D
【解析】销售预测的定性分析法主要包括营

销员判断法、专家判断法和产品寿命周期分析法。选项D正确。选项A、B、C均为定量分析法。

11.【答案】C
【解析】固定股利支付率政策的优点之一是股利与公司盈余紧密配合，体现了"多盈多分、少盈少分、无盈不分"的股利分配

原则。

12.【答案】C

【解析】代理理论认为，股利政策是协调股东与管理者之间代理关系的一种约束机制。根据代理理论，在存在代理问题时，较多地派发现金股利至少有以下两点好处：一是可以在一定程度上抑制管理者过度地扩大投资或进行特权消费；二是较多地派发现金股利，会导致企业进入资本市场寻求外部融资，从而经常接受资本市场的有效监督。高水平的股利支付政策有助于降低企业的代理成本，但同时也增加了企业的外部融资成本，理想的股利政策应当是使两种成本之和最小的股利政策。选项C正确。

13.【答案】C

【解析】采用固定股利支付率政策，股利与公司盈余紧密配合，体现了"多盈多分、少盈少分、无盈不分"的股利分配原则。选项C正确。

14.【答案】B

【解析】一般来讲，公司的盈余越稳定，其股利支付水平也就越高，所以选项A的说法不正确；公司要考虑现金股利分配对偿债能力的影响，确定在分配后仍能保持较强的偿债能力，所以偿债能力弱的公司一般不应采用高现金股利政策，选项B的说法正确；基于控制权的考虑，股东会倾向于较低的股利支付水平，以便从内部的留存收益中取得所需资金，所以选项C的说法不正确；一般来说，股利支付水平越高，留存收益越少，企业的破产风险加大，就越有可能损害到债权人的利益，因此，为了保证自己的利益不受侵害，债权人通常都会在债务契约、租赁合同中加入关于借款企业股利政策的限制条款，所以选项D的说法不正确。

15.【答案】D

【解析】低正常股利加额外股利政策的优点包括：（1）赋予公司较大的灵活性，使公司在股利发放上留有余地，并具有较大的财务弹性。公司可根据每年的具体情况，选择不同的股利发放水平，以稳定和提高股价，进

而实现公司价值的最大化。（2）使那些依靠股利度日的股东每年至少可以得到虽然较低但比较稳定的股利收入，从而吸引住这部分股东。所以选项D正确。

16.【答案】D

【解析】发放股票股利，只会引起股东权益内部此增彼减，不会对公司股东权益总额产生影响，也不会有现金流出企业。所以选项A、C正确，选项D不正确。发放股票股利会使得流通在外的股数增加，若净利润不变，则每股收益降低，每股市价降低，所以选项B正确。

17.【答案】A

【解析】股票回购会使资产减少，股东权益减少，负债水平提高，所以会改变公司资本结构。

18.【答案】C

【解析】股票分割会增加发行在外的普通股股数，而且不会改变公司资本结构；单纯支付现金股利不会影响普通股股数；增发普通股会增加普通股股数，但也会改变资本结构；股票回购会减少普通股股数。所以只有选项C正确。

19.【答案】C

【解析】股票分割与股票股利，都是在不增加股东权益的情况下增加了股份的数量，不同的是，股票股利虽不会引起股东权益总额的改变，但股东权益的内部结构会发生变化，而股票分割之后，股东权益总额及其内部结构都不会发生任何变化，变化的只是股票面值。

20.【答案】A

【解析】对那些盈利随着经济周期而波动较大的公司或者盈利与现金流量很不稳定时，低正常股利加额外股利政策也许是一种不错的选择。选项A正确。

二、多项选择题

1.【答案】ABD

【解析】寿命周期定价策略是指根据产品生命周期分阶段定价的策略。产品寿命周期一般分

为推广期、成长期、成熟期和衰退期。推广期应采用低价促销策略；成长期的产品有了一定的知名度，销售量稳步上升，可以采用中等价格；成熟期的产品市场知名度处于最佳状态，可以采用高价销售；衰退期应该降价促销或维持现价并辅之以折扣等其他手段。

2. 【答案】ABCD

【解析】以全部成本费用为基础计算产品成本，其成本计算范围包括制造成本、管理费用、销售费用和财务费用。在全部成本费用基础上制定价格，既可以保证企业简单再生产的正常进行，又可以使劳动者为社会劳动所创造的价值得以全部实现。选项A、B、C、D均正确。

3. 【答案】BCD

【解析】采用销售折扣方式销售的，销售折扣不得从销售额中扣减，不能减少增值税纳税义务。

4. 【答案】AD

【解析】采用指数平滑法，平滑指数的取值通常为0.3～0.7，其取值大小决定了前期实际值与预测值对本期预测值的影响。采用较大的平滑指数，预测值可以反映样本值新近的变化趋势；采用较小的平滑指数，则反映了样本值变动的长期趋势。因此，在销售量波动较大或进行短期预测时，可选择较大的平滑指数；在销售量波动较小或进行长期预测时，可选择较小的平滑指数。所以选项A、D正确，选项B、C不正确。

5. 【答案】ABCD

【解析】计划内单位丁产品固定成本 = 60 000/1 500 = 40（元），计划内单位丁产品价格 = (40 + 200) × (1 + 20%)/(1 − 5%) = 303.16（元）；追加生产300件丁产品的变动成本总额 = 200 × 300 = 60 000（元）；计划外单位丁产品价格 = 200 × (1 + 20%)/(1 − 5%) = 252.63（元）；因为额外订单单价高于其按变动成本计算的价格，故应接受这一额外订单。选项A、B、C、D均正确。

6. 【答案】ABCD

【解析】股利相关理论认为，企业的股利政策会影响股票价格和公司价值。信号传递理论、所得税差异理论、"手中鸟"理论、代理理论都属于股利相关理论的内容。选项A、B、C、D均正确。

7. 【答案】ABCD

【解析】价值因素、成本因素、市场供求因素、竞争因素、政策法规因素是影响产品价格的因素。

8. 【答案】BCD

【解析】采用直线法，企业各期税负均衡。采用加速折旧法，企业生产经营前期利润较少、从而纳税较少，生产经营后期利润较多，从而纳税较多，加速折旧法起到了延期纳税的作用。选项B、C、D均可以起到延期纳税的作用。

9. 【答案】CD

【解析】固定或稳定增长股利政策的缺点之一是股利的支付与企业的盈利相脱节。低正常股利加额外股利政策，是指公司事先设定一个较低的正常股利额，每年除了按正常股利额向股东发放股利外，还在公司盈余较多、资金较为充裕的年份向股东发放额外股利。

10. 【答案】BC

【解析】代理理论认为，股利的支付能够有效地降低代理成本。首先，股利的支付减少了管理者对自由现金流量的支配权，这在一定程度上可以抑制公司管理者的过度投资或在职消费行为，从而保护外部投资者的利益；其次，较多的现金股利发放，减少了内部融资，导致公司进入资本市场寻求外部融资，从而公司将接受资本市场上更多的、更严格的监督，这样便通过资本市场的监督减少了代理成本。因此，高水平的股利政策降低了企业的代理成本，但同时增加了外部融资成本，理想的股利政策应当使两种成本之和最小。选项B、C正确。

11. 【答案】AD

【解析】发放股票股利对公司来说，并没有现金流出企业，也不会导致公司的财产减少，而只是将公司的未分配利润转化为股本和资本公积。但股票股利会增加流通在外的股票数量，同时降低股票的每股价值。它不改变公司股东权益总额，但会改变股东权益的构成。所以选项 A、D 正确，选项 B、C 错误。

12.【答案】ABC

【解析】发放股票股利后，未分配利润 = $5\,000 - 3\,000/10 \times 10 = 2\,000$（万元），股本 = $3\,000 + 3\,000/10 \times 1 = 3\,300$（万元），资本公积 = $2\,000 + 3\,000/10 \times (10-1) = 4\,700$（万元），发放股票股利不影响盈余公积，选项 A、C 正确，选项 D 错误。发放股票股利前后股东权益金额不变，仍为 $3\,000 + 2\,000 + 2\,000 + 5\,000 = 12\,000$（万元），选项 B 正确。

13.【答案】BD

【解析】股票分割和股票股利不引起资产、负债、所有者权益的变化，所以不改变资本结构，也不改变股东权益总额。

14.【答案】BC

【解析】股票分割之后，股东权益总额及其内部结构都不会发生任何变化，公司资本结构也不会变化，所以选项 A、D 不正确，选项 C 正确；因为股数增加，净利润不变，所以每股收益变小，若市盈率不变，则每股市价变小，选项 B 正确。

15.【答案】ACD

【解析】需求价格弹性系数定价法中，在其他条件不变的情况下，某种产品的需求量随其价格的升降而变动的程度，就是需求价格弹性系数。这种方法确定的价格，是使产品能够销售出去的价格。如果高出该价格，产品就不能完全销售出去。边际分析定价法中，边际收入等于边际成本，即边际利润等于零时，利润将达到最大值，此时的价格就是最优销售价格。选项 A、C、D 错误，选项 B 正确。

16.【答案】ABCD

【解析】低正常股利加额外股利政策是公司一般情况下每期只支付一个固定的、数额较低的股利，在盈余较多的年份，再根据实际情况向股东发放额外股利。固定的、数额较低的股利，使依靠股利度日的股东有比较稳定的收入，额外股利并不固定化，

不意味着公司永久地提高了规定的股利率，使公司的股利与盈利和资金需求紧密相连，具有较大的灵活性，有利于保持最优资本结构。

17.【答案】ACD

【解析】固定或稳定增长的股利政策通常适用于经营比较稳定或正处于成长期的企业，但很难被长期采用，所以选项 A、D 符合题意；剩余股利政策不利于投资者安排收入与支出，也不利于公司树立良好的形象，一般适用于公司初创阶段，所以选项 B 不符合题意；固定股利支付率政策比较适用于那些处于稳定发展阶段且财务状况也较稳定的公司，所以选项 C 符合题意。

18.【答案】ABCD

【解析】股利无关理论认为，在一定的假设条件限定下，股利政策不会对公司的价值或股票的价格产生任何影响。一个公司的股票价格完全由公司投资决策的获利能力和风险组合决定，而与公司的利润分配政策无关。

19.【答案】ABD

【解析】本题考查的是固定股利支付率政策的特点。固定股利支付率政策适合于稳定发展且财务状况也较稳定（现金流充裕）的公司，选项 C 错误。特别注意选项 D 的说法，在固定股利支付率政策下，容易使公司面临较大的财务压力，因为公司实现的盈利多（账面利润），并不代表公司有足够的现金流用来支付较多的股利额。

20.【答案】ABC

【解析】股票回购使流通在外的股份数变少，股价上升，从而可以有效地防止恶意收购。

21.【答案】ABCD

【解析】有良好投资机会的公司往往少发股利，缺乏良好投资机会的公司，倾向于支付较高的股利。此外，如果公司将留存收益用于再投资所得报酬低于股东个人单独将股利收入投资于其他投资机会所得的报酬时，公司就不应多留存收益，而应多发股利。选项 A、C 正确。一般来讲，公司的盈余越稳定，

其股利支付水平也就越高。选项 B 正确。如果公司具有较强的筹资能力，随时能等集到所需资金，那么它会具有较强的股利支付能力。选项 D 正确。

22.【答案】ABCD

【解析】为防止控制权的稀释，持有控股权的股东希望少募集权益资金，少分股利。高股利收入的股东出于避税考虑，往往反对发放较多的股利。为了保证自己的利益不受侵害，债权人通常都会在债务契约、租赁合同中加入关于借款公司股利政策的限制条款。通货膨胀会带来货币购买力水平下降，导致固定资产重置资金不足，在通货膨胀时期，企业一般会采取偏紧的利润分配政策。选项 A、B、C、D 均正确。

23.【答案】AD

【解析】理论上讲，发放股票股利可以增加原有股东持有的普通股股数，等待股价上升，股东可以出售股票获利，一般情况下出售股票所需交纳的资本利得税率比收到现金股利所需交纳的所得税税率低，因此，选项 A 正确（实践当中，发放股票股利股东也交所得税，因此还要比较股票股利所得税和资本利得税之和是否小于现金股利所得税）；由于发放股票股利不会影响股东权益总额，不影响资本结构，选项 B 错误；由于股票股利会导致普通股股数增加，如果盈利总额不变，则每股收益会下降，选项 C 错误；发放股票股利不用支付现金，选项 D 正确。

24.【答案】BD

【解析】剩余股利政策是在保持资本结构前提下有剩余的时候才发放股利，股利的金额不稳定，所以不利于稳定股价，不利于树立公司良好形象，选项 A、C 不正确；剩余股利政策在保证最佳资本结构的情况下来分发股利，所以有助于降低再投资的资金成本，保持最佳的资本结构，此时公司价值最大，所以选项 B、D 正确。

25.【答案】ACD

【解析】发放股票股利导致的变化有：（1）所有者权益项目的结构发生变化：未分配利润减少、股本增加（股票股利的面值）、资本公积增加（股票股利的市价与面值之差）；（2）股数增加；（3）如果盈利总额和市盈率不变，每股收益和每股市价下降。发放股票股利无影响的有：（1）资产总额、负债总额、所有者权益总额均不变；（2）股东持股比例、每股股票面值不变；（3）若盈利总额和市盈率不变，股票股利发放不会改变股东持股的市场价值总额。

三、判断题

1.【答案】×

【解析】在全部成本费用基础上制定价格，既可以保证企业简单再生产的正常进行，又可以使劳动者为社会劳动所创造的价值得以全部实现。

2.【答案】×

【解析】采用产品寿命周期法进行销售预测分析，在成熟期产品销售增长率稳定，并不是销售稳定，销售是稳定增长的。

3.【答案】×

【解析】在使用加权平均法进行销售预测时，由于市场变化较大，离预测期越近的样本影响越大，而离预测期越远的影响越小，所以权数的选取应遵循"近大远小"的原则。

4.【答案】√

【解析】采用边际分析定价法定价时，当边际收入等于边际成本，即边际利润等于零时，利润将达到最大值。此时的价格就是最优销售价格。

5.【答案】×

【解析】采用算术平均法进行销售预测，适用于每月销售量波动不大的产品的销售预测。

6.【答案】×

【解析】移动平均法代表性较差。此法适用于销售量略有波动的产品预测。

7.【答案】×

【解析】因果预测分析法（回归直线法）也称一元回归分析法。它假定影响销售量的因素只有一个，根据直线方程式 $y = a + bx$，按照最小二乘法原理，来确定一条误差最小的、能正确反映自变量 x 和因变量 y 之间关系的直线，只要解出其常数项 a 和系数 b，即可计算出特定因素所对应的销售量。

8.【答案】×

【解析】除息日是指领取股利的权利与股票分离的日期，在除息日之前购买股票的股东才能领取本次股利。

9.【答案】√

【解析】采用固定或稳定增长的股利政策，要求公司对未来的盈利和支付能力作出准确的判断。固定或稳定增长的股利政策通常适用于经营比较稳定或正处于成长期的企业。

10.【答案】×

【解析】剩余股利政策理论依据是股利无关理论。

11.【答案】×

【解析】体现风险投资与风险收益相对等的股利政策是固定股利支付率政策。

12.【答案】√

【解析】低正常股利加额外股利政策是在公司盈利不足或资金需求较多时只发放低正常股利，不发放额外红利，不会导致公司资金紧张、财务状况恶化；在公司资金有富余时，发放额外红利，还转移了公司使用资金的压力，赋予公司较大的灵活性。

13.【答案】√

【解析】股利发放或者是股利多发放，不需要资金的投资者可以用其得到的现金股利在股票市场上购买股票；若是股利不发放或是股利少发放，需要资金的投资者可以卖掉一部分股票以获取资金，两者没有差别。公司市场价值的高低，是由公司所选择的投资决策的获利能力和风险组合所决定的，而与公司的利润分配政策无关。

14.【答案】×

【解析】在除息日前，股利权从属于股票；从除息日开始，股利权与股票相分离，而不是股权登记日。

15.【答案】√

【解析】股票分割后，股价下降，被并购方可换的股票数量增加，有可能同意被并购。

16.【答案】√

【解析】大多数公司每年的收益很难保持稳定不变，导致年度间的股利额波动较大，由于股利的信号传递作用，波动的股利很容易给投资者带来经营状态不稳定、投资风险较大的不良印象，成为影响股价的不利因素。

17.【答案】√

【解析】业绩股票激励模式只对公司的业绩目标进行考核，不要求股价的上涨，因此比较适合业绩稳定型的上市公司及其集团公司、子公司。

18.【答案】×

【解析】该方法制定的价格不仅是覆盖增量产品的变动成本，还要能覆盖以变动成本为基础计算出的目标利润、消费税。单位产品价格 = 单位变动成本 × (1 + 成本利润率)/(1 - 适用税率)。

19.【答案】×

【解析】剩余股利政策是指公司在有良好的投资机会时，根据目标资本结构，测算出投资所需的权益资本额，先从盈余中留用，然后将剩余的盈余作为股利来分配，即净利润首先满足公司的权益资本需求，如果还有剩余，就派发股利；如果没有，则不派发股利。

20.【答案】×

【解析】公司新设子公司时，子公司是具有独立法人资格的，所以由子公司独立申报企业所得税，而分公司由总公司汇总计算并缴纳企业所得税。所以本题说法不正确。

四、计算分析题

1.【答案】发放现金股利所需税后利润 = 0.05 × 6 000 = 300（万元）

投资项目所需税后利润 = 4 000 × 45% = 1 800（万元）

计划年度的税后利润 = 300 + 1 800 = 2 100（万元）

税前利润 = 2 100/(1 - 30%) = 3 000（万元）

计划年度借款利息 = （原长期借款 + 新增借款）× 利率 = （9 000/45% × 55% + 4 000 × 55%）×11% = 1 452（万元）

息税前利润 = 3 000 + 1 452 = 4 452（万元）。

2.【答案】

（1）股票股利发放后"未分配利润"项目金额 = 3 000 − 2 000 = 1 000（万元）

（2）股票股利发放后"股本"项目金额 = 2 000 + 2 000/10 × 2 × 1 = 2 400（万元）

（3）股票股利发放后"资本公积"项目金额 = 3 000 + （2 000 − 2 000/10 × 2 × 1）= 4 600（万元）

（4）股票股利发放后张某持有公司股份的比例 = 20 × （1 + 20%）/2 000 × （1 + 20%）= 1%。

3.【答案】

（1）①分割后股数 = 2 000 × 2 = 4 000（万股）

股东权益总额 = 60 000 × 60% = 36 000（万元）

分割后的每股净资产 = 36 000/4 000 = 9（元）

②分割后净资产收益率 = 7 200/36 000 × 100% = 20%

（2）应支付的股利总和 = 7 200 × 40% = 2 880（万元）

（3）①追加投资所需要的权益资本额 = 9 000 × 60% = 5 400（万元）

②可发放的股利总额 = 7 200 − 5 400 = 1 800（万元）。

4.【答案】

（1）2×23 年股利发放额 = 2×22 年股利发放额 = 2 000 万元

2×23 年股利支付率 = 2 000/11 000 × 100% = 18.18%

（2）2×22 年股利支付率 = 2 000/10 000 × 100% = 20%

2×23 年股利发放额 = 11 000 × 20% = 2 200（万元）

2×23 年的利润留存 = 11 000 − 2 200 = 8 800（万元）

新项目的外部融资额 = 9 500 − 8 800 = 700（万元）

（3）投资需要的权益资金 = 9 500 × 2/5 = 3 800（万元）

2×23 年的股利发放额 = 11 000 − 3 800 = 7 200（万元）

股利支付率 = 7 200/11 000 × 100% = 65.45%

新项目的外部融资额 = 9 500 − 3 800 = 5 700（万元）

（4）额外股利 = （11 000 − 1 000）× 20% = 2 000（万元）

2×23 年的股利发放额 = 1 000 + 2 000 = 3 000（万元）

股利支付率 = 3 000/11 000 × 100% = 27.27%。

五、综合题

1.【答案】

（1）X 公司边际贡献 = 600 − 400 = 200（万元）

可控边际贡献 = 200 − 50 = 150（万元）

部门边际贡献 = 150 − 30 = 120（万元）

可控边际贡献可以更好地评价利润中心负责人的管理业绩。

（2）①接受新投资机会之前的剩余收益 = 300 − 2 000 × 10% = 100（万元）

②接受新投资机会之后的剩余收益 = （300 + 90）− （2 000 + 1 000）× 10% = 90（万元）

③由于接受投资后剩余收益下降，所以 Y 不应该接受投资机会。

（3）①资产负债率 = 6 000/10 000 = 60%

2×24 年投资所需要权益资本数额 = 1 000 × （1 − 60%）= 400（万元）

②现金股利 = 500 − 400 = 100（万元）

每股现金股利 = 100/1 000 = 0.1（元/股）

（4）由于是在我国上市交易的公司，按照我国发放股票股利的规定，按照股票面值计算股票股利的价格。

①发行股利后的未分配利润 = 1 500 − 100（现金股利）− 100（股票股利）= 1 300（万元）

②发行股利后的股本 = 1 000 + 100（股票股利）= 1 100（万元）

③发行股利后的资本公积 = 500 万元（股票股利按面值计算，资本公积不变）。

2.【答案】

（1）全部成本费用加成定价法下，已知成本利润率时：

单位产品价格＝单位成本×（1＋成本利润率）/（1－适用税率）

单位甲产品的价格＝[100＋（50 000＋40 000）/10 000]×（1＋20%）/（1－5%）＝137.68（元）

（2）全部成本费用加成定价法下，已知销售利润率时：

单位产品价格＝单位成本/（1－销售利润率－适用税率）

单位乙产品的价格＝（80＋96 000/12 000）/（1－20%－5%）＝117.33（元）

（3）单位丙产品的价格＝（70＋160 000/8 000）/（1－5%）＝94.74（元）

（4）单位丙产品的价格＝（240 000/8 000＋70＋160 000/8 000）/（1－5%）＝126.32（元）

（5）单位丙产品的价格＝70×（1＋20%）/（1－5%）＝88.42（元）

C利润中心在生产能力有剩余的情况下接受的额外订单，可以不负担企业的固定成本，只负担变动成本及目标利润即可，95元大于变动成本定价法下的最低价格88.42元，该订单可以接受。

（6）A利润中心的边际贡献＝（137.68－100）×10 000＝376 800（元）

A利润中心的可控边际贡献＝376 800－50 000＝326 800（元）

A利润中心的部门边际贡献＝326 800－40 000＝286 800（元）

考核A利润中心业绩的最佳指标是部门边际贡献。

第十章 财务分析与评价

考情分析

本章主要讲述财务分析与评价，包括财务分析的意义与内容、财务分析的方法、偿债能力分析、营运能力分析、盈利能力分析、发展能力分析、现金流量分析、上市公司特殊财务分析指标、管理层讨论与分析、企业综合绩效分析的方法、综合绩效评价等内容。从历年考试情况来看，既可以出客观题，也可以出主观题。

教材变化

2024 年本章教材内容无实质性变化。

考点提示

本章主要讲述财务分析与评价，主要的考点有财务分析的方法，基本的财务报表分析，包括短期偿债能力分析、长期偿债能力分析、营运能力分析、盈利能力分析、发展能力分析、现金流量分析，还有上市公司的财务分析、企业综合绩效分析的方法。

本章考点框架

财务分析与评价

财务分析与评价概述 ── 财务分析的意义和内容
　　　　　　　　　　　　 财务分析的方法

基本的财务报表分析 ── 短期偿债能力分析
　　　　　　　　　　　　 长期偿债能力分析
　　　　　　　　　　　　 影响偿债能力的其他因素
　　　　　　　　　　　　 营运能力分析
　　　　　　　　　　　　 盈利能力分析
　　　　　　　　　　　　 发展能力分析
　　　　　　　　　　　　 现金流量分析

上市公司财务分析 ── 上市公司特殊财务分析指标
　　　　　　　　　　　 管理层讨论与分析

财务评价与考核 ── 企业综合绩效分析的方法
　　　　　　　　　　 综合绩效评价

考点解读及例题点津

第一单元　财务分析与评价概述

1 财务分析的意义和内容

一、考点解读

（一）财务分析的含义

财务分析是根据企业财务报表等信息资料，采用专门方法，系统分析和评价企业财务状况、经营成果以及未来发展趋势的过程。

（二）财务分析信息的需求者及各自的分析重点

1. 所有者

关心其资本的保值和增值状况，重视企业盈利能力指标，主要进行企业盈利能力分析。

2. 债权人

首先关注的是其投资的安全性，主要进行企业偿债能力分析，同时也关注企业盈利能力分析。

3. 经营决策者

关注企业经营理财的各方面，包括偿债能力、营运能力、盈利能力、发展能力，主要进行各方面综合分析，并关注企业财务风险和经营风险。

4. 政府

兼具多重身份，既是宏观经济管理者，又是国有企业的所有者和重要的市场参与者，因此政府对企业财务分析的关注点因所具身份不同而异。

（三）财务分析的内容

财务分析的内容包括偿债能力分析、营运能力分析、盈利能力分析、发展能力分析和现金流量分析。

二、例题点津

【例题1·单选题】 债权人将资金借给企业使用，特别关注投资的安全性，主要进行偿债能力分析，同时也关注（   ）。

A. 营运能力   B. 盈利能力

C. 发展能力   D. 收益质量

【答案】 B

【解析】 债权人将资金借给企业使用，重点关注其投资的安全性，主要进行偿债能力分析，同时也关注盈利能力。

【例题2·判断题】 经营决策者为了实现财务管理目标，在财务分析中主要关注企业的盈利能力和相关风险。（   ）

【答案】 ×

【解析】 经营决策者关注企业经营理财的各方面，包括偿债能力、营运能力、盈利能力、发展能力，主要进行各方面综合分析，并关注企业财务风险和经营风险。

2 财务分析的方法

一、考点解读

（一）比较分析法

1. 含义

财务报表中的比较分析法，是指对两个或两个以上的可比数据进行对比，找出企业财务状况、经营成果中的差异与问题。根据比较对象的不同，比较分析法分为趋势分析法、横向比较法和预算差异分析法。

2. 具体分析方法

（1）重要财务指标的比较。

不同时期财务指标的比较主要有以下两种方法：

$$定基动态比率 = \frac{分析期数额}{固定基期数额} \times 100\%$$

$$环比动态比率 = \frac{分析期数额}{前期数额} \times 100\%$$

（2）会计报表的比较。包括资产负债表比较、利润表比较和现金流量表比较。

（3）会计报表项目构成的比较。

3. 使用比较分析法需注意的问题

（1）用于对比的各期指标在计算口径必须保持一致；

（2）剔除偶发性项目的影响，使分析所利用的数据能反映正常的生产经营状况；

（3）运用例外原则对某项有显著变动的指标作重点分析。

（二）比率分析法

1. 含义

比率分析法是通过计算各种比率指标来确定财务活动变动程度的方法。

2. 具体方法

（1）$构成比率 = \frac{某个组成部分数值}{总体数值} \times 100\%$，又称结构比率，是某项财务指标的各组成部分数值占总体数值的百分比，反映部分与总体的关系。利用构成比率，可以考察总体中某个部分的形成和安排是否合理。

（2）$效率比率 = \frac{所得}{所费} \times 100\%$，是某项财务活动中所费与所得的比率，反映投入与产出的关系。利用效率比率指标，可以进行得失比较，考察经营成果，评价经济效益。

（3）$相关比率 = \frac{某一指标}{与其相关指标} \times 100\%$，是以某个项目和与其有关但又不同的项目加以对比所得的比率，反映有关经济活动的相互关系。利用相关比率指标，可以考察企业相互关联的业务安排得是否合理，以保障经营活动顺畅进行。

3. 使用比率分析法需注意的问题

（1）对比项目的相关性；

（2）对比口径的一致性；

（3）衡量标准的科学性。

（三）因素分析法

1. 含义

依据分析指标与其影响因素的关系，从数量上确定各因素对分析指标影响方向和影响程度的一种方法。

2. 具体方法

（1）连环替代法，是将分析指标分解为各

个可以计量的因素，并根据各个因素之间的依存关系，顺次用各因素的比较值（通常即实际值）替代基准值（通常即标准值或计划值），据以测定各因素对分析指标的影响。

（2）差额分析法，是连环替代法的一种简化形式，是利用各个因素的比较值与基准值之间的差额，来计算各因素对分析指标的影响。

3. 总结

（1）连环替代法的步骤。

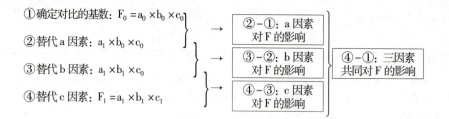

各因素变动的影响数，会因替代顺序不同而有差别，因而计算结果不免带有假设性。

（2）差额分析法的步骤。

①确定对比的基数：$F_0 = a_0 \times b_0 \times c_0$

②确定实际数：$F_1 = a_1 \times b_1 \times c_1$

③a 因素对 F 的影响：$(a_1 - a_0) \times b_0 \times c_0$

④b 因素对 F 的影响：$a_1 \times (b_1 - b_0) \times c_0$

⑤c 因素对 F 的影响：$a_1 \times b_1 \times (c_1 - c_0)$

4. 使用因素分析法需注意的问题

（1）因素分解的关联性。

（2）因素替代的顺序性。

（3）顺序替代的连环性。

（4）计算结果的假定性。

二、例题点津

【例题1·多选题】采用比较分析法时，应当注意（　　）。

A. 所对比指标的计算口径必须一致

B. 应剔除偶发性项目的影响

C. 应运用例外原则对某项有显著变动的指标作重点分析

D. 对比项目的相关性

【答案】ABC

【解析】采用比较分析法时，应当注意以下问题：（1）所对比指标的计算口径必须一致；（2）应剔除偶发性项目的影响；（3）应运用例外原则对某项有显著变动的指标作重点分析。对比项目的相关性属于比率分析法应当注意的问题。

【例题2·多选题】运用因素分析法进行分析时，应注意的问题有（　　）。

A. 因素分解的关联性

B. 因素替代的顺序性

C. 顺序替代的连环性

D. 计算结果的准确性

【答案】ABC

【解析】因素分析法是依据分析指标与其影响因素的关系，从数量上确定各因素对分析指标影响方向和影响程度的一种方法。采用这种方法的出发点在于，当有若干因素对分析指标发生影响作用时，假定其他各个因素都无变化，顺序确定每一个因素单独变化所产生的影响。运用因素分析法应注意的问题有：因素分解的关联性、因素替代的顺序性、顺序替代的连环性和计算结果的假定性。

【例题3·判断题】某企业第一年至第三年的净利润分别为 4 000 万元、5 000 万元和 5 600 万元。如果以第一年为基期，这三年的定基动态比率分别为 100%、125%、112%。（　　）

【答案】×

【解析】定基动态比率 = 分析期数额/固定基期数额 × 100%，第一年定基动态比率 = 4 000/4 000 = 100%，第二年定基动态比率 = 5 000/4 000 = 125%，第三年定基动态比率 = 5 600/4 000 = 140%。

第二单元　基本的财务报表分析

1 短期偿债能力分析

一、考点解读

（一）营运资金

1. 公式

营运资金＝流动资产－流动负债

2. 说明

（1）当流动资产大于流动负债时，营运资金为正数，表明企业财务状况稳定。营运资金的数额越大，财务状况越稳定。

（2）营运资本是绝对数，不便于不同企业之间比较。

（二）流动比率

1. 公式

流动比率＝流动资产÷流动负债

2. 说明

（1）流动比率高偿债能力不一定强，因为流动比率假设全部流动资产可变现来清偿流动负债，现实中各项流动资产的变现能力各不相同，变现的金额也难以准确预计，所以这一指标是对偿债能力的粗略估计。

（2）计算出来的流动比率，只有和同行业、本企业历史平均数比较，才能知道这个比例是高是低。

（3）一般情况下，营业周期、流动资产中应收账款和存货的周转速度是影响流动比率的主要因素，营业周期短，应收账款和存货的周转速度快的企业流动比率低一些是可以接受的。

（三）速动比率

1. 公式

速动比率＝速动资产÷流动负债

2. 说明

（1）速动资产指可以在较短时期内变现的资产，包括货币资金、交易性金融资产、衍生金融资产和各种应收款项等。另外的流动资产，包括存货、预付账款、一年内到期的非流动资产和其他流动资产等，称为非速动资产。

（2）速动资产主要是剔除了存货，其原因是：存货变现速度较慢；部分存货可能已抵押；存货成本和市价可能存在差异。

（3）速动比率比流动比率更准确、可靠。

（4）速动比率表明每1元流动负债有多少速动资产作为偿债保障。一般情况下，速动比率越大，短期偿债能力越强。由于通常认为存货占了流动资产的一半左右，因此剔除存货影响的速动比率至少是1。速动比率过低，企业面临偿债风险；但速动比率过高，会因占用现金及应收账款过多而增加企业的机会成本。

（5）影响速动比率可信性的重要因素是应收账款的变现能力。原因：应收账款不一定都能变成现金；报表中的应收账款不能反映平均水平。

（四）现金比率

1. 公式

现金比率＝（货币资金＋交易性金融资产）÷流动负债

2. 说明

真正能够用来偿债的是现金资产，因此该指标最能够反映企业直接偿付流动负债的能力。

二、例题点津

【例题1·单选题】下列各项中，不属于速动资产的是（　　）。

A. 现金

B. 产成品

C. 应收账款

D. 衍生金融资产

【答案】B

【解析】构成流动资产的各项目，流动性差别很大。其中货币资金、交易性金融资产、衍生金融资产和各种应收款项，可以在较短时间内变现，称为速动资产。

【例题2·单选题】在流动比率大于1的情况下，期末以现金偿付一笔短期借款所导致的结果是（   ）。

  A. 营运资本减少 B. 营运资本增加

  C. 流动比率降低 D. 流动比率提高

【答案】D

【解析】营运资本＝流动资产－流动负债，用现金偿付一笔短期借款，会导致流动资产和流动负债同时减少相同的金额，所以营运资本不变；在流动比率大于1的情况下，流动资产和流动负债同时减少相同的金额会使流动比率提高。

【例题3·单选题】公司现有流动比率大于0小于1，可提高流动比率的是（   ）。

  A. 收回应收账款 B. 库存商品抵债

  C. 赊购原材料 D. 偿还短期借款

【答案】C

【解析】流动比率＝流动资产÷流动负债，选项A是流动资产内部的变化，不会影响流动比率。选项B、D会使流动资产和流动负债等额减少，流动比率大于0小于1说明流动资产小于流动负债，流动资产的下降幅度大于流动负债的下降幅度，流动比率变小。选项C会使流动资产和流动负债等额增长，流动资产的增长幅度大于流动负债的增长幅度，流动比率变大。

【例题4·单选题】某企业目前的速动比率大于1，若其他条件不变，下列措施中，能够提高该企业速动比率的是（   ）。

  A. 以银行存款偿还长期借款

  B. 以银行存款购买原材料

  C. 收回应收账款

  D. 以银行存款偿还短期借款

【答案】D

【解析】选项A以银行存款偿还长期借款，速动资产减少，流动负债不变，速动比率下降，选项A错误。选项B以银行存款购买原材料，速动资产减少，流动负债不变，速动比率下降，选项B错误。选项C收回应收账款，速动资产和流动负债不变，速动比率不变，选项C错误。选项D以银行存款偿还短期借款，速动资产和流动负债等额减少，因为目前的速动比率大于1，所以速动资产的减少幅度小于流动负债的减少幅度，速动比率提高，选项D正确。

2 长期偿债能力分析

一、考点解读

（一）资产负债率

1. 公式

资产负债率＝负债总额÷资产总额×100%

2. 说明

（1）一般情况下，**资产负债率越小**，表明**企业长期偿债能力越强**。

（2）债权人认为该指标越低越好，但从企业所有者的角度来看，当全部资金收益率超过负债资金利息率时，所有者希望该指标高一些好；反之，则希望该指标低一些好。

（3）分析资产负债率，要结合以下几个方面。

①**结合营业周期分析**：营业周期短的企业，资产周转速度快，可以适当提高资产负债率。

②**结合资产构成分析**：流动资产占比较大的企业，可以适当提高资产负债率。

③**结合企业经营状况分析**：兴旺期间的企业可以适当提高资产负债率。

④**结合宏观经济环境分析**：如利率和通货膨胀率水平。当利率提高时会加大负债的成本，企业应降低资产负债率。

⑤**结合资产质量和会计政策分析**。

⑥**结合行业差异分析**：不同行业的资产负债率有较大差异。

（二）产权比率

1. 公式

产权比率＝负债总额÷所有者权益×100%

2. 说明

一般情况下，**产权比率越低，表明企业的长期偿债能力越强**，债权人权益的保障程度越高，承担的风险越小，但也说明企业没有充分发挥负债的财务杠杆作用。所以，企业在评价产权比率适度与否时，应从提高获利能力和增强偿债能力两个方面综合考察，要在保障债务偿还安全的前提下，尽可能提高产权比率。

提示 资产负债率和产权比率（资本负债率）的对比：

资产负债率=负债总额÷资产总额×100%

产权比率=负债总额÷所有者权益×100%

资产负债率反映总资产中有多大比例是通过负债取得的，可以衡量企业清算时资产对债权人权益的保障程度。

产权比率不仅反映了由债权人提供的资本与所有者提供的资本的相对关系，即企业财务结构是否稳定；而且反映了债权人资本受股东权益保障的程度，或者是企业清算时对债权人利益的保障程度。

产权比率与资产负债率对评价偿债能力的作用基本相同。两者的主要区别是：资产负债率侧重于债务偿付安全性的物质保障程度，产权比率侧重于揭示财务结构的稳健程度以及自有资金对偿债风险的承受能力。

（三）权益乘数

1. 公式

权益乘数=总资产÷股东权益=1+产权比率=1÷（1-资产负债率）

2. 说明

资产负债率和产权比率越高，权益乘数越大，表明企业财务杠杆的运用程度越高。

（四）利息保障倍数

1. 公式

利息保障倍数=息税前利润÷应付利息

=（净利润+利润表中的利息费用+所得税）÷应付利息

2. 说明

（1）公式中的除数"应付利息"：不仅包括财务费用中的利息费用，也包括资本化利息。

（2）该比率越高，长期偿债能力越强，从长期看，利息保障倍数至少要大于1；在短期内，利息保障倍数小于1也仍然具有利息支付能力，因为计算净利润时减去的折旧、摊销无须支付现金。

二、例题点津

【例题1·单选题】已知利润总额为700万元，利润表中的财务费用为50万元，资本化利息为30万元。则利息保障倍数为（　　）。

A. 9. 375　　　　　　B. 15

C. 8. 75　　　　　　D. 9. 75

【答案】A

【解析】利息保障倍数=（700+50）/（50+30）=9. 375。

【例题2·多选题】下列关于资产负债率、权益乘数和产权比率之间关系的表达式中，正确的有（　　）。

A. 权益乘数-产权比率=1

B. 权益乘数=1÷（1-资产负债率）

C. 资产负债率×权益乘数=产权比率

D. （1+产权比率）×（1-资产负债率）=1

【答案】ABCD

【解析】由于存在权益乘数=1+产权比率=1÷（1-资产负债率），所以选项A、B、D正确。产权比率=资产负债率×权益乘数，所以选项C正确。

【例题3·多选题】下列财务指标中，可以用来反映公司资本结构的有（　　）。

A. 资产负债率　　　B. 产权比率

C. 营业净利率　　　D. 总资产周转率

【答案】AB

【解析】资产负债率、产权比率、权益乘数均可以反映公司资本结构；选项C反映企业盈利能力，选项D反映企业营运能力。

【例题4·判断题】计算利息保障倍数时，"应付利息"指的是计入财务费用中的利息支出，不包括资本化利息。（　　）

【答案】×

【解析】计算利息保障倍数的分母"应付利息"是指本期发生的全部应付利息，包括资本化的利息和费用化的利息，两者都是当期要支付的。题目表述错误。

3 影响偿债能力的其他因素

一、考点解读

影响偿债能力的其他因素：

（1）可动用的银行贷款指标或授信额度。

（2）资产质量。

（3）或有事项和承诺事项。

二、例题点津

【例题1·判断题】影响企业偿债能力的有可动用的银行贷款指标或授信额度、资产质量、或有事项和承诺事项。（　　）

【答案】√

【解析】影响偿债能力的其他因素包括：（1）可动用的银行贷款指标或授信额度；（2）资产质量；（3）或有事项和承诺事项。

4 营运能力分析

一、考点解读

（一）流动资产营运能力比率分析

1. 应收账款周转率

（1）公式。

应收账款周转次数 = 营业收入 ÷ 应收账款平均余额

= 营业收入 ÷ [（期初应收账款 + 期末应收账款）÷ 2]

应收账款周转天数 = 计算期天数 ÷ 应收账款周转次数

= （计算期天数 × 应收账款平均余额）÷ 营业收入

（2）说明。

①营业收入指**扣除销售折扣和折让后的销售净额**。

②应收账款包括会计报表中的"**应收票据**"及"**应收账款**"等全部赊销账款在内。

③应收账款使用**未提取坏账准备**的应收账款计算。

④应收账款应使用多个时点的平均数。

⑤应收账款周转率反映了企业应收账款周转速度的快慢及应收账款管理效率的高低。在一定时期内周转次数多（或周转天数少）表明：企业收账迅速，信用销售管理严格；应收账款流动性强，从而增强企业短期偿债能力；可以减少收账费用和坏账损失，相对增加企业流动资产的投资收益。

2. 存货周转率

（1）公式。

存货周转次数 = 营业成本 ÷ 存货平均余额

= 营业成本 ÷ [（期初存货 + 期末存货）÷ 2]

存货周转天数 = 计算期天数 ÷ 存货周转次数

= （计算期天数 × 存货平均余额）÷ 营业成本

（2）说明。

①**存货周转率的高低与企业经营特点有密切关系，要注意行业可比性**。

②该比率反映的是存货整体的周转情况，不能说明企业经营各环节的存货周转情况和管理水平。

③应该结合应收账款周转情况和信用政策进行分析。

3. 流动资产周转率

流动资产周转次数 = 营业收入 ÷ 流动资产平均余额

= 营业收入 ÷ [（期初流动资产 + 期末流动资产）÷ 2]

流动资产周转天数 = 计算期天数 ÷ 流动资产周转次数

= （计算期天数 × 流动资产平均余额）÷ 营业收入净额

在一定时期内，流动资产周转次数越多，表明以相同的流动资产完成的周转额越多，**流动资产利用效果越好**。流动资产周转天数越少，表明流动资产在经历生产销售各阶段所占用的时间越短，可**相对节约流动资产，增强企业盈利能力**。

（二）固定资产营运能力分析

固定资产周转率 = 营业收入 ÷ 平均固定资产 = 营业收入 ÷ [（期初固定资产 + 期末固定资产）÷ 2]

固定资产周转率高（即一定时期内固定资产周转次数多），说明企业**固定资产投资得当，结构合理，利用效率高**；反之，如果固定资产周转率不高，则表明固定资产利用效率不高，提供的生产成果不多，企业的营运能力不强。

（三）总资产营运能力分析

总资产周转次数 = 营业收入 ÷ 平均资产总额

这一比率用来衡量企业资产整体的使用效率。总资产由各项资产组成，在营业收入既定的情况下，总资产周转率的驱动因素是各项资产。因此，对总资产周转情况的分析应**结合各项资产**

的周转情况，以发现影响企业资产周转的主要因素。

二、例题点津

【例题1·单选题】下列关于存货周转率的表述中，错误的是（　　）。

A. 存货周转率的高低与企业经营特点有密切关系，要注意行业可比性

B. 在存货不变的情况下，营业成本越高，存货周转天数越长

C. 存货周转率反映存货整体周转情况，不能说明企业经营各环节存货周转和管理水平

D. 应该结合应收账款周转情况和信用政策进行分析

【答案】B

【解析】存货周转次数＝营业成本÷存货平均余额＝营业成本÷[（期初存货＋期末存货）÷2]；存货周转天数＝计算期天数÷存货周转次数。从上述计算公式中可以看出选项B不正确。

【例题2·单选题】某公司上期营业收入为1 000万元，本期期初应收账款为120万元，本期期末应收账款为180万元，本期应收账款周转率为8次，则本期的营业收入增长率为（　　）。

A. 20%　　　　　　B. 12%

C. 18%　　　　　　D. 50%

【答案】A

【解析】本期应收账款周转率＝本期营业收入÷[（期初应收账款＋期末应收账款）÷2]，即8＝本期营业收入÷[（120＋180）÷2]，本期营业收入＝1 200万元，本期的营业收入增长率＝（1 200－1 000）÷1 000＝20%。

【例题3·多选题】下列各项中，可用于企业营运能力分析的财务指标有（　　）。

A. 速动比率　　　　B. 应收账款周转天数

C. 存货周转次数　　D. 流动比率

【答案】BC

【解析】用于企业营运能力分析的财务指标有应收账款周转率、存货周转率、流动资产周转率、固定资产周转率、总资产周转率，所以选项B、C正确。选项A、D属于用于短期偿债能力分析的财务指标。

【例题4·判断题】在计算应收账款周转次数指标时，不应将应收票据考虑在内。（　　）

【答案】×

【解析】在计算应收账款周转次数指标时，应收账款包括会计报表中"应收票据"及"应收账款"等全部赊销账款在内，因为应收票据是销售形成的应收账项的另一种形式。

5 盈利能力分析

一、考点解读

（一）营业毛利率

营业毛利率＝（营业收入－营业成本）÷营业收入×100%＝营业毛利÷营业收入×100%

营业毛利率是企业盈利的基础，如果没有足够的毛利，企业就无法足额弥补各种费用并取得净利润。营业毛利率越高，表明企业的盈利能力越强。

（二）营业净利率

营业净利率＝净利润÷营业收入×100%

营业净利率的分子是利润表的最后一行，其分母是利润表的第一行。因此，营业净利率涵盖了利润表的全部信息。其驱动因素是利润表各项目。

（三）总资产净利率

总资产净利率＝净利润÷平均总资产×100%

（1）该指标反映了企业资产的盈利能力。

（2）总资产净利率＝营业净利率×总资产周转率，即影响总资产净利率的因素是营业净利率和总资产周转率。

（四）净资产收益率（权益净利率或权益报酬率）

净资产收益率＝净利润÷平均所有者权益

（1）该指标反映了企业运用股东权益创造利润的能力。

（2）净资产收益率＝总资产净利率×权益乘数。

（3）该指标具有很强的综合性，是企业盈利能力指标的核心，也是杜邦财务指标体系的核心。

二、例题点津

【例题1·单选题】假定其他条件不变，下列各项经济业务中，会导致公司总资产净利率上升的是（　　）。

A. 收回应收账款

B. 用资本公积转增股本

C. 用银行存款购入生产设备

D. 用银行存款归还银行借款

【答案】D

【解析】总资产净利率＝净利润÷平均总资产×100%，选项A、C都是资产内部的此增彼减；选项B引起所有者权益内部此增彼减；只有选项D会使得银行存款减少，从而使得总资产减少，总资产净利率上升。

【例题2·单选题】某公司2×22年平均总资产为3 000万元，净利润为500万元，权益乘数为1.7，则该公司2×22年末净资产收益率是（　　）。

A. 28.33%　　　　　　B. 16.67%

C. 17.69%　　　　　　D. 17.86%

【答案】A

【解析】净资产收益率＝总资产净利率×权益乘数＝500÷3 000×1.7＝28.33%。

6 发展能力分析

一、考点解读

（一）营业收入增长率

营业收入增长率＝本年营业收入增长额÷上年营业收入×100%

（二）总资产增长率

总资产增长率＝本年资产增长额÷年初资产总额×100%

（三）营业利润增长率

营业利润增长率＝本年营业利润增长额÷上年营业利润总额×100%

（四）资本保值增值率

资本保值增值率是扣除客观增减因素后所有者权益的期末总额与期初总额的比率，主要反映企业资本的运营效益与安全状况。该指标越高，表明企业的资本保全状况越好，所有者权益增长越

快，债权人的债务越有保障，企业发展后劲越强。

客观因素对所有者权益的影响包括但不限于：

（1）本期投资者追加投资，使企业的实收资本增加，以及因资本溢价、资本折算差额引起的资本公积变动。

（2）本期接受外来捐赠、资产评估增值导致资本公积增加。

资本保值增值率还受企业利润分配政策的影响。因为本期资本的增值不仅表现为期末账面结存的盈余公积和未分配利润的增加，还应包括本期企业向投资者分配的利润，而分配了的利润不再包括在期末所有者权益中。

严格意义上的资本保值增值应该既与本期筹资、接受捐赠、资产评估增值等事项无关，也与本期利润分配无关，而是真正取决于当期实现的经济效益，即净利润。因此，严格意义上的资本保值增值指标应从损益表出发，以净利润为核心，即：

资本保值增值率＝（期初所有者权益＋本期利润）÷期初所有者权益×100%

（五）所有者权益增长率

所有者权益增长率＝本年所有者权益增长额÷年初所有者权益×100%

二、例题点津

【例题1·判断题】计算资本保值增值率时，期末所有者权益的计量应当考虑利润分配政策的影响。（　　）

【答案】√

【解析】资本保值增值率的高低，除了受企业经营成果的影响外，还受企业利润分配政策的影响。

【例题2·计算分析题】丙公司是一家上市公司，2×24年采用公开增发的方式筹集股权资金200 000万元，2×24年发放现金股利80 000万元。管理层要求财务部门对公司的财务状况和经营成本进行评价。财务部门根据公司2×23年和2×24年的年报整理出用于评价的部分财务数据，如表10－1所示。

表 10 - 1　丙公司部分财务数据

单位：万元

资产负债表项目	2×23 年期末余额	2×24 年期末余额
应收账款	55 000	65 000
流动资产合计	220 000	200 000
流动负债合计	110 000	120 000
负债合计	300 000	300 000
资产总计	700 000	800 000
利润表项目	2×23 年度	2×24 年度
营业收入	400 000	420 000
净利润	55 000	67 500

要求：

（1）计算 2×24 年末的下列财务指标：①营运资金；②权益乘数。

（2）计算 2×24 年度的下列财务指标：①应收账款周转率；②净资产收益率。

【答案】

（1）①营运资金 = 200 000 - 120 000 = 80 000（万元）

②权益乘数 = 800 000 ÷（800 000 - 300 000）= 1.6

（2）①应收账款周转率 = 420 000 ÷ [（65 000 + 55 000）÷ 2] = 7

②2×23 年末所有者权益 = 700 000 - 300 000 = 400 000（万元）

2×24 年末所有者权益 = 800 000 - 300 000 = 500 000（万元）

净资产收益率 = 67 500 ÷ [（500 000 + 400 000）÷ 2] = 15%

7 现金流量分析

一、考点解读

（一）获取现金能力的分析

1. 营业现金比率

营业现金比率 = 经营活动现金流量净额 ÷ 营业收入

该比率反映每 1 元营业收入得到的经营活动

现金流量净额，其数值越大越好。

2. 每股营业现金净流量

每股营业现金净流量 = 经营活动现金流量净额 ÷ 普通股股数

该指标反映企业最大的分派股利能力，超过此限度，可能就要借款分红。

3. 全部资产现金回收率

全部资产现金回收率 = 经营活动现金流量净额 ÷ 平均总资产 × 100%

该指标反映企业全部资产产生现金的能力。

（二）收益质量分析

1. 净收益营运指数

（1）公式。

净收益营运指数 = 经营净收益 ÷ 净利润

其中：经营净收益 = 净利润 - 非经营净收益

（2）说明。净收益营运指数越大，收益质量越高。

2. 现金营运指数

（1）公式。

现金营运指数 = 经营活动现金流量净额 ÷ 经营所得现金

经营所得现金 = 经营活动净收益 + 非付现费用

（2）说明。现金营运指数大于 1，说明收益质量较好。

二、例题点津

【例题 1·单选题】某公司利润总额为 6 000 万元，所得税费用为 1 500 万元，非经营净收益为 450 万元，则净收益营运指数为（　　）。

A. 0.81　　　　　B. 0.75

C. 0.93　　　　　D. 0.9

【答案】D

【解析】经营净收益 = 净利润 - 非经营净收益 = 6 000 - 1 500 - 450 = 4 050（万元），净收益营运指数 = 经营净收益 ÷ 净利润 = 4 050 ÷（6 000 - 1 500）= 0.9。

【例题 2·单选题】下列财务分析指标中，能够反映收益质量的是（　　）。

A. 营业毛利率

B. 每股收益

C. 现金营运指数

D. 净资产收益率

【答案】C

【解析】收益质量是指会计收益与公司业绩之间的相关性。如果会计收益能够如实反映公司业绩，则其收益质量高；反之，则收益质量不高。收益质量分析，主要包括净收益营运指数分析与现金营运指数分析。

【例题 3 · 判断题】净收益营运指数是收益质量分析的重要指标，一般而言，净收益营运指数越小，表明企业收益质量越好。（　　）

【答案】×

【解析】净收益营运指数越小，非经营收益所占比重越大，收益质量越差。所以本题的说法是错误的。

第三单元　上市公司财务分析

1 上市公司特殊财务分析指标

一、考点解读

（一）每股收益

1. 基本每股收益

基本每股收益 = 归属于公司普通股股东的净利润 ÷ 发行在外的普通股加权平均数

发行在外的普通股加权平均数 = 期初发行在外普通股股数 + 当期新发普通股股数 × 已发行时间 ÷ 报告期时间 − 当期回购普通股股数 × 已回购时间 ÷ 报告期时间

2. 稀释每股收益

（1）企业存在稀释性潜在普通股的，应当计算稀释每股收益。潜在普通股主要包括：可转换公司债券、认股权证、股份期权等。

（2）可转换公司债券。对于可转换公司债券，计算稀释每股收益时，分子的调整项目为可转换公司债券当期已确认为费用的利息等的税后影响额；分母的调整项目为假定可转换公司债券当期期初或发行日转换为普通股的股数加权平均数。

（3）认股权证和股份期权。对于认股权证和股份期权，计算稀释每股收益时，作为分子的净利润金额一般不变，分母的调整项目为增加的普通股股数，同时还应考虑时间权数。

认股权证或股份期权行权增加的普通股股数 = 行权认购的股数 × $\left(1 - \dfrac{\text{行权价格}}{\text{普通股平均市价}}\right)$

（4）认股权证、股份期权等的行权价格低于当期普通股平均市场价格时，应当考虑其稀释性。

（5）说明。每股收益在不同行业、不同规模的上市公司之间具有很大的可比性，因而在各上市公司之间的业绩比较中被广泛地加以应用。此指标越大，盈利能力越好，股利分配来源越充足，资产增值能力越强。

（二）每股股利

1. 公式

每股股利 = 普通股股利总额 ÷ 期末发行在外的普通股股数

2. 影响因素

受每股收益和股利政策的影响。

3. 说明

反映每股股利和每股收益之间关系的一个指标是股利发放率，即每股股利与每股收益之比。借助该指标，投资者可以了解一家上市公司的股利发放政策。

（三）市盈率

1. 公式

市盈率 = 每股市价 ÷ 每股收益

2. 影响因素

（1）上市公司盈利能力的成长性。

（2）投资者所获收益率的稳定性。

（3）市盈率也受到利率水平变动的影响。

3. 说明

市盈率越高，意味着企业未来成长的潜力越大，也即投资者对该股票的评价越高；反之，投资者对该股票评价越低。另外，市盈率越高，说明投资于该股票的风险越大；市盈率越低，说明投资于该股票的风险越小。

（四）每股净资产（每股账面价值）

1. 公式

每股净资产＝期末普通股净资产÷期末发行在外的普通股股数

2. 说明

这里所说的账面净资产是指企业账面上的总资产减去负债后的余额，即股东权益总额。该指标反映了在会计期末每一股在账面上到底值多少钱，它与股票面值、发行价值、市场价值乃至清算价值等往往有较大差距。

（五）市净率

1. 公式

市净率＝每股市价÷每股净资产

2. 说明

一般而言，市净率较低的股票投资价值较高，反之则相反。但有时较低的市净率反映投资者对公司未来的不良预期，而较高的市净率则相反。

二、例题点津

【例题1·单选题】某上市公司本年每股收益为2元，年末每股市价为20元，每股净资产为5元，则该公司本年末的市净率为（　　）。

A. 4　　B. 2.86　　C. 10　　D. 20

【答案】A

【解析】市净率＝每股市价÷每股净资产＝20÷5＝4。

【例题2·单选题】计算稀释每股收益时，需考虑潜在普通股的影响，下列不属于潜在普通股的是（　　）。

A. 认股权证　　　　B. 股份期权

C. 库存股　　　　　D. 可转换公司债券

【答案】C

【解析】稀释性潜在普通股指假设当期转换为普通股会减少每股收益的潜在普通股。潜在普通股主要包括：可转换公司债券、认股权证和股份期权等。

【例题3·多选题】杜邦分析体系中所涉及的主要财务指标有（　　）。

A. 营业现金比率　　B. 权益乘数

C. 营业净利率　　　D. 总资产周转率

【答案】BCD

【解析】杜邦分析体系中，净资产收益率＝营业净利率×总资产周转率×权益乘数，所以选项B、C、D正确。

【例题4·判断题】通常可以根据某一股票某一时期的市盈率对其投资价值作出判断。（　　）

【答案】×

【解析】通常难以根据某一股票某一时期的市盈率对其投资价值作出判断，应该进行不同期间以及同行业不同公司之间的比较或与行业平均市盈率进行比较，以判断股票的投资价值。

2 管理层讨论与分析

一、考点解读

（一）含义

管理层讨论与分析是上市公司定期报告中管理层对于本企业过去经营状况的评价分析以及对企业未来发展趋势的前瞻性判断，是对企业财务报表中所描述的财务状况和经营成果的解释，是对经营中固有风险和不确定性的揭示，同时也是对企业未来发展前景的预期。

（二）目的

监管部门要求上市公司编制并披露管理层讨论与分析的目的在于，使公众投资者能够有机会了解管理层自身对企业财务状况与经营成果的分析评价，以及企业未来一定时期内的计划。这些信息在财务报表及附注中并没有得到充分揭示，对投资者的投资决策却相当重要。

（三）披露原则

管理层讨论与分析信息大多涉及"内部性"较强的定性型软信息，无法对其进行详细的强制规定和有效监控，因此，西方国家的披露原则是强制与自愿相结合，企业可以自主决定如何披露这类信息。我国也基本实行这种原则，如中期报告中的"管理层讨论与分析"部分以及年度报告中的"董事会报告"部分，都是规定某些管理层讨论与分析信息必须披露，而另一些管理层讨论与分析信息鼓励企业自愿披露。

（四）披露内容

1. 报告期间经营业绩变动的解释

（1）分析企业主营业务及其经营状况。

（2）**概述企业报告期内总体经营情况**，列示企业主营业务收入、主营业务利润、净利润的同比变动情况，说明引起变动的主要影响因素。若企业实际经营业绩较曾公开披露过的本年度盈利预测或经营计划低于10%以上或高于20%以上，应详细说明造成差异的原因。

（3）**报告期企业资产构成、销售费用、管理费用、财务费用、所得税等财务数据同比发生的重大变动及产生变化的主要影响因素。**

（4）结合企业现金流量表相关数据，说明**企业经营活动、投资活动和筹资活动产生的现金流量的构成情况及变动原因分析。**

（5）对企业设备利用情况、订单的获取情况、产品的销售或积压情况、主要技术人员变动情况等与**企业经营相关的重要信息进行讨论与分析。**

（6）**企业主要控股及参股企业的经营情况及业绩分析。**

2. 企业未来发展的前瞻性信息

（1）**分析所处行业的发展趋势及企业面临的市场竞争格局。** 产生重大影响的，应给予管理层基本判断的说明。

（2）**企业应当向投资者提示管理层所关注的未来企业发展机遇和挑战。** 企业可以编制并披露新年度的盈利预测，该盈利预测必须经过具有证券期货相关业务资格的会计师事务所审核并发表意见。

（3）**企业应当披露为实现未来发展战略所需的资金需求及使用计划，以及资金来源情况，** 说明维持企业当前业务并完成在建投资项目的资金需求、**未来重大的资本支出计划。**

（4）**企业应当针对自身特点进行风险揭示，披露的内容应当充分、准确、具体。** 同时企业可以根据实际情况，介绍采取的对策和措施。

二、例题点津

【例题1·多选题】 关于上市公司讨论与分析，正确的有（　　）。

A. 管理层讨论与分析是本公司过去经营状况的评价，而不对未来发展作前瞻性判断

B. 管理层讨论与分析包括报表及附注中没有得到充分揭示，而对投资者决策有用的信息

C. 管理层讨论与分析包括对财务报告期间有关经营业绩变动的解释

D. 管理层讨论与分析不是定期报告的组成部分，并不要求强制性披露

【答案】 BC

【解析】 管理层讨论与分析是上市公司定期报告中，管理层对于本企业过去经营状况的评价分析以及对企业未来发展趋势的前瞻性判断，选项A错误；管理层讨论与分析是上市公司定期报告的重要组成部分，西方国家的披露原则是强制与自愿相结合，我国也基本实行这种原则，选项D错误。

第四单元　财务评价与考核

1 企业综合绩效分析的方法

一、考点解读

（一）杜邦分析法

1. 相关公式

净资产收益率 = 总资产净利率 × 权益乘数

总资产净利率 = 营业净利率 × 总资产周转率

权益乘数 = 资产总额 ÷ 所有者权益 = 1 + 产权比率 = 1 ÷（1 - 资产负债率）

2. 作用

主要是用来分析净资产收益率高低变化的原因。

（二）沃尔评分法

1. 传统的沃尔评分法

（1）原理。由亚历山大·沃尔创设的财务分析方法。他选择了七种财务比率，分别给定了其在总评价中所占的比重，总和为100分。然后，确定标准比率，并与实际比率相比较，评出每项指标的得分，求出总评分。若总评分达到或

超过了100分，说明信用水平较好，反之说明信用水平较差。

（2）缺点。

①未能证明为什么要选择这七个指标。

②未能证明每个指标所占比重的合理性。

③从技术上讲有一个问题，就是当某一个指标严重异常时，会对总评分产生不合逻辑的重大影响。

2. 现代改进的分析方法

（1）指标选择。一般认为企业财务评价的内容首先是盈利能力，其次是偿债能力，最后是成长能力，它们之间大致可按5：3：2的比重来分配。

（2）特点。标准比率以本行业平均数为基础，在给每个指标评分时，应规定其上限和下限，以减少个别指标异常对总分造成不合理的影响。

（3）基本公式。

每分比率差 =（最高比率 - 标准比率）/（最高评分 - 标准评分）

调整分 =（实际比率 - 标准比率）/每分比率差

指标评分 = 标准分 + 调整分

（三）经济增加值法

1. 概念及计算公式

经济增加值（EVA）是指**税后净营业利润扣除全部投入资本的成本后的剩余收益**。

经济增加值 = 税后净营业利润 - 平均资本占用×加权平均资本成本

2. 说明

计算公式中，税后净营业利润衡量的是企业的经营盈利情况；平均资本占用反映的是企业持续投入的各种债务资本和股权资本；加权平均资本成本反映的是企业各种资本的平均成本率。

注意：在计算经济增加值时，需进行相应的会计科目调整，如营业外收支、递延税金等都要从税后净营业利润中扣除，以消除财务报表中不能准确反映企业价值创造的部分。经济增加值为正，表明经营者在为企业创造价值；经济增加值为负，表明经营者在损毁企业价值。

3. 优缺点

优点：传统绩效评价方法大多只是从反映某

方面的会计指标来度量公司绩效，无法体现股东资本的机会成本及股东财富的变化。而经济增加值法是从股东角度去评价企业经营者有效使用资本和为企业创造价值的业绩评价指标。因此，它**克服了传统绩效评价指标的缺陷，能够真实地反映公司的经营业绩，是体现企业最终经营目标的绩效评价办法**。

缺点：（1）经济增加值法仅能衡量企业当期或预判未来1~3年的价值创造情况，**无法衡量企业长远发展战略的价值创造**。（2）该指标计算主要基于财务指标，**无法对企业进行综合评价**。（3）由于不同行业、不同规模、不同成长阶段等的公司，其会计调整项和加权平均资本成本各不相同，**故该指标的可比性较差**。（4）如何计算经济增加值尚存许多争议，这些争议**不利于建立一个统一的规范**，使得该指标往往主要用于一个公司的历史分析以及内部评价。

二、例题点津

【例题1·单选题】某企业2×24年和2×25年的营业净利率分别为7%和8%，资产周转率分别为2和1.5，两年的资产负债率相同，与2×24年相比，2×25年的净资产收益率变动趋势为（　　）。

A. 上升　　　　　B. 下降

C. 不变　　　　　D. 无法确定

【答案】B

【解析】净资产收益率 = 营业净利率×资产周转率×权益乘数，因为资产负债率不变，所以权益乘数不变。2×24年的净资产收益率 = 7%×2×权益乘数 = 14%×权益乘数；2×25年的净资产收益率 = 8%×1.5×权益乘数 = 12%×权益乘数。所以2×25年的净资产收益率下降了。

【例题2·多选题】某企业现有A、B两个部门，当年A部门税后经营利润为700万元，资产总额为4 000万元，加权平均资本成本为12%；B部门税后经营利润为740万元，资产总额为4 200万元，加权平均资本成本为13%。下列各项说法中正确的有（　　）。

A. 从经济增加值的角度看，A部门的绩效

更好

B. 从经济增加值的角度看，B 部门的绩效更好

C. 经济增加值法可以对企业进行综合评价

D. 经济增加值法的可比性较差

【答案】AD

【解析】已知：经济增加值＝税后净营业利润－平均资本占用×加权平均资本成本

A 部门的经济增加值＝700－4 000×12%＝220（万元）

B 部门的经济增加值＝740－4 200×13%＝194（万元）

结果表明，虽然 A 部门税后经营利润不如 B 部门高，但其经济增加值更大。因此，从经济增加值的角度来看，A 部门的绩效更好，选项 A 正确。

经济增加值法的缺点为：（1）经济增加值法仅能衡量企业当期或预判未来 1～3 年的价值创造情况，无法衡量企业长远发展战略的价值创造。（2）该指标计算主要基于财务指标，无法对企业进行综合评价。（3）由于不同行业、不同规模、不同成长阶段等的公司，其会计调整项和加权平均资本成本各不相同，故该指标的可比性较差。（4）如何计算经济增加值尚存许多争议，这些争议不利于建立一个统一的规范，使得该指标往往主要用于一个公司的历史分析以及内部评价。所以选项 D 正确。

【例题 3·判断题】既是企业获利能力指标的核心，也是杜邦财务分析体系的核心指标的是净资产收益率。（　　）

【答案】√

【解析】净资产收益率是所有比率中综合性最强、最具有代表性的一个指标。

【例题 4·计算分析题】已知某公司当年会计报表的有关资料如表 10－2 所示。

表 10－2　某公司部分会计报表数据

单位：万元

资产负债表项目	年初数	年末数
资产	6 000	12 000
负债	3 000	7 000

续表

利润表项目	上年数	本年数
营业收入	（略）	40 000
净利润	（略）	2 000

要求：

（1）计算杜邦财务分析体系中的下列指标（凡计算指标涉及资产负债表项目数据的，均按平均数计算）：①净资产收益率；②总资产净利率；③营业净利率；④总资产周转率；⑤权益乘数。

（2）用文字列出净资产收益率与上述其他各项指标之间的关系式，并用本题数据加以验证。

【答案】

（1）①净资产收益率＝2 000÷{[（6 000－3 000）＋（12 000－7 000）]}÷2＝50%

②总资产净利率＝2 000÷[（6 000＋12 000）÷2]＝22.22%

③营业净利率＝2 000÷40 000＝5%

④总资产周转率＝40 000÷[（6 000＋12 000）÷2]＝4.44（次）

⑤权益乘数：

平均负债＝（3 000＋7 000）÷2＝5 000（万元）

平均资产＝（6 000＋12 000）÷2＝9 000（万元）

权益乘数＝9 000÷（9 000－5 000）＝2.25

（2）净资产收益率＝营业净利率×总资产周转率×权益乘数＝5%×4.44×2.25＝49.95%。

2 综合绩效评价

一、考点解读

（1）综合绩效评价是综合分析的一种，一般是站在企业所有者的角度进行的。

（2）综合绩效评价的内容与评价指标。

综合绩效评价包括管理绩效的定性评价和财务绩效的定量评价。管理绩效的定性评价包括企业发展战略的确立与执行、经营决策、发展创新、风险控制、基础管理、人力资源、行业影响、社会贡献等方面内容，财务绩效的定量评价包括盈利能力状况、资产质量状况、债务风险状况、经营增长状况等方面内容。

二、例题点津

【例题1·单选题】财务绩效和管理绩效在综合绩效评价中所占的权重分别为（　　）。

A. 80%和20%　　B. 40%和60%

C. 30%和70%　　D. 70%和30%

【答案】D

【解析】财务绩效和管理绩效在综合绩效评价中所占的权重分别为70%和30%。

本章考点巩固练习题

一、单项选择题

1. 适用比较分析法进行财务分析时要注意的问题不包括（　　）。

A. 用于对比的各期指标在计算口径上必须保持一致

B. 剔除偶发性项目的影响

C. 只能用于纵向比较，不能用于横向比较

D. 运用例外原则对某项有显著变动的指标作重点分析

2. 下列业务中，能够降低企业短期偿债能力的是（　　）。

A. 企业采用分期付款方式购置一台大型机械设备

B. 企业从某国有银行取得3年期500万元的贷款

C. 企业向战略投资者进行定向增发

D. 企业向股东发放股票股利

3. 某公司当前的速动资产为1 000万元，流动负债为800万元，若赊购一批100万元的存货，则对流动比率与速动比率的影响是（　　）。

A. 流动比率变小，速动比率变小

B. 流动比率变大，速动比率不变

C. 流动比率变大，速动比率变大

D. 流动比率不变，速动比率变大

4. 产权比率越高，通常反映的信息是（　　）。

A. 财务结构越稳健

B. 长期偿债能力越强

C. 财务杠杆效应越强

D. 股东权益的保障程度越高

5. 某企业采用"营业收入"计算出来的存货周转次数为5次，采用"营业成本"计算出来的存货周转次数为4次，如果已知该企业的营业毛利为2 000万元，净利润为1 000万元，则该企业的营业净利率为（　　）。

A. 20%　B. 10%　C. 5%　D. 8%

6. 影响速动比率可信性的最主要因素是（　　）。

A. 存货的变现能力

B. 短期证券的变现能力

C. 产品的变现能力

D. 应收账款的变现能力

7. 下列事项中，有助于提高企业短期偿债能力的是（　　）。

A. 利用短期借款增加对流动资产的投资

B. 为扩大营业面积，与租赁公司签订一项新的长期房屋租赁合同

C. 补充长期资本，使长期资本的增加量超过长期资产的增加量

D. 提高流动负债中的无息负债比率

8. ABC公司无优先股，上年每股收益为4元，每股发放股利2元，留存收益在过去一年中增加了500万元。年底每股净资产为30元，负债总额为5 000万元，则该公司的资产负债率为（　　）。

A. 30%　B. 33%　C. 40%　D. 44%

9. 下列关于资产负债率、权益乘数和产权比率之间关系的表达式中，正确的是（　　）。

A. 资产负债率+权益乘数=产权比率

B. 资产负债率-权益乘数=产权比率

C. 资产负债率×权益乘数=产权比率

D. 资产负债率÷权益乘数=产权比率

10. 某公司年度营业收入为6 000万元。年初应

收账款余额为300万元，年末应收账款余额为500万元，坏账准备按应收账款余额10%提取。每年按360天计算，则该公司应收账款周转天数为（ ）天。

A. 15　　B. 17　　C. 22　　D. 24

11. 已知经营杠杆系数为4，每年的固定成本为9万元，利息费用为1万元，则利息保障倍数为（ ）。

A. 2　　B. 2.5　　C. 3　　D. 4

12. 企业综合绩效评价包括财务绩效评价，在财务绩效评价的经营增长状况评价中，基本指标是（ ）。

A. 资本保值增值率　　B. 技术投入比率
C. 总资产增长率　　D. 销售利润增长率

13. 甲公司某年实现的净利润为500万元，当年12月31日的每股市价为30元，普通股股东权益为600万元，流通在外的普通股股数为120万股。当年4月1日发行股票30万股，10月1日回购股票20万股，则当年末的市净率为（ ）倍。

A. 6.875　　　　B. 6
C. 6.5　　　　D. 6.83

14. 甲公司上年净利润为250万元，流通在外普通股的加权平均股数为100万股，优先股为50万股，优先股股息为每股1元。如果上年年末普通股的每股市价为30元，甲公司的市盈率为（ ）倍。

A. 12　　B. 15　　C. 18　　D. 22.5

15. 某上市公司本年每股收益为2元，年末每股市价为20元，每股净资产为5元，则该公司本年末的市净率为（ ）。

A. 4　　B. 2.86　　C. 10　　D. 20

16. 某公司2×24年度归属于普通股股东的净利润为500万元，发行在外普通股加权平均数为1 250万股，该普通股平均每股市场价格为4元。2×24年1月1日，该公司对外发行250万份认股权证，行权日为2×27年3月1日，每份认股权证可以在行权日以3.5元的价格认购本公司1股新发的股票，2×24年的稀释每股收益为（ ）元。

A. 0.38　　　　B. 0.39

C. 0.40　　　　D. 0.41

17. 2×24年末甲公司每股账面价值为30元，负债总额6 000万元，每股收益为4元，每股发放现金股利1元，留存收益增加1 200万元，假设甲公司一直无对外发行的优先股，则甲公司2×24年末的权益乘数是（ ）。

A. 1.15　　　　B. 1.50
C. 1.65　　　　D. 1.85

18. 在杜邦财务分析体系中，假设其他情况相同，则下列说法中错误的是（ ）。

A. 权益乘数大则财务风险大
B. 权益乘数大则净资产收益率大
C. 权益乘数大等于产权比率大
D. 权益乘数大则总资产净利率大

19. 甲公司本年的税后营业利润为500万元，平均债务资本1 000万元，平均股权资本2 000万元，加权平均资本成本率10%，甲公司本年的经济增加值为（ ）万元。

A. 5 000　　　　B. 300
C. 400　　　　D. 200

20. 下列各项财务指标中，能够综合反映企业成长性和投资风险的是（ ）。

A. 市盈率　　　　B. 每股收益
C. 营业净利率　　D. 每股净资产

21. 甲公司的生产经营存在季节性，每年的6月到10月是生产经营旺季，11月到次年5月是生产经营淡季。如果使用应收账款年初余额和年末余额的平均数计算应收账款周转次数，计算结果会（ ）。

A. 高估应收账款周转速度
B. 低估应收账款周转速度
C. 正确反映应收账款周转速度
D. 无法判断对应收账款周转速度的影响

二、多项选择题

1. 下列关于比率分析法的说法中，正确的有（ ）。

A. 构成比率又称结构比率，利用构成比率可以考察总体中某个部分的形成和安排是否合理，以便协调各项财务活动

B. 利用效率比率指标，可以考察企业有联系的相关业务安排得是否合理，以保障经营活动顺畅进行

C. 营业利润率属于效率比率

D. 相关比率是以某个项目和与其有关但又不同的项目加以对比所得的比率，反映有关经济活动的相互关系

2. 一般而言，存货周转次数增加，其所反映的信息有（　　）。

A. 盈利能力下降　　　B. 存货周转期延长

C. 存货流动性增强　　D. 资产管理效率提高

3. 影响速动比率可信性的重要因素是应收账款的变现能力，其原因在于（　　）。

A. 报表中的应收账款反映的是应收账款余额，并未剔除坏账准备

B. 应收账款中含有预付账款

C. 季节性生产的企业应收账款存在季节性波动

D. 应收账款不一定都能变成现金

4. 速动资产中剔除存货的原因有（　　）。

A. 存货变现速度较慢

B. 存货不能够用于偿债

C. 部分存货可能已抵押

D. 存货成本和市价可能存在差异

5. 下列关于资产负债率的表述中，正确的有（　　）。

A. 兴旺期间的企业可以适当提高资产负债率

B. 营业周期短的企业，可以适当提高资产负债率

C. 流动资产占比较大的企业，可以适当提高资产负债率

D. 当利率提高时，应降低资产负债率

6. 下列关于利息保障倍数的表述中，正确的有（　　）。

A. 利息保障倍数 = 息税前利润/应付利息

B. 利息保障倍数 =（净利润 + 利润表中的利息费用 + 所得税）/财务费用

C. 在短期内，利息保障倍数小于1也仍然具有利息支付能力

D. 在短期内，利息保障倍数大于1也仍然具有利息支付能力

7. 如果权益乘数为 2，则（　　）。

A. 产权比率为 3　　　B. 资产负债率为 75%

C. 产权比率为 1　　　D. 资产负债率为 50%

8. 在一定时期内，应收账款周转次数多、周转天数少表明（　　）。

A. 收账速度快

B. 信用管理政策宽松

C. 应收账款流动性强

D. 应收账款管理效率高

9. 在其他条件不变的情况下，会引起总资产周转率上升的经济业务有（　　）。

A. 用银行存款偿还短期借款

B. 借入一笔短期借款

C. 用银行存款购入一台设备

D. 用银行存款支付一年电话费

10. 假设其他条件不变，下列计算方法的改变会导致应收账款周转天数减少的有（　　）。

A. 从使用赊销额改为使用营业收入进行计算

B. 从使用应收账款平均余额改为使用应收账款平均净额进行计算

C. 从使用应收账款全年日平均余额改为使用应收账款旺季的日平均余额进行计算

D. 从使用已核销应收账款坏账损失后的平均余额改为核销应收账款坏账损失前的平均余额进行计算

11. 根据有关要求，企业存在稀释性潜在普通股的，应当计算稀释每股收益，下列属于潜在普通股的有（　　）。

A. 可转换公司债券　B. 永续债

C. 认股权证　　　　D. 股份期权

12. 下列计算财务比率的公式中，正确的有（　　）。

A. 资本保值增值率 = 年末所有者权益总额/年初所有者权益×100%

B. 所有者权益增长率 = 本年所有者权益增长额/年初所有者权益×100%

C. 营业现金比率 = 经营活动现金流量净额/营业收入

D. 全部资产现金回收率 = 经营活动现金流量净额/平均总资产×100%

13. 市净率指标的计算需要涉及的参数包括

（   ）。

A. 每股市价

B. 期末普通股股数

C. 期末普通股净资产

D. 期末普通股股本

14. 下列有关计算每股收益的表述中，正确的有（   ）。

A. 认股权证、股份期权等的行权价格高于当期普通股平均市场价格时，应当考虑其稀释性

B. 行权价格和拟行权时转换的普通股股数，只能按照认股权证合同，不能按照股份期权合同确定

C. 在股票价格比较平稳的情况下，可以采用每周或每月股票的收盘价作为代表性价格

D. 在股票价格波动较大的情况下，可以采用每周或每月股票最高价与最低价的平均值作为代表性价格

15. 某上市公司股票的市盈率比较高，可能的原因有（   ）。

A. 该公司有较好的成长性

B. 该公司经营效益良好且相对稳定

C. 市场利率近期上升

D. 投资者对股票的收益预期越看好

16. 对于可转换公司债券，计算稀释每股收益时，下列表述中正确的有（   ）。

A. 作为分子的净利润金额一般不变

B. 分子的调整项目为可转换公司债券当期已确认为费用等的利息等的税后影响额

C. 分母的调整项目为假定可转换公司债券当期期初或发生日转换为普通股的股数加权平均数

D. 分母的调整项目为假定可转换公司债券转换为普通股的股数

17. 计算下列各项指标时，其分母需要采用平均数的有（   ）。

A. 基本每股收益　　B. 应收账款周转次数

C. 总资产净利率　　D. 每股净资产

18. 下列关于每股收益的表述中，正确的有（   ）。

A. 企业利用回购库存股方式减少发行在外的普通股股数会使每股收益增加

B. 企业将盈利用于派发股票股利就会稀释每股收益

C. 对投资者来说每股收益是综合性的盈利概念

D. 每股收益是一个绝对数指标，在不同行业、不同规模的上市公司之间不具有可比性

19. 下列关于市盈率的表述中，不正确的有（   ）。

A. 市盈率越高，意味着投资者对该股票的评价越高

B. 市盈率越高，意味着企业未来成长的潜力越大，投资于该股票风险越小

C. 市盈率越低，意味着投资者对该股票的评价越低

D. 市盈率越低，意味着企业未来成长的潜力越小，投资于该股票风险越大

20. 下列说法正确的有（   ）。

A. 上市公司每股股利发放多少，除了受上市公司获利能力大小影响以外，还取决于企业的股利分配政策

B. 上市公司的市盈率一直是广大股票投资者进行中长期投资的重要决策指标

C. 每股净资产＝期末普通股净资产/期末发行在外的普通股股数

D. 资产负债率×权益乘数＝产权比率

21. 关于杜邦分析体系所涉及的财务指标，下列表述正确的有（   ）。

A. 营业净利率可以反映企业的盈利能力

B. 权益乘数可以反映企业的偿债能力

C. 总资产周转率可以反映企业的营运能力

D. 总资产收益率是杜邦分析体系的起点

三、判断题

1. 一般而言，企业存货需要量与企业生产及销售规模成正比，与存货周转一次所需天数成反比。（   ）

2. 资产负债率与产权比率的区别是：前者侧重于揭示财务结构的稳健程度，后者侧重于分析债务偿还安全的物质保障程度。（   ）

3. 企业在评价产权比率适度与否时，要在保障债务偿还安全的前提下，尽可能提高产权比率。　（　）

4. 某公司今年与上年相比，营业收入增长 10%，净利润增长 8%，资产总额增加 12%，负债总额增加 9%。可以判断，该公司净资产收益率比上年下降了。　（　）

5. 净资产收益率反映了企业所有者投入资本的获利能力，说明了企业筹资、投资、资产营运等各项财务及其管理活动的效率。　（　）

6. 资本保值增值率是企业期末所有者权益总额与期初所有者权益总额的比值，可以反映企业当年资本的实际增减变动情况。　（　）

7. 在净收益营运指数的计算中，经营净收益是净利润与非付现费用之差。　（　）

8. 相关比率是某项财务活动中所费与所得的比率，反映投入与产出的关系。　（　）

9. 在计算应收账款周转次数指标时，应收账款应该是资产负债表期初和期末应收账款的平均数。　（　）

10. 综合绩效评价包括管理绩效的定量评价和财务绩效的定性评价，它们所占的权重同等重要。　（　）

11. 在计算稀释每股收益时，当认股权证的行权价格低于当期普通股平均市场价格时，应当考虑稀释性。　（　）

12. 上市公司盈利能力的成长性和稳定性是影响其市盈率的重要因素。　（　）

13. 市盈率是评价上市公司盈利能力的指标，市盈率越高，企业未来成长的潜力越大，说明投资风险越小。　（　）

14. 市盈率是评价上市公司盈利能力的指标，它反映投资者愿意对公司每股净利润支付的价格。　（　）

15. 一般来讲，存货周转速度越快，存货占用水平越高，流动性越强，存货转化为现金或应收账款的速度就越快，这样会增强企业的短期偿债能力及盈利能力。　（　）

16. 认股权证、股份期权等的行权价格高于当期普通股平均市场价格时，应当考虑其稀释性。　（　）

17. 要求上市公司编制并披露管理层讨论与分析的目的在于，使公众投资者能够有机会了解管理层自身对企业财务状况与经营成本的分析与评价。　（　）

18. 企业财务绩效定量评价是在管理绩效定性评价的基础上进行的。　（　）

19. 在采用因素分析法进行财务分析时，既可以按照各因素的依存关系排成一定的顺序并依次替代，也可以任意颠倒顺序，其计算结果是相同的。　（　）

20. 市盈率是反映股票投资价值的重要指标，该指标数值越大，表明投资者越看好该股票的投资预期。　（　）

四、计算分析题

1. 已知某公司 2×24 年度会计报表的有关资料如表 10-3 所示。

表 10-3　　2×24 年度某公司会计报表
单价：万元

资产负债表项目	年初数	年末数
资产	8 000	10 000
负债	4 500	6 000
所有者权益	3 500	4 000
利润表项目	上年数	本年数
主营业务收入净额	（略）	20 000
净利润	（略）	500

要求：

（1）计算杜邦财务分析体系中的下列指标（凡计算指标涉及资产负债表项目数据的，均按平均数计算）：①净资产收益率；②总资产净利率（保留三位小数）；③主营业务净利率；④总资产周转率（保留三位小数）；⑤权益乘数。

（2）用文字列出净资产收益率与上述其他各项指标之间的关系式，并用本题数据加以验证。

2. 已知某企业上年营业收入为 6 900 万元，全部资产平均余额为 2 760 万元，流动资产平均余额为 1 104 万元；本年营业收入为 7 938 万元，全部资产平均余额为 2 940 万元，流动资产平均余额为 1 323 万元。

要求：

（1）计算上年与本年的全部资产周转率（次）、流动资产周转率（次）和资产结构（流动资产占全部资产的百分比）。

（2）运用差额分析法计算流动资产周转率与资产结构变动对全部资产周转率的影响。

3. 甲公司是一家上市公司，2×24 年初发行在外的普通股为 8 000 万股，7 月 1 日回购普通股 400 万股以备奖励员工，9 月 30 日奖励给员工 80 万股。2×24 年归属于普通股股东的净利润为 11 730 万元，向普通股股东发放现金股利 6 144 万元，2×24 年末，公司净资产总额为 96 000 万元，普通股每股市价 36 元。假设不考虑其他因素。

要求：

（1）计算 2×24 年基本每股收益与 2×24 年末市盈率。

（2）计算 2×24 年每股股利。

（3）计算 2×24 年末每股净资产与市净率。

五、综合题

1. 某公司有关资料如表 10-4 所示。

表 10-4　某公司有关资料　单位：万元

项目	2×24 年	2×25 年	2×26 年
净利润		3 600	4 000
销售收入		26 000	30 000
年末资产总额	20 000	30 000	36 000
年末股东权益总额	18 000	20 000	26 000
年末普通股总数	16 000	16 000	16 000
普通股平均股数		16 000	16 000

假定 2×25 年、2×26 年普通股每股市价均为 6.5 元。

要求：

（1）分别计算 2×25 年、2×26 年下列指标（要求所涉及的资产负债表数值取平均数）：①营业净利率；②总资产周转率；③权益乘数；④平均每股净资产；⑤每股收益；⑥市盈率。

（2）用连环替代法分析营业净利率、总资产周转率、权益乘数、平均每股净资产对每股收益指标的影响程度。

2. 某企业 2×24 年 12 月 31 日的资产负债表（简表）如表 10-5 所示。

表 10-5　某企业 2×24 年 12 月 31 日 资产负债表（简表）

单位：万元

资产	期末数	负债及所有者权益	期末数
货币资金	300	应付账款	300
应收账款净额	900	应付票据	600
存货	1 800	长期借款	2 700
固定资产净值	2 100	实收资本	1 200
无形资产	300	留存收益	600
资产总计	5 400	负债及所有者权益总计	5 400

该企业 2×24 年的营业收入为 6 000 万元，营业净利率为 10%，净利润的 50% 分配给投资者。预计 2×25 年营业收入比 2×24 年增长 25%，为此需要增加固定资产 200 万元，增加无形资产 100 万元，根据有关情况分析，企业流动资产项目和流动负债项目将随营业收入同比例增减。

假定该企业 2×25 年的营业净利率和利润分配政策与上年保持一致，该年度长期借款不发生变化；2×25 年末固定资产净值和无形资产合计为 2 700 万元。2×25 年企业需要增加对外筹集的资金由投资者增加投入解决（假设不考虑折旧与摊销的影响）。

要求：

（1）2×25 年需要增加的营运资金。

（2）2×25 年需要增加对外筹集的资金（不考虑计提法定盈余公积的因素，以前年度的留存收益均已有指定用途）。

（3）2×25 年末的流动资产额、流动负债额、资产总额、负债额和所有者权益总额。

（4）2×25 年的速动比率和产权比率。

（5）2×25 年的流动资产周转次数和总资产周转次数。

（6）2×25 年的净资产收益率。

（7）2×25 年的所有者权益增长率和总资产增长率。

本章考点巩固练习题参考答案及解析

一、单项选择题

1.【答案】C

【解析】适用比较分析法进行财务分析时要注意的问题是：（1）用于对比的各期指标在计算口径上必须保持一致。（2）剔除偶发性项目的影响，使分析所利用的数据能反映正常的生产经营状况。（3）运用例外原则对某项有显著变动的指标作重点分析。

2.【答案】A

【解析】建造合同、长期资产购置合同中的分阶段付款，也是一种承诺，应视同需要偿还的债务，属于降低短期偿债能力的表外因素。选项 B、C 会增加企业短期偿债能力，选项 D 不影响企业短期偿债能力。

3.【答案】A

【解析】赊购一批存货，速动资产不变，流动负债增加 100 万元，速动比率变小。原速动比率大于 1（1 000÷800），则流动比率也必然大于 1，赊购一批存货，会使得流动资产、流动负债增加相同数值，流动比率变小。

4.【答案】C

【解析】产权比率 = 负债总额/所有者权益总额×100%，这一比率越高，表明企业长期偿债能力越弱，债权人权益保障程度越低，所以选项 B、D 不正确；产权比率高，是高风险、高报酬的财务结构，财务杠杆效应强，所以选项 C 正确，选项 A 不正确。

5.【答案】B

【解析】

（1）设企业营业收入为 x，则根据按照营业收入计算的存货周转次数有：x/存货 = 5，存货 = x/5。

（2）根据按照营业成本计算的存货周转次数有：4 =（x − 2 000）/存货，存货 =（x − 2 000）/4。

（3）解方程：x/5 =（x − 2 000）/4，可以得出，x = 10 000 万元。

（4）营业净利率 = 1 000/10 000 × 100% = 10%。

6.【答案】D

【解析】速动比率是用速动资产除以流动负债，在速动资产中，应收账款的变现能力具有一定的不确定性，所以应收账款的变现能力是影响速动比率可信性的最主要因素。

7.【答案】C

【解析】选项 A 会使流动负债和流动资产同时增加，营运资本不变；选项 B 会使企业实际的偿债能力降低，选项 D 不会提高短期偿债能力。只有选项 C，可以使营运资本增加，因而会提高短期偿债能力。

8.【答案】C

【解析】普通股股数 = 500/（4 − 2）= 250（万股）；所有者权益 = 250 × 30 = 7 500（万元）；资产负债率 = 5 000/（5 000 + 7 500）= 5 000/12 500 = 40%。

9.【答案】C

【解析】资产负债率 = 负债总额/资产总额，权益乘数 = 资产总额/权益总额，产权比率 = 负债总额/权益总额。所以，资产负债率×权益乘数 =（负债总额/资产总额）×（资产总额/权益总额）= 负债总额/权益总额 = 产权比率。

10.【答案】D

【解析】应收账款周转率 = 6 000/［（300 +

500）/2］＝15（次），应收账款周转天数＝360/15＝24（天）。

11.【答案】C

【解析】经营杠杆系数＝（息税前利润＋固定成本）/息税前利润＝1＋9/息税前利润＝4，解得：息税前利润＝3万元，故利息保障倍数＝3/1＝3。

12.【答案】A

【解析】在财务绩效评价的经营增长状况评价中，修正指标是销售利润增长率、总资产增长率和技术投入比率。

13.【答案】B

【解析】本题考查的是市净率的计算。根据公式，市净率＝每股市价÷每股净资产，每股净资产＝期末普通股净资产÷期末发行在外的普通股股数＝600÷120＝5（元/股），因此，当年末的市净率＝30÷5＝6（倍），选项B正确。

14.【答案】B

【解析】每股收益＝（净利润－优先股股息）/流通在外普通股的加权平均股数＝（250－50×1）/100＝2（元），市盈率＝每股市价/每股收益＝30/2＝15（倍）。

15.【答案】A

【解析】市净率＝每股市价/每股净资产＝20/5＝4。

16.【答案】B

【解析】调整增加的普通股股数＝250×（1－3.5/4）＝31.25（万股），稀释每股收益＝500/（1 250＋31.25）＝0.39（元）。

17.【答案】B

【解析】每股留存收益增加＝每股收益－每股现金股利＝4－1＝3（元），股数＝留存收益增加/每股留存收益增加＝1 200/3＝400（万股），所有者权益＝400×30＝12 000（万元），权益乘数＝（12 000＋6 000）/12 000＝1.5。

18.【答案】D

【解析】总资产净利率＝营业净利率×总资产周转率，与权益乘数无关。

19.【答案】D

【解析】本年的经济增加值＝500－（1 000＋2 000）×10%＝200（万元）。

20.【答案】A

【解析】一方面，市盈率越高，意味着企业未来成长的潜力越大，也即投资者对该股票的评价越高；反之，投资者对该股票评价越低。另一方面，市盈率越高，说明投资于该股票的风险越大，市盈率越低，说明投资于该股票的风险越小。所以本题的正确答案为选项A。

21.【答案】A

【解析】应收账款的年初余额是在1月初，应收账款的年末余额是在12月末，这两个月份都是该企业的生产经营淡季，应收账款的数额较少，因此用这两个月份的应收账款余额平均数计算出的应收账款周转速度会比较高。

二、多项选择题

1.【答案】ACD

【解析】利用效率比率指标，可以进行得失比较，考察经营成果，评价经济效益。相关比率是以某个项目与其有关但又不同的项目加以对比所得的比率，反映有关经济活动的相互关系。利用相关比率指标，可以考察企业有联系的相关业务安排是否合理，以保障经营活动顺畅进行。选项B不正确，选项D正确。效率比率是某项财务活动中所费与所得的比率，反映投入与产出的关系。选项C正确。构成比率又称结构比率，是某项财务指标的各组成部分数值占总体数值的百分比，反映部分与总体的关系。利用构成比率可以考察总体中某个部分的形成和安排是否合理，以便协调各项财务活动。选项A正确。

2.【答案】CD

【解析】存货周转次数是衡量和评价企业购入存货、投入生产、销售收回等各环节管理效率的综合性指标。一般来讲，存货周转速度越快，存货占用水平越低，流动性越强，存货转化为现金或应收账款的速度就越快，这样会增加企业的短期偿债能力及盈利能力。

3. 【答案】CD

【解析】影响速动比率可信性的重要因素是应收账款的变现能力，其原因是：应收账款不一定都能变成现金；季节性生产的企业应收账款存在季节性波动。

4. 【答案】ACD

【解析】速动资产主要是剔除了存货，其原因是：存货变现速度较慢；部分存货可能已抵押；存货成本和市价可能存在差异。

5. 【答案】ABCD

【解析】分析资产负债率要结合以下几个方面。结合营业周期分析：营业周期短的企业，资产周转速度快，可以适当提高资产负债率；结合资产构成分析：流动资产占比较大的企业，可以适当提高资产负债率；结合企业经营状况分析：兴旺期间的企业可以适当提高资产负债率；结合客观经济环境分析：如利率和通胀水平。当利率提高时会加大负债的成本，企业应降低资产负债率；结合资产质量和会计政策分析；结合行业差异分析：不同行业的资产负债率有较大差异。

6. 【答案】ACD

【解析】利息保障倍数 = 息税前利润/应付利息支出 =（净利润 + 利润表中的利息费用 + 所得税）/应付利息，应付利息不仅包括财务费用中的利息费用，还应包括计入固定资产成本的资本化利息。

7. 【答案】CD

【解析】权益乘数 = 总资产/股东权益 = 1 + 产权比率 = 1/（1 - 资产负债率），则产权比率 = 2 - 1 = 1，资产负债率 = 1 - 1/2 = 50%。

8. 【答案】ACD

【解析】一般来说，应收账款周转率越高、周转天数越短表明应收账款管理效率越高。在一定时期内应收账款周转次数多、周转天数少表明：（1）企业收账迅速，信用销售管理严格；（2）应收账款流动性强，从而增强企业短期偿债能力；（3）可以减少收账费用和坏账损失，相对增加企业流动资产的投资收益；（4）通过比较应收账款周转天数及企业信用期限，可评价客户的信用程度，调整企业信用政策。

9. 【答案】AD

【解析】选项 A、D 使资产减少，总资产周转率上升；选项 B 使资产增加，总资产周转率下降；选项 C 不会造成资产变化，总资产周转率不变。

10. 【答案】AB

【解析】应收账款周转天数 = 计算期天数 × 应收账款平均余额/营业收入，选项 A、B 会导致应收账款周转天数减少；选项 C、D 会导致应收账款周转天数增加。

11. 【答案】ACD

【解析】稀释性潜在普通股指假设当期转换为普通股会减少每股收益的潜在普通股。潜在普通股主要包括：可转换公司债券、认股权证和股份期权等。

12. 【答案】BCD

【解析】资本保值增值率 = 扣除客观因素后的期末所有者权益总额/期初所有者权益 × 100% =（期初所有者权益 + 本期利润）/期初所有者权益 × 100%。

13. 【答案】ABC

【解析】市净率 = 每股市价/每股净资产，其中：每股净资产 = 期末普通股净资产/期末发行在外的普通股股数。如果存在优先股应从股东权益中减去优先股权益，包括优先股的清算价值及拖欠的优先股股利，得出普通股权益。

14. 【答案】CD

【解析】认股权证、股份期权等的行权价格低于当期普通股平均市场价格时，应当考虑其稀释性，选项 A 不正确；行权价格和拟行权时转换的普通股股数，按照有关认股权证合同和股份期权合约确定，选项 B 不正确；普通股平均市场价格通常按照每周或每月具有代表性的股票交易价格进行简单算术平均计算。在股票价格比较平稳的情况下，可以采用每周或每月股票的收盘价作为代表性的价格，在股票价格波动较大的情况下，可以采用每周或每月股票最高价与最低价的平均值作为代表性价格，选项 C、D 正确。

15.【答案】ABD

【解析】上市公司有较好的成长性，市盈率较高，也值得投资者进行投资，选项A正确。如果上市公司经营效益良好且相对稳定，则投资者获取的收益也较高且稳定，投资者就愿意持有该企业的股票，则该企业的股票市盈率会由于众多投资者的看好而相应提高，选项B正确。市盈率也受到利率水平变动的影响。当市场利率水平变化时，市盈率也作相应的调整，市场利率上升，投资者要求的必要收益率随之上升，根据股票估价基本模型，股价会下降，进而引起市盈率下降。选项C错误。投资者对股票的收益预期越看好，愿为1元净利润支付更高的股票价格，选项D正确。

16.【答案】BC

【解析】对于可转换公司债券，计算稀释每股收益时，分子的调整项目为可转换公司债券当期已确认为费用的利息等的税后影响额；分母的调整项目为假定可转换公司债券当期期初或发生日转换为普通股的股数加权平均数。

17.【答案】ABC

【解析】对于比率指标，当分子、分母是一个时期指标，另一个是时点指标时，为了计算口径的一致性，应把取自资产负债表的时点指标取平均数。基本每股收益＝归属于公司普通股股东的净利润/发行在外的普通股加权平均数；应收账款周转次数＝营业收入/应收账款平均余额；总资产净利率＝（净利润/平均总资产）×100%；每股净资产＝期末普通股净资产/期末发行在外的普通股股数，因此选项D的分母不是平均数。

18.【答案】ABC

【解析】每股收益这一财务指标在不同行业、不同规模的上市公司之间具有相当大的可比性，因而在各上市公司之间的业绩比较中被广泛地加以引用。此指标越大，盈利能力越好，股利分配来源越充足，资产增值能力越强。

19.【答案】BD

【解析】市盈率越高，意味着企业未来成长的潜力越大，但投资于该股票的风险也越大；市盈率越低，意味着企业未来成长的潜力越小，但投资于该股票的风险也越小。

20.【答案】ABCD

【解析】每股股利反映的是上市公司每一普通股获取股利的大小。每股股利越大，则企业股本获利能力就越强；每股股利越小，则企业股本获利能力就越弱。但须注意，上市公司每股股利发放多少，除了受上市公司获利能力大小影响以外，还取决于企业的股利分配政策，选项A正确；上市公司的市盈率一直是广大股票投资者进行中长期投资的重要决策指标，选项B正确；每股净资产＝期末普通股净资产/期末发行在外的普通股股数，资产负债率×权益乘数＝产权比率，选项C、D正确。

21.【答案】ABC

【解析】杜邦分析体系是以净资产收益率为起点，以总资产净利率和权益乘数为基础，重点揭示企业盈利能力及权益乘数对净资产收益率的影响，以及各相关指标间的相互影响和作用关系。所以选项D错误。

三、判断题

1.【答案】×

【解析】存货属于变动性资产，随营业收入变化呈正比例变化；存货周转天数越短，取得同样多营业收入占用的存货就越少，所以企业存货需要量与存货周转天数成正比。

2.【答案】×

【解析】资产负债率与产权比率的区别是：前者侧重于分析债务偿付安全性的物质保障程度，后者侧重于揭示财务结构的稳健程度。

3.【答案】√

【解析】企业在评价产权比率适度与否时，应从提高获利能力和增强偿债能力两个方面综合考察，要在保障债务偿还安全的前提下，尽可能提高产权比率。

4.【答案】√

【解析】与上年相比，其营业收入增长超过净利润增长，所以营业净利率下降了；资产总额增加超过营业收入增加，所以总资产周转率下降了；资产总额增加超过负债总额增加，所以权益乘数下降了。由于净资产收益率＝营业净利率×总资产周转率×权益乘数，因此，可以判断，该公司净资产收益率比上年下降了。

5.【答案】√

【解析】净资产收益率反映了企业所有者投入资本的获利能力，说明了企业筹资、投资、资产营运等各项财务及其管理活动的效率。

6.【答案】×

【解析】资本保值增值率是扣除客观因素后的期末所有者权益总额与期初所有者权益总额的比值。

7.【答案】×

【解析】净收益营运指数＝经营净收益/净利润；其中，经营净收益＝净利润－非经营收益。

8.【答案】×

【解析】效率比率是某项财务活动中所费与所得的比率，反映投入与产出的关系；相关比率是以某些项目和与其有关但又不同的项目加以对比所得的比率，反映有关经济活动的相互关系，利用相关比率指标，可以考察企业相互关联的业务安排得是否合理，以保障经营活动顺畅进行。

9.【答案】√

【解析】应收账款是特定时点的存量，容易受季节性、偶然性和人为因素的影响。在用应收账款周转率进行行业绩效评价时，最好使用多个时点的平均数，以减少这些因素的影响。

10.【答案】×

【解析】综合绩效评价包括管理绩效的定性评价和财务绩效的定量评价，前者权重占30%，后者权重占70%；管理绩效的定性评价包括战略管理、发展创新、经营决策、风险控制、基础管理、人力资源、行业影响、社会贡献等方面内容，财务绩效的定量评价包括盈利能力状况、资产质量状况、债务风险状况、经营增长状况等方面内容。

11.【答案】√

【解析】当认股权证、股份期权等的行权价格低于当期普通股平均市场价格时，应当考虑其稀释性，本题说法正确。

12.【答案】√

【解析】影响股票市盈率的因素有：第一，上市公司盈利能力的成长性；第二，投资者所获报酬率的稳定性；第三，市盈率也受到利率水平变动的影响。所以说上市公司盈利能力的成长性和稳定性是影响市盈率的重要因素的说法是正确的。

13.【答案】×

【解析】市盈率越高，意味着企业未来成长的潜力越大，也即投资者对该股票的评价越高，但是市盈率越高，说明投资于该股票的风险越大。

14.【答案】√

【解析】市盈率＝每股市价/每股收益，由市盈率的计算公式可知本题正确。

15.【答案】×

【解析】一般来讲，存货周转速度越快，存货占用水平越低，流动性越强，存货转化为现金或应收账款的速度就越快，这样会增强企业的短期偿债能力及盈利能力。

16.【答案】×

【解析】认股权证、股份期权等的行权价格低于当期普通股平均市场价格时，应当考虑其稀释性。

17.【答案】×

【解析】要求上市公司编制并披露管理层讨论与分析的目的在于，使公众投资者能够有机会了解管理层自身对企业财务状况与经营成本的分析与评价，以及企业未来一定期间的计划。

18.【答案】×

【解析】企业财务绩效定量评价是指对企业一定期间的获利能力、资产质量、债务风险和经营增长四个方面进行定量对比分析和评判。管理绩效定性评价是指在企业财务绩效定量评价的基础上，通过采取专家评议的方式，对企业一定期间的经营管理水平进行定性分析和综合评判。

19.【答案】×

【解析】采用因素分析法时应注意因素分解的关联性、因素替代的顺序性、顺序替代的连环性、计算结果的假定性。因素分析法所计算的各因素变动的影响数，会因替代计算顺序的不同而有差别。

20.【答案】√

【解析】市盈率的高低反映了市场上投资者对股票投资收益和投资风险的预期，市盈率越高，意味着投资者对股票的收益预期越看好，投资价值越大。

四、计算分析题

1.【答案】

（1）①净资产收益率 $= 500/[(3\ 500 + 4\ 000)/2] = 13.33\%$

②总资产净利率 $= 500/[(8\ 000 + 10\ 000)/2] = 5.556\%$

③主营业务净利率 $= 500/20\ 000 = 2.5\%$

④总资产周转率 $= 20\ 000/[(8\ 000 + 10\ 000)/2] = 2.222$（次）

⑤权益乘数：

平均负债 $= (4\ 500 + 6\ 000)/2 = 5\ 250$（万元）

平均资产 $= (8\ 000 + 10\ 000)/2 = 9\ 000$（万元）

权益乘数 $= 1/[1 - (5\ 250/9\ 000)] = 2.4$

（2）净资产收益率 $=$ 营业净利率 × 总资产周转率 × 权益乘数 $= 2.5\% × 2.222 × 2.4 = 13.33\%$。

2.【答案】

（1）上年全部资产周转率 $= 6\ 900/2\ 760 = 2.5$（次）

本年全部资产周转率 $= 7\ 938/2\ 940 = 2.7$（次）

上年流动资产周转率 $= 6\ 900/1\ 104 = 6.25$（次）

本年流动资产周转率 $= 7\ 938/1\ 323 = 6$（次）

上年流动资产占全部资产的百分比 $= 1\ 104/2\ 760 = 40\%$

本年流动资产占全部资产的百分比 $= 1\ 323/2\ 940 = 45\%$

（2）流动资产周转率变动的影响 $= (6 - 6.25) × 40\% = -0.1$（次）

资产结构变动的影响 $= 6 × (45\% - 40\%) = 0.3$（次）

由于流动资产周转率降低使总资产周转率下降0.1次，由于流动资产比重增加导致总资产周转率提高0.3次，两者共同作用使总资产周转率提高0.2次（2.7 - 2.5）。

3.【答案】

（1）2×24年初发行在外的普通股为8 000万股，7月1日回购普通股400万股以备奖励员工，9月30日奖励给员工80万股。2×24年归属于普通股股东的净利润为11 730万元，普通股每股市价36元。

2×24年基本每股收益 $=$ 归属于普通股股东的净利润/发行在外普通股加权平均数 $= 11\ 730/(8\ 000 - 400 × 6/12 + 80 × 3/12) = 1.5$（元/股）

2×24年末市盈率 $=$ 每股市价/每股收益 $= 36/1.5 = 24$（倍）。

（2）2×24年向普通股股东发放现金股利6 144万元，2×24年末，公司净资产总额为96 000万元，普通股每股市价36元。2×24年每股股利 $= 6\ 144/(8\ 000 - 400 + 80) = 0.8$（元/股）。

（3）2×24年末每股净资产 $=$ 期末普通股净资产/期末发行在外的普通股股数 $= 96\ 000/(8\ 000 - 400 + 80) = 12.5$（元/股），市净率 $=$ 每股市价/每股净资产 $= 36/12.5 = 2.88$（倍）。

五、综合题

1.【答案】

（1）2×25年营业净利率 $=$ 净利润/营业收入 $= 3\ 600/26\ 000 = 13.846\%$

2×25年总资产周转率 $=$ 营业收入/平均资产总额 $= 26\ 000/[(20\ 000 + 30\ 000)/2] = 1.04$

2×25年权益乘数 $=$ 平均资产总额/平均权益总额 $= [(20\ 000 + 30\ 000)/2]/[(18\ 000 + 20\ 000)/2] = 1.3158$

2×25年平均每股净资产 $=$ 平均股东权益/平均普通股股数 $= [(18\ 000 + 20\ 000)/2]/16\ 000 = 1.1875$（元）

2×25 年每股收益 = 净利润/年末普通股股数 = 3 600/16 000 = 0.225（元）

2×25 年市盈率 = 每股市价/每股收益 = 6.5/0.225 = 28.89（倍）

2×26 年营业净利率 = 净利润/营业收入 = 4 000/30 000 = 13.33%

2×26 年总资产周转率 = 营业收入/平均资产总额 = 30 000/[（30 000 + 36 000）/2] = 0.91

2×26 年权益乘数 = 平均资产总额/平均权益总额 = [（30 000 + 36 000）/2]/[（20 000 + 26 000）/2] = 1.435

2×26 年平均每股净资产 = 平均股东权益/普通股平均股数 = [（20 000 + 26 000）/2]/16 000 = 1.4375（元）

2×26 年每股收益 = 4 000/16 000 = 0.25（元）

2×26 年市盈率 = 6.5/0.25 = 26（倍）

（2）2×25 年每股收益 = 营业净利率×总资产周转率×权益乘数×平均每股净资产
= 13.846% × 1.04 × 1.3158 × 1.1875 = 0.225（元）

第一次替代 = 13.33% × 1.04 × 1.3158 × 1.1875 = 0.2166（元）

第二次替代 = 13.33% × 0.91 × 1.3158 × 1.1875 = 0.1895（元）

第三次替代 = 13.33% × 0.91 × 1.435 × 1.1875 = 0.2067（元）

第四次替代 = 13.33% × 0.91 × 1.435 × 1.4375 = 0.25（元）

营业净利率下降的影响 = 0.2166 - 0.225 = -0.0084（元）

总资产周转率下降的影响 = 0.1895 - 0.2166 = -0.0271（元）

权益乘数提高的影响 = 0.2067 - 0.1895 = 0.0172（元）

平均每股净资产提高的影响 = 0.25 - 0.2067 = 0.0433（元）

合计使 2×26 年每股收益提高 = -0.0084 - 0.0271 + 0.0172 + 0.0433 = 0.025（元）

2×26 年每股收益 = 营业净利率×总资产周转率×权益乘数×平均每股净资产
= 13.33% × 0.91 × 1.435 × 1.4375 = 0.25（元）。

2.【答案】

（1）2×25 年需要增加的营运资金 = 6 000 × 25% × [（3 000/6 000）-（900/6 000）] = 525（万元）

（2）2×25 年需要增加对外筹集的资金 = 525 + 200 + 100 - 6 000 ×（1 + 25%）× 10% × 50% = 450（万元）

（3）2×25 年末的流动资产额 = 300 + 900 + 1 800 + 6 000 × 25% × [（300 + 900 + 1 800）/6 000] = 3 750（万元）

2×25 年末的流动负债额 = 300 + 600 + 6 000 × 25% × [（300 + 600）/6 000] = 1 125（万元）

2×25 年末的资产总额 = 3 750 + 2 100 + 300 + 200 + 100 = 6 450（万元）

2×25 年末的负债总额 = 1 125 + 2 700 = 3 825（万元）

2×25 年末的所有者权益总额 = 6 450 - 3 825 = 2 625（万元）

（4）2×25 年末的速动比率 = [3 750 - 1 800 ×（1 + 25%）]/1 125 = 1.33

2×25 年末的产权比率 = 3 825/2 625 = 1.46

（5）2×25 年的流动资产周转次数 = 6 000 ×（1 + 25%）/[（300 + 900 + 1 800 + 3 750）/2] = 2.22（次）

2×25 年的总资产周转次数 = 6 000 ×（1 + 25%）/[（5 400 + 6 450）/2] = 1.27（次）

（6）2×25 年的净资产收益率 = 6 000 ×（1 + 25%）× 10%/[（1 200 + 600 + 2 625）/2] = 33.90%

（7）2×25 年的所有者权益增长率 = （2 625 - 1 200 - 600）/（1 200 + 600）= 45.83%

2×25 年的总资产增长率 = （6 450 - 5 400）/5 400 = 19.44%。